KB179451

핵심

중국고대어법

이 번역서는 2011년도 전북대학교 저술장려 연구비 지원에 의하여 연구되었음.

핵심

중국고대어법

쉬웨이한(許威漢) 지음 | 최영준(崔泳準) 옮김

어문학사

차례

中國古代語法

[서론]

一. 고대한어에서의 두 가지 흐름

㈠ 문언문(文言文)과 고백화(古白話)

고대한어는 발전·변화하는 중에 문언문(文言文)과 고백화(古白話) 두 개의 흐름이 형성되었다. 주대(周代)와 그 이전에 전해 내려온 서면어 (書面語) 그리고 진대(秦代)로부터 한대 초기까지의 일부 서면어는 당시 의 구어(口語)에 가깝거나 혹은 서로 일치하였다. 한대(漢代) 초기 이후 로 각 시대 문인들의 서면어(書面語)는 점차 당시 구어(口語)와 분리되면 서 일종의 특수한 서면어를 이루었다. 이러한 특수한 서면어(書面語)가 바로 문언문(文言文)이다. 이와 어깨를 나란히 하며 한(漢)·위(魏) 이후 부터 '5·4운동' 이전까지 기본적으로 구어와 일치하는 일종의 서면어가 있었다. 이것이 바로 고백화이다. 문언문과 고백화는 고대한어의 두 흐 름(支流)으로 서로 뛰어넘을 수 없는 확연한 큰 경계는 없다. 한대(漢代) 이후의 문인들은 진(秦)·한(漢) 이전의 서면어 어휘, 어법성분, 그리고 문장의 어조를 즐겨 사용하고 모방하였다. 이는 바로 문언문의 인위성을 반영하고 있다(여기에서의 '인위성'은 사회·역사적 연원이 있는 것으로 개인이 마음대로 하는 것과 함께 거론될 수는 없다). 그러나 서로 다른 시대의 한어라도 결국 하나의 언어이기 때문에 나중에 문인들이 문장을 쓰는 과정에서 고대의 것을 모방하고, 다른 한편으로는 어쩔 수 없이 혹은 자기도 모르는 사이에 당시 구어의 어떠한 성분들이 그들의 문장 속에서 사용됨에 따라 문언문이 종합성을 갖추게 되었다(각 시기의 언어성분을 종합한 것이다). 후대에 올수록 그 완성도는 점차 커져, 문언문은 단지 당시 구어 속의 어휘와 어법적인 어떠한 성분이 쌓였을 뿐만 아니라 역대로 내려온 많은 시기의 구어 속 어휘와 어법성분들도 동시에 축적된 것이다. 당대(唐代) 한유(韓愈)는 일찍이 "삼대(三代)·양한(兩漢)의 글이 아니면 감히 보지 않겠다. (非三代兩漢之書不敢觀.)"라고 말하며, 언어의 여러 요소를 포괄하여 내재된 문장을 '퇴화(退化)'로 여겼으니 이것은 일종의 반역사적 관점이다. 그러나 그의 시문(詩文)은 당시 구어에서 벗어난 것을 비교적 깊이 있게 반영한 동시에 방속사(方俗詞; 방언[方言]과 속자[俗字])가 자주 출현하였는데, 이것은 한유의 언어 실천이 '퇴화(退化)'의 역사관을 전면적으로 스스로 반박한 것임을 나타낸 것이다. 예를 들면, 한유의《남산(南山)》시 "團辭試揭挈, 掛一念漏萬. (말을 짐작하고 다듬어 표현하다가, 한 가지 생각에 매달려 만 가지를 놓치네.)"에서의 '團(단)'은 이전에 썼던 뜻으로는 해석할 방법이 없었다('團'은 일찍이 금문[金文]에 보이는데, 허신[許愼]의《설문해자[說文解字]》는 "단[團]은 에우는 것[圜]으로 구부[口部]에 속하고, 소리는 전[專]이다."라고 하였다). 즉 '團(단)'은 '어림잡아' 혹은 '짐작하다'의 뜻이므로 '團辭(단사)'는 어휘를 어떻게 사용할 것인가를 심사숙고하여 다듬는 것을 의미한다. 이것은 한유가 방언(方言)과 속어의 뜻을 사용한 것으로서 조원례(晁元禮)가 지은 《소년유(少年游)》의 "眉來眼去又無言, 敎我怎生團. (눈빛만 주고받으며 말이 없는데, 나더러 어떻게 알란 말인가.)"와 《동서상(董西廂)》의 "我團着, 這妮子做破大手脚. (내가 추측하건대, 이 계집이 크게 수작을 부린 것 같다)"에서의 '團(단)'과 같은 뜻이다. 또 예를 들면, 한유의 "杏花兩株能白紅. (살구나무 꽃 두 그루가 이렇게도 희고도 붉구나.)"[1]의 '能(능)'은 '能够(nénggòu)'로 해석하면 안 된다. '能够白'이나 '能够紅'으로 해석하면 이해할 수가 없다. 여기에서 '能(능)'은 '這樣(zhèyàng; 이렇게)'의 뜻으로 한유도 이러한 방언과 속어의 뜻을 사용한 것이다. 이렇게 후세의 단어가 고대 서면어 중에 사용된 것은 언어 역사 발전의 필연이며, 문언문(文言文)이 인위성과 종합성을 갖추었다는 것을 의미한다(이상은 어휘성분에서 예를 들어 설명한 것을 강조한 것으로, 어법성분의 종합성은 허사에 반영된다는 것이 바로 하나의 예인데, 다른 방면은 말하면 길어지므로 잠시 생략하고 뒤에서 종합적으로 언급하기로 한다).

한유는 매번 "제(齊)나라와 양(梁)나라에서 진(陳)나라와 수(隋)나라에 이르기까지, 수많은 작품이 매미 소리처럼 요란스럽기만 하다. (齊梁及陳隋, 衆作等蟬噪.)"라고 비난하였고, 심지어 그 자신도 "문장이 팔대(八代)의 쇠퇴함을 일으켰다. (文起八代之衰.)"라고 칭찬받았으며, 역대의 많은 대학자도 더욱 연이어 문언문(文言文)의 시대를 만회하려 하였다. 그러나 문언문은 결국 잠시 주류적 위치를 차지했을 뿐, 백화문(白話文)이 여전히 사회의 수요와 자체적 기능의 발휘에 따라 존재감을 드러내며 발전하였다.

다시 오직 고백화(古白話)와 서면어(書面語) 자체 계통을 말한다면 그

---

1 《방언조(方言藻)》에서 인용.

것들의 점진적인 발전은 모든 시기에서 절대 서로 같지 않았다. 즉 구어의 성분이 끊임없이 증가하여 점진적인 양적 증가 과정이 나타났다. 당·송(唐·宋) 시기의 고백화(古白話)는 서서히 문학 언어의 지위를 얻었고, 청말(淸末)에 이르러서는 고백화(古白話) 서면어(書面語) 계통의 구어 성분의 양적(量的) 축적이 상당히 풍부해져, 한어(漢語) 서면어(書面語)의 정통 지위를 얻게 되었다. 고백화(古白話)의 발전은 기본적으로 선진(先秦) 이후의 한어 구어의 발전 모습을 반영한 것이다. 백화문(白話文) 서면어(書面語) 체계의 형성은 한대(漢代)에서 이미 그 실마리가 생겼다. 그 이후 《세설신어(世說新語)》의 '半文不白(문언문도 아니고 백화문도 아닌 문체)'이 그 실마리를 계승하고 더욱 증가시켜 당·송(唐·宋) 이래로는 대성황을 이루게 되었다. 이것은 바로 고백화(古白話) 서면어체(書面語體)가 한·위(漢·魏)에서 시작하여 만당·오대(晚唐·五代)를 거쳐 점차 성숙해졌음을 말해준다. 대부분의 불경역문(佛經譯文), 변문속강(變文俗講), 각종 어록(語錄), 그리고 나중의 화본(話本), 소설(小說), 잡극(雜劇)과 남희극본(南戲劇本) 등 모두 고백화 계통에 속한다. 또한 일부 문언과 백화 두 개의 큰 계통 사이에 끼어 있는 것도 있는데, 예를 들면, 비교적 통속적인 시(詩), 사(詞), 곡(曲) 등이다. 역사적으로 문언문(文言文)은 지배적 위치에 있었기 때문에 많은 문장이 문언문으로 쓰였다. 고대의 문헌(文獻)은 대부분 문언(文言)으로 기록하여 사람들은 흔히 고대한어(古代漢語)를 단지 문언문으로 여긴다. 우리가 역사적으로 상당히 광범위하게 문언문을 사용한 이상, 문화유산을 계승하고 전통문화를 크게 빛내려면 문언문을 알지 못하면 안 된다. 훌륭한 문언문은 의론이 호방하고 내용이 풍부하며, 어휘가 우아하고 아름답다. 그리고 기교가 능수능란

하며 문법이 엄격하고 치밀하여 우리가 배워야 할 훌륭한 모범이다.

고대한어(古代漢語)는 문언문과 고백화(古白話) 두 가지 큰 흐름이 있으므로 고대한어와 문언문을 동등하게 나누어서는 안 된다. 그러나 우리가 지금 말하는 고대한어의 어법은 문언어법(文言語法)을 가리킨다. 동시에 반드시 지적해야 할 것은 앞에서 문언문에는 인위성과 종합성이 있다고 말했는데, 이 때문에 언어 고유의 사회성과 안정성을 소홀히 해서는 안 된다. 언어의 사회성은 언어의 본질적 특성으로 사람의 의지로 전이(轉移)되는 것이 아니다. 이른바 인위성(人爲性)은 단지 특정한 역사 조건과 역사 상황에서 말한 것으로, 여전히 그 사회의 역사적 연원(淵源)과 기초(基礎)가 있다.

(二) 문언문(文言文)의 읽기와 분석

주대(周代) 문학에서 《시경(詩經)》은 중국 최초의 시가 모음집으로, 중국문학 발전에 중요한 의의를 지니며 지도적인 역할을 했다. 《시경(詩經)》의 뛰어난 현실주의 전통은 후세의 문예 창작의 물꼬를 텄다. 훌륭한 작가와 작품, 예를 들면, 초사(楚辭), 한악부(漢樂府), 당시(唐詩) 및 송(宋)·원(元) 이래의 사(詞), 곡(曲) 등은 모두가 이 우수한 전통을 계승하지 않은 것이 없었다. 주대(周代)의 문학(文學)은 시가(詩歌) 외에 산문에서도 큰 성과를 거두었다. 그 당시 작품은 매우 많아 지금까지 전해온 것이 적지 않다.

이러한 작품들은 대체로 두 가지로 나눌 수 있는데, 하나는 역사산문(歷史散文)이고 다른 하나는 제자산문(諸子散文)이다.

1. 역사산문(歷史散文)

일찍이 상대(商代)부터 사관(史官)이 설치됨으로써 산문으로 역사를 기록하고 일상적인 일도 기록하였다. 《상서(尙書)》에서 "오직 은나라 선조만이 전(典)이 있고 책(册)이 있다. (惟殷先人, 有典有册.)"라고 하였는데, 이러한 전(典)과 책(册)이 바로 산문이다. 지금 전해지는 은대(殷代)의 《반경(盤庚)》과 《갑골복사(甲骨卜辭)》는 모두가 산문으로 쓴 것이다. 주대(周代)에도 이러한 전통을 계승하여 사관(史官)은 말을 기록하는 좌사(左史)와 일을 기록하는 우사(右史)로 나누어지게 되었고, 산문도 기언(記言)과 기사(記事)의 구별이 생겼다. 주대(周代)의 역사산문의 주요 작품으로는 《좌전(左傳)》, 《국어(國語)》, 《전국책(戰國策)》 등이 있다. 《좌전(左傳)》, 《국어(國語)》는 춘추시대(春秋時期)의 역사를 서술한 것이고, 《전국책(戰國策)》은 그 뒤를 계승하여 전국시대(戰國時期)의 역사를 서술한 것이다. 이 책들은 체재(體裁)가 다른데 어떤 것은 편년체(編年體)이고, 어떤 것은 분국체(分國體)이다.

2. 제자산문(諸子散文)

주대(周代)의 제자(諸子)에는 유파가 매우 많다. 중요한 유파로는 유가(儒家), 묵가(墨家), 도가(道家), 법가(法家) 등이 있다. 이 제자들의 책은 지금까지 전해지고 있다. 유가는 《논어(論語)》, 《맹자(孟子)》, 《순자(荀子)》가 있고, 묵가는 《묵자(墨子)》, 도가는 《장자(莊子)》, 법가는 《한비자(韓非子)》가 대표한다. 이 책들은 제 각각 특색을 가지고 있는데, 《논어(論語)》는 저작 시기가 빠르고 언어가 간략하고 짧으며, 인물을 묘사하고 이치를 설명하는 데 뛰어났다. 《묵자(墨子)》는 풍격이 소박하고 실용을 중시하였으며, 《맹자(孟子)》는 변론이 능하고 언어가 명쾌하여 기세 있고 부추기는 힘이 강하다. 《장자(莊子)》는 풍부한 상상력과 예리한 관찰력을 갖추었으며, 문필이 호방하여 구애됨이 없고 이치를 세밀하게 분석하였다. 《순자(荀子)》는 소박하고 간결하며 논리성이 뛰어났고, 《한비자(韓非子)》는 구조가 빈틈이 없고 이치 분석에 치밀하였다. 이들의 공통적인 특징은 이치를 설명하는 데 상당히 정교하고 예리하며, 언어가 간결하면서도 형상적이고, 힘이 있으며 개성이 풍부하다는 점이다. 또한, 비유와 우언고사(寓言故事)를 효율적으로 사용하여 의론을 설명하는 데 뛰어났으며, 인물을 묘사한 것이 매우 생동감이 넘친다.

주대(周代)의 역사산문과 제자산문은 산문 전체의 발전에 튼튼한 기틀을 마련해 주었을 뿐만 아니라 후세에도 큰 영향을 미쳤다. 예로부터 문장에 언급된 여러 방면의 내용은 모두 언어의 기록으로 보존됐다. 그래서 주대(周代)와 그 후대의 작품을 통해서 고대 언어에 대한 감성적 인식을 높일 수 있으며, 작품의 사상 내용을 분명하게 파악할 수가 있다. 고대인들의 언어 표현과 그 언어가 후세에 미친 영향이 모두 같은 것은 아니다. 우리는 고대작품을 읽을 때 언어에서 가장 영향력이 있는 부분을 중시하여 읽어야 한다. 아래에서 몇 가지 예를 들어 보기로 하자.

《논어(論語)》는 공자와 그 제자의 언행을 고대 제일의 언어로 기록한 책으로 비교적 사실적인 당시 언어의 실제 상황을 반영하고 있다. 한대(漢代)부터 많은 사람이 《논어(論語)》를 읽었고, 당대(唐代)부터 청대까지는 독서가들의 필독서가 되었으며 후대의 언어에도 매우 큰 영향을 미쳤다.

《맹자(孟子)》도 후세 사람들이 기본적으로 읽은 책으로서 후대 언어에 미친 영향이 같은 시대 다른 제가서(諸家書)보다 컸고, 언어도 다른 제가서(諸家書)보다 물 흐르듯 매끄럽고 생동감이 넘쳤다. 그래서《맹자(孟子)》를 읽으면 기세가 넘치는 것을 느낄 수 있는데, 이것은 허사(虛詞)의 효과적인 운용과 밀접한 관련이 있다. 어떠한 장구(長句)라도 사람들은 중간에 멈추지 않고 단숨에 끝까지 읽으려 한다.

《시경(詩經)》은 '고아한 언어(雅言)'의 자료(資料)이다. 표현 수법으로 부(賦), 비(比), 흥(興)이 있고, 형식구조로 편(篇), 장(章), 구(句), 언(言)〔자(字)〕, 운(韻)이 있으며, 성음(聲音) 조직으로 쌍성(雙聲), 첩운(疊韻), 중언(重言: 첩자(疊字)〕이 있다. 그래서《시경(詩經)》을 통해 상고(上古)시대의 언어현상과 그 운용 상황을 이해할 수 있다. 또한《시경(詩經)》의 협운(協韻)과 자음(字音)이 현대한어와 다른 점을 통해 어음(語音)의 역사적 변천을 살펴볼 수 있다.

《좌전(左傳)》과《전국책(戰國策)》은 언어를 기록하고(記言) 사건을 기록한(記事) 종합 작품으로서 표현 방식이 다양할 뿐만 아니라 언어를 운용하여 고대 사회에서 정치 투쟁의 무기로 삼은 현상을 잘 반영하였다. 이 두 권의 책을 읽을 때는 상고한어(上古漢語)의 단어복음화(單語復音化) 현상과 복음사(復音詞)의 구조적 특징(현대한어와 비교할 수 있다), 단구(單句), 복구(復句)의 각종 유형, 그리고 특정한 습관적 표현법 등에 주의해야 한다.

《사기(史記)》는 사마천(司馬遷)이 고대 사료(史料)를 가공(加工)하여 바꾸어 쓰고, 다른 한편으로는 그 당시 언어로 창작한 것이다. 이 가운데 선진(先秦)과 한대(漢代) 사이의 언어 변천 과정을 살펴볼 수 있고,

사마천의 언어 운용의 특색을 파악할 수 있다. 사마천은 《상서(尙書)·요전(堯典)》의 "庶績咸熙"[2] 구절을 《사기(史記)·오제본기(五帝本記)》에서는 "衆功皆興"[3]으로 바꾸어 써서, 당시 구어체에 더욱 가깝게 하였다. 여기서 한대(漢代) 언어의 발전과 사마천의 언어 운용에 대한 중시를 알 수 있다. 이것이 일반 한대(漢代) 작가들의 창작과 다른 점이다. 양웅(楊雄)은 '기이한 글자(奇字)'를 잘 썼고, 반고(班固)는 '옛 글자(古字)'를 쓰기 좋아했지만, 모두 취할 것은 못 된다. 《사기(史記)》를 읽어보면 이 책이 후세의 문학 언어에 주는 영향을 파악할 수 있는데, 한대(漢代)에서 새롭게 생겨난 단어(單語)와 어법(句法)에 대해 주의를 많이 기울여야 한다.

고대한어의 문언문 계통의 각도에서 고대작품을 이해하려면 선진(先秦), 양한(兩漢)의 문장을 중심으로 공부해야 한다. 후인들은 문장을 쓸 때 대체로 선진(先秦), 양한(兩漢)을 모방하였다(이는 앞서 문언문의 인위성과 종합성에서 언급한 바 있다). 선진(先秦), 양한(兩漢)시대의 언어 특징을 완전히 이해한다면(특히 선진[先秦]시대의 언어) 후인들의 문장을 비교적 쉽게 이해할 수 있다.

위진(魏晉)·남북조(南北朝)의 작품을 읽을 때, 《세설신어(世說新語)》와 같은 남북조 민가(民歌) 부류들은 중고(中古) 언어의 특색에 신경을 써야 한다. 왜냐하면 선진시대(先秦時期)에는 부정문에서 대사빈어가 술어 앞으로 도치되지 않는 경우가 많았고, 계사(繫詞) '是(시)'가 자주 사용되었으며[4], 어기사(語氣詞)는 드물게 사용되었고, '其(기)'는 간혹 주어

---

2 많은 업적이 모두 빛나다.
3 많은 공이 모두 흥성해지다.
4 선진시대(先秦時期)에는 '시(是)'를 계사로 쓰지 않았다.

등으로 사용되었기 때문이다.[5] 이러한 부류의 작품 속 단어들은 조금이 지만 근대 단어의 맹아(萌芽)와 어법의 발전을 나타낸 것이다.

당대(唐代)의 문장으로는 보통 한유(韓愈)나 유종원(柳宗元)의 작품을 많이 읽어야 한다. 왜냐하면 그들의 문장은 선진에서 한대에 이르는 언어 발전의 요소들을 계승한 것으로, 후대의 문언문(文言文)에도 많은 영향을 미쳤기 때문이다. 한유(韓愈), 유종원(柳宗元)의 문장은 송대(宋代) 구양수(歐陽修)와 소식(蘇軾)의 문장보다 비교적 읽기 어려우므로 한유와 유종원의 문장은 정독(精讀)하고, 구양수와 소식의 문장은 두루 읽으면서 주위 여러 작품으로 넓혀가는 것도 좋다.

문언문에는 또한 문풍(文風)이라는 것이 있는데, 쓸데없는 말을 한 것이 적지 않다. 일부의 송행(送行), 수서(壽序), 묘지명(墓誌銘)[6]은 말에 내용이 없는 응수(應酬) 문장이므로 오로지 '황제의 은혜'만을 찬양하는 기타 작품과 함께 모두 읽지 않아도 된다.

이어서 다시 강조해야 할 것은 위에서 말했듯이 문언문을 읽을 때는 선진(先秦), 양한(兩漢)을 중심으로 읽어야 하는데, 이것은 문언문을 공부하는 실제에서 출발한 것이므로 옛날의 "문장은 반드시 선진(先秦)과 양한(兩漢)[7]을 본받아야 한다. (文必秦漢.)"라는 견해와 동일시해서는 안 된다. 또한, 후세 진한(秦漢) 언어의 전통을 계승한 우수한 작품들을 여전히 소홀히 보아서는 안 된다. 고백화(古白話)도 마찬가지로 우수한 작품들이 많지만 이 책에서 언급하려는 것에 속하지 않기 때문에 말하지

---

5 선진시대(先秦時期)에는 주어로 사용하지 않았다.
6 물론 이 가운데는 취할 만한 것도 있는데, 한유(韓愈)의 《유자후묘지명(柳子厚墓誌銘)》과 같은 것이다.
7 특히 선진(先秦)과 한나라 초기(初期)를 말한다.

않겠다. 앞에서 언급한 《세설신어(世說新語)》는 문언과 백화가 섞여서 이루어진 것이므로 별도로 다루기로 하고 자세한 설명은 잠시 생략하기로 하겠다.

이상에서 말한 것은 문언문 읽기에 관한 것이었고, 이어서 문언문 분석을 설명하기로 한다.

문언문의 분석도 전면적이어야 하므로 '형식과 내용의 통일'에서 시작해야 한다. 문언문은 옛사람이 쓴 것인데, 옛사람은 이미 세상을 떠났고 남아 있는 것이 서면어(書面語)이다. 문언문을 분석하려면 단지 언어에서 시작해야 하며, 옛사람이 무슨 생각을 했을 것이라고 단정한 다음 언어를 대조·증명하여 본말이 전도되게 해서는 안 된다. 저명한 언어학자 왕력(王力)도 이러한 견해에 동의하였다. 《노자(老子)》라는 책을 분석하는 데 있어 어떤 사람이 먼저 노자의 사상은 유심주의(唯心主義)라고 단정한 후 분석한 《노자(老子)》는 바로 유심주의(唯心主義)의 《노자(老子)》였고, 또 《노자(老子)》의 사상은 소박한 유물주의(唯物主義)라고 단정하고서 분석한 《노자(老子)》는 바로 소박한 유물주의(唯物主義)의 《노자(老子)》였던 것이다. 유심주의든 유물주의든 모두 먼저 언어에 착안해서 근원을 탐구하고, 미세한 것까지 분석해야 이에 상응하는 정확한 결론을 얻을 수 있다. 결론은 안에서 일어나는 것이어야지, 외부에서 더해지는 것이 아니다. 어떤 사람이 《홍문연(鴻門宴)》의 문장을 분석하는 데 있어 언어에 대해 아직 깊이 있고 투철하게 파악하지 않은 상태에서 학생들에게 92개의 문제를 일관되게 제기하여 연상(聯想)이 참으로 '풍부(豊富)'했다는 것이다. 실제로 이처럼 문장을 분석하는 것이 필요한가? 방법이 적절한지는 아직도 많은 의문점이 존재한다. 이것에 대해 인식이 부족하면 설사 현대의 구어체 문장을 분석하더라도 마찬가지로 문제가 되는 것이다. '문화대혁명(文化大革命)'시기에 어떤 사람이 그다지 길지 않은 문장을 분석하는데, 그 문장 속에 '천안문(天安文)'이라는 이 단어가 있었다. 그래서 그는 '5·4운동' 가운데 천안문(天安門)에서 시작하여 모택동(毛澤東)이 천안문에서 홍위병을 8차 접견한 데까지 설명하느라 꼬박 한 시간을 강의했는데도 다 말하지 못했다는 것이다. 이러한 '분석(分析)'은 참으로 청대 기효람(紀曉嵐)[8]이 두보(杜甫)의 시구(詩句)를 빌려 자기의 뜻을 기탁해서 어떤 말에 대한 논평으로 쓴 것과 같다. "꾀꼬리 두 마리가 푸른 버드나무 가지에서 운다. (兩個黃鸝鳴翠柳; 말한 바를 모르겠다는 의미.)", "한 무리의 백로가 푸른 하늘로 날아오른다. (一行白鷺上靑天; 주제에서 멀어졌다는 의미.)"

좋은 문언문은 소재, 구성과 표현을 막론하고 모두 치밀하고 심사숙고한 퇴고(推敲)를 거친 것이다. 양계초(梁啓超)는 전기(戰記)를 쓰는 것을 예로 삼아 자신의 견해를 말하였다. "기사문(記事文)에서 가장 어려운 것은 전쟁을 기록하는 것만 한 것이 없다. 전쟁을 기록할 줄 알면 다른 문장은 쉽게 해결된다."[9] 이 견해는 분명한 이치가 있어 참고할 만하다(왜냐하면 전쟁은 한 사람이 할 수 있는 것이 아니며, 승패[勝敗]는 한 사람, 한 시기, 한 지역의 일이 아니므로 붓을 잡기가 참으로 쉽지 않기 때문이다). 이 때문에 고대 사람들이 전기(戰記)를 쓸 때는 항상 승패(勝敗)의 원인을 서술하는 것을 주요 목적으로 삼았다. 무릇 승패와 관계있는 것은 작은 것이라도 반드시 기록하고, 승패와 관계없는 것은 큰 것이라도 반드시 생략하였다. 전체적인 국면의 크고 작은 일을 일일이 빠뜨리지 않고 기록

---

8 《사고전서(四庫全書)》 총편찬자.
9 《음빙실논문집(飮氷室論文集)》에 보임.

하는 것은 불가능한 것이며, 또한 그렇게 할 필요도 없다. 고대에는 매우 뛰어난 전기(戰記)가 적지 않은데,《제노장작지전(齊魯長勺之戰)》,《진초성복지전(晉楚城濮之戰)》,《한신파조지전(韓信破趙之戰)》,《초한성고지전(楚漢成皐杲之戰)》,《신한곤양지전(新漢昆陽之戰)》,《진진비수지전(秦晉淝水之戰)》 등과 같은 기록이 바로 그것이다. 예를 들어,《자치통감(資治通鑒)》에 실려 있는《오위적벽지전(吳魏赤壁之戰)》은 전쟁에서의 각 주요 방면(시간, 공간, 계략 등을 포함)이 모두 상당히 적절하게 처리되었고, 언어도 간결성과 함축성을 추구하였다. 그래서 명확하고 간단명료하게 당시 전쟁 승패(勝敗)의 역사적인 사실성과 그 내재적인 관계를 반영해 낸 것이다. 전쟁 이전에는 위(魏), 촉(蜀), 오(吳) 세 나라의 세력과 지위가 모두 달랐다. 그러나 오(吳), 촉(蜀)이 피동(被動)에서 주동(主動)으로 옮겨가면서 변화가 가장 극심했다. 이 때문에 작자는 오, 촉의 군신(君臣)들의 상세한 모략과 핵심 장수들의 견고한 의지를 두드러지게 함으로써 오, 촉의 연합군이 힘을 합쳐 위(魏)나라를 무찌르고 승리를 거두는 중요한 요소를 밝히는 데 뜻을 두었다. 위나라의 군대 정황에 대해서는 직접 쓰지 않고, 대부분 연합군 군신(君臣) 간의 대화를 통해 나타냈다. 이렇게 하여 작자는 적지 않은 필묵을 생략하였으나, 독자는 당시 복잡한 사태를 눈앞에 그대로 선명하게 떠올릴 수 있었다. 그리고 두 군대가 부딪칠 때는 사태가 급박(急迫)하게 변하여 "……불길이 거세고 바람이 사납다. (火烈風猛.)"에서 "북군이 크게 패했다. (北軍大壞.)"에 이르기까지 비록 수십 자로 끝을 맺었지만, 그 힘은 무궁하여 장강이 도도히 굽이쳐 흐르는 것처럼 일사천리(一瀉千里)로 이루어져 있다. 전쟁 후에는 단지 "유비, 주유가 바다와 육지를 아울러 나아가 조조를 추격하여 남군에 이르렀다. (劉備, 周瑜水陸竝進追操之南郡.)"의 10여 자로 결론을 맺고 있는데, 물이 흘러서 자연스럽게 수로가 생긴 것처럼 돋보인다. 전쟁 전의 서술을 중시하는 것은 전기(戰記)의 창작 관례라 할 수 있다. 왜냐하면 보통 전쟁은 사전의 철저한 준비와 계획을 거치지 않는 것이 없기 때문이다. 이렇게 생략해야 할 곳은 먹을 금 같이 아끼고, 세밀할 곳은 먹을 구름처럼 쏟아 낼 수 있는 글쓰기 능력은 "내용을 규범에 합당하게 하고 체재를 근본에 맞게 선택하며(規範本體)", "표현의 군더더기를 제거하는 것(剪截浮詞)"[10]에 힘써 추구하는 사람이 아니면 쉽게 도달할 수 없는 것이다. 훌륭한 전기(戰記)의 필법(筆法)은 거울로 삼을 만한 가치가 있고, 또한 문장 분석에 참고할 만하다. 이러한 깨달음이 깊을수록 분석도 더욱 예리해질 수 있다. 이것으로 다른 것을 미루어 보면 두루 통할 수 있다.

이것은 기서문(記敍文)의 글쓰기로부터 문언문의 분석으로 이어지는 실제적인 예이다. 아래에서 다시 의론문(議論文)의 모범적인 예를 들어서 필요한 해설을 해보겠다. 송대(宋代) 왕안석(王安石)의 《독맹상군전(讀孟嘗君傳)》은 전문(全文)이 88자이다.

世皆稱孟嘗君能得士, 士以故歸之, 而卒賴其力以脫於虎豹之秦. 嗟乎! 孟嘗君特鷄鳴狗盜之雄耳, 豈足以言得士? 不然, 擅齊之强, 得一士焉, 宜可以南面而制秦, 尙何取鷄鳴狗盜之力哉? 鷄鳴狗盜之出其門, 此士之所以不至也.

세상 사람들은 모두 맹상군이 현사를 얻는 데 능하여 현사들이 이러한 까닭으로 그에게 돌아갔고, 그리하여 마침내 그 현사들의 힘을 입어 호랑이 같은 진나라에서 탈출할 수 있었다고 말한다. 아! 맹상군은 다만

---

10 유협(劉勰), 《문심조룡(文心雕龍)·용재(熔裁)》

닭 울음소리나 내고 개처럼 도둑질하는 무리의 우두머리일 뿐인데, 어찌 족히 현사를 얻었다고 말할 수 있겠는가? 그렇지 않다면 제나라의 강한 국력을 가지고, 한 사람의 선비만 얻었더라도, 마땅히 제왕의 자리에 올라 진나라를 제압할 수 있었을 것인데, 어찌하여 계명구도의 힘을 빌렸을까? 계명구도의 인물들이 그의 문하에 드나들었으니, 이것이 현사들이 그에게 가지 않은 까닭인 것이다.

이 짧은 문장은 네 개의 단락을 네 마디 말로 표현한 것이다. 첫 구절은 세상 사람들의 논점을 거론한 것이다. 그 아래로 세 개의 구절은 이러한 논점을 하나씩 깨뜨린 것이다. 두 번째 구절의 "아! 맹상군은 다만 닭 울음소리나 내고 개처럼 도둑질하는 무리의 우두머리일 뿐인데, 어찌 족히 현사를 얻었다고 말할 수 있겠는가?"는 "현사를 얻는 데 능하다. (能得士.)"라는 것을 깨뜨린 것이다. 세 번째 구절의 "그렇지 않았다면 제나라의 강한 국력을 가지고, 한 사람의 선비만 얻었더라도, 마땅히 제왕의 자리에 올라 진나라를 제압할 수 있었을 것인데, 어찌하여 계명구도의 힘을 빌렸겠는가?(不然, 擅齊之强, 得一士焉, 宜可以南面而制秦, 尙取鷄鳴狗盜之力哉?)"는 "마침내 그 현사의 힘을 입어 호랑이 같은 진나라에서 탈출할 수 있었다. (卒賴其力以脫於虎豹之秦.)"라는 것을 깨뜨린 것이다. 마지막 구절의 "계명구도의 인물들이 그의 문하에 드나들었으니, 이것이 현사들이 그에게 가지 않은 까닭이다. (鷄鳴狗盜之出其門, 此士之所以不至也.)"는 "현사들이 이러한 까닭으로 그에게 돌아갔다. (士以故歸之.)"라는 것을 깨뜨린 것이다. 전체 문장이 사실이고 근거가 있으며, 글을 쓰는 것이 복잡하면서도 치밀하고 기복(起伏)이 심하여 문장의 기세가 매우 강하다. 언어는 논리와 밀접하게 연계되어 있어서, 논리의 힘이 언어의 표현에 반영되면 언어의 표현에는 의론(議論)의 설득력이 나타나게 된다. 이와 상응하여 문장구조도 단어의 운용과 유기적으로 조화를 이루고 있다. 다른 것은 그만두고 단지 두번 째 구의 '耳(이)'의 쓰임만 보더라도 아주 적절하게 사용되었음을 알 수 있다. 만약 다른 어기사(語氣詞)로 바꿔 썼다면 전체 구절이 분명히 쓸모없이 되고 문맥이 막혀버렸을 것이다. 이것이 문장 분석에서 관심을 가져야 하는 어법 현상(語法現象)이며, 어법 상식의 문제에 속하는 것이므로 뒤에 구체적으로 설명하기로 하고 여기서는 우선 생략하기로 한다.

(三) 문학요소 분석과 언어요소 분석의 상호결합

문학요소의 여러 가지 문제가 이 책과는 그다지 관계가 없을 것 같으나, 사실상 문장의 문학요소를 소홀하게 되면 문장을 분석하는 시야도 제한을 받게 된다. 마찬가지로 문장의 언어요소를 중시하지 않으면 문장을 예리하게 분석할 수 없게 된다. 문언문을 배우고 가르치고 연구하는 데 있어서 문언문에 대한 충분한 인식이 있어야 잘못을 미리 방지할 수 있다. 이해를 돕기 위해서 아래에 필요한 것을 약간 서술하기로 한다.

선진시대에는 철학(哲學), 사학(史學), 문학(文學)을 통틀어 문학(文學)이라 하였다. 그러나 위진(魏晉)·남북조(南北朝)시대에 이르러 문학은 사학, 철학 밖으로 독립되었다. 현대에 이르러 문학은 오직 언어로 형상을 빚어 사회생활을 반영하고 작자의 사상과 감정을 표현하는 예술을 의미하게 되었다. 그래서 문학을 '언어예술(言語藝術)'이라고 부르기도 한다. 문학은 언어예술과 "모든 문사와 학술은 모두 칠언고시를 기초로 한다"라는 이러한 총체적 관점에서 출발했다. 어문학습과 교학, 그리고 연구는 반드시 문학분석과 언어분석의 상호 결합을 중시해야 한다.

문학요소와 언어요소는 전체 문장에서 드러나므로 전체 문장을 떠나서는 문학요소와 언어요소를 분석하고 나타낼 수 없다. 분석이 구체적일수록 더욱 깊이 있게 드러낼 수 있다. 그렇지 않다면 "말이 많아도 그 핵심을 잡지 못하게 된다."

문학분석과 언어분석이 포괄하는 부분은 매우 광범위하지만 여기서는 몇 가지 실마리를 간략하게 설명하겠다.

1. 역대 문장의 감상·분석에서의 폐단

역대로 시문(詩文)의 서술과 분석은 난삽(難澁)하여 이해하지 못하는 폐단이 있었다. 《문심조룡(文心雕龍)》은 중국 고대문학이론의 전문서로 이전 시대의 문학현상을 비교적 전면적으로 총결하여 문학이론 비평을 새로운 단계로 끌어올림으로써 중국고대문학비평사의 걸작이 되었다. 그 역사적 지위와 공헌은 말하지 않아도 알 수 있으나, 책 속에 적지 않은 서술이 헤아리기 어렵다는 것도 모두가 알고 있는 바이다.

《체성(體性)》편의 찬(贊)에서 논평하여 말했다: "재능과 성격은 사람마다 달라서 문장 역시 그 풍격의 변화가 다양하다. 글이 사람의 피부와 근육이라면 뜻은 실로 그 사람의 골수와 같다. 고아하고 화려한 예복은 아름다우나, 지나치게 정교한 기예는 혼탁한 빛깔이다. 학문도 익히면 참된 재능 이룰 수 있으니 그 효능도 덩달아 차츰 훌륭해질 것이다."[11] 여기에서 '膚根(부근)', '凝眞(응진)', '沿(연)', '漸靡(점미)'는 매우 이해하기 어렵다.

《풍골(風骨)》편 찬(贊)에서도 이렇게 말하고 있다. "감정은 기질과 서로 조화를 이루고, 문장은 풍격과 함께 나란히 한다. 문장이 밝고 굳건하면 보옥처럼 소중하게 여겨진다. 울창한 저 바람의 힘(문장의 기세)과 장엄한 이 뼈대(문장의 골격)여! 재주와 봉우리(표현력)가 높게 서 있으니, 문장이 밝게 빛나는구나. (情與氣偕, 辭共體立. 文明以健, 珪璋乃騁. 蔚彼風力, 嚴此骨鯁 才峰峻立, 符采克炳.)" 여기에서 "文明(문명; 文辭), 符采(부채; 文采)도 명확성이 빠져 있다.

이론설명이 이해하기 어렵기 때문에 가르치고 실천할 때 반드시 한정되기 마련이다. 이른바 "跌宕取神(질탕취신: 거침없이 써서 신운이 드러나게 한다)", "匣劍帷燈(갑검유등: 갑속의 칼과 휘장 안의 등불처럼 은은하게 드러난다)", "復筆取神(복필취신: 반복하여 써서 신운을 취한다)", "轆轤旋轉(녹노선전: 문장을 반복적으로 표현함이 물레방아처럼 돌고 돈다)", "鷹準槃空(응준반공: 하늘 위를 빙빙 도는 송골매처럼 그 위엄이 느껴진다)", "兩扇開闔(양선개합: 직접적 표현과 간접적 표현이 부채가 개합하듯이 나타난다)", "空中樓閣(공중누각: 근거가 없는 가공의 사물)", "光怪離奇(광괴이기: 빛이 괴이하여 구부러지고 비틀어진 모양)", "倒卷珠簾(도권주렴: 거꾸로 주렴을 말다)", "響遏行雲(향알행운: 소리가 흘러가는 구름도 멈추게 한다)", "風雲變態(풍운변태: 풍운이 변화한 상태)", "追魂攝魄(추혼섭백: 마음과 넋을 꽉 잡다)", "煉氣歸神(연기귀신: 기를 단련하여 신으로 귀의하게 하다)", "神光離合(신광이합: 신비스런 빛의 이합)" 등의 여러 단어는 확실히 이해하기 어려운 듯하다. 이와 유사한

---

11 才性異區, 文辭繁詭. 辭爲膚根, 志實骨髓. 雅麗黼黻, 淫巧朱紫. 習亦凝眞, 功沿漸靡.

것으로 "回蕩(회탕; 울려 퍼지다. 메아리치다)", "英爽(영상; 자태가 늠름하고 씩씩하다)", "神韻(신운; 신비한 운치)" 등도 역시 말로 그대로 전달하기 어렵다.

이러한 기풍은 유래가 이미 오래되었고, 서로 답습해오면서 습관이 되었다. 청대 사람들은 이청조(李淸照)의 "草綠階前. (초록계전; 계단 앞에 풀이 푸르다.)" 구절이 "당나라 사람의 필법과 흡사하다. (極似唐人筆法.)"라고 칭찬하였으며, 《취옹정기(醉翁亭記)》의 전편이 20여 개의 '也(야)'를 사용한 것을 '妙極(묘극; 묘한 극치)'이라 평하였다. 요즘 사람들은《아방궁부(阿房宮賦)》가 "단숨에 여섯 개의 '也'를 사용함으로써 읽어 보면 지상 낙원에 있는 느낌이 든다."[12]라고 분석하였다. 이와 같은 여러 가지 예들은 무엇이라고 말하지도 않았으며, 무엇 때문이라고 분석하지도 않았다. 그것이 언어요소의 분석에 착안하지 않고 명시했다는 것을 여기서 알 수 있다. 언어요소도 오히려 분석하여 명시하지 못한 마당에 문학요소를 어떻게 분석할 수 있겠는가?

앞에서도 이미 언급한 바 있듯이, 어떤 사람이《홍문연(鴻門宴)》을 강의할 때 연속해서 92개의 문제를 제기한 것은 연상이 정말 풍부하다 할 수 있으나, 전체 문장의 자구에 대해서는 오히려 그다지 이해하지 못하게 되었다. 이것은 마치 해방 전 어떤 학교의 교사가《진정표(陳情表)》와《출사표(出師表)》를 강의하였는데, 몇주가 지났으나 "生孩六月(생해유월; 아이를 낳은 지 6개월 만에)"과 "舅奪母志(구탈모지; 외삼촌이 어머니의 뜻을 꺾고)"의 '孩(해)', '舅(구)', 그리고 "未嘗不歎息痛恨於桓靈也. (미상불탄식통한어환령야; 일찍이 환제와 영제에 대해 통한하지 않은 적이 없다.)"의 "痛

---

12 一口氣用了六個也字, 讀了以後大有人間天上之感.

恨(통한)"에 대해 결국은 해석이 분명하지 못했다고 말한 것과 같다.

일부 이른 바 언어분석의 '전문서'들도 그다지 이상적이지는 못했다. 《맹자(孟子)》의 "使弈秋誨二人奕, 其一人專心致志, 唯弈秋之爲聽 一人雖聽之, 一心以爲鴻鵠將至, 思援弓繳而射之. 雖與之俱學, 弗若之矣. (혁추로 하여금 두 사람에게 바둑을 가르치게 하였다. 그중 한 사람은 전심전력으로 몰두하여 오직 혁추의 말만 들었다. 그래서 다른 한 사람은 비록 혁추의 말을 듣기는 하지만, 마음 한구석으로는〔큰 기러기나 꿩이 장차 날아오면 활을 당겨 기러기를 쏠 생각〕만을 하였다. 그래서 비록 앞서 말한 사람과 함께 배웠지만, 그 사람만 못하였다.)"라는 구절에 대해, 전문서는 상세히 다음과 같이 분석하였다. "이 문장의 기본구조는 조건식 복문이다. '使(사)'는 '倘使(만약에)'에 해당하는데, 조건을 나타내는 연사(連詞)로 줄곧 여섯 번째 구절까지 이어진다. 첫 구절에서 여섯 번째 구절까지 말한 것은 가설의 조건이다. 결과 부분은 일곱 번째 구절의 앞부분이며, 은밀히 승접연사 '則(즉)'을 포함하고 있다. 일곱 번째 구절과 여덟 번째 구절은 또 하나의 양보문(讓步文)이다." 이러한 유형의 복문관계는 고금(古今)의 차이가 크지 않다. 현대한어 어법 과정에서 이미 언급하였고, 고대한어의 "전문서"에서도 크게 중복할 필요가 없으므로 독자가 '用(용)'에 대해 노력하도록 지적해주기만 하면 된다. 그러나 이 문장 가운데 "唯弈秋之爲聽"의 '之爲(지위)'의 용법은 현대한어에는 없으므로 오히려 상세히 설명해야 한다. 설명해야 할 것을 설명하지 않으면(혹은 설명할 수도 없다면), 어떻게 사람들이 이해할 수 있겠는가?

한 편의 문장을 분석할 때, 모든 부분을 일일이 빈틈없이 해석하는 것은 불가능하다. 그러나 중요한 부분과 어려운 부분은 집중적으로 분석해야 한다. 중요한 부분과 어려운 부분을 설명하는 데 거창한 장편의 논술은 필요 없고 화룡점정(畵龍点睛)을 하는 것이 중요하며, 이로써 다른 부분들도 반추해 볼 수 있을 것이다.

앞의 서술은 모두 한 가지에 집중되어 있다. 다시 말하면 역대로 문예 평론과 문장의 감상 분석에는 폐단이 많았다는 점이다. 문장의 감상 분석으로 말하면 말에는 반드시 핵심이 있어야 하고, 작품의 문학요소와 언어요소의 결합을 직시하여 어느 한 쪽으로 치우치지 않도록 해야 한다. 이 목적을 달성하려면 언어와 문학을 연구하는 사람들이 자기 수양을 강화하고, 아울러 언어와 문학 연구의 실질적인 문제를 지도하는 데 중점을 두어야 한다.

2. 문학 수양의 강화

문체 풍격에 대한 지식을 갖추게 되면 언어와 문학분석에 도움이 된다. 위진남북조(魏晉南北朝)부터 시작하여 문학을 운문(韻文)과 산문(散文) 두 개의 유형으로 크게 나누었는데, 이 두 유형에는 각자 서로 다른 양식이 많다. 이러한 분류는 매우 중요하며, 또한 언어와 문학분석의 기본 상식이기도 하다. 예를 들어, '美人(미인)'이라는 이 단어는 고대 운문에서는 성별과 관계없이 단지 마음속으로 그리워하는 대상을 가리킨다. 《시(詩)·패풍(邶風)·간혜(簡兮)》의 "彼美人兮, 西方之人兮. (저 멀리 떠난 님이여, 아득한 서쪽에 있네.)"와 《이소(離騷)》의 "恐美人之遲暮. (미인이 늙어 가는 것이 두렵네.)"의 '美人(미인)'은 모두 이러한 것이다. 그러나 산문에서의 '美人(미인)'은 오히려 '美女(미녀)'를 가리키는 것으로 사용되었고, 《한비자(韓非子)》의 "魏王遺荊王美人. (위왕이 형왕에게 미인을 보냈다.)"와 《사기(史記)·진시황본기(秦始皇本紀)》의 "所收諸侯美人鐘鼓以充入之. (제후에게 거둬들인 미인과 종고[鐘鼓]로 가득 채웠다.)"의 '美人(미인)'은 모두 '美女(미녀)'를 가리킨 것이다. 그러나 송대 소동파(蘇東坡)의 《적벽부(赤壁賦)》에서 "望美人兮, 天一方. (미인을 그리워하노니, 저 하늘 끝에 있네.)"에서 '美人(미인)'은 오히려 마음속으로 우러르고 사모하는 현인(賢人)을 가리킨다. 왜냐하면 소식의 문장 체재는 부(賦)인데, 부(賦)는 "고시(古詩)의 부류"로서 운문의 범주에 속하므로 《시경(詩經)》과 《이소(離騷)》의 전통을 계승하여 《시경(詩經)》과 《이소(離騷)》의 단어의 뜻을 답습한 것이기 때문이다. 기타 역사산문 《좌전(左傳)》은 단어의 뜻을 명확하게 하려고 같은 뜻의 단어로 서로 뜻을 풀어주는 동의호훈(同義互訓)과 이중 단어인 복사(復詞)가 많다. 제자산문 《노자(老子)》는 깊이 있는 철학적 이치를 심도 있게 발휘하기 위하여 반의어(反意語)가 많다. 《시경(詩經)》은 《논어(論語)》, 《노자(老子)》, 《순자(荀子)》, 《한비자(韓非子)》에 비해서 연면자(聯綿字)[13]가 많은데, 문체가 다르면 언어적인 특색도 달라진다. 문학요소와 언어요소가 서로 깊이 스며들고 문체의 풍격에 따라 달라지므로 작품 분석에 대한 구체적인 요구에 더욱 관심을 둬야 한다.

　문예창작과 문학사 지식을 갖추면 언어와 문학분석에 도움이 된다. 사령운(謝靈運)의 《등지상루(登池上樓)》에서 "池塘生春草, 園柳變鳴禽. (연못가엔 파릇파릇 봄풀 돋아나고, 동산의 버들 숲엔 철새가 우네.)"이 구절은 '詩中日月(시 가운데 해와 달)', '出水芙蓉(물 위에 연꽃)'이라 일컬어진다. 이백(李白), 두보(杜甫)도 이 시구를 매우 칭찬하였으며, 송대 오가찬(吳可贊)

---

13 두 음절로 연철(聯綴)되어 이루어지며, 분리되어서는 의미를 갖지 못한다.

은 "춘초지당(春草池塘) 이 구절은 온 세상을 깜짝 놀라게 하여 지금까지 전해지고 있다."[14]라고 하였고, 금대(金代)의 원호문(元好問)은 "연못가에 돋아난 봄풀은 사령운 집 안의 봄 풍경인데, 만고 천추 동안 오직 '지당생춘초(池塘生春草)' 다섯 글자만이 새롭게 느껴진다."[15]라고 하였다. 그러나 당시 사령운(謝靈運) 본인은 뜻밖에도 "이 말은 신이 도와준 것이지, 내 말이 아니다."[16]라고 하였다. 사령운의 시 구절이 무엇때문에 이토록 커다란 매력이 있으며, 이토록 높은 평가를 받은 것일까? 이에 대해 지금까지 구체적으로 설명한 사람은 없다. 우리는 문학창작과 문학사의 시각에서 관찰해도 무방할 듯하다. 먼저, 우리가 알아야 할 것은 문학이란 것은 사회생활이 사람의 두뇌 속에 반영된 산물이라는 것이며, '池塘春草(지당춘초)'의 시 구절이 고귀한 것은 새로운 생활의 숨결을 시에 반영했기 때문이다. 그래서 이 시는 시인의 반평생 고달픈 생활과 처지를 연계해 보면 매우 뚜렷하게 보인다. 사령운의 조부(祖父)는 동진(東晋)의 명장(名將) 사현(謝玄)인데, 그는 18세에 바로 강락공(康樂公)을 세습(世襲)으로 계승하였으나, 유송(劉宋)시대에 이르러서는 동진(東晋)의 유신(遺臣)[17]이 되었다. 그래서 공작(公爵)에서 후작(侯爵)으로 강등되었고, 중용(重用)되지도 못했다. 그런데 사령운이 자신의 재주가 뛰어난 것만을 믿고서 종종 시정(時政)에 대해 논평하자, 권신들은 그를 눈엣가시처럼 여기고서 밖으로 내치기 위해 영가태수(永嘉太守)로 임명하였다. 사령운은 마음속으로 분개하여 태수 임기 중에도 정사를 돌보

---

14 春草池塘一句子, 驚天動地至今傳.
15 池塘春草謝家春, 萬古千秋伍字新.
16 此語有神助, 非吳語也.
17 왕조가 망한 뒤에 남아 있는 신하를 말함.

지 않고, 산수(山水)에 감정을 기탁하여 자신의 울적한 기분을 달랬다. 그는 병으로 드러누운 지 오래되어 매번 마음껏 노닐지 못한 것을 괴로워하였다. 병이 나아서 누각에 올라 보니, 눈에 보이는 것은 연못가의 방초(芳草)가 무성한 모습이고, 귀에 들리는 것은 숲 속 봄 꾀꼬리의 조화로운 울음소리였다. 정원에 가득 찬 봄 경치를 만끽하며 따사로운 봄빛 속에서 마음도 트이고, 기분도 유쾌해지자 아무런 꾸밈이 없는 자연스러운 '池塘春草(지당춘초)'의 시 구절이 즉흥적으로 나왔다. 이것은 무슨 '신이 도와준 것(神助)'이 아니라, 시인이 오랜 병에서 막 낫고 나서, 정치적 실의로 가득 찬 침울한 마음이 잠시나마 사라지고, 즐거운 심정이 따뜻한 봄날의 아름다운 경치와 조화되어 불러일으킨 것이다. 이러한 새로운 생활의 숨결은 언어 표면에 넘쳐나게 되고, 또한 수사에서의 '성(誠)'과 '달(達)'의 요구가 더욱 잘 체현될 수 있었기 때문이다.

《역경(易經)·건괘(乾卦)》에서 "말을 함에는 그 진실함을 토대로 해야 한다(修辭立其誠)."라고 했는데, '성(誠)'은 진심이고 사기와 거짓이 아닌 것을 의미한다. 《논어(論語)·위령공(衛靈公)》에서 "말은 뜻이 전달되면 그만이다(辭達而已矣)."라고 하였는데, 말을 하고 글을 짓는 데는 뜻이 명백하게 표현돼야 한다는 것을 가리킨 것이다. 이미 '성(誠)'과 '달(達)'을 모두 이루었으니 진실성과 예술성이 완벽하게 통일된 것이다. 이는 '현언(玄言)'으로 가득한 시단(詩壇)의 안개를 뚫고서, 시풍을 새롭게 변화시킨 것이다.

이 시에 대해 만약 문학적인 여러 요소를 소홀히 하고서, 그 시의 좋은 점은 "담박하기는 맑은 물과 같고, 명백하기는 말과 같다."[18]라고 말

---

18 淡如淸水, 明白如話.

한다면 수박 겉핥기식에 그칠 것이다. 또 주관적인 감성에만 의지하여
"마음의 경지는 맑고 새롭고, 경치는 그림과 같다."¹⁹⁾와 같이 가운데 층
층이 연상하고 늘어뜨리기만 한다면 근거 없이 떠도는 말처럼 보일 것
이다. 이렇게 되면 시 작품의 본연의 진솔함과 시단(詩壇)의 역사적 사
실(史實)과 위배되는 것이다.

3. 언어 수양의 강화

언어(言語), 어휘(語彙), 어법(語法), 수사(修辭)와 그 종합적인 운용의
지식을 갖추게 되면 언어와 문학분석에 도움이 된다. 편폭의 제한을 받
기 때문에 두 가지 측면에서만 예를 들어 설명하겠다.

(1) 《맹자(孟子)·이루(離婁)》에 이런 구절이 있다.

蚤起, 施從良人之所之, 偏國中無與立談者. 卒之東郭墦間, 之祭者,
乞其餘; 不足, 又顧而之他, 此其爲饜足之道也. 其妻歸告其妾, 曰:
'良人者, 所仰望而終身也. 今若此!' 與其妾訕其良人, 而相泣於中庭;
而良人未之知也, 施施從外來, 驕其妻妾.

그 처가 일찍 일어나 남편이 가는 곳을 샛길로 몰래 따라가 보았다. 남
편은 온 도시를 두루 돌아다니는데 같이 서서 이야기하는 사람도 없었
다. 그는 마침내 동쪽 성곽의 무덤 사이에서 제사를 지내는 사람에게로
가서 음식을 빌어먹고, 부족하면 또 다른 곳을 찾아갔다. 이것이 배불
리 먹을 수 있는 방법이었던 것이다. 그 처가 돌아와 그 첩에게 "남편이
란 일생을 마칠 때까지 우러러 바라보아야 하는 사람인데, 지금 이 꼴
이네."라고 말하고는 첩과 더불어 남편을 욕하며 서로 뜰 안에서 울고
있었다. 남편은 그것도 알지 못한 채, 의기양양하게 밖에서 들어오더
니, 처첩에게 교만을 떨었다.

---

19 意境清新, 景色如畫.

문장 가운데 몇 개의 '施(이)'자는 《사해(辭海)》에서 "'迆(이)'와 통하고 천천히 가는 것이다."라고 하였으며, 아울러 앞에서 언급한 《맹자(孟子)》의 구절을 예로 증명하였다. 한자는 한어(漢語)의 단음(單音)과 뜻을 이루며 서로 순응하는데, '施(이)'는 《說文(설문)·'㫃'(yán)部(부)》에서 "旗(기)·旖(의)·施(이)는 㫃(yán)부에 속하고, 성부는 야(也)이다."[20]라고 했다. '㫃(언)'은 《설문(說文)》에서 "屮(chè)부에 속하고, 구불구불 아래로 늘어뜨리며, 깃발이 펄럭거리는 모습이다."[21]라고 하였다. '㫃(언)'에 대해 단옥재(段玉裁)는 "'屮(chè)'에 속한다는 것은 깃대 머리의 위에 보이는 것을 말한다."[22]고 풀이하였다. 이에 따르면 '施(이)'의 의부(意符) '㫃(언)'의 본의(本義)는 깃대의 깃발이 미풍에 의해 좌우로 나부끼는 모양이다. 이러한 뜻을 이해한다면 앞에서 묘사한 제나라 사람과 그 아내의 심리 상태를 더욱 세밀하고 깊이 있게 맛볼 수 있다. '施從(이종)'의 '施(이)'는 제나라 사람의 처가 자기 남편의 뒤를 밟아야 하는데, 또 들킬까 봐 조마조마하며 이리저리 왔다 갔다 하며 그 뒤를 따르는 모습을 형상적으로 그려낸 것이다. 그리고 "施施從外來(이이종외래)"의 '施施(이이)'는 이러한 제나라 사람이 집으로 돌아올 때 그러한 태연자약하고 좌우로 흔들어 대며, 처첩 앞에서 위세를 한껏 부리는 모습을 더욱 생동감 있게 그려낸 것이다. 만약 한어(漢語)의 단음(單音)과 뜻이 이루어지는 '施(이)'의 의부(意符)를 분석하지 않고, '施(이)'의 본의(本義)를 따지지 않는다면 '施(이)', '施施(이이)'가 나타내 주는 동작의 생동성과 형상성을 깊이 있게 이해하지 못할 것이다. 문자(文字)의 어휘 분석을 하

---

20 旗旖(yi)施也, 從'㫃', 也聲.

21 從屮(che), 曲而垂下, 㫃相出入也.

22 從屮者, 謂杠(旗杆)首之上者.

지 않으면 문학 구성 요소는 구체적으로 나타나기 어렵다는 것을 이로 써 알 수 있다("斜行(사행)" 두 글자로 해석하는 것과 비교해 보면 우열이 자연스럽게 드러난다).

(2) 《후출사표(後出師表)》에 이런 구절이 있다.

自臣到漢中, 中間期年耳, 然喪趙雲, 陽群, 馬玉, 閻芝, 丁立, 白壽, 劉郃, 鄧銅等及曲長屯將七十餘人, 突將無前, 寶叟, 靑羌散騎武騎 一千餘人, 此皆數十年之內所糾合四方之精銳, 非一州之所有; 若復 數年, 則損三分之二也, 當何以圖敵?

신이 한중에 도착한 이후로, 그동안 1주년이 되었습니다. 그러나 조운, 양군, 마옥, 염지, 정립, 백수, 유합, 등동 등과 곡장, 둔장 70여 명과 돌격장 무전, 종수, 청강, 산기, 무기(기마병) 1천여 명을 잃었습니다. 이들은 모두 수십 년 동안 사방에서 끌어모은 정예들이요, 익주 한 고 을의 소유가 아닙니다. 만일 다시 몇 년이 또 지나면 3분의 2를 잃게 될 것이니, 마땅히 무엇으로써 적을 도모하겠습니까?

통상적으로 '耳(이)'와 '矣(의)'는 모두 진술어기를 나타내는 단어이 다. 그러나 여기서는 "中間期年耳(중간기년이)"의 '耳(이)'는 결코 '矣(의)' 로 바꾸어 쓸 수 없다. 그렇지 않으면 반드시 《조자변략(助字辨略)》의 작 자 유기(劉淇)가 말한 것처럼 "한 글자가 어긋나면 한 구절이 차질이 생 기고, 한 구절이 잘못되면 전체 문장이 막히게 되는 것"[23]이기 때문이 다. '耳(이)'는 작은 것에서 말하여 시간이 아주 짧음(단지 1주년)을 극단 적으로 말하고, 뒤이어 손실이 큼을 일일이 헤아림으로써 앞뒤를 대비 하여 위험한 상황이 모두 드러나게 하는 것이다. '矣(의)'는 넓은 범위에 서 시간이 오래됨(1주년을 중하게 봄)을 뜻하는 것이므로 자연히 뒤에 이

---

23 一字之失, 一句爲之蹉跌; 一句之誤, 通篇爲之梗塞.

어지는 문장과 조화를 이루지 못하여 반드시 어구가 차질을 빚게 됨으로써 전체 문장이 막히게 되는 것이다. 이것에 대해 약간만 제시할 수 있어도, 독자는 즉시 이것에서 저것으로 미루어 짐작할 수 있게 되고, 하나를 듣고 열을 알 수 있게 되는 것이다. 그러나 유감스러운 것은 역대로 문장 분석이 지적해 주지 못했다는 점이다.

무릇 분석이라는 것은 모두 앞뒤 문장이 긴밀하게 연계되어야 한다. 예를 들어 일반적으로 '嗚呼(오호)'는 감탄사로서 슬픔을 나타낼 때 두루 쓰인다고 말하지만 단지 슬픔만을 나타내는 것이 아니므로 작품의 앞뒤 문장을 살펴보고서 판단해야 한다. 시험 삼아 비교해 보자.

> "嗚呼! 汝病吾不知時, 汝歿吾不知日. (아! 네가 병에 걸렸지만 나는 그 시기조차 알지 못하였고, 네가 죽었지만 나는 그 날짜조차 알지 못하였구나.)"[24]
> "嗚呼! 亦盛矣哉. (아! 또한 성대하구나.)"[25]

여기서 전자는 슬픔을 나타낸 것이고, 후자는 찬탄을 나타낸 것이다. 만약 앞뒤 문장을 떠나서 하나의 해석에만 얽매인다면 곤혹스러움을 면치 못할 것이다. 언어분석은 아래 (四)에서 더 다양한 예를 들어 살펴보기로 하자.

㈣ 언어의 여러 요소 분석과의 호응

언어의 3요소는 어음(語音), 어휘(語彙)와 어법(語法)이다. 어음은 언

---

24 한유(韓愈)의 《제십이랑문(祭十二郎文)》
25 장박(張薄)의 《오인묘비기(五人墓碑記)》

어에서 겉모습이고, 어휘는 언어의 건축 재료이며, 어법은 언어의 구조 규칙이다. 언어현상의 인식에 대하여 총체적인 관점을 가져야 한다. 언어는 우선 소리가 있는 언어로서 문자로 언어를 기록하면 서면어(書面語)가 된다. 그리고 한자는 형태소 문자로 그 독특한 구조형식이 한어의 단음(單音)이 뜻을 이루는 특징과 서로 호응하므로 병음 문자와는 달리 그것은 한어에 대해 말한다면 영향력이 대단한 것이다. 언어의 기능을 더욱 효과적으로 발휘하게 하려면 언어의 수사법을 다루지 않을 수 없다. 그래서 언어의 3요소 분석은 반드시 한자와 수사(修辭)의 분석이 연계되어야 한다. 물론, 이것은 매 단락 서면어(書面語)가 문자(文字), 어음(語音), 어휘(語彙), 어법(語法), 수사(修辭) 등 여러 방면에서 분석되어야 한다는 것을 말한 것이 아니라, 반드시 다각적인 시각을 가져야 함을 말한 것이다. 분석할 때는 수요에 따라서 치중하는 바가 있어야 한다.[26] 명확히 살펴보기 위해서, 아래에서 나누어 예를 들어 설명하기로 한다.

① 王曰: "告爾殷多士, 今予惟不爾殺, 予惟時命有申."

(《상서〔尚書〕·주서〔周書〕·다사〔多士〕》)

왕이 말했다: "은나라 여러 관리에게 말하노니, 지금 나는 그대들을 죽이지 않기로 생각하여 나는 이 명령을 반복하여 설명하고자 한다."

이 구절의 말에서 "予惟時命有申"은 이해하기 쉽지 않다. 그러나 단어와 어법 상식의 분석을 결합해 보면 곧 손쉽게 해석할 수 있다. '惟(유)'는 생각한다는 뜻이고, '有(유)'는 '又(우)'와 통하여 중복되는 뜻이다. '申(신)'은 자세히 설명한다는 뜻으로 '有申(유신)'은 바로 반복하여

---

26 각 방면을 빈틈없이 분석하는 것은 분석을 위한 분석이 되고 장황한 철학이 되어 필요도 없을 뿐만 아니라, 효과도 정반대로 되므로 마땅히 취해서는 안 된다.

설명한다는 것이다. '時(시)'는 '此(차)'로서 '이것'의 뜻이다. 빈어의 중심사는 '命(명)'이고 '申(신)'은 동사인데, 전치된 빈어 '時命(시명)'과 동사술어 '有申(유신)' 사이에 구조조사가 없다. 전체 문장의 뜻은 "나는 이 명령을 반복하여 설명하고자 한다."이다. 만약 어휘의 뜻과 문장 어법의 관계를 분석하지 않으면 문장의 뜻을 파악하기 쉽지 않다('惟〔유〕'는 《상서〔尙書〕》에서 648번 나타났고, 이체자〔異體字〕²⁷⁾ '唯〔유〕', '維〔유〕'는 문두어기사〔文頭語氣詞〕와 부사〔副詞〕로 자주 사용되며 동사·개사·연사로도 사용되는데, 이 구절에서는 동사로 사용한 것이다).

② 孟夏行春令, 則虫蝗爲災; 仲冬行春令, 則虫蝗爲敗.

《예기〔禮記〕·월령편〔月令篇〕》

맹하(孟夏)의 날씨가 봄날과 같으면 황충이 극성하여 재해가 된다. 중동(仲冬)의 날씨가 봄날과 같으면 황충이 죽는다.

'虫蝗(충황)'은 상고시대의 큰 것을 작은 것에 덧붙이는 단어 구성법으로, 즉 후대에 말하는 '蝗虫(황충)'이다. 어떤 사람은 이해하지 못하고, '虫蝗(충황)'을 '蝗虫(황충)'으로 바꾸었는데, 청대 왕인지(王引之)는 이것은 잘못 이해한 것이라 하였다. 마찬가지 상황으로 국어 교과서에 《성복지전(城濮之戰)》이 선정된 적이 있었는데, 이 '城濮(성복)'은 나중의 표현법에 따르면 '濮城(복성)'으로, 바로 오늘날 산동성(山東省)의 '濮縣(복현)'이지만 후대의 표현에 의해 바꿀 수는 없는 것이다. 기타 '帝辛(제신), 帝乙(제을), 後羿(후예), 城潁(성영)' 등과 같은 것도 마찬가지로 후대의 표현법에 의해 '辛帝(신제), 乙帝(을제), 羿後(예후), 潁城(영성)' 등으로 바꾸게 되면 언어의 역사 사실에 어긋난다. 단어 구성 현상은 어

---

27 뜻은 같으나 모양이 다른 글자를 말함.

법과 어휘 사이에 끼어 있는 현상으로, 문언문의 분석과 해석에서 소홀히 할 수 없다.

③ "主上屈法申恩, 呑舟是漏." （구지〔丘遲〕《여진백지서〔與陳伯之書〕》）

주상께서 법을 굽혀 은혜를 베푸시는 것은 그물이 배를 삼킬 만큼 큰 고기를 빠뜨리는 것입니다.

"呑舟是漏(탄주시루)"는 어휘법(語彙法), 어법(語法), 수사(修辭) 등 여러 방면의 지식을 활용하여 분석해야 한다. "呑舟是漏"는 전고의 출처가 《장자(莊子)·경상초(庚桑楚)》의 "呑舟之魚(탄주지어)", 환관(桓寬)의 《염철론(鹽鐵論)·형덕(刑德)》의 "網漏呑舟之魚(망루탄주지어)" 등으로 어휘학의 내용에 속한다. "呑舟之魚"를 약칭하여 '呑舟(탄주)'라 하고, 강조하기 위해서 동사 '漏(루)'를 앞으로 도치한 것은 어법학(생략 및 어순)의 내용에 속한다. "呑舟之魚(탄주지어)"는 양조(梁朝)가 범인에 대해 지나치게 관대한 것을 비유한 것으로, 또한 수사학의 내용에 속한다. 고대인들은 문장을 쓸 때 종종 어휘, 어법, 수사 등의 수단을 종합적으로 운용하였는데, 우리도 이에 걸맞게 어휘, 어법, 수사 등 지식을 종합적으로 운용하여 상세히 분석하는 것 역시 필요하다.

④ "微子之言, 吾亦疑之." （《사기〔史記〕·오자서열전〔伍子胥列傳〕》）

그대의 말이 없었다면 나 역시 그를 의심했을 것이오.

'微(미)'는 '없다'의 의미로 쓰였다. 이것은 원래 고대의 비음성모(鼻音聲母) 분화와 관계가 있다. '微(미)'는 고대의 비성모(鼻聲母) 자(字)로서 '無(무)'의 성모(聲母)와 마찬가지로 현대의 'm'에 해당한다. 그러나 현대 표준어에서의 '微(미)'는 영성모(零聲母) 자(字)로서 독음이 곧 원래의 것과 다르다. 어음(語音)상의 비음성모의 분화 규칙을 운용하여 분석해 보면 전체 구절의 뜻을 이해하는 데 어렵지 않을 것이다.

⑤ "行不得也哥哥, 十八灘頭亂石多. 東去入閩南入廣, 溪流湍駛領
嵯峨, 行不得也哥哥." (구준〔丘濬〕의 《금언〔禽言〕》 시〔詩〕)
"떠나가지 마세요, 오빠! 열여덟 험한 여울가에는 어지러운 돌들이 많
고 많아요. 동쪽은 민남으로 흘러들고 남쪽은 광동으로 흘러드는데, 시
냇물에 급류가 소용돌이치고 울쑥불쑥 솟은 산은 높고 험준하니, 떠나
지 마세요! 오빠!"

"行不得也哥哥(행부득야가가)"는 자고새의 소리로 마음을 나타내,
세상살이의 고단함을 표현한 것으로, 글자의 표면적 해석에 얽매여서는
안된다. 시(詩), 사(詞), 곡(曲)의 언어는 문언문과 백화문의 중간에 끼
어 있는 것으로서 이 방면의 내용이 너무 많아 말하자면 길어지므로 위
에서 하나의 예만을 든 것이다.

⑥ 風, 風也. (《시대서〔詩大序〕》)
풍은 풍자의 뜻이다.

이러한 동일한 글자로 해석되는 글자를 해석하는 것은 표면적으로
보면 알 수 없으므로 실제로 어의(語義), 어음(語音), 어법(語法) 등 종합
적인 각도로 살펴보아야 한다. 《시대서(詩大序)》의 작자는 《시경(詩經)》
의 '풍(風)', '아(雅)', '송(訟)'의 '風(풍)'은 일종의 시의 명칭이고, 평성(平
聲)으로 읽어야 하며 항상 주어의 역할을 한다고 여겼다. 그리고 함축적
인 말로 암시하고 권고하는 뜻을 나타내는 '風(풍)'은 거성(去聲)으로 읽
으며 술어의 역할을 하는 것이라고 여겼는데, 의미의 역할은 성조에 따
라 달라지는 것이다. 옛 서적에는 단어의 독음이 달라지면서 뜻과 어법
작용이 달리 나타나는 상황이 적지 않았다. 예를 들면, 《맹자(孟子)·등

문공상(滕文公上)》의 "徹者徹也. (철[주대 세금의 명칭]은 철[취하는 것]이다.)"와 같은 것이다. 언어의 여러 가지 요소의 분석은 서로 상응해야 한다는 것을 이로 말미암아 더욱 어렵지 않게 알 수 있다.

　마지막으로 글자(단어)의 뜻을 이해할 수 없는 경우는 자전 혹은 사전을 많이 찾아야 한다. 물론 모르는 글자는 찾아야 하고, 잘 아는 글자도 자주 찾아보아야 한다. 왜냐하면 일부 상용한자의 의미 항목은 모르는 글자의 의미 항목보다도 훨씬 많아서, 조심하지 않으면 틀리기 쉽기 때문이다. 예를 들면 '一'자는 숫자를 나타내는 것 외에도 "一遵蕭何約束"[28]에서는 "일괄적으로(一槪)"의 뜻으로 부사로 사용된 것이다. "以一其人之視聽"[29]에서는 "통일하다(統一)"의 뜻으로 동사로 사용된 것이다. "用心一也"[30]에서는 "전일하다(專一)"의 뜻으로 형용사로 사용된 것이다. "一更其手"[31]에서는 "모든(一切)"의 뜻으로 대사로 사용된 것이다. 또 예를 들어 '辟(벽)'은 《중화대자전(中華大字典)》에 70여 개의 의미 항목(義項)이 나열되어 있고, 《사해(辭海)》, 《사원(辭源)》을 합치면 또 십여 개의 의미 항목이 있어서 송대 대학자 주희(朱熹)조차 어리둥절했던 것이다. 다시 예를 들면, "二桃殺三士.(두 개의 복숭아로 세 명의 용사를 죽이다.)"라는 전고(典故)의 표현법을 사용한 것인데, '士(사)'는 용사(勇士)를 가리킨다. 그런데 五四(오사)시대 "文白之爭(문백지쟁)"가운데서 어떤 교양 있는 고문가가 순간적인 실수로 '士(사)'를 '공부하는 사람(讀書人)'으로 풀이하자, 노신(魯迅)이 때맞춰 바로잡아 주었다. 어떤 사람은 "모르는

---

28 일괄적으로 소하의 규율을 따랐다.
29 그 사람이 보고 들은 것으로 통일하였다.
30 마음 씀이 한 가지이다.
31 모두 그 동작을 바꾸었다.

글자가 무서운 것이 아니라, 아는 글자가 무섭다."라고 했는데, 이 말은 결코 거짓이 아니다.

앞에서 언급한 바와 같이 한자는 최소단위의 문자로 '한어의 단음(單音)이 뜻을 이루는 특징과 서로 상응'한다. 이것은 개념을 응집시키고 범주를 활성화하며, 문화의 풍부함을 반영하는 것이므로 가볍게 보아서는 안 된다. 책을 읽고 글자를 익힐 때에는 반드시 사전이나 자전 등을 잘 활용하여 독해 능력을 키우고 시야를 넓혀야 한다. 예를 들어 말하자면 '맹금류(猛禽類)들이 어떻게 작은 동물을 잡아먹을까?' 하는 문제는 세계 생물학계에서 오랫동안 풀지 못한 수수께끼였다. 1960년대 중국 과학자들은 실제적인 관찰을 통해서 부엉이가 쥐와 같은 작은 동물을 통째로 삼켜버리고, 가죽과 털은 씹어서 한 덩어리로 만들어 토해내는 것을 발견하였다. 일부의 전문가들은 생물계의 하나의 비밀을 밝혀내어 "고요하지 않은 밤(不平靜的夜)"이라는 과학 교재 영화까지 만들었다. 중국 고대의 '㢱(wei)'는 당시의 언어가 위와 같은 사실을 반영함으로써 만들어진 글자이다.[32] 한대(漢代) 허신(許愼)의 《설문해자(說文解字)·환부(丸部)》에 이러한 해석이 있다; "㢱(wei)는 맹금이 잡아먹고서, 그 가죽과 털은 알약 같이 토해내는 것이다. 환(丸)부에 속하고, 와성이며, 위라고 읽는다.(㢱, 鷙鳥食已, 吐其皮毛如丸. 從丸, 咼聲, 讀若颭.)" 이 하나의 실질적인 예는 바로 한자 문화가 과학적임을 그대로 드러내고 있다. 또 다른 예를 들어 말하면 '病(병)'의 형부는 '疒(녁)'으로, 사람이 질병으로 아파서 침대에 기대고 있다는 뜻을 나타내며, '丙(병)'은 독음을 나타낸다. '瘦(수)' 역시 '疒(녁)'을 형부(形符)로 한 것이므로 고대인들이

---

32 육종달(陸宗達)의 문장을 참조.

'瘦(수)'자를 일종의 병든 상태로 보았음을 알 수 있다. 이로써 고대인들의 심미적 관점을 알 수 있다. 풍만한 것을 아름다움으로 여긴 것은 오늘날 곳곳에서 호리호리한 몸매를 광고하고, 날씬한 것을 유행으로 삼는 것과는 다르다. 그래서 《시경(詩經)·정풍(鄭風)·풍(豊)》에서 말한 "子之豊兮(자지풍혜)······."는 바로 "당신은 정말 풍만하군요!"라는 의미이다. 이 칭찬하는 말은 "당신은 정말 아름답군요!"와 같은 뜻이다. 당시의 유행이 이러하였기 때문에 멋있는 남자를 "美豊儀(미풍의; 훌륭하고 풍만한 풍채)"라고 하였다. 고대 사람들이 '瘦(수)'를 일종의 병든 상태로 간주했던 문화 의식은 한자의 구조 형태에서 분명히 드러난 것이다. 이러한 실질적인 예들이 하나의 문제를 뚜렷하게 제시하고 있다. 한어(漢語)의 자전이나 혹은 사전은 매우 풍부한 문화적 의미를 내포하고 있으므로 사전이나 자전등을 부지런히 찾아보아야 한다. 그래서 스스로 여러 방법을 통해 문화 지식을 습득하여 미흡한 것은 버리고 정제된 것은 흡수함으로써 전통문화를 계승하여 현대문화를 크게 빛내고 이바지해야할 것이다.

결론적으로 말하면 언어(형태소를 포함)는 지극히 풍부하고 다채롭다. '어법은 언어의 구조 규칙'이므로 언어의 여러 요소를 무시하고, '문학은 언어의 예술'임을 무시하고, 언어의 문화 함의를 무시한다면 언어의 구조 규칙 기능이 잘 발휘되는 것을 생각하기는 어렵다.

二. 학습의 방향과 방법

(一) 규칙을 이해하고, 간단한 것으로 번잡한 것을 다룬다.

규칙은 사물(事物) 사이에 내재되어 있는 본질의 연계를 말한다. 고대한어를 배우려면 반드시 규칙을 잘 이해해야 한다. 그리고 간단한 것으로 번잡한 것을 다루고, 점에서 면으로, 밖에서 안으로 미치는 효과를 얻을 수 있어야 한다. 가장 일반적인 예를 들면, 어법서는 보통 단어의 구성법을 먼저 말한 후에 어법을 말한다. 단어의 구성법을 설명할 때, 단어를 몇 가지 종류로 나누고, 또 종류마다 몇 개의 작은 유형으로 나눈다. 가장 먼저 명사를 설명하는데, 명사를 작은 유형으로 세세히 분류하고, 각각 예를 들어 설명한다.[33] 그런 다음 명사의 기능을 말하는데, 하나하나의 예를 들어 명사는 주어, 빈어가 될 수 있고, 이러한 것들은 감성적인 인식을 높이는 데 도움이 되므로 반드시 이러한 기초

---

33 사물의 명칭은 매우 복잡하여 명사를 자세히 분류하면 자연히 매우 번잡하게 된다.

위에서 그 내용의 규칙성을 개괄해야 한다고 설명한다. 무릇 명사는 모두 주어와 빈어가 될 수 있으며, 뒤의 어법 부분과 서로 호응하게 된다. 이러한 규칙을 이해하게 되면 대단위의 언어현상을 다룰 수 있고, 부드럽게 설명할 수 있다. 명사에 관한 내용만으로 어법서에서 몇천 자까지도 쓸 수 있다. 다만 그 핵심 내용을 제시할 수 있는 십여 개의 글자만 잡아낸다면 사물의 핵심을 파악할 수 있게 되어 나머지는 저절로 해결된다.

다시 예를 들면, 선진시대에는 동량사(動量詞)가 없었고, 위진(魏晉)·남북조(南北朝)시대에 동량사가 10여 개 나왔다. 이것은 한어 사류(詞類)가 자체적으로 한층 완전해진 규칙적 표현인 것이다. 이러한 양사의 발전 규칙에 따르면 "遇黑卯之子於門, 擊之三下.(흑묘의 아들을 문 앞에서 만나, 그를 세 번 때렸다.)"[34]는 것은 분명히 진대(晉代)의 표현법이며, 전국(戰國)시대의 표현법이 아니다. 전국시대에는 동량사 '下(하)'가 없었기 때문에 "擊之三"이라고 하거나 혹은 "三擊之"라고 하였다. 이 동량사의 사용(동시에 다시 연관되는 다른 언어요소로 돕는 것)으로 일찍이 논쟁이 되었던《열자(列子)》를 지은 시대가 전국시대(戰國時代)가 아니라 진대(晉代)라는 것을 확실하게 증명할 수 있게 되었다. 이로써 언어의 규칙성은 언어의 인식과 연구에 대해 매우 중요한 것이고, 고적(古籍)연구에 대해서도 매우 큰 가치를 지니고 있으며, 고적(古籍)의 감별과 정리의 공통된 인식에도 연결되어 있음을 알 수 있다. 이 외에도, 언어는 인류의 가장 중요한 의사소통 수단이고, 언어의 규칙성에 대한 이해는 언어 운용의 여러 방면에도 연관되어 있으므로 절대로 등한시해서는 안 되는 것이다.

34《열자(列子)·탕문(湯問)》

(二) 일반적인 것을 이해하고, 구별에 중점을 둔다.

우리가 흔히 보는 고대한어 어법서는 내용이 어법 지식과 용법을 소개하는 데 편중되어 있다. 이것은 어법 공부에 매우 필요한 것이며, 일반적인 이해에 도움이 된다. 그러나 여전히 많이 부족하므로 다른 것을 변별하고 분석하는 데 많은 노력을 기울여야 한다. 변별이 뚜렷해질수록 일반적인 것을 더욱 잘 이해할 수 있다. 아래에서 예를 들어 설명해 보기로 하자.

① 年五十矣, 輕健若少年.
나이가 50인데도, 날래고 강건하기가 소년 같다.

'矣(의)'를 사용하여 50세를 중하게 보는 어기(語氣)로써 '많다(大)'는 어감(語感)을 나타내고 있다: 나이가 상당히 많다.

② 年五十耳, 而已衰.
나이가 50인데, 벌써 늙었다.

'耳(이)'를 사용하여 50세를 가볍게 보는 어기로써 '작다(小)'는 어감을 나타내고 있다: 나이가 아직 젊다.

'矣(의)'와 '耳(이)'는 모두 진술을 나타내는 어기사(語氣詞)이다. 그러나 실제의 어기와 어감은 다르다. '耳(이)'는 앞에서 언급한 "문학요소 분석과 언어요소 분석의 상호결합"이라는 이 부분 내용 마지막에 예로 든 제갈량(諸葛亮)의 《후출사표(后出師表)》중 한 단락에 나오는 '耳(이)'의 용법과 서로 비슷하여 함께 참고할 만하다.

③ 孺子可教也.
　어린아이는 가르칠 만하다.

'也(야)'는 사실 확인을 나타내는 정적인 어기사로, 긍정의 어기를 강화시켜 본연의 일을 나타낸다.

④ 孺子可教矣.
　어린아이는 가르칠 만하게 될 것이다.

'矣(의)'를 써서 사태의 발전과 변화를 의미하고 있으며, 일종의 새로운 상황을 설명한 것으로, 동적인 어기사로서 과거에 일어난 일 혹은 미래에 일어날 일을 나타낸다.

이상은 허사의 구별에 관한 내용을 살펴보았다. 계속해서 어법(句法)의 차이를 설명해 보겠다.

⑤ 夫子之哂由何也?
　공자께서 웃으신 것은 어째서입니까?

의문대사 '何(하)'를 술어로 의문문을 만들었는데, 의문의 의미를 나타낸 것이 상대적으로 말하여 비교적 두드러진다.

⑥ 夫子何哂由也?
　공자께서는 어찌하여 웃으십니까?

의문대사 '何(하)'를 부사어로 의문문을 만들었는데, 단지 일반적인 의문을 나타낸 것으로, 무슨 강조하는 어감이 별로 없다.

⑦ 何夫子之哂也?
　어찌하여 그대는 웃고 있습니까?

의문대사 '何(하)'가 마찬가지로 부사어로 쓰였지만, 그러나 문장 첫머리(문두부사어)로 이동하여 의문강조를 나타내고 있으며, 아울러 반문하는 어기(語氣)를 띠고 있다.

이상은 고대한어와 관련된 내용이다. 다음으로 고대한어와 현대한어의 어법을 비교·구별해보자.

⑧ 國一日被攻, 雖欲事秦, 不可得也. 《전국책〔戰國策〕》

나라가 하루아침에 공격을 받는다면 비록 진나라를 섬기고자 해도 그럴 수가 없을 것입니다.

'雖(수)'는 현대한어의 "雖然(suīrán; 비록)"에 해당한다.

⑨ 安陵君曰: "大王加惠, 以大易小, 甚善; 雖然受地於先王, 願終守之, 不敢易." 《전국책〔戰國策〕》

안릉군이 말했다: "대왕께서 은혜를 베풀어 큰 땅을 작은 땅과 바꾸자 하시니, 참으로 좋습니다. 비록 그렇기는 하지만, 선왕께 땅을 물려받은 것이니 바라건대 죽을 때까지 그 땅을 지키고, 감히 바꾸지 않을 수 있게 해주소서.

'雖然(suīrán)'은 현대한어의 "雖然這樣(비록 이렇지만)"에 해당한다.

구체적으로 말하면 '雖然(suīrán)'은 현대한어에서 양보의 관계를 나타내는 연사로서 '但是(dànshì)'와 서로 호응한다. 고대한어에서는 연사 '雖(수)'와 대사 '然(연)' 두 개의 단어로 구성된 연관구조이다. '雖(수)'는 분명히 현대한어의 '雖然(suīrán)'에 해당하고, '然(연)'은 현대한어의 '如此(rúcǐ)', '這樣(zhèyàng)'에 해당한다. '雖然(suīrán)'은 단지 "雖然這樣, (但是)"로 이해된다. 기타 '然而(연이)'는 현대한어에서 전환을 나타내는 것으로 연사이다. 고대한어 가운데서, '然而(연이)'는 대사 '然(연)'과 연사 '而(이)'가 결합한 구조이다. '然(연)'은 현대한어의 '如此(rúcǐ)', '這樣(zhèyàng)'으로 앞에서의 일을 가리키고, '而(이)'는 '可是(kěshì)", '却(què)"로 전환을 나타내는데, 단지 '這樣, 可是', '這樣, 却'로만 이해된다. 또한 '因爲(yīnwèi)'는 현대한어에서 인과관계를 나타내는 연사이고, 고대한어에서 '因(인)'과 '爲(위)'는 두 개의 단어이다. '或(혹)'은 현대한어에서의 연사로 선택관계를 나타내며, 고대한어에서는 보통 대사로 사용되는데 '有人(yǒurén; 어떤 사람)', '有的(yǒudè; 어떤 것)' 등으로 번역해야 한다.

(三) 역사주의 관점이 있어야 한다.

고대한어 어법을 말하면 항상 '도치(倒置)' 문제를 언급해야 한다. 우리가 알고 있듯이, 고대한어는 도치(倒置) 현상(현대한어에도 도치 현상이 있다.)이 있다. 그러나 반드시 이해해야 할 것은 고대한어는 현대한어와 어순상 일치하지 않는데, 이것은 자주 나타나는 정상적인 현상이다. 우리는 고대한어 가운데서 무릇 현대한어 어순과 같지 않은 것을 모두 현대한어의 도치로 간주해서는 안 된다. 왜냐하면 도치인지의 여부는 동일시대의 언어와 서로 비교해서 말하는 것이기 때문이다. 다른 시대의 언어를 서로 비교하여 어순이 다른 것은 다만 어순의 일종의 역사적 변화로 여길 수밖에 없으므로 역사적으로 다루어야 한다.

중고(中古)시대 이래로 한어어법은 어기사(語氣詞)를 적게 사용하였고, 항상 계사 '是(시; 선진시대에는 이것을 계사로 쓰지 않았다)'를 사용하였다. 그리고 '其(기)'는 간혹 주어(선진시대에는 이것을 주어로 쓰지 않았다)로 사용하였고, 부정문에서 대사빈어를 전치(前置, 선진시대에는 일반적으로 전치해야 한다)하지 않은 것 등도 역사주의적 관점으로 다루어야 한다.

역사적 관점이 결핍되면 흔히 고대한어의 내부적 법칙을 여실히 드러낼 수 없다.《좌전(左傳)·양공 2년(襄公二年)》"以索馬牛皆百匹.(말과 소를 모두 각각 백 마리씩 고르다.)"에서 어떤 사람은 "소(牛)는 마리(頭)로 불러야 하는데 생략한 것이다."[35]라고 하였다. 이는 청나라 사람 유월(兪樾)이 "옛사람은 글을 쓸 때 간략함을 싫어하지 않았다."[36]라고 한 견해에 따른 것이다. 이러한 종류의 이른바 '疏略(소략)"에 대해 유월은 또 "말로 인해 소에 이름을 붙여 '필(匹)'이라 하고, 아울러 소를 말했을 따름이다."[37]라고 해석하였다. 순전히 '疏略(소략)'에 속한 것일까? 언어 자체의 역사적 발전으로 볼 때, 결코 '疏略(소략)' 두 글자로 해석될 수 있는 것이 아니다. 고대한어 발전의 역사적 사실에서 언급되었듯이, 춘추(春秋)시대는 명량사(名量詞) '頭(두)'가 없었을 뿐만 아니라, 전국(戰國)시대에도 명량사(名量詞) '頭(두)'가 없었다. '頭(두)'가 비교적 일찍 출현한 것은《한서(漢書)·서역전(西域傳)》이다.[38] 만약 선진(先秦)시대에 근본적으로 명량사(名量詞) '頭(두)'가 없었다면 어찌 '頭(두)'를 '소략(疏略)'한 것이라 말할 수 있겠는가? 선진시대에는 명량사(名量詞)가 발달하지 않다가 한·위(漢·魏) 이후에 비로소 대량으로 증가하였는데, 명량사 '頭(두)'가 출현한 것은 한대(漢代)의 일이다. 유월의 견해는 분명히

---

35 牛當稱頭, 疏略也.
36 유월(兪樾),《고서의의거례(古書疑義舉例)·권삼(卷二)·십오(十五)》: 古人行文不嫌疏略也.
37 유월(兪樾),《고서의의거례(古書疑義舉例)·권삼(卷二)·십오(十五)》: 因馬而名牛曰匹, 幷言之耳.
38《좌전(左傳)》책 전체에서 단지 두 개의 '頭(두)'자만을 썼는데, 이 두 개도 모두 양사가 아니다.

역사주의적 관점이 결핍된 것으로, 후세의 용법으로 개괄한 것은 잘못된 것이다. 필자가 쓴 《유월 〈고서의의거례〉의 착오에 대한 나의 견해(兪樾 〈古書疑義擧例〉一失之我見)》[39)]에서 상세히 분석하였으므로 여기서는 잠시 생략하기로 하겠다.

　(四) 정확한 학문분야의 방법론이 있어야 한다.

　오랫동안 인류(人類) 인식사(認識史)에서 방법론(方法論)은 주로 사유(思惟) 과정 중의 방법론을 말한다. 이는 각 전문 영역의 학문에 적용되는 것이므로 어법학의 영역도 당연히 예외는 아니다. 사유방법론은 귀납(歸納)과 연역(演繹), 분석과 종합, 구체성과 추상성, 같은 유형의 비교, 가설과 상상(想像) 등을 포괄한다. 현대 과학기술의 발전에 따라, 수학, 기호학, 체계론, 통제론, 정보론 등은 모두 사유 과정 가운데 이론의 도구가 되어 방법론의 대열로 흡수된다. 언어연구를 논한다면 현재 귀납에 중점을 두어야 한다. 앞에서 유월의 착오를 언급하였는데, 바로 한어의 어법 현상의 서술과 귀납 작업을 강화시켜야 함을 나타낸 것이다. 귀납과 연역은 언어현상을 인식하는 과정 중에 각자 특정한 역할과 자리를 지니고 있다. 사람들이 많은 개별적인 언어현상을 인식하고서 그 가운데서 일반적인 인식을 얻어야 할 때, 곧 귀납법을 운용해야 한다. 사람들이 일반적인 현상이나 혹은 법칙을 인식한 후 개별 사물을 연구할 때 연역법을 사용해야 한다. 예를 들면, 부사(副詞)는 일반적으

---

39 《중국어문(中國語文)》, 1997. 5기

로 명사를 수식할 수 없는데, 이것은 언어학자들이 언어의 실제(實際)에서 귀납해 낸 것이다. 후에 그들은 또 연역법을 사용해서 이 법칙을 언어의 실제에 적용하고, 아울러 단어류의 '식별 표지(標識)'로 사용하였는데, 이것 또한 실질적인 사례이다.

고대인들은 어법에는 서로 도와서 쓸 수 있는 두 갈래의 길이 있다고 말한다. 하나는 '辭(사)'에서 '虛字(허자)'로 가는 허자(虛字)의 길이고, 또 하나는 '句(구)'에서 '讀(두)'로 가는 구두(句讀)의 길이다. 이 두 갈래의 길은 훈고학(訓詁學)과 결합하고 수사학(修辭學)과도 연계되는데, 아직 방법론에서 어법체계(語法體系)를 연구한 것은 없다. 청나라 말기에 들어와서 《마씨문통(馬氏文通)》이 세상에 나왔는데, 중국의 첫 번째 비교적 전면적이고 체계적인 어법서이다. 《마씨문통(馬氏文通)》이후 100년 동안 중국 어법학은 서양 어법학의 영향 아래서 연구되고 발전하였으며, 동시에 여러 영향으로 말미암아 서양 어법학의 제약을 받았다. 앞으로 과학방법론의 효율적인 운용은 장차 어법 학습과 연구의 중요한 고리가 될 것이다. 지금 학파마다 중심어 분석법, 선형 분석법, 단계 분석법, 모형 분석법, 생성-전환 분석법 등 각자의 연구 방법이 있다. 무릇 이러한 여러 가지 분석법은 자체적으로 여전히 발전하고 있으며, '법(法)'을 취할 것인지, '법(法)'을 어떻게 취해야 할 것인지가 앞으로 하나의 중요한 과제이다.

제1강

[문장
성분]

문장을 구성하는 단어와 단어 사이에는 일정한 어법관계가 있는데, 서로 다른 어법관계에 따라 다양한 구성성분으로 나눌 수가 있다. 이러한 구성성분이 바로 문장성분이다. 예를 들면, 다음과 같다.

① 燕雀安知鴻鵠之志哉! 《《사기〔史記〕·진섭세가〔陳涉世家〕》》
제비와 참새가 어찌 큰 기러기와 고니의 뜻을 알겠는가!

제비와 참새는 식견이 좁은 사람을 비유한다. 큰 기러기와 고니는 백조류 과의 큰 새로 원대한 포부를 가진 사람을 비유한다. 실제적인 문장의 의미는 '식견이 좁은 사람이 어찌 원대한 포부를 가진 사람의 뜻을 알겠는가!'이다.

'燕雀(연작)'과 '知(지)'는 서술과 피서술의 관계이고, '知(지)'와 '志(지)'는 지배와 피지배의 관계이다. 그리고 '安(안)'과 '知(지)', '鴻鵠(홍곡)'과 '志(지)'는 수식과 피수식의 관계이다. 이처럼 문장 구성성분은 서로 다른 어법관계에 따라, 주어(燕, 雀), 술어(知), 빈어(志), 한정어(鴻鵠), 부사어(安)로 나누어진다. 또 '之(지)'는 구조조사이고, '哉(재)'는 어기조사(감탄 어기 표시)이다.

② 荊軻遊於邯鄲. 《《사기〔史記〕·자객열전〔刺客列傳〕》》
형가(荊軻)가 조나라 한단에서 놀았다.

이 문장에서 '於邯鄲(어한단)'은 개사구조('於〔어〕'는 개사, '邯鄲〔한단〕'은 개사 '於〔어〕'의 빈어이다)로 '游(유)'의 보어가 된다. 개사구조는 사실상 개빈구조이지만, 어법 특징이 동빈구조와는 달리 개빈구조는 오로지 부사어 혹은 보어의 역할만 할 수 있고 단독으로 술어의 역할은 할 수 없다. 또 예를 들면, 다음과 같다.

③ 華膏隔仙羅, 虛繞千萬遭. （《맹교시〔孟郊詩〕》）
화려한 등불이 아름다운 휘장을 사이에 두고,
(불나방처럼) 맥없이 천 번 만 번을 빙빙 날고 있네.

'千萬遭(천만조)'는 수량사로서 '繞(요)'의 보어 역할을 하고 있다.

④ 遇黑卯之子於門. （《열자〔列子〕·탕문〔湯問〕》）
문 입구에서 흑묘(黑卯)의 아들을 만났다.

'於門(어문)'은 동사 '遇(우)'의 보어이고, 보어와 동사 사이가 긴밀하게 이어진 것이 아니라 '黑卯之子(흑묘지자)'가 들어 있다.

문장성분의 위치는 일반적으로 주어는 앞에 오고 술어는 뒤에 오며, 한정어와 부사어는 중심어 앞에, 빈어와 보어는 술어 뒤에 온다. 문장이 여섯 개의 큰 성분으로 나뉘는 것은 고대한어와 현대한어가 서로 일치하지만, 고대한어는 현대한어와는 또 다른 특징을 가지고 있는데, 이는 뒤에서 다시 논하기로 한다.

이상의 성분 외에도, 현대한어에는 이른바 독립성분, 동위(同位)성분, 외위(外位)성분 및 삽입성분이 있는데, 고대한어도 마찬가지로 이러한 성분들이 있다.

⑤ 嗚呼, 亦盛矣哉! （장박〔張溥〕《오인묘비기〔五人墓碑記〕》）
아, 또한 성대하구나!

'嗚呼(오호)'는 구조형식상으로 독립되어 있지만, 의미상으로는 전체 문장과 관계가 있다. 이러한 구조형식은 현대한어 "哼! 想的倒不錯!(흥! 생각은 좋아서! 《신아녀영웅전〔新兒女英雄傳〕》)"에서 '哼(heng)'과 같은 것이다. 이러한 독립성분을 독립어라고도 한다.

⑥ 秦將王翦破趙, 虜趙王. （《사기〔史記〕·자객열전〔刺客列傳〕》）
진나라 장수 왕전(王翦)이 조나라를 무너뜨리고, 조왕을 사로잡았다.

'秦將(진장)'과 '王翦(왕전)' 동일인으로서 같은 문장성분(주어)이 된다. 이러한 구조형식은 현대한어의 "你們這些人好狠心!(당신 이 사람들 정말 잔인하군요!)" 중 '你們這些人'의 구조형식과 같다. 이러한 종류의 복지성분(複指成分)은 같은 위치에 놓이므로 동위어(同位語) 혹은 동위성분(同位成分)이라 한다.

⑦ 是疾也, 江南之人常常有之. （한유〔韓愈〕《제십이랑문〔祭十二郎文〕》）
이러한 질병은 강남 사람에게는 자주 있는 것이다.

'是疾也(시질야)'와 '之(지)'는 같은 의미를 나타내므로 '是疾也(시질야)'는 문장구조의 밖에다 놓고, 문장구조 안에서는 '之(지)'를 사용하여 복지(複指; 반복 지칭)한 것이다. 그래서 '是疾也(시질야)'는 보통 외위어(外位語) 혹은 외위성분(外位成分)이라 한다. 현대한어에도 항상 이러한 구조형식이 있다.

"新來的歷史先生, 我認識他. (새로 오신 역사 선생님, 나는 그분을 안다.)"
⑧ 何無忌——劉牢之之外甥——酷似(非常像)其舅。

（《송서〔宋書〕·고제기〔高帝紀〕》）
하무기——유뢰지의 외조카는——그 외삼촌과 흡사했다.

문장 가운데 삽입한 '劉牢之之外甥(유뢰지지외생)'은 하무기(何無忌)를 설명한 것으로, 그것은 다른 어떠한 성분과도 구조적 관계를 갖지 않고서 다만 의미상에서 역할을 할 뿐이다. 여기서는 줄표를 사용해서 모두가 알아볼 수 있다. 하지만 고적(古籍)에서는 줄표를 쓰지 않아 이해하기 어렵다. 삽입성분을 '삽입어' 혹은 '삽설(揷說)'이라 한다. 혹자는 '독립성분' 혹은 '독립어'라고도 한다. 이 구조형식은 현대한어에서 더 자주 나타난다.

⑨ "她確是注意——假如不是愛——黑李." 《흑백리(黑白李)》
그녀는 분명 조심할 것이다——만약 사랑하는 것이 아니라면——헤이리(黑李)를.

앞에서 독립성분·동위성분·외위성분 및 삽입성분을 언급하여 간략히 제시했다. 여숙상(呂叔湘)은 이것을 '유리성분(游離成分)'이라 불렀는데, 이는 현대한어와 같다.

⑩ 這件事, 中國人民的經驗是太多了.
(이 일에 대해서, 중국 사람들은 경험이 매우 많다.)

이 문장에서 '這件事'가 바로 문장구조 밖으로 유리된 성분이다(이것은 문장 안에서 어느 단어와도 연계되지 않으므로 외위어(外位語)라고 할 수도 없다). 이런 견해는 고대한어에서는 보기 드문 일에 속한다.

⑪ 此事, 國人見識甚多.
이 일에 대해서, 중국 사람들은 견식이 매우 넓다.

이 문장을 분석해 보면 '此事(차사)'가 바로 '유리성분'이라 할 수 있다('유리성분'에 대한 견해는 여숙상(呂叔湘)의 《어법수사강화(語法修辭講話)》제4장에 자세히 나타나 있다). 이것은 단지 하나의 현상을 언급한 것일 뿐이지 서술의 중점은 아니다.

다음 장에서 문장의 6대성분에 대해 중점적으로 다룰 것이다. 사람들은 6대성분 가운데 주어·술어·빈어는 기본성분이고, 한정어·부사어·보어는 비기본성분(혹은 부가성분)이라고 한다. 이것은 문장의 구조적인 측면에서 말한 것인데, 의미의 표현적인 측면에서 보면 비기본성분 역시 매우 중요한 것이다. "吾以捕蛇獨存.(나는 뱀을 잡는 것으로써 홀로 살아남았다.)"[40]의 기본성분은 '吾存(오존)'이지만, 비기본성분인 '以捕蛇(이포사)'와 '獨(독)'이 있기 때문에 문장의 의미가 명확하고 세밀해진 것이다. 마찬가지로 현대한어에 "解放區的天是明朗的天.(해방구의 하늘은 맑은 하늘.)"이라는 노래 가사가 있는데, 기본성분만을 말하면 바로 '天是天'이 된다. 이 성분들만으로 의미를 나타내기에는 불충분하다.

---

40 유종원(柳宗元), 《포사자설(捕蛇者說)》

一. 주어, 술어와 빈어

위에서 말한 바와 같이, 주어·술어 그리고 빈어는 문장의 기본성분이다. 주어는 술어의 서술 대상이고, 술어는 주어를 서술하는 것이다. 일부 문장에서 술어동사는 빈어를 가지게 되어 함께 주어를 서술한다. 일반적으로 빈어는 동사의 지배를 받아 동작 행위가 미치는 사람이나 혹은 사물을 나타낸다. 그러나 이 동작이 미치는 사람이나 혹은 사물의 상황은 매우 복잡한 것이다. 예를 들어 '勝(승: 이기다)'과 '敗(패: 지다)'의 단어 의미는 상반되지만, '勝之(승지)'와 '敗之(패지)'의 의미는 서로 같아져 '勝之(승지)'는 "戰勝了他(그를 이겼다)."가 되고, '敗之(패지)'는 "打敗了他(그를 패배시켰다)."가 되는 것이다.

일찍이 20세기 50년대에 어떤 사람은 동사와 빈어관계를 분류하였다. 어떤 것은 2종류로 분류하고, 어떤 것은 6종류로, 어떤 것은 14종류로 분류하였는데, 마지막에는 또 "동사와 빈어의 관계는 이루 다 말할 수 없다."라고 했다. 사실상, 객관 사물은 연계하는 것이 지극히 복잡할 뿐 아니라 언어 속에 습관적 견해가 적지 않게 들어 있어 의미상으로 철저하게 분류하려면 그 효과를 보기가 어렵다.

고대한어와 현대한어는 공통점이 있다. 약간의 예를 들어 유추해보고자 한다. 같은 동사는 항상 관계가 다른 각종 빈어를 수반한다. 예를 들어 '寫文章'은 써내야 비로소 문장이 된다('寫詩'나 '寫詞'의 경우도 마찬가지다)는 것이고, "寫黑板"은 칠판 위에다 쓴다는 것이고, "寫魏碑"는 위비(魏碑)를 모방하여 글을 쓴다는 것이다. "吃飯"은 '밥을 먹는다'는 것이지만, "靠山吃山, 靠水吃水"는 산과 물에 의지해 살아간다는 의미이다. "跑路"는 길을 달린다는 것이지만, "跑公事"는 공무를 위해서 분주히 뛰는 것이다. "下山"은 산에서 내려오는 것이고, "下田"은 밭으로 가는 것이다. "下命令"은 명령을 내리는 것이지만, "下決心"은 결심을 세우는 것이다. 가령 같은 동빈구조라도 동사의 빈어는 두 종류의 다른 관계를 나타낼 수 있다. 예를 들어 "下船"은 일반적으로 배 위에서 내리는 것이지만 간혹 승선하는 것을 가리켜 "上船"이라 말한 것과 같다. "借錢"은 돈을 빌려 가는 것일 수도 있지만, 돈을 빌려 오는 것일 수도 있다. 어떤 동사는 심지어 양면성이 있어서 주어와 빈어가 서로 호환하지만 의미 차이는 크지 않다. 예를 들어 "三個人蓋一條被子. (세 사람이 하나의 이불을 덮다.)"와 "一條被子蓋三個人. (하나의 이불로 세 사람이 덮다.)"의 의미는 비슷하다. 때로 우리는 일부 문장들을 접할 때, 그 문장의 동사와 빈어의 배합이 표면적으로 전혀 들어맞지 않는 것 같다. 그러나 그것 역시 습관적인 용법이어서 간단히 형식논리의 요구에 따라 분석할 수는 없는 것이다. 예를 들어, "這一大鍋飯能吃三十個人. (이 큰 솥밥은 삼십 명을 먹일 수 있다.)"과 "這一鍋飯吃不了三十個人. (이 한 솥밥은 삼십 명을 다 먹일 수 없다.)"은 그 의미가 "這一鍋飯够三十個人吃. (이 한 솥밥은 삼십 명이 먹기에 충분하다.)"와 "這一鍋飯不够三十個人吃. (이 한 솥밥은 삼십 명이 먹기에 부족하다.)"는 것이므로 자연히 '飯吃人. (밥이 사람을 먹다.)'으로 이해되지는 않는다. 이상 각 예의 원문은 여숙상(呂叔湘)과 정성수(丁聲樹) 등의 견해를 인용하여 참고한 것이며 이와 유사한 견해도 아주 많다. 총체적으로 말하면 이미 관습으로 굳어진 표현들은 반드시 살아 있어야지 그것에 구애되어서는 안 된다. 고대한어 술어와 빈어의 관계는 그 복잡성이 상당히 두드러진다. 예컨대 '사동(使動)', '의동(意動)', '대동(對動)', '위동(爲動)' 등의 견해는 분석하기 복잡하지만, 앞에서 언급한 현대한어의 여러 가지 현상과 연관되어 있으므로 참고하고 종합하는 데 많은 도움이 된다.

이외에도 어떤 품사들이 주어·술어 그리고 빈어로 쓰이는지에 대해 설명이 필요하다. 어떤 사람은 명사·대사가 주어가 되는 것은 이치에 합당하지만, 다른 품사들이 주어가 되는 것은 그다지 타당하지 못하다고 여기는 것 같다. 그래서 명사가 주어로 쓰이는 경우를 설명할 때, 명사를 의미별로 나누고, 그 의미마다 예를 한 무더기씩 들어 설명한다. 마찬가지로, 명사가 빈어로 쓰이는 것을 설명할 때도 의미별로 연달아 한 무더기씩 예를 든다. 대사가 주어와 빈어가 되는 경우도 역시 이와 같다. 이렇게 하면 한 권의 두툼한 어법서가 만들어지겠지만, 독자들은 내용을 파악하는 데 있어 아무것도 없다고 느끼거나, 심지어는 막연함을 느끼게 될 것이다.

사실, 주어가 될 수 있는 것은 모두 빈어가 될 수 있다는 것은 독자들도 대부분 알 것이다. 그렇다면 동사·형용사·수량사(양사는 단독으로 쓰일 수 없다)도 주어가 될 수 있을까? 모두 가능하다. 한 걸음 더 나아가 실사는 모두 문장성분이 될 수 있다고 한다면 독자들은 더욱 쉽게 받아들일 수 있을 것이다. 핵심을 뚜렷이 하고, 복잡한 것을 간략하게 하려면 자세히 해야 할 것은 자세히, 생략할 것은 생략하여 규칙성과 실천성이 비교적 강한 내용을 다루기 위해 노력해야 한다. 그리고 일부 학술적인 문제에 대해서는 보급과 향상을 연결하여 학술적인 내용이 쉽게 드러날 수 있도록 함으로써 실용성과 잘 부합되도록 해야 한다. 지금까지 아직 공통된 인식을 얻지 못한 부분에 대해서도 다소 언급할 필요가 있으나, 나중에 별도로 다루기로 한다.

(一) 동사, 형용사가 주어가 되는 경우

동사·형용사가 주어가 되는 것은 의미상 동작 행위와 성질의 명칭을 나타내며 사물(事物)의 성질을 가진다. 예를 들면, 다음과 같다.

① 學不可以已. 《순자[荀子]·권학[勸學]》
배움은 그만두어서는 안 된다.

동사 '學(학)'이 주어가 된 것으로, '학습'이라는 구체적인 활동을 나타낸다.

② 喜生于好, 怒生于惡. 《좌전[左傳]·소공 25년[昭公二十五年]》
기쁨은 좋아하는 데서 생기고, 노여움은 싫어하는 데서 생긴다.

'喜(희)', '怒(노)'는 모두 동사가 주어가 된 것으로, 감정 상태를 가리킨다('喜[희]', '怒[노]', '哀[애]', '樂[락]', '恨[한]', '怨[원]' 등은 모두 감정을 나타내는 동사이다).

③ 死生, 晝夜事也.　(문천상[文天祥]《지남록후서[指南彔後序]》)
죽고 사는 것은 낮과 밤 사이의 일이다.

　동사인 '死(사)', '生(생)'이 주어가 된 것으로, 두 종류의 상황을 가리킨다.

④ 圓, 一中同長也.　(《묵자[墨子]·경상[經上]》)
원은 하나의 중심에서 길이가 같다.

형용사 '圓(원)'이 '一中同長(일중동장)'의 주어 역할을 한다.

⑤ 輕暖不足于體與?　(《맹자[孟子]·양혜왕상[梁惠王上]》)
가볍고 따뜻한 옷은 입기에 부족한가?

형용사 '輕暖(경난)'이 주어가 되어 '귀중한 옷'을 뜻하고 있다.

⑥ 儉, 德之共也; 侈, 惡之大也.

(《좌전[左傳]·장공 24년[莊公二十四年]》)

절약은 함께 행하는 미덕이요, 사치는 최대의 죄악이다.

　'儉(검)', '侈(치)'는 모두 형용사로서 각 두 개 단문(單文)의 주어 역할을 하고, 두 종류의 성품을 가리킨다.
　동사·형용사가 주어가 될 때, 때로는 한정어를 동반하며 한정어를 동반한 이후에는 사물성(事物性)이 더욱 강하게 드러난다.

⑦ 且矯詔紛出, 鉤黨之捕, 遍于天下.

(장부[張薄]《오인묘비기[五人墓碑記]》)

황제의 명을 사칭한 조서가 어지럽게 나타나고, 같은 당으로 연루시켜 체포하는 일이 온 세상에 널리 행해졌다.

단어 且(차): 게다가, 그뿐만 아니라. 矯詔(교조): 황제의 명을 사칭하다. 鉤黨(구당) : 서로 연루시켜 같은 당파로 끌어들이다.

　'捕(포)'는 동사가 주어 역할을 한 것으로, 앞에다 한정어 '鉤黨(구당)'을 덧붙이고 조사 '之(지)'를 사용해서 연결하고 있다. 이러한 경우는 동사가 중심어가 되는 편정구조를 주어(단문의 주어)로 삼은 것이라 설명해도 무방하다. 이러한 모든 것들은 유추해서 알 수 있다.

　　⑧ 其曲中規. (《순자〔荀子〕·권학〔勸學〕》)
　　그 바퀴의 굽음은 그림쇠에 들어맞는다.

　'曲(곡)'은 형용사가 주어가 된 것으로, 앞에 한정어 '其(기)'를 붙인 것이다.

　앞에서 언급했지만 동사·형용사가 주어가 되는 경우는 사물(事物)의 성질을 가진다. 만약 단어의 각도로 본다면 동사·형용사의 명물화(名物化) 용법(用法)이라고 불러도 무방하다.

㈡ 동사, 형용사가 빈어가 되는 경우

　동사와 형용사가 빈어가 되면 의미상으로도 동작 행위와 성질·상태의 명칭을 나타내며, 또한 사물(事物)의 성질을 갖게 된다. 예를 들면, 다음과 같다.

　　⑨ 但欲求死, 不復顧利害　(문천상〔文天祥〕 《지남록후서〔指南彔後序〕》)
　　단지 죽음만을 추구할 뿐, 더 이상 안위를 돌아보지 않겠다.

　'死(사)'는 동사로, '求(구)'의 빈어이다.

⑩ 夫大國難測也, 懼有伏焉.　(《좌전〔左傳〕·조귀논전〔曹劌論戰〕》)

큰 나라는 헤아리기 어려워, 복병이 있을까 두렵다.

'伏(복)'은 동사로 '有(유)'의 빈어가 된다. 이러한 동사(소유 동사가 아니다)는 빈어(혹은 주어)가 되고, 덧붙여도 되고 덧붙이지 않아도 되는 명사('兵〔병〕')를 아울러 대신하게 된다.

⑪ 吾與汝畢力平險.　(《열자〔列子〕·탕문〔湯問〕》)

나는 너희와 힘을 다하여 (이 두 개의) 험준한 산을 평평하게 할 것이다.

단어 險(험): 험준한 산을 가리킨다.

'險(험)'은 형용사로 '平(평)'의 빈어가 되는데, 역시 덧붙여도 되고 덧붙이지 않아도 되는 명사('山〔산〕')를 아울러 대신한 것이다.

동사가 빈어가 될 때, 때로는 한정어를 동반한다. 예를 들면, 다음과 같다.

⑫ 殫其地之出, 竭其廬之入.　(유종원〔柳宗元〕《포사자설〔捕蛇者說〕》)

(그들) 경작지의 수확을 모두 거둬 조(租)를 내고, 그 집안의 수입마저 다 거둬 세(稅)로 냈다.

단어 殫(탄), 竭(갈): 모두 '다하다'는 뜻이다. 出(출), 入(입): 생산과 수입을 가리킨다.

'出(출)'과 '入(입)'은 모두 동사로서 각각 '殫(탄)'과 '竭(갈)'의 빈어가 되며, '出(출)'과 '入(입)'의 앞에는 각각 한정어 '其地(기지)', '其廬(기려)'를 덧붙이고 조사 '之(지)'로 연결하였다.

술어동사와 빈어 사이에는 항상 지배와 피지배의 관계가 있다. 하지만 어떤 동사와 빈어의 관계는 절대 이렇지 않다. 이것은 앞에서도 이미 제시하였고 현대한어의 예도 들었으니 여기서는 고대한어의 예를 다시 들겠다(특히 어떤 용례들은 현대한어에서 보기 드문 것이다).

⑬ 今君乃亡趙走燕,燕畏趙, 其勢必不敢留君.

(《사기〔史記〕·염파인상여열전〔廉頗藺相如列傳〕》)

지금 군주께서 조나라에서 도망하여 연나라로 달아나게 되면 연나라는 조나라를 두려워하게 될 것이고, 그 추세로서 감히 군주를 머무르지 못하게 할 것입니다.

단어 亡趙(망조): 조나라에서 도망치다. 走燕(주연): 연나라로 달아나다.

⑭ 邴夏御齊侯. (《좌전〔左傳〕·성공 2년〔成公二年〕》)
병하(邴夏)가 제나라 제후의 수레를 몰았다.

'御(어)'는 동사이고 '齊侯(제후)'는 빈어이지만, 이들 역시 일반적인 지배와 피지배의 관계로 이해해서는 안 된다(만약 지배, 피지배의 관계로 이해하게 되면 문장의 의미는 원래의 의미와 상반된다). 어떤 사람은 '御(어)'를 '위동용법(爲動用法)'으로 간주한다.

재차 강조해야 할 것은 동사와 빈어의 관계는 단순히 의미로만 고려하면 자연히 매우 상세하게 분석할 수 있으나, 중요한 것은 위아래 문장을 결합해서 확정해야 한다는 점이다.

(三) 수사가 주어와 빈어가 되는 경우

현대한어의 수사는 오직 수학 공식의 문장에서만 주어와 빈어가 될 수 있다. 예를 들면, "九等于五加四.(9는 5에 4를 더한 것이다.)", "五加四等

于九.(5더하기 4는 9이다.)"등이다. 고대한어의 수사는 일반 문장에서도 직접 주어와 빈어가 될 수 있다. 예를 들면, 다음과 같다:

⑮ 一厝朔東, 一厝雍南. 《《열자〔列子〕·탕문〔湯問〕》》
산 하나는 북방의 동쪽에 놓고, 하나는 옹주의 남쪽에 놓았다.

단어 厝(조): 배치하다. 놓다.

'一(일)'은 수사가 주어가 된 것으로 의미상으로는 '一座(일좌)'이다(고대한어에서 수사는 단위 표시를 겸할 수 있다). 여기에서 반드시 주의해야 할 상황이 있다. 어떤 사람은 고대한어는 양사를 매우 드물게 사용하기 때문에 '一(일)' 뒤에 '座(좌)'를 쓸 필요가 없다고 한다. 사실 이렇게 생각해서는 안 된다. '座(좌)'와 같은 이러한 양사는 당시에 아직 출현하지 않았던 것이지, 드물게 사용한 것이 아니다. '座(좌)'는 나중에서야 나타난 것이다. 고대한어의 어법분석에서도 역사 발전의 관점을 가지고 있어야 한다.

⑯ 曩與我祖居者, 今其室十無一焉. (유종원〔柳宗元〕《포사자설〔捕蛇者説〕》)
옛날에 우리 할아버지의 이웃집이 지금은 열 집 중 한 집도 남아있지 않다.

'十無一焉(십무일언)'이 주술구조에서, '十(십)'은 수사로 주어가 되고, '一(일)'은 수사로 빈어가 된다. 그 의미는 '十家(십가: 열 집)'이고, '一家(일가: 한 집)'이다.

수사가 주어, 빈어가 되면 종종 명사를 아울러 대신하게 되고, 게다가 이 명사는 흔히 이미 앞에서 나타난 것이다. 예를 들면, ⑮ "一厝……."의 앞 문장에 이미 선행사 '山(산)'이 나타난 것과 같다.

㈣ 부사가 술어가 되는 경우

현대한어의 부사는 일반적으로 술어가 될 수 없다. 하지만 고대한어
의 부사는 술어가 되어 정도(程度), 어기(語氣)의 강조를 나타내는 것은
흔히 보이는 현상이다. 이것은 고대한어와 현대한어가 두드러지게 다른
점이다. 예를 들면, 다음과 같다:

⑰ 王之蔽甚矣. 《《전국책[戰國策]·제책[齊策]》》
왕께서 가려짐이 매우 심합니다.

'甚(심)'은 부사로서 술어가 되어 정도(程度)에서 강조를 나타낸 것
이다.

⑱ 故明主必其誅也. 《《한비자[韓非子]·오두[五蠹]》》
그러므로 현명한 군주는 반드시 그 형벌을 시행한다.

'必(필)'은 부사로서 술어가 되어 어기(語氣)에서 강조를 나타낸 것
이다.

이상에서 언급한 것은 동사·형용사·수사·부사가 문장의 기본성분
이 되는 경우이다. 명사, 대사가 문장의 기본성분이 되는 것은 일반적
인 현상이기 때문에 여기서는 장황하게 늘어놓을 필요가 없다. 다만,
비교적 특수한 현상(예를 들면, 명사가 술어가 되는 문장은 '是'를 쓰지 않는다
든가, 대사는 의문문에서 특정한 용법이 있다는 등)은 뒤에서 관련 내용과 함
께 설명하기로 한다.

二. 부사어와 보어

고대한어와 현대한어의 비기본(非基本)성분은 한정어, 부사어, 보어인데, 일반적으로 서로 일치하는 개념이므로 더 말할 필요가 없다. 다만 고대한어의 실사가 간혹 어떤 문장구조에서 부사어와 보어가 될 때, 현대한어의 용법과 약간 다르다. 이에 대해 아래에서 중점적으로 설명하겠다.

㈠ 보통명사가 부사어가 되는 경우

보통명사는 직접 부사어의 역할을 할 수 있는데, 이것은 현대한어에서 다른 단어가 '중개' 역할을 해야 하는 것과는 다르다. 예를 들면, 다음과 같다.

① 豕人立而啼.　(《좌전[左傳]·장공 8년[莊公八年]》)
돼지가 사람처럼 서서 울고 있다.

② 項羽召諸侯將, 入轅門, 無不膝行而前, 莫敢仰視.
(《사기[史記]·항우본기[項羽本記]》)
항우가 제후의 장군들을 소환했는데 (그들이) 군영으로 들어갈 때, 무
릎으로 기어가지 않는 사람이 없었고, 감히 머리를 들어 보는 사람도
없었다.

人(인)', '膝(슬)'은 모두 명사가 부사어가 되어 각각 동사 '立(입)', '行
(행)'을 수식하여 행위의 방식을 나타낸다.

③ 夫以秦王之威, 而相如廷叱之.
(《사기[史記]·염파인상여열전[廉頗藺相如列傳]》)
진왕(秦王)의 위세에도 나 인상여(藺相如)는 조정에서 그를 꾸짖었다.

④ 群臣吏民面刺寡人之過者, 受上賞.　(《전국책[戰國策]·제책[齊策]》)
여러 대신·관료·백성들 가운데 과인의 잘못을 면전에서 꾸짖을 수 있
는 사람에게는 큰 상을 내리겠다.

'廷(정)'과 '面(면)'은 모두 명사가 부사어가 되어 각각 동사 '叱(질)'과
'刺(자)'를 수식하여 행위가 일어난 장소를 나타내고 있다.

⑤ 陳涉首難, 豪杰蜂起.　(《한서[漢書]·진승항적전[陳勝項籍傳]》)
진섭이 처음 봉기를 일으키자, 호걸들이 벌떼처럼 일어났다.
단어 難: 봉기·투쟁을 일으키다.

⑥ (狼)蛇盤龜息, 以聽命先生.　(마중석[馬中錫]《중산랑전[中山狼傳]》)
(이리가) 뱀처럼 똬리를 틀고 거북이처럼 조용히 하고서, 선생의 말을
들었다.

⑦ 强公室, 杜私門, 蠶食諸侯, 使秦成帝業.

(이사[李斯]《간축객서[諫逐客書]》)

왕실을 강하게 하여 사사로운 집안의 세력을 막고서, 누에가 뽕잎을 먹는 것처럼 제후국을 조금씩 먹어 들어가, 진나라가 천하를 통일하여 황제의 업을 이루게 하였다.

'蜂(봉)'은 명사로 부사어가 되어 '起(기)'의 상태를 표시한다. '蛇(사)'와 '龜(귀)'는 명사로 부사어가 되어 '盤(반)'과 '息(식)'의 상태를 나타낸다. '蠶(잠)'은 명사로 부사어가 되어 누에가 뽕잎을 먹는 특성을 이용해 '食(식)'의 행위를 비유한 것이다.

⑧ 將不勝其忿, 而蟻附之. 《손자[孫子]·모공[謀攻]》)

장수가 그 분노를 이기지 못하여 (사졸들에게 명령하여) 개미떼처럼 성벽에 달라붙어 기어올라 공격하게 하였다.

'蟻(의)'는 명사로 부사어가 되어 개미가 촘촘히 떼를 지어 모인 상태의 특징을 써서 성(城)을 공격하는 행위를 비유한 것이다.

⑨ 今信陵君存邯鄲而請封, 是親戚受城而國人討功也.

(《사기[史記]·평원군열전[平原君列傳]》)

지금 신릉군이 한단을 구원하였다고 해서 봉지를 요구한다면 이는 친척으로서 성(城)을 봉토로 받으며 백성(당시 귀족의 총칭)으로서 공이 있느냐 없느냐를 따지는 것이다.

단어 親戚(친척): 부·모·형·제·처·자를 말한 것으로 현대한어의 '親屬(친속)'과 같다.

'親戚(친척)'과 '國人(국인)'은 모두 명사로 부사어가 되어 각각 '受(수)'와 '討(계)' 이러한 행위가 의탁하는 조건을 나타낸 것이다.

보통명사가 부사어가 되어 동작의 행위를 직접 수식하고 한정하여 편정관계(주어와 술어의 관계가 아니라)를 이룬 것으로, 현대한어로 번역할 때는 일반적으로 해당하는 단어(예를 들면, '以 ~으로써', '按 ~에 따라서, ~에 의해서', '用 ~으로써' 등)를 덧붙여 이해해야 한다. 어떤 사람은 이것을 생략법이라고도 한다.

고대한어에서 보통명사가 부사어가 되는 이러한 특징은 적지 않은 성어 속에 반영되어 있는데, '龍盤虎踞(용반호거; 용처럼 서려 있고 호랑이처럼 걸터앉다)', '風馳電掣(풍치전체; 바람처럼 달리고 번개처럼 빠르다)', '雷歷風行(뇌력풍행; 우레처럼 사납고 바람처럼 빠르게 행함)' 등과 같은 것이다. 명사와 동사의 관계는 모두 수식과 피수식의 관계로, 다시 말하면 편정구조(偏正詞組; 성분과 성분의 결합이 대등하지 않고 수식관계나 한정관계로 이루어진 절이나 구. 예컨대 '紅花〔붉은 꽃〕', '慢走〔천천히 가다〕', '洗干淨〔깨끗이 씻다〕' 따위를 말함)이다(주어와 술어의 관계로 오해해선 안 된다).

(二) 시간명사가 부사어가 되는 경우

문어문의 시간명사는 항상 문장 가운데서 단독으로 부사어가 되어 시간을 수식한다. 여기서 언급 할 것은 '時(시)', '日(일)', '月(월)', '歲(세)' 네 가지 시간명사의 용법이다.

1. '時(시)'의 용법

'時(시)'는 동사 앞에 쓰여 부사어 역할을 한다. 일반적으로 모두 '以時(=按時; 시간에 맞추어)' 혹은 '至時(시간이 되어)'로 말해야 하지만, 항상 그런 것은 아니다. 예를 들면, 다음과 같다.

⑩ 秋水時至, 百川灌河.　(《장자〔庄子〕·추수〔秋水〕》)

가을 물은 때를 맞춰 흘러 크고 작은 모든 물줄기가 황하로 흘러든다.

⑪ 謹食之, 時而獻焉.　(유종원〔柳宗元〕《포사자설〔捕蛇者說〕》)

(나는) 조심해가며 뱀을 먹여 키워 때가 되면 뱀을 진상한다.

'時(시)'는 문장의 처음 주어의 앞에 쓰여 '時(그때)', '當時(그 당시)'에 해당하며, 과거를 거슬러 올라갈 때 쓰인다. 예를 들면, 다음과 같다.

⑫ 時先主屯新野.　(진수〔陳壽〕《삼국지〔三國志〕·제갈량전〔諸葛亮傳〕》)

그때 선주(先主:유비)가 신야(新野)에 주둔하고 있었다.

⑬ 時周瑜受使至番陽.

(사마광〔司馬光〕·《자치통감〔資治通鑒〕·적벽지전〔赤壁之戰〕》)

그때 주유(周瑜)가 명을 받들어 사신으로 번양 땅에 이르렀다.

예 ⑫, ⑬의 '時(시)'는 주어의 앞에 쓰이며, 사람들은 그것을 문두부 사어라 부르는데, 뜻을 나타낼 때는 술어동사와 연계된다.

2. '日(일)', '月(월)', '歲(세)'의 용법

'日(일)', '月(월)', '歲(세)'는 부사어로 쓰이며, 흔히 동작 행위가 빈번 하거나 혹은 항상 중단되지 않음을 의미한다.

(1) 행동성을 가진 동사 앞에 놓여서 '每日(날마다)', '每月(달마다)', '每年(해마다)'의 뜻을 가진다. 예를 들면, 다음과 같다.

⑭ 草行露宿, 日與北騎相出沒於長淮間.

(문천상〔文天祥〕《지남록후서〔指南彔後序〕》)

들판을 뛰어다니고, 이슬을 맞고 자면서, 날마다 원의 기병들과 서로 긴 회수(淮水) 일대에 출몰했다.

단어 相出沒(상출몰): 몽골 병사가 나타나면 잠복하고, 몽골 병사가 사라지면 나와 행진을 계속했다는 뜻이다. '長淮(장회)'의 '長(장)'은 형용사로써 장강과 회강을 가리키는 것이 아니다. '長淮間(장회간)'은 당시 회동로(淮東路) 일대를 가리킨다.

⑮ 良庖歲更刀, 割也; 族庖月更刀, 折也.　(《장자〔莊子〕·양생주〔養生主〕》)
훌륭한 백정은 일 년마다 칼을 바꾸는데, (그들은) 칼로 근육과 살을 자르기 때문이고, 보통 백정은 달마다 칼을 바꾸는데, (그들은) 칼로 뼈를 자르기 때문이다(칼은 당연히 쉽게 망가진다).

예 ⑭, ⑮의 '出沒(출몰)', '更(경)'은 모두 행동의 성질을 지닌 동사인데 '日(일)', '月(월)', '歲(세; 年)'가 각각 그 동사의 부사어가 되어 '날마다', '달마다', '해마다'의 뜻을 가지게 된다.

(2) '日(일)'은 발전과 변화를 나타내는 동사 혹은 형용사 앞에 놓여 '一天天(날이 갈수록)'의 뜻을 가진다. 예를 들면, 다음과 같다.

⑯ 燕日敗亡.　(《사기〔史記〕·전단열전〔田單列傳〕》)
연나라는 날이 갈수록 쇠약해졌다.

⑰ 鄕鄰之生日蹙.　(유종원〔柳宗元〕《포사자설〔捕蛇者說〕》)
마을 이웃 사람들의 생활이 날이 갈수록 궁핍해졌다.

⑱ 事日急.　(《사기〔史記〕·위기무안후열전〔魏其武安侯列傳〕》)
사태가 날이 갈수록 위급해졌다.

'敗亡(패망)'은 동사이고 '蹙(축)', '急(급)'은 형용사인데, '日(일)'이 각각 그것들의 부사어로 쓰여 '날이 갈수록'의 뜻을 나타낸다.

(3) '日(일)'은 문두부사어로 쓰여 '지난날'의 뜻을 지니며, 과거로 거

슬러 올라가는 것을 나타낸다. 예를 들면, 다음과 같다.

⑲ 日君(晋平公)以夫公孫段爲能任其事, 而賜之州田.

《좌전〔左傳〕·소공 7년〔昭公七年〕》

지난날 진평공(晋平公)은 공손단(公孫段)이 그 부친의 옛 관직을 능히 감당할 수 있다고 여겨 그에게 주전(州田) 땅을 하사하였다.

이 외에도 '朝(조)', '夕(석)', '晨(신)', '暮(모)'와 '春(춘)', '夏(하)', '秋(추)', '冬(동)' 등의 시간명사는 보어가 될 수 있으며, 시간의 수식을 나타낸다. 현대한어에도 이러한 용법이 있으므로 더는 언급하지 않겠다.

(三) 동사가 부사어가 되는 경우

고대한어에서 동사가 부사어가 될 때, 대다수는 단음절의 동사가 직접 술어동사의 앞에 놓이므로 식별에 주의해야 착각을 일으키지 않을 수 있다. 다음 예를 보자.

⑳ 匈奴兵多, 破廣軍, 生得廣. 《사기〔史記〕·이장군열전〔李將軍列傳〕》
흉노는 군사가 많아 이광(李廣)의 군대를 무너뜨리고, 산 채로 이광을 잡았다.

㉑ 富豪皆爭匿財. 《한서〔漢書〕·복식전〔卜式傳〕》
부자와 호걸들이 모두 다투어 재물을 감추었다.

㉒ 操軍吏士, 皆出營立觀, 指言蓋降.

《자치통감〔資治通鑑〕·적벽지전〔赤壁之戰〕》

조조 군대의 관병들이 모두 군영 문을 나와 서서 구경하며, (이 배들을) 가리키면서 황개(黃蓋)가 투항했다고 말했다.

예 ⑳, ㉑, ㉒의 '生(생)', '爭(쟁)', '立(입)', '指(지)'는 모두 동사로 각각 동사 '得(득)', '匿(닉)', '觀(관)', '言(언)'의 부사어 역할을 한다.

㈣ 형용사가 부사어인 경우

고대한어에서 형용사가 부사어가 되는 상황은 현대한어와 아주 같지는 않다. 예를 들면, 다음과 같다.

㉓ 吾恂恂而起, 視其缶, 而吾蛇尙存, 則弛然而臥.

(유종원〔柳宗元〕,《포사자설〔捕蛇者說〕》)

(밖에서 세금을 독촉하며 소란을 피우는 사람의 소리가 들리면) 나는 조심스럽게 일어나 항아리를 살펴보고, 뱀이 여전히 있으면 안심하고 누워서 잔다.

단어 恂恂(순순): 조심스럽고 신중하다. 缶(부): 몸통이 크고 주둥이가 작은 질항아리. 弛然(이연): 홀가분하게 마음을 놓는 모습.

'恂恂(순순)', '弛然(이연)'은 모두 형용사가 부사어가 되어 '而(이)'를 사용해 각각 동사 '起(기)', '臥(와)'와 연결된다.

㉔ 儼乎其若思, 茫乎其若迷.   (한유〔韓愈〕,《답이익서〔答李翊書〕》)

엄숙하게 마치 중요한 문제를 깊이 생각하는 듯하고, 아득하게 마치 문제의 실마리를 잃은 듯하다.

'儼乎(엄호)', '茫乎(망호)'는 허사의 성분 '乎(호)'를 지닌 형용사가 부사어가 된 것이지만, '而(이)'를 연접하여 사용하지 않는다.

㉕ 愀然改容, 超若自失. 　《사기〔史記〕·사마상여열전〔司馬相如列傳〕》

얼굴색이 참담하게 변하면서, 낙담하여 망연자실하였다.

단어 愀然(초연): 얼굴색이 변하는 모양. 超若(초약): 실망하는 모양.

㉖ 我心憂傷, 惄焉如擣. 　《시경〔詩經〕·소아〔小雅〕·소변〔小弁〕》

내 마음은 근심으로 저리고 아파서, 방아를 찧는 듯이 괴롭다.

단어 惄(녁): 아파하고 괴로워하는 모습. 擣(도): 두드리고 짓찧는 모습.

'愀然(초연)', '超若(초약)', '惄焉(녁언)'은 모두 허사의 성분 '然(연)', '若(약)', '焉(언)'을 지닌 형용사가 부사어가 된 것이다.

고대한어의 형용사가 부사어가 되는 상황과 현대한어의 형용사가 부사어가 되는 상황은 일치하는 것으로서 이해하기에 어렵지 않기 때문에 더 이상 언급하지 않겠다.

㈤ 수사가 부사어가 되는 경우

수사가 부사어가 되는 경우는 일부 고대한어 어법서에서는 거의 언급되지 않는다. 가령 그러한 경우를 만나게 되더라도 수량사가 부사어가 되는 것이고, 수사가 직접 부사어가 되는 것은 아니다. 수사가 부사어가 되는 것은 상고한어 어법의 특별한 현상이며, 수량사가 부사어가 되는 것은 위진(魏晉)·당대(唐代) 이후에 생긴 것으로서 이해하기 어렵지 않다. 여기서는 수사가 직접 부사어가 되는 경우를 중점적으로 설명해 보겠다. 다음 예를 보자.

㉗ 於是秦王不懌, 爲一擊缶. (《사기〔史記〕·염파인상여열전〔廉頗藺相如列傳〕》)

이에 진왕(秦王)이 기뻐하지 않으며, (조왕을 위하여) 장군을 한 번 두 드렸다(연주하였다).

'一(일)'이 부사어로 쓰였다. 주의해야 할 것은 예를 들어 '擊缶一(격 부일)'에서, '一(일)'은 보어로 쓰인 것이다. 그러나 상고시대에는 절대 '擊缶一(격부일)'이라고 말하지 않았다. 만약 이러한 견해가 있다면 그것 은 반드시 후대 사람들이 위작하였거나 바꾼 것이다(유사한 규칙성을 이해 하면 글이 쓰인 진위를 감별해낼 수 있다).

㉘ 一鼓作氣, 再而衰, 三而竭. (《좌전〔左傳〕·조귀논전〔曹劌論戰〕》)
첫 번째 북을 쳤을 때는 사기를 북돋워 주지만, 두 번째 북을 쳤을 때 는 사기가 위축되고, 세 번째 북을 쳤을 때는 사기가 고갈되기 때문입 니다.

'一(일)', '再(재)', '三(삼)'은 모두 수사가 부사어가 되어 동사 '鼓(고)' 를 수식한다('鼓〔고〕'는 동사이고, '再〔재〕'와 '三〔삼〕' 뒤의 '鼓〔고〕'는 앞 문장을 이어 생략한 것이다). 여기서 '再(재)'가 의미하는 숫자를 어떻게 말해야 하 는지를 중점적으로 살펴보자. '再(재)'는 '第二次(두 번째)' 혹은 '兩次(두 번)'의 뜻을 나타낸다. '又一次(다시 한번)'의 뜻은 나타내지 않으므로 현 대한어의 '再(재)'의 뜻과는 다르다. 현대한어에서는 '再一次'와 '又一次' 의 뜻이 같다. 고대한어에서는 '又一次(다시 한번)'의 뜻으로 '復(부)'를 쓰는데, 예를들면 "于是馮諼不復歌.(이 때문에 풍원은 다시 노래하지 않았다; 풍원객맹상군〔馮諼客孟嘗君〕)"와 같은 것이다.

(六) 대사가 부사어가 되는 경우

어떤 사람은 "고대한어·현대한어의 인칭대사가 부사어가 되려면 앞부분에 개사가 있어야 한다."라고 말한다. 이런 말이 아주 정확한 것은 아니다. 대부분의 사람은 대사를 말할 때 부사어로 쓰이는 현상을 언급하지 않는다. 이것은 독자들의 전반적인 이해에 도움이 되지 않는다. 비록 대사가 직접 부사어가 되는(즉 앞쪽에 개사를 지니지 않는) 현상이 보편적이지는 않지만, 회피해서는 안 된다. 그러므로 특별히 예를 들어보면 다음과 같다.

㉙ 女專利而不厭, 予取予求, 不女疵瑕也.

《좌전[左傳]·희공 7년[僖公七年]》

너는 오로지 이익만을 생각하여 만족할 줄 모르고, 내게 얻을 만큼 얻었고 내게 요구할 만큼 요구했지만, 나는 그대를 흠잡지 않았소.

두 개의 '予(여)'는 모두 인칭대사가 부사어가 되어 동사 '取(취)'와 '求(구)'를 수식한다. 이러한 부사어는 주어로 잘못 알기 쉬우므로 반드시 위아래의 문장을 근거로 하여 신중하게 구별해야 한다. 앞쪽의 첫 구절에 주어 '女(汝)'가 있는데, '予(여)'를 주어로 보면 앞뒤 말의 뜻이 일관성을 잃어 말이 통하지 않는다. 그러나 '予(여)'를 부사어로 보면 의미가 명쾌하게 통한다.

제1강 문장성분 85

(七) 문두부사어

문두부사어는 앞서 "(二) 시간명사가 부사어가 되는 경우"에서 '시간
용법'을 언급할 때 "時先主屯新野(시선주둔신야)"를 예로 들어, '時(시)'가
문두부사어라는 것을 설명했다. 아래는 다시 시간명사 이외의 예를 들
어 살펴보기로 한다.

㉚ 卒以吾郡之發憤一擊, 不敢復有株治.

(장박[張溥], 《오인묘비기[五人墓碑記]》)

(그때 위충현[魏忠賢]의 무리는 바로 전국에 체포령을 내렸다.) 마침
내 우리 오군(吳郡)의 의로운 백성은 강하게 의분을 일으켜 위당(魏黨)에
게 한 차례 반격을 가하여 그들이 다시는 감히 마음대로 연좌하여 처벌
하는 일이 없게 하였다.

단어 卒(졸): 마침내. 결과를 나타낸다. 株治(주치): 관련된 죄를 다스
리다.

'卒(졸)'은 전체 문장을 수식하고 있으며, 그 어의(語義)와 어기(語氣)
는 처음부터 끝까지 일관되어 있다.

'문두부사어'는 고대·현대한어에 흔히 보이는 현상이다. 고대한어에
서는 단음절 단어가 문두부사어로 쓰이는 것을 자주 볼 수 있다. 보통
고대한어 어법서는 전문적으로 문두부사어를 다루지 않는다. 그래서 독
자가 문장을 분석할 때 문두부사어를 만나게 되면 막연하게 느낄 수 있
으므로 여기서는 특별히 간략한 예를 들어 유추할 수 있도록 하였다.

(八) 개사구조가 보어가 되는 경우

개사는 명사, 대사 혹은 명사성(名詞性) 절이나 구와 결합하여 개사구조를 이루어 보어가 되는데, 이것 역시 고대한어의 특징이다. 이러한 구조형식은 현대한어가 옛것을 답습한 것으로, 이해하는 데 어렵지 않다. 이 구조형식은 '强式(강식; 고정된 형식)', 즉 춘추·전국시대 때부터 지금까지 계속 사용되어 온 것으로, 동빈어(動賓語)구조의 위치와는 달리 옛날과 지금의 변화가 비교적 크다는 것을 알아두어야 한다. 여기서 또한 고대한어와 현대한어 어법의 계승과 발전도 동시에 살펴볼 수 있다. 예를 들면, 다음과 같다.

㉛ 生于今而志乎古. （《순자〔荀子〕·천론〔天論〕》）
오늘에 태어났으나, 옛것에 뜻을 둔다.

단어 志(지): 의향. 뜻을 두다.

'于(우)'는 개사이고, '乎(호)' 역시 여기서는 개사로 쓰이고 있다. '于今(우금)', '乎古(호고)'는 모두 개사구조로 보어가 되어 시간을 나타낸다.

㉜ 荊軻游于邯鄲. （《사기〔史記〕·자객열전〔刺客列傳〕》）
형가(荊軻)는 조(趙)나라 한단(邯鄲)에서 놀았다.

'于邯鄲(우한단)'은 개사구조로 '游(유)'의 보어가 되어 장소를 나타낸다.

㉝ 殺人以梃與刃, 有以異乎? （《맹자〔孟子〕·양혜왕상〔梁惠王上〕》）
사람을 죽이는 데 몽둥이를 쓰는 것과 칼을 쓰는 것이 차이가 있습니까?

단어 梃(정): 몽둥이. 刃(인): 칼.

'有以(유이)'는 고대한어의 고정된 형식으로 "有可以用來……的.(~로써 쓸 수 있다.)"로 이해할 수 있고, "有以異乎"는 "有可以拿用它來區別的地方嗎?(그것을 사용하는 데 다른 점이 있습니까?)"로 이해할 수 있다. "以梃與刃(이정여인)"은 개사구조로서 동사 '殺(살)'의 보어가 되어 도구를 나타낸다('以'로 구성되는 개사구조는 항상 보어가 된다).

㉞ 苛政猛于虎也. 《예기〔禮記〕·단궁〔檀弓〕》
가혹한 세금은 호랑이보다 무섭다.

단어 政(정): 또 '征(정)'으로 해석하기도 하며, 세금을 징수하는 것을 가리킨다.

㉟ 毛先生以三寸之舌, 彊于百萬之師.

《사기〔史記〕·평원군열전〔平原君列傳〕》

모(毛) 선생의 세 치 혀는 백만의 군대보다 강하다.

단어 彊(강): 强(강하다)과 같다. 師(사): 군대.

'于虎(우호)'는 개사구조로 형용사 '猛(맹)'의 보어이고, '于百萬之師(우백만지사)'는 개사구조로 형용사 '彊(강)'의 보어인데, 모두 비교를 나타낸다.

(九) **명사(명사를 중심으로 하는 句도 포함)가 보어가 되는 경우**

예전의 일반 어법서는 명사가 보어가 되는 경우를 다루지 않았다. "보어가 되는 사물의 명사는 모두 특유한 지명, 국명 혹은 일반적인 지위 명사이므로 앞에는 시간이나 장소를 나타내는 개사가 있어야 한다."

라고 어떤 권위 있는 어법서는 말하고 있다.

이러한 견해는 첫째는 언어적 사실과 일치하지 않으며, 둘째는 개사 구조가 보어가 되는 상황과 엇섞여 있다. 여기서 고대한어의 명사가 보어가 되는 실질적인 예를 들어보면 다음과 같다.

㊱ 非獨性異人也, 亦形勢然也. (가의〔賈誼〕,《치안책〔治安策〕》)
단지 그들의 성격이 남과 달랐을 뿐만 아니라, 또한 형세가 그렇게 만든 것이다.

'人(인)'은 명사로서 형용사 '異(이)'의 보어가 되어 '異(이)'의 대상을 나타낸 것이다.

㊲ 禹錫以名重一時, 與之交. (《신당서〔新唐書〕·유우석전〔劉禹錫傳〕》)
유우석(劉禹錫)은 당시에 명성이 높아, 왕숙문(王叔文)과 사귈 수 있었다.

이것으로 보어가 되는 명사는 반드시 모두 지위명사는 아니며, 명사 앞에 반드시 개사가 있어야 하는 것은 아님을 알 수 있다. 물론 개사를 덧붙여 문장의 뜻을 해석할 수도 있지만, 그 자체가 개사구조는 아니다. 예를 들어 '名重一時(명중일시)'는 개사 '于(우)'를 덧붙여 '名重于一時(명성이 당시에 높았다)'로 해석할 수 있지만 원래 개사 '于(우)'는 없었다. 이러한 상황 역시 개사 '于(우)'를 생략한 것이라 말할 필요가 없다.

언어를 공부할 때는 '구별(차이)'에 중점을 두어야 한다. 구분을 명확히 하기 위해서 필자는 충분한 설명을 해야 한다. 또한, 모든 것은 실제 수요에서 출발하여 다루어야 하고, 많은 설명이 필요 없는 곳은 과감히 생략해야 한다.

三. 구(句)가 문장성분이 되는 경우

일반적인 상황에서 단어가 문장성분이 되는 경우는 어렵지 않게 이해할 수 있다. 그러나 구(句)가 문장성분이 되는 경우는 간혹 정확히 판단하기가 쉽지 않다. 고대한어와 현대한어의 구(句)를 분석해 보면 모두 이러한 현상이 있는데 고대한어가 더욱 심하다. 옛날에 북경의 한 출판사 편집자가 《맹자(孟子)》의 "寡人之于國也, 盡心焉而已.(과인은 나라에 대해, 마음을 다했을 따름이다.)"를 어떻게 분석해야 하는지에 대해 물었다. 그래서 나는 즉시 두 가지의 의견을 제시했다. 첫째, "寡人之于國也"는 주술구가 주어가 된 것이며, 둘째는 왕력(王力)의 견해를 따르더라도 상고(上古)시대 주술구 사이에는 '之(지)'를 넣어야 하며, '之(지)'를 넣은 후에도 여전히 주술구라고 분석하였다. 즉 구(句)가 문장성분이 되고, 문장성분 간의 어법관계를 명확히 이해하는 것이 문장의 뜻을 정확히 이해하는 데 매우 중요한 것이다. 특히 주술구(主述句)와 동빈구(動賓句)가 문장성분이 되는 경우는 더욱 주의를 기울일 가치가 있다.

(一) 주술구가 주어, 술어, 빈어, 한정어와 부사어인 경우

주술구가 문장성분이 되면 사건(事件)의 성질을 가진다. 예를 들면, 다음과 같다.

① 都城過百雉, 國之害也. 《좌전〔左傳〕·은공 원년〔隱公元年〕》
한 봉지(封地)의 성벽이 백치가 넘는 것은 (장차 통제하기 어려워서) 나라의 화근이 된다.
단어 城(성): 성벽. 雉(치): 양사. 세 장(丈) 길이와 한 장 높이의 면적을 1雉(치)라고 함.

② 齊命使各有所主. 《안자춘추〔晏子春秋〕·안자사초〔晏子使楚〕》
제나라(齊國)가 사신을 파견한 것은 모두 각기 주관하는 일이 있다.
단어 主(주): 주관하다.

예 ①의 '都城過百雉(도성과백치)', 예 ②의 '齊命使(제명사)'는 모두 주술구가 주어 역할을 하고 있다.

③ 居巢人范增年七十. 《사기〔史記〕·항우본기〔項羽本紀〕》
거소현 사람 범증(范增)은 나이가 이미 칠십이다.

'年七十(연칠십)'은 주술구로 술어 역할을 하고 있다.

④ 當是時, 項羽兵四十萬, 在新豊鴻門, 沛公兵十萬, 在霸上.
《사기〔史記〕·항우본기〔項羽本紀〕》
바로 이때, 항우의 군사는 사십만으로 신풍(新豊)의 홍문(鴻門)에 주둔하였고, 유방의 군사는 십만으로 패상(霸上)에 주둔하였다.

이 복구(復句)는 두 개의 분구(分句)로 이루어진 것이다. 각 분구의 주어인 '項羽兵四十萬(항우병사십만)'과 '沛公兵十萬(패공병십만)'은 모두

주술구인데, 각 주술구의 술어는 또한 모두 주술구('兵四十萬', '兵十萬')
이다.

⑤ 孔子東游, 見兩小兒辯鬪. 《《열자〔列子〕·탕문〔湯問〕》》
공자가 동쪽으로 유람할 때, 길에서 두 명의 아이가 언쟁하는 것을 보았다.

단어 辯鬪(변투): 언쟁. 다투다.

'兩小兒辯鬪(양소아변투)'는 주술구로 빈어이다.

⑥ 和氏璧, 天下所共傳寶也.

《《사기〔史記〕·염파인상여열전〔廉頗藺相如列傳〕》》

화씨벽(화씨의 옥)은 천하 사람들이 함께 전하는 보배이다.

'天下所共傳(천하소공전)'은 주술구로 '寶(보)'의 한정어이다.

⑦ 鷄鳴而起. 《《맹자〔孟子〕·진심상〔盡心上〕》》
닭이 울자 바로 일어났다.

'鷄鳴(계명)'은 주술구로 '起(기)'의 부사어이며, 중간에 '而(이)'로 연
결한 것이다.

(二) 동빈구가 주어, 빈어, 부사어인 경우

예를 들면, 다음과 같다.

⑧ 知之爲知之, 不知爲不知,是知也. 《《논어〔論語〕·위정〔爲政〕》》
그것을 아는 것을 그것을 안다고 하고, 모르는 것을 모른다고 하는 것,
이것이 참으로 아는 것이다.

'知之(지지)'는 동빈구로 주어가 된다.

⑨ 滕文公問爲國.　《맹자〔孟子〕·등문공상〔滕文公上〕》

등문공(滕文公)이 나라를 다스리는 것을 물었다.

'爲國(위국)'은 동빈구로 빈어가 된다.

⑩ 軻自知事不就, 倚柱而笑, 箕踞以罵.

《사기〔史記〕·자객열전〔刺客列傳〕》

형가(荊軻)는 원래 계획된 일이 성공할 수 없음을 스스로 알고, 기둥에 기대어 웃고서, 다리를 펴고 땅 위에 앉아서 욕을 했다.

단어　就(취): 성공하다. 箕踞(기거): 두 다리를 뻗고 땅 위에 앉다.

'倚柱(의주)'는 동빈구로 '笑(소)'의 부사어인데, 중간에 '而(이)'로 연결했다.

구(句)가 문장성분이 되는 것은 고대한어와 현대한어가 공통으로 지닌 현상이다. 다만 일반 고서(古書)에는 구두점이 없고, 어떤 문장은 또 항상 단어의 사용을 생략(예를 들어, "和氏璧, 天下所共傳寶也"의 '天下所共傳〔천하소공전〕'과 '寶〔보〕' 사이에 '之〔지〕'를 사용하지 않았고, '天下〔천하〕' 뒤에도 '人〔인〕'을 사용하지 않았다)하여 읽을 때 흔히 문장구조상 착각을 일으키기가 쉽다. 그래서 여기에서 간략하게 몇 가지 예를 들어 설명함으로써 구조가 비교적 복잡한 문장 형식을 정확하게 분석하는 데 도움이 되도록 했다.

四. 문장구조의 소략함에서 치밀해짐

문장성분이 소략함에서 치밀함으로 나간 것은 문장구조의 표현 기술이 더욱 완벽해진 것으로 이해할 수 있다. 선진(先秦)시대의《좌전(左傳)》과 한대(漢代)의《사기(史記)》를 비교해 보면 이러한 사실을 쉽게 알 수 있다. 예를 들면, 다음과 같다.

① 祭仲專, 鄭伯患之, 使其婿雍糾殺之.

(《좌전[左傳]·환공 15년[桓公十五年]》)

제중(祭仲)이 전횡(專橫)을 하자, 정백이 그것을 근심하여 그의 사위 옹규로 하여금 그를 죽이게 하였다.

② 祭仲專國政, 厲公患之, 陰使其婿雍糾欲殺祭仲.

(《사기[史記]·정세가[鄭世家]》)

제중(祭仲)이 국정을 제멋대로 휘두르자 여공이 그것을 근심하여 몰래 그의 사위인 옹규로 하여금 제중을 죽이게 하였다.

《좌전(左傳)》에서는 '專(전)' 뒤에 빈어 '國政(국정)'이 나타나지 않았으나,《사기(史記)》에서는 보충해서 '專(전)'의 대상을 뚜렷하게 하였다.

《좌전(左傳)》에서는 두루 '鄭伯(정백)'이라고 하는데, 《사기(史記)》는 '鄭伯(정백)'을 '厲公(여공)'으로 바꾸어 어느 시대의 정백(鄭伯)인지를 더욱 명확히 하였다. 《좌전(左傳)》은 동사 '使(사)' 앞에 부사어가 없으나, 《사기(史記)》는 부사어 '陰(음)'을 덧붙여 암암리에 파견한 것임을 나타냈다. 《좌전(左傳)》에는 '殺(살)' 앞에 부사어가 없으나, 《사기(史記)》는 부사어 '欲(욕)'을 덧붙여 일이 계획되고 있음을 나타냈다. 사실상, 나중에는 죽이지 못하고, 오히려 옹규(雍糾)가 피살되었다(문장구조 서술의 적절성 여부는 역사적 사실이 여실히 반영될 수 있는지와 관련되어 있다).

이상에서 《좌전(左傳)》과 《사기(史記)》의 일부 예문만을 비교하여 감성적 인식을 적절하게 강화하였다. 다음에는 역대 문장구조의 세밀화에 대해 더욱 종합적으로 제시해 보겠다.[41]

갑골문의 문장구조는 간단한데 하나는 쓰기 어렵기 때문이고, 또 하나는 문체(卜辭)가 제한되어 있었기 때문이다.

양주(兩周)의 금문(金文) 문장구조는 약간 복잡한데, 이는 금문이 대표하는 시대가 갑골문보다 훨씬 나중이고, 문체도 갑골문처럼 그렇게 제한을 받지 않았기 때문이다.

《역경(易經)》을 《서경(書經)》과 비교해 보면 풍격이 다른 점 이외에도 문장이 다소 복잡하다. 《서경(書經)》은 춘추시대의 작품이고, 《역경(易經)》은 곽말약(郭沫若)이 전국(戰國) 초기의 작품이라 하는데 대체로 믿을 만하다.[42]

《논어(論語)》와 《역경(易經)》의 문장구조도 비슷하다. 《서경(書經)》

---

41 왕력(王力)의 《한어사고(漢語史稿)》의 견해를 동시에 참조.
42 곽말약(郭沫若)의 《십비판서·고대연구의 자아비판(十批判書·古代研究的自我批判)》, 《곽말약전집(郭沫若全集)》 4쪽 참조.

에서는 복합문장의 분구관계가 의미의 통합 방법으로 표현된 것이지만, 《역경(易經)》과 《논어(論語)》에서는 복합문장의 분구관계에서 연사(連詞), 예를 들면, '故(고)', '況(황)', '則(즉)' 등을 사용했다. 이렇게 하면 관계가 비교적 명확해지고, 구조도 엄밀하게 드러난다.

전국시대 이후, 한어(漢語)의 구성 방식은 새로운 발전 단계에 들어섰다. 전국시대의 문장 구성 방식은 춘추시대의 문장 구성 방식보다 복잡하고 치밀하다. 어느 정도 치밀한 구조가 만들어진 뒤에야 비교적 치밀한 사상을 표현하기에 적합해진다.

한대(漢代)의 산문은 기본적으로 전국(戰國)시대의 문장구조에 따라 나온 것이다. 당대(唐代)에 와서 한어어법(句法)이 엄밀해지는 별도의 새로운 단계가 시작되었다. 당대(唐代) 문인들의 논리적 사고는 불교의 영향을 받았다. '성명(聲明; 대체로 어법[語法]과 어음[語音]에 해당한다)'의 영향은 한어체계에 나타났고, '인명(因明)'은 논리적 사고의 발전에 영향을 주었다. 논리적 사고의 발전이 언어구조 형식 가운데 구체적으로 나타났는데, 첫째는 말하고자 한 말을 가능한 한 모두 개괄하여 하나의 완전한 구조를 이루게 하였다는 점이고, 둘째는 불필요한 것들은 정리하고, 자질구레한 단문들을 하나의 큰 문장으로 결합했다는 점이다. 이 분야에서 한유(韓愈)의 문장이 가장 대표적이다. 물론, 외부적인 영향은 단지 하나의 요소에 불과했지만, 한어 자체의 요소는 외부적 요소를 융합함으로써 문장의 구성 방식이 더욱 치밀해졌다. 역대 문인들은 한유(韓愈), 유종원(柳宗元), 구양수(歐陽脩), 소식(蘇軾)의 문장을 좋아하였고, 동시에 《맹자(孟子)》, 《장자(莊子)》의 문장을 좋아하였다. 여기에는 사상 내용의 원인이 존재하고, 논리적(고인들은 일찍이 논리적 요소를 중요시함) 수사(修辭)의 원인이 존재하며, 단어 구성 방식의 원인이 존재한다. 그러나 사상적 논리는 어구(語句)로부터 나오는 것이다. 옛사람들은 《맹자(孟子)》의 문기(文氣)가 매우 왕성하다고 하였는데, 무엇이 문기(文氣)인지에 대해서는 그 이유를 말하지 못했다. 언어적 시각에서 본다면 문장구조가 매우 치밀하고 빈틈이 없어도 전체 문장을 다 읽지 않으면 멈출 수가 없으며, 문장의 연결도 단단히 맞물려 있어서 간혹 느슨하게 할 수도 없다(한·당[漢·唐]의 문장도, 이러한 경지에 힘써 오르려고 했다). 여기에서 《맹자(孟子)》 문장 가운데 "齊人有一妻一妾(제인유일처일첩)"을 위 문장의 맺음말과 긴밀하게 연결해 보기로 하겠다.

> 由君子觀之, 則人之所以求富貴利達者, 其妻妾不羞也, 而不相泣者,
> 幾希矣.
> 군자의 입장에서 본다면 지금 사람들 가운데 부귀와 영달을 구하는 자들은 그 처첩이 부끄러워하지 않고 서로 울지 않을 자가 거의 없을 것이다.

이처럼 매우 고차원적인 함의는 단숨에 다 읽어 내지 못한다면 완벽하게 구현해 낼 수 없다. 이 문장 가운데 '則人之所以求富貴利達者, 其妻妾不羞也, 而不相泣者(즉인지소이구부귀이달자, 기처첩불수야, 이불상읍자)'는 주어이고 '幾希矣(기희의)'는 술어이다. 주어 안에 몇 개의 구성 부분에 허사 '者', '也', '而'가 서로 연결되어 문장의 일관성을 연결해 주고 있으므로 사실상 중간에 멈추는 것이 허용되지 않는다. 전체 문장과 각 구(句)들의 사이에는 빈틈이 없고, 어기(語氣)가 잘 호응하고 유창함으로써 문기(文氣)가 더욱 풍부하게 드러나는 것은 두말할 나위가 없다. 문기(文氣)를 깨닫고, 큰 소리로 낭독하면 더욱 효과적이다. 옛사람들은 문장을 읽으면 책 읽는 소리가 낭랑하였는데, 허사가 그에 대해 '중요한 맥'이 기능을 발휘하도록 하는 것을 중시하였다. 예를 들어, '者'자를 읽으면 한 박자를 쉬고, '也'자를 읽으면 소리를 늘어뜨리고, 은은한 여운을 나타냈던 것이다. 필자의 은사인 당문치(唐文治)[43]는 20세기 40년대에 나이가 이미 80여 세였는데, 문장을 성독한 녹음테이프가 마치 지금 녹음한 것 같아 지금 다시 들어도 얻는 것이 적지 않다. 왕력(王力)은 "고대한어의 문장 구성 방식의 문제는 숙독(熟讀)과 깨달음을 통해서 해결할 수 있다."[44]라고 하였는데, 이는 경험을 말한 것이다. 고대한어 어법에 정통하는 것은 고문 낭독과 관련이 있으므로 소홀히 할 수 없다. 이 내용은 뒤에 허사를 얘기하는 부분에서 더욱 전면적이고 구체적으로 다루어 앞뒤로 적절히 참고하도록 할 것이다.

---

43 청대 말기에 진사 급제하여 직위는 상서까지 올랐으며, 물러난 후 학교를 설립하였다.
44 《중국언어학사(中國語言學史)》 211쪽, 산시인민 출판사, 1981년.

제2강

어순(語順)

어순(語順)은 단어의 배열 순서를 가리키며, 사서(詞序)라고도 한다. 이것은 한어어법에서 중요한 수단 중 하나이다. 한어의 어순은 일반적으로 주어는 술어 앞, 빈어(賓語)는 동사 뒤, 한정어(限定語)와 부사어는 그 수식하는 단어의 앞, 그리고 보어는 그 보충하는 단어의 뒤에 위치한다. 서로 다른 어순은 서로 다른 어법관계를 나타낸다. 그래서 어순 변화는 구조 변화, 의미 변화, 그리고 표현 효과 변화를 일으킨다. 예를 들면, '紅花(붉은 꽃)'는 수식구조인데, '花紅(꽃이 붉다)'은 주술구조이다. '他什麼都懂(그는 무엇이든 모두 안다)'은 '그 사람이 박식하다'는 것이고, '他都懂什麼(그가 무엇을 아는가?)'는 '그 사람이 무식하다'는 것이다. 진의(陳毅)가 두보(杜甫)를 칭찬한 두 구절을 보자. "千古詩人, 詩人千古"—— "千古詩人"은 두보가 고금을 통틀어 걸출한 시인이라는 것을 말한 것으로, 두보에 대한 존경을 나타낸다. '시인천고(詩人千古)'는 두보의 정신이 영원히 전해져 길이 남고 훌륭한 명성이 세상에 오래도록 남으리라는 것을 말한 것으로, 두보에 대한 회고의 정을 나타낸다.

증국번(曾國藩)은 태평군에게 패하고 황제에게 올린 상주문에서 "屢戰屢敗. (누차 싸웠으나 누차 패했다.)"라는 말을 썼으나, 증국번의 참모는 "屢敗屢戰. (누차 패했으나 누차 싸웠다.)"으로 고쳐 쓸 것을 건의하였다. 이것은 변변치 않은 사람을 영웅으로 과장한 것이다(여러 차례 전쟁을 했으나, 여러 차례 패했다는 것은 무능하여 마치 변변치 못한 인간처럼 보인다. 그러나 여러 차례 패했으나, 여전히 여러 차례 계속해서 싸웠다고 고쳐 씀으로써 '영웅'의 모습으로 미화시켰다). 이를 통해 어순의 중요성을 알 수 있다.

역사적으로 볼 때, 고대한어와 현대한어의 어순은 기본적으로 일치한다. 그러나 완전히 일치하는 것은 아닌데, 고대한어와 현대한어는 동사와 빈어의 어순 배열에서 큰 차이를 보인다. 명확히 해야 할 것은 고대한어와 현대한어의 어순은 완벽히 일치하지 않는다는 것인데, 이것은 고대한어에서는 일반적인 현상이다. 우리는 고대한어의 어순이 현대한어의 어순과 다른 것을 모두 현대한어의 '도치'(어떤 것은 도치이나, 어떤 것은 도치가 아니다)로 간주해서는 안 된다. 왜냐하면 '도치'인지 아닌지는 같은 시대의 언어와 비교해서 말하는 것이기 때문이다.

각기 다른 시대의 한어를 서로 비교해서 어순이 다르면 그저 자연스러운 역사적 흐름에 따른 어순의 변화일 수 있다. 동일한 이치로 일·이천 년 이후 한어 어순이 만약 현재 한어 어순과 다른 부분이 있을 때, 그 후대 사람들이 현재 어순을 그 시대 어순의 도치라고 말한다면 그것은 분명 타당하지 못하다. 앞의 '서론' 부분에서 고대한어를 공부하려면 역사적 관점을 가지고 있어야 한다고 말했는데, 이러한 관점은 구체적 언어현상의 변별에도 사용해야 한다. 경계를 명확히 하고 사람들 마음속의 모호한 인식을 선명하게 하기 위해 본 강의에서는 어순에 관해 논하였는데, 여섯 개 표제의 논법이 모두 다르다. 첫 번째와 두 번째 표제는 '前置(전치)'인데, 그것이 본래 이러한 순서임을 의미한 것이다. 세 번째와 네 번째 표제는 '提前(제전)'인데, 표현 전달의 수요에 맞추기 위해서 어떤 성분을 앞으로 끌어내서 말하는 것을 의미한다. 다시 말하면 이른바 '倒置(도치)' 방법이다. 다섯 번째와 여섯 번째 표제에서는 '前置(전치)'와 '提前(제전)'을 언급하지 않았는데, 고대한어 표현법의 특수성이 불편하더라도 현대한어와 더 비교할 필요가 없음을 밝힌 것이다(직접 그것의 일반적 위치를 밝힌 것이다).

一. 빈어(賓語)의 전치(前置)

　　고대한어와 현대한어를 막론하고, 일반적으로 주어는 술어 앞에 놓이고, 술어는 주어의 뒤에 놓이며, 빈어는 동사술어 뒤에 놓인다. 즉 '주어＋동사술어＋빈어'의 순서이다. 예를 들면, '叔孫武孫(주어)＋毁(동사)＋仲尼(빈어)'이다. 그렇지만 고대한어에서는 일부 문장 형식의 빈어를 동사술어 앞에 놓는 것이 일반적이어서 '빈어＋동사술어'의 구조를 이룬다. 이러한 구조를 우리는 '빈어 전치'라고 한다. 빈어 전치는 그 규칙과 조건을 가지고 있는데, 이제 이러한 규칙과 조건들을 아래와 같이 분류하여 서술하고자 한다.

(一) 부정문(否定文)에서 대사빈어(代詞賓語)의 전치(前置)

　　부정문에 부정사(否定詞)가 있고, 빈어가 대사(代詞)이면 이 빈어는 항상 전치된다. 다시 말해 빈어를 전치시켜 부정사의 뒤, 동사술어의 앞에 놓는다. 부정사는 보통 '不(불), 未(미), 莫(막)'을 쓰는데, 다른 부정사를 쓸 때도 있지만, 비교적 드물다. 예를 들면, 다음과 같다.

① 不患人之不己知, 患不知人也. 《논어〔論語〕·학이〔學而〕》
남이 자신을 알아주지 못함을 근심하지 말고, 내가 남을 알지 못할까 근심해야 한다.

'不己知(부기지)'에서 '己(기)'는 대사로 빈어이고, 또 부정사 '不(불)'이 있으므로 '己(기)'가 동사 '知(지)' 앞에 놓인 것이다. 그러나 '不知人(부지인)'에서 '人(인)'은 명사이고 대사가 아니므로 비록 앞에 부정사 '不(불)'이 있더라도 동사 '知(지)' 뒤에 놓은 것이다.

② 我未見力不足者. 蓋有之矣, 我未之見也. 《논어〔論語〕·이인〔里仁〕》
나는 힘이 부족한 자를 아직 보지 못하였노라. 아마도 그런 사람이 있을 터인데, 내가 아직 그런 사람을 보지 못하였던 것 같다.

'我未之見也(아미지견야)'에서 '之(지)'는 바로 앞 문장의 '力不足者(역부족자)'를 가리키는 것으로 '之(지)'가 대사이고, 또 부정사 '未(미)'가 있기 때문에 '之(지)'를 동사 '見(견)' 앞에 놓은 것이다. 그리고 '力不足者'는 단어구조이지 대사가 아니므로 동사 '見(견)' 뒤에 놓은 것이다.

③ 吾問狂屈, 狂屈中欲告我而不我告. 《장자〔莊子〕·지북유〔知北游〕》
내가 광굴에 물었는데, 광굴은 속으로는 나에게 말해주고 싶었지만 나에게 말하지 않았다.

'告我(고아)'와 '不我告(불아고)'는 마찬가지로 대사 '我(아)'가 동사 '告(고)'의 빈어이다. '告我(고아)'는 긍정문이므로 빈어가 전치되지 않았으나, '不我告(불아고)'는 부정문이므로 빈어가 전치된 것이다.

④ 碩鼠碩鼠, 無食我黍; 三歲貫汝, 莫我肯顧.

(《시경[詩經]·위풍[魏風]·석서[碩鼠]》)

큰 쥐야 큰 쥐야, 내 기장을 먹지 마라. 삼 년이나 너를 먹였거늘, 나를
돌아보려 하지 않는구나.

단어 碩鼠(석서): 큰 들쥐로 곡물을 즐겨 먹는다. 여기서는 매우 탐욕
스러운 노예의 주인을 비유한 것이다. 三歲(삼세): 시간이 긴 것을 가리
킨다. 貫(관): 공양하다.

대사 '我(아)'는 빈어이고, 또 부정사 '莫(막)'이 있기 때문에 동사 '肯
顧(긍고)'의 앞에 온 것이다(조동사는 동사 앞에 온다.——능원동사가 있으면
대사는 조동사 앞에 온다).

⑤ 天大寒, 硯冰堅, 手指不可屈伸, 弗之怠.

(송렴[宋濂] 《송동양마생서[宋東陽馬生序]》)

날씨가 매우 추워 벼루에 물이 얼고, 손이 곱아서 굽힐 수도 없었지만,
일을 게을리할 수는 없었다.

'弗之怠(불지태)'는 그것(일)을 게을리 하지 않는다는 것이고, 대사
'之(지)'는 부정문의 빈어이므로 전치된 것이다.

⑥ 我無爾詐, 爾無我虞. (《좌전[左傳]·선공 15년[宣公十五年]》)
나는 당신을 속이지 않을 것이니, 당신도 나를 속이지 마시오.

'爾(이)'와 '我(아)'는 부정문의 빈어이므로 전치한 것이다.

고대한어의 부정사는 '莫(막)' '末(말)' '篾(멸)' '靡(미)' '曼(만)' '罔(망)'
'無(무)' '毋(무)' '亡(무)' '勿(물)' '未(미)' '不(불)' '弗(불)' '否(부)' '非(비)'
'匪(비)' 16개[45]인데, 부정사가 쓰인 문장이라 하여 빈어를 전치(前置)할

---

45 양수달(楊樹達), 《고등국문법(高等國文法)》에서 열거한 것.

수 있는 것은 아니다. 일부 부정사가 쓰인 문장에서만 빈어를 전치(前置)할 수 있다.

부정사와 '무지칭대사'는 혼동해서는 안 된다. 예를 들면, '莫(막)'은 부정사로 사용되는 것 이외에 무지칭대사로도 쓰인다. '무지칭'은 모든 대상을 배제한다는 의미로 현대한어의 '沒有誰(아무도 없다)', '沒有甚麼(아무것도 아니다)'에 해당한다. "群臣莫對(군신막대, 《전국책[戰國策]·초책[楚策]》)"는 많은 군자 가운데 대답할 수 있는 사람이 하나도 없다는 뜻으로, '群臣(군신)'이 주어이고, '莫對(막대)'는 주술구로 술어인데, '莫(막)'은 주술구에서 주어(아무도 없다)이다. 무지칭대사는 문장 안에서 부정사의 역할과 동시에 '배제한다'는 의미가 있기 때문에 문장을 분석할 때에는 단순히 부정사로 간주해서는 안 된다.

"(諸葛亮) 每自比於管仲, 樂毅, 時人莫之許也. (제갈량은 매번 관중이나 악의에게 자신을 견주었지만, 당시 사람 중에 그것을 인정하는 사람은 아무도 없었다.)"진수(陳壽)의 《삼국지(三國志)·제갈량전(諸葛亮傳)》에서 '時人莫之許也(시인막지허야)'는 당시 사람들 가운데 이러한 것(관중과 악의에 비교하는 것)에 찬동한 사람이 하나도 없다는 것을 의미한다. 일부 어법서는 무지칭대사와 부정사를 혼동하고 있는데 이는 적절하지 않다. 무지칭대사는 뒤에 대사를 언급할 때 다시 구체적으로 말하기로 하고, 여기에서는 잠시 간략하게 제시하여 먼저 대사와 부정사를 구별하고자 한다.

선진(先秦)시대 부정문의 대사빈어는 일반적으로 전치되지만, 전치되지 않는 것도 있다. 예를 들면, "不知我者, 謂我何求(나를 알지 못하는 자들은 내가 무엇을 추구하느냐고 말하네, 《시경[詩經]·왕풍[王風]·서리[黍離]》)." 가운데 '不知我(부지아)'에서 빈어 '我(아)'는 동사 앞에 놓이지 않았는데,

이것은 당시의 예외적인 현상(어떠한 사물이라도 일반적인 것 이외에 모두 특수 현상이 있는데 언어도 마찬가지)이다.

한대(漢代)에 와서 부정문에서 대사빈어는 후치(後置)하기 시작했다. 예를 들면, '莫知我夫(막지아부, 《사기〔史記〕·공자가어〔孔子家語〕》)'에서 '我(아)'는 '知(지)' 뒤에 놓였다. 이것은 전치(前置)하던 것에서 전치(前置)하지 않는 것으로의 과도기적 현상이다. 한대 이후의 문장에서 부정문은 대사빈어를 전치(前置)하였는데, 그것은 선진시대의 문장 구성 방식을 모방한 것이다.

(二) 의문문(疑問文)에서 대사빈어(代詞賓語)의 전치(前置)

의문문에서 의문대사가 빈어일 때는 빈어를 전치해야 한다. 고대 한어의 의문사는 매우 다양하다. 그 다양한 예를 함께 살펴 보도록 하겠다.

⑦ 良問曰 : "大王來何操?" (《사기〔史記〕·항우본기〔項羽本紀〕》)
장량(張良)이 묻기를 "대왕께서 오실 때 무엇을 가지고 오셨습니까?" 현대한어로 번역하면 "帶着甚麽(무엇을 지니다)."로 어순이 정반대이다.
단어 操(조) : 가지다. 잡다. 여기서는 휴대하는 것을 말한다.

⑧ 臣實不才, 又誰敢怨? (《좌전〔左傳〕·성공 3년〔成功三年〕》)
신은 (제가) 참으로 재주가 없는데, 또 누구를 감히 원망하겠습니까?
의문대사 '誰(수)'는 빈어로 동사 '怨(원)' 앞에 놓였다(동사 '怨〔원〕' 앞에는 조동사—능원동사 '敢〔감〕'이 있기 때문에 의문대사는 바로 능원동사 앞에 놓인 것이다).

⑨ 皮之不存, 毛將焉傅? 《사기〔史記〕·회공 14년〔僖公十四年〕》

가죽도 있지 않는데 털은 어디에 붙이겠는가? (사물이 생존하는 기초를 잃어버림. 즉 존재할 수 없음을 비유함.)

단어 傅(부): 의지하다. 붙이다.

⑩ 衛君待子而爲政, 子將奚先? 《논어〔論語〕·자로〔子路〕》

위나라 군주께서 선생을 기다려 정치를 하려고 하는데 선생께서는 장차 무엇을 먼저 하시겠습니까?

⑪ 王者孰謂? 謂文王也. 《공양전〔公羊傳〕·은공 원년〔隱公元年〕》

왕이란 누구를 말하는 것인가? 문왕을 말하는 것이다.

⑫ 沛公安在? 《사기〔史記〕·항우본기〔項羽本記〕》

패공(沛公: 유방)은 어디에 있는가?

⑬ 王曰: "縛者曷爲者也" 《안자춘추〔晏子春秋〕·안자사초〔晏子使楚〕》

왕이 물었다: "묶인 자들은 무엇 때문인가?"

예 ⑨ '焉(언)', 예 ⑩ '奚(해)', 예 ⑪ '孰(숙)', 예 ⑫ '安(안)', 예 ⑬ '曷(갈)'은 모두 의문대사로 전치(前置)된 빈어이다. 여기에서도 명확히 해두어야 할 두 가지의 포인트가 있다. 하나는 일부 의문대사는 어기조사(語氣助詞)와 쉽게 혼동된다는 점이다. 아래의 문장을 비교해 보자.

皮之不存, 毛將焉傅? 《좌전〔左傳〕·회공 14년〔僖公十四年〕》
가죽이 있지 않은데, 털이 어찌 붙겠습니까?

皮之不存, 毛將安附焉? (장기〔張機〕《상한논자서〔傷寒論自序〕》)
가죽이 있지 않은데, 털이 어찌 붙겠습니까?

'毛將焉傅(모장언부)'에서 '焉(언)'은 의문대사이고, '毛將安傅焉(모장안부언)'에서 '焉(언)'은 어기조사이다.

다른 하나의 문제는 "縛者曷爲者也(묶인 자는 무엇을 하는 사람인가?)"에서 '曷爲(갈위)' 뒤에 만약 별도로 동사가 있다면 '曷爲(갈위)'는 바로 개사구조가 되므로 즉 '曷(갈)'은 개사 '爲(위)'의 빈어가 되는 것이다(이 현상을 '曷爲〔갈위〕' 뒤에 동사가 생략되었다고 마음대로 해석하면 안 된다).

또한, 의문문에서 의문대사는 빈어로 전치(前置)해야 하는데, 이것 역시 일반적인 상황을 말한 것으로, 일부 문장에서는 전치하지 않는 것도 있다. 예를 들면, "子夏云何(자하운하; 자하가 무엇을 말했는가?)"[46)]에서 '何(하)'는 의문대사이지만 동사 앞에 놓이지 않았다.

---

46 《논어(論語)·자로(子路)》

二. 개사빈어(介詞賓語)의 전치(前置)

개사는 언어구조에서 단독으로 사용하지 않고 반드시 하나의 구조를 이루어야 하는데, 이것을 개사구조라 한다. 개사구조는 바로 개사 뒤에 빈어를 덧붙이는 것이다. 개사빈어도 전치되는 상황이 있다.

(1) 의문대사가 개사빈어가 되면 반드시 개사 앞에 놓아야 한다. 예를 들면, 다음과 같다.

① 曷爲久居此圍城之中而不去也. 《전국책[戰國策]·조책[趙策]》
왜 오랫동안 이 포위된 성에 남아 떠나지 않는가?

'曷爲(갈위)'는 바로 '爲曷(위갈)'인데, '曷(갈)'이 의문대사이므로 개사 '爲(위)' 앞에 놓았다.

② 王誰與爲善? 《맹자[孟子]·등문공상[滕文公上]》
왕께서는 누구와 함께 선을 행하시겠습니까?

③ 問何以戰. (《좌전[左傳]·장공 24년[莊公二十四年]》)
무엇으로 전쟁할 것인지를 물었다.

④ 何由知我可也. (《맹자[孟子]·양혜왕상[梁惠王上]》)
무엇으로 말미암아 내가 할 수 있다는 것을 아는가?

⑤ 胡爲至今不朝也? (《전국책[戰國策]·제책[齊策]》)
무엇 때문에 지금까지 찾아뵙지 않는가?

⑥ 許子奚爲不自織? (《맹자[孟子]·등문공상[滕文公上]》)
허행(許行)은 무엇 때문에 스스로 모자를 만들지 않는가?

⑦ 學惡乎始,惡乎終? (《순자[荀子]·권학[勸學]》)
배움은 어디서 시작하고, 어디서 끝나는가?('惡[오]'는 '烏[오]'와 같다. '어디' 또는 '무슨'의 뜻이다.)

'誰與(수여)', '何以(하이)', '何由(하유)', '胡爲(호위)', '奚爲(해위)', '惡乎(오호)'는 모두 개사빈어 전치이다. 그러나 개사 '于(우)'로 이루어진 개사구조에서 빈어는 의문대사인데, 이때는 빈어를 '于(우)' 뒤에 놓아야 한다. 예를 들면, 《시경(詩經)·소아(小雅)·백구(白駒)》의 "所謂伊人,于焉逍搖? (이른바 그 사람[백마의 주인]은 어디에서 쉬고 있는가?)"와 같다.

(2) '以(이)'자로 이루어진 개사구조에서 의문대사가 빈어가 아닌 경우, 빈어를 강조하기 위해서 개사 앞에 놓을 수도 있다. 예를 들면, 다음과 같다.

⑧ 楚戰士無不一以當十. (《사기[史記]·항우본기[項羽本紀]》)
초나라 군사 중에 한 사람이 열 사람을 당해내지 못하는 사람은 하나도 없다.

'一(일)'을 강조한 것은 초나라 군사는 모두가 용맹하다는 것을 의미한다.

三. 빈어(賓語)의 도치(倒置)

상고한어(上古漢語)의 빈어(賓語)는 일반적으로 동사 앞에 위치하는데(후세에 모방하여 사용한 것도 포함), 우리는 그것을 '빈어의 전치(前置)'라고 말한다. 그러나 표현적으로 필요하여 빈어를 강조하고자 할 때, 일정한 어법수단을 활용하여 빈어를 동사 앞에 놓는데, 우리는 그것을 '빈어의 도치(倒置)'라고 한다. 도치된 빈어는 대사일 수도 있고, 아닐 수도 있다. 그러나 일반적으로는 '是(시)'나 '之(지)'를 사용하여 도치(倒置)의 표식으로 삼거나(어떤 사람은 '是〔시〕'와 '之〔지〕'를 이중〔二重〕의 지칭대사로 간주하는데, 우리는 이렇게 생각하지 않는다), 어기(語氣)를 강화시키는 작용을 한다.

① 將虢是滅, 何愛於虞?　《좌전〔左傳〕·희공 5년〔僖公五年〕》
(晉나라가) 장차 괵나라를 멸망시킬 것인데, 어찌 우나라를 아끼겠는가?

② 宋何罪之有? 《묵자〔墨子〕·공수〔公輸〕》
송나라가 무슨 죄가 있는가?

예 ①, ②의 '是(시)', '之(지)'는 도치를 나타내는 표시를 나타냄과 동시에 어기(語氣)를 강조하는 역할로 쓰인 것이다.

이러한 표현법은 동시에 '唯(유)'를 함께 활용하여 어기를 더욱 강조할 수 있다. '唯(유)'는 범위를 나타내는 부사로서 이러한 구조를 사용하여 빈어를 강조할 뿐 아니라, 동작 행위 대상의 단일성과 배타성을 나타내기도 한다. 예를 들면, 다음과 같다.

③ 唯才是擧, 吾得而用之. 《조조〔曹操〕《구현령〔求賢令〕》》
오로지 재능 있는 사람만을 천거한다면 나는 그를 등용할 것이다.

이것은 실제로 '唯…是…'의 형식으로 이루어진 것이다. 이러한 형식은 현대한어에서도 여전히 사용되고 있는데, '唯利是圖. (유리시도: 오직 이익만을 도모한다.)', '惟命是從. (유명시종: 오직 명령만을 따른다.)'과 같은 것이다.

④ 心無雜慮, 唯魚之求. 《열자〔列子〕·탕문〔湯問〕》
마음속에 잡념이 없고, 단지 고기를 낚는 것만 생각하고 있다.

⑤ 其一人專心致志, 唯弈秋之爲聽. 《맹자〔孟子〕·고자상〔告子上〕》
그중 한 사람은 마음을 전일하게 하고 뜻을 오롯이 하여 오직 혁추의 말만을 들었다.

'唯……之……', '唯……之爲……'의 표현법은 현대한어에서는 사용하지 않는다.

이 외에도, 만약 빈어 자체가 대사(代詞)이면 '之(지)'를 사용하여 도치할 수 있다. 예를 들면, 다음과 같다.

⑥ 脣亡則齒寒, 其斯之謂歟? 《곡량전〔穀梁傳〕·희공 2년〔僖公二年〕》)
입술이 없으면 이가 시릴 것이니 (이해관계가 매우 밀접함을 비유), 아마도 이
러한 일을 두고 말한 것이리라.

단어 亡(망): 잃다. 斯(사): 이(이것).

'斯(사)'는 대사(代詞)로서 진헌공(晉獻公)이 우공(虞公)에게 괵국(虢
國)을 멸망시킬 수 있도록 길을 빌려달라는 일을 가리키는 것인데, '謂
(위)'의 빈어로서 '謂(위)' 앞으로 도치한 것이다.

빈어의 도치는 앞에서 말한 것 이외에도, 다른 예도 있지만 매우 드
물다. 예를 들면, 다음과 같다.

⑦ 我周之東遷, 晉鄭焉依. 《좌전〔左傳〕·은공 6년〔隱公六年〕》)
우리 주나라 왕실이 동쪽으로 천도하게 되면 진(晉)나라와 정(鄭)나라에
의지하게 되는 것이다.

⑧ 何以女爲見? 《한서〔漢書〕·소무전〔蘇武傳〕》)
무엇 때문에 (무엇을 믿고서) 그대를 만나야 하는가?

어기사(語氣詞) '焉(언)'과 '爲(위)'를 사용하였다.

四. 술어 도치(倒置)

　　고대한어와 현대한어는 모두 주어가 앞에 있고, 술어가 뒤에 있다. 때로는 술어를 두드러지게 하고 어기(語氣)를 강조하기 위해서 술어를 주어 앞으로 도치할 수도 있다. 현대한어는 예를 들어볼 필요가 없으므로 고대한어 문장을 중점적으로 비교해 보기로 한다.

　　① 吾君在前, 叱者何也? 　(《사기[史記]·평원군우경열전[平原君虞卿列傳]》)
　　내 주인(平原君)이 바로 면전(面前)에 있는데, 당신(楚王)이 이렇게 나를 질책하는 것은 무슨 까닭인가?

　　② 子曰 : "何哉, 爾所謂達者?" 　(《논어[論語]·안연[顔淵]》)
　　공자께서 말씀하셨다: "이것이 무슨 뜻인가, 네가 말한 통달이라는 것이?"

　　예 ①은 모수(毛遂)가 초왕을 질책한 것이다. 그 의미는 초왕이 마땅히 평원군의 면전에서 평원군의 수행원을 질책해서는 안 된다는 것을 말한 것으로, 평원군에 대한 초왕의 무례함을 꾸짖는 데 초점을 두고 있다. 예 ②는 공자가 학생 자장(子張)에게 반문하는 말이다. 자장(子張)이 제기한 "공부하는 사람이 어떻게 해야 비로소 통달이라고 할 수 있습니까?"라는 물음에 대해 일침을 가한 것으로서 질문한 뜻을 알지 못하겠음을 나타낸 것이다. '何(하)'는 도치이고, 의미는 '不解其意(그 뜻을 알지 못하겠다)'를 강조하는 데 있다. 만약에 "爾所謂達者何哉."(네가 말한 '達'이라는 것이 무엇인가?)로 바꾸어 말한다면 일반적인 의문문이 되어 강조하는 어기가 없어지게 된다.

고대한어의 술어 도치는 현대한어에 비해 상대적으로 자주 나타난다. 이러한 현상은 감탄문과 의문문에서 자주 나타나는데, 여기서 몇 가지 예를 더 들어보기로 한다.

③ 甚矣, 汝之不惠! (《열자〔列子〕·탕문〔湯問〕》)
매우 심하구나, 너의 총명하지 못함이! (매우 총명하지 못함을 의미한다.)

④ 美哉乎, 山河之固! (《사기〔史記〕·손자오기열전〔孫子吳起列傳〕》)
좋구나, 이 산과 강의 험하고 견고한 형세가!

⑤ 異哉言乎! (범진〔范縝〕《신멸론〔神滅論〕》)
정말 특이하구나, 이러한 말이!

⑥ 善哉, 醫乎! (《유빈객집〔劉賓客集〕·감약〔鑒藥〕》)
훌륭하구나, 의사여!

예 ③의 '甚(심)', 예 ④의 '美(미)', 예 ⑤의 '異(이)', 예 ⑥의 '善(선)'은 모두 감탄문에서 술어 도치이다.

⑦ 子邪, 言伐莒者? (《여씨춘추〔呂氏春秋〕·중언〔重言〕》)
당신인가, 거국을 공격하자고 주장한 사람이?

⑧ 誰與, 哭者?　(《예기〔禮記〕·단궁〔檀弓〕》)

누구인가, 지금 울고 있는 저 사람이?

　예 ⑦의 '子(자)', 예 ⑧의 '誰(수)'는 모두 의문문에서의 술어 도치이다. 드물지만 서술문에서도 술어를 도치시키기도 한다. 대략 예를 들어 보면 다음과 같다.

⑨ 予窺其人, 睟然貌也, 癯然身也, 津津然譚議也.

(왕세정〔王世貞〕《본초강목〔本草綱目〕·서〔序〕》)

내가 그 사람을 살펴보니 (그는) 얼굴이 환하고, 몸매는 호리호리하며, 의론은 흥미진진했다.

단어 睟(수): 윤택한 모양. 癯(구): 마르다. 譚(담): '談(담)'과 통함. 譚議(담의): 말투나 태도, 의론

'睟然(수연)', '癯然(구연)'은 모두 서술문에서의 술어 도치이다.

五. 한정어의 위치

고대한어와 현대한어에서 한정어의 공통된 일반적인 위치는 한정으로 제한되거나 수식 받는 중심사(中心詞) 앞에 놓인다. 하지만 고대한어에서는 한정어를 두드러지게 하거나 강조하기 위해서, 때로는 한정어를 중심사(中心詞) 뒤로 옮기기도 한다. 이에 관한 표현 방법은 뒤로 옮긴 한정어의 끝에 '者(자)'를 붙여서 끝을 맺는 것이다. 예를 들면, 다음과 같다.

① 佗小渠披山通道者, 不可勝言.　(《사기〔史記〕·하거서〔河渠書〕》)
이 외에도 산을 뚫고 길을 낸 작은 수로(水路)는 이루 말할 수 없다.

'小渠披山通道者(소거피산통도자)'는 바로 '披山通道之小渠(피산통도지소거)'이다.

한 걸음 나아가 한정어를 강조하고 두드러지게 하려고, 중심사(中心詞) 뒤에 '之(지)'를 덧붙이기도 한다. 예를 들면, 다음과 같다.

② 其石之突怒偃蹇, 負土而出, 爭爲奇狀者, 殆不可數.

(柳宗元[유종원]·〈고무담서소구기[鈷鉧潭西小丘記]〉)

그 바위 가운데 성난 듯 우뚝하고 넘어질 듯 비스듬하게 진흙을 지고 땅속에서 솟아 나와, 다투어 이상한 모양을 하고 있는 것들이 거의 셀 수가 없었다.

'石(석)'과 '突怒偃蹇(돌노언건)……'의 중간에 '之(지)'를 사용해서 한정어를 더욱 두드러지게 강조했다(어떤 문법책은 앞에서 말한 후치 한정어[後置限定語]와 중심사[中心詞]를 동위어[同位語]로 분석하고 있는데, 이 책에서는 이러한 분석법에 동의하지 않는다).

③ 有一言而可以終身行之者乎? 　《논어[論語]·위령공[衛靈公]》)

짧은 한 마디 말로서 죽을 때까지 행할 만한 것이 있습니까?

한정어와 중심사(中心詞)의 사이에 '而(이)'를 덧붙였다.

마건충(馬建忠)의 《마씨문통(馬氏文通)》은 후치한 한정어를 첨가어의 일종이라고 하였다. 예를 들면, "請益其車騎壯士可爲足下輔翼者. (청컨대, 그대에게 도움이 될 만한 수레와 기병과 장사를 보태주겠소. 《사기[史記]·자객열전[刺客列傳]》)"에서 마씨는 '可爲足下輔翼者(가위족하보익자.)'를 명사 '壯士(장사)'의 뒤에 놓아 장사가 어떠하다고 나타내는 것이 바로 첨가어라고 하였다. 마씨(馬氏)의 해설은 이렇다. "加語者, 前有名, 代諸字; 後續他語以表明, 代之爲何若也, 義若靜字者然. (첨가어라는 것은 앞에 명칭이 있어 여러 글자를 대신하는 것이다. 뒤에서는 다른 말로 이어서 풀이하여 그것을 대신하여 무엇과 같다고 하는 것인데, 의미는 '정[靜]'과 같다는 것이 그러한 것이다.)"

문장의 마지막에 '者(자)'를 사용하는 것은 한정어를 중심사(中心詞) 뒤에 놓는 형식의 표지이기 때문에 매우 중시해야 한다. 아래의 표현법과 비교해 보면 이런 상황의 중요성을 더욱 이해할 수 있다.

中庶子喜方者. 《《사기〔史記〕·편작창공열전〔扁鵲倉公列傳〕》》
처방약을 좋아하는 중서자.

중서자는 태자(太子)의 부하 관리이다.

中庶子之喜方者.
중서자가 처방약을 좋아하는 것.

中庶子喜方.
중서자는 처방약을 좋아한다.

中庶子之喜方.
중서자의 처방약을 좋아함.

첫 번째와 두 번째 예문의 '喜方(희방)'은 모두 한정어이다. 그것은 문장 마지막에 '者(자)'가 있기 때문이다. 세 번째 예의 '喜方(희방)'은 술어(동빈구조)이다. 네 번째 예의 '喜方(희방)'은 편정구조의 중심사(中心詞)이다. 그런데 '者(자)'자의 끝을 매듭짓는 특징을 파악하게 되면 예 ③의 중심사(中心詞)와 후치(後置) 한정어 사이에 '而(이)'를 사용한 상황은 정말 이해할 수 없다.

六. 문장에서 수량사의 위치

문언문 문장에서 수량사의 위치는 현대한어와 약간 다르다. 때로 명사를 수식하는 수량사는 명사 뒤에 놓인다. 예를 들면, 다음과 같다.

① 於是爲長安君約車百乘.　《전국책〔戰國策〕·조책〔趙策〕》

이때 장안군에게 백 대의 수레를 준비해 주고 제나라에 가서 인질이 되게 하였다.

단어 乘(승: sheng): 양사로, 옛날에 네 마리 말이 있는 마차를 승(乘)이라 하였는데, 차를 타다는 동사의 '乘(cheng)'과 독음이 다르다. '于是(우시)'는 '이때에' 혹은 '이러한 상황에서'에 해당하는 종류로서 여기서 굳어져 하나의 단어가 된 것이다.

② 我持白璧一雙, 欲獻項王; 玉鬥一雙, 欲與亞父.

《사기〔史記〕·항우본기〔項羽本記〕》

나는 백옥 한 쌍을 가지고 항왕(項羽)에게 바치고 싶고, 옥투 한 쌍은 아부(범증의 호)에게 주려고 한다.

문언문 가운데 '車百乘(거백승)', '白璧一雙(백벽일쌍)', '玉斗一雙(옥두일쌍)'의 표현법은 현대한어에서는 자주 보이지 않는다. 다만 계산서를 작성하거나 혹은 통계를 낼 때, 비로소 이와 같은 단어의 순서를 사용하는데, '書三本(책 세 권)', '墨水一瓶(먹물 한 병)', '稿紙十刀(원고지 십 매)'와 같은 것이다. 일반적으로 서술할 때는 '三本書(세 권의 책)', '一瓶墨水(한 병의 먹물)', '十刀稿紙(열 매의 원고지)'라고 한다.

　　동작을 셀 때, 수사는 동사의 앞에 놓인다. 예를 들면, 다음과 같다.

　　③ 於是秦王不懌, 爲一擊缶.
　　　　　　　　　　　　　　　　　　(《사기[史記]·염파인상여열전[廉頗藺相如列傳]》)
　　그리하여 진왕(秦王)은 기뻐하지 않고서, 조왕을 위해 장군(질그릇)을 한 번 두들겼다(현대한어에서는 단지 '敲了一下[한 번 두드렸다]'고 말한다).

　　수량사의 위치 문제는 제5장 《수량(數量)의 표시(表示)》에서 관련된 내용을 참고하기로 한다.

七. 문장에서 개사구조의 위치

개사구조는 일반적으로 동사 앞쪽 혹은 뒤쪽에 바짝 붙어 있다. 앞 장에서 다룬 부사어와 보어 부분에서 이미 예를 들어 설명했기 때문에 다시 언급하지 않기로 한다. 여기서는 단지 개사구조 '以⋯⋯'와 '于⋯⋯'가 보어가 될 때, 흔히 동사빈어 뒤의 상황을 말하고자 한다. 예를 들면, 다음과 같다.

① 塞之以法. 《상군서〔商君書〕·화책〔畫策〕》
법으로 백성을 제약(制約)한다.

개사구조 '以法(이법)'을 동사빈어 '塞之(색지)'의 뒤에 놓았다.

② 樊噲覆其盾于地, 加彘肩(于)上. 《사기〔史記〕·항우본기〔項羽本記〕》
번쾌(樊噲)가 그 방패를 땅에다 뒤집어 놓고, 돼지 넓적다리를 방패 위에 올려놓았다.

개사구조 '于地(우지)'를 동사빈어 '覆其盾(복기순)'의 뒤에 놓았다.

이상 언급한 문언문의 어순은 두 가지로 나눌 수 있다. 하나는 전치

(예, '不己知[부기지]', '誰敢怨[수감원]')로서 허사를 덧붙이지 않은 것이다. 또 하나는 도치(예, '何禮之循[하례지순]', '唯力是視[유력시시]', '唯弈秋之爲聽 [유혁추지위청]')로서 보통 허사를 덧붙여서 어순을 변화시킨다. 도치의 방식은 융통성이 크지만, 간혹 어떤 것들은 이해하기가 쉽지 않다. 예를 들면, 다음과 같다.

③ 我之不共, 魯故之以. 《좌전[左傳]·소공 13년[昭公十三年]》
내가 공물을 바치지 않은 것은 노나라가 자주 침략해서이다.

'之(지)'가 개사와 빈어 사이에 나타난 것이다. '以(이)'는 즉 '因(인)' 으로, '魯故之以(노고지이)'는 즉 '因魯故(노나라의 까닭으로 말미암은 것이다)' 이다. 또 허사를 덧붙이지 않고 직접 도치한 것들이 있는데, 더욱 이해 하기가 쉽지 않다. 예를 들면, 다음과 같다.

④ 私族于謀, 而立長親. 《좌전[左傳]·소공 13년[昭公十三年]》
가족들과 상의해서 집안의 나이 많은 어른을 세웠다.

'私族于謀(사족우모)'는 바로 '謀于私族(모우사족)'으로, '于(우)'는 '謀 (모)' 앞으로 도치되고, '私族(사족)'은 또 '于(우)' 앞으로 도치된 것이다. 선진시대의 어순과 현대한어의 어순이 다른 점은 대표적으로《좌전 (左傳)》에 가장 많이 나타난다. 선진시대의 어법을 이해하기 위해서는 《좌전(左傳)》을 위주로 분석하고, 거기에 다른 것을 곁들이는 것이 논리 적인 방법에 부합된다. 이러한 방법에 따라 전개하다 보면 선진시대 어 법체계에 대해 전반적인 이해가 가능하다. 그 중 이해하기가 쉽지 않은 것은 합리적인 해설을 하기 위한 노력을 기울여야 하며, 회피해서는 안 된다. 예 ③의 '魯故之以(노고지이)'와 예 ④의 '私族于謀(사족우모)'와 같은 경우는 현재의 일반 어법서에서는 모두 회피하고 다루지 않는다. 그러나 사실상 이러한 표현법이 있는데도 그것을 언급하지 않는 것은 난해한 부분을 도외시하는 것으로서 마땅히 취해서는 안 된다.

사람들이 어법을 배우고 나서 구체적인 문장을 접할 때, 흔히 곤란을 겪고 의미를 분별해 내지 못하는 것은 아마도 일부 어법서가 어려운 점을 회피하고 다루지 않은 것과 관련이 있을 것이다(쉽게 이해할 수 있는 것은 많이 언급하고, 쉽게 이해할 수 없는 것은 한 자도 언급하지 않는다). 이 책의 취지는 중요하고 어려운 부분들을 두드러지게 하는 데 있다. 그래서 고대한어와 현대한어에서 동일하게 나타나는 현상은 많이 언급하지 않았고(이미 현대의 것을 이해했다면 고대의 것은 대조하여 유추할 수 있다), 고대한어와 현대한어에서 각기 다르게 나타나는 현상에 중점을 두었으며, 어려운 것도 함께 다루었다. 고대한어와 현대한어에서 나타나는 공통된 현상인데도 쉽게 이해하지 못한 것은 흔히 단어의 뜻을 이해하지 못해서이지, 어법의 문제는 아니다. 먼저 단어의 뜻을 찾아 이해하게 되면 어법구조도 덩달아 이해될 것이다.

八. 고전시사(古典詩詞)에서 단어 순서의 변환

한어(漢語)의 고전(古典) 시(詩)와 사(詞)는 압운과 평측의 요구에 부합하기 위해서, 또 어떤 경우는 내용의 표현을 위한 필요에 따라 그에 해당하는 어순의 변환이 이루어진다. 어떤 사람은 이러한 변환을 도장(倒裝: 도치를 말함)이라고 한다. 사실 이것은 문언 산문의 도치문의 형식과 완전히 일치하는 것은 아니다. 문언 산문의 도치에는 조건이 필요하며, 일정한 규칙을 가지고 있다. 그러나 시와 사의 도치는 임의성이 비교적 큰 편이다. 예를 들면, 다음과 같다.

① 桃之夭夭, 灼灼其華. 之子於歸, 宜其室家.

(《시경〔詩經〕·주남〔周南〕·도요〔桃夭〕》)

무성한 복숭아나무, 꽃이 신선하고 예쁘기도 하여라. 이 아가씨 시집가면 그 집안 화목하고 행복하리라.

'灼灼其華(작작기화)'는 즉 '其華灼灼(기화작작)'이고, 술어 '灼灼(작작)'을 주어 '華(화)' 앞에 놓음으로써 '華(화)'와 '家(가)'를 압운시킨 것이다. '之(지)'는 '이것'으로 지시대사(指示代詞)이고, '子(자)'는 '여자'를 가리킨다. 그리고 '于(우)'는 동사 앞에서 이어주는 것이고, '歸(귀)'는 출가를 말하는데, 후세에는 '于歸(우귀)'를 써서 출가를 말한다. '宜(의)'는 화순하다는 것인데, 후세에는 곧 '宜家(의가)'로 부부 사이의 화목함을 나타냈다. 앞 구절에서 먼저 활짝 핀 복숭아꽃으로 시작하여 '興(흥)'은 시의 특정한 뜻을 내포한 전문용어로 한 수의 시 혹은 한 편의 시의 첫 부분을 말한다. 주희(朱熹)의 해석은 "興(흥)이라는 것은 먼저 다른 사물을 말하여 읊고자 하는 말을 끌어내는 것"이라고 하였고, 공영달(孔穎達)의 해석은 '흥(興)'이란 일어나는 것으로, 비슷한 것을 비유로 취하여 자기의 마음을 일으키는 것"이라 하였다. 즉 여자의 출가에 대해, 복숭아 꽃의 아름다움으로 상징하고, 또 아름다운 봄빛과 신혼의 기쁨을 하나로 융합하여 내재된 의미에 기탁하여 연계한 것이다. 《시경(詩經)》가운데 비슷한 용례가 적지 않다.

② 古史散左右, 詩書置後前.　(한유〔韓愈〕《잡시〔雜詩〕》)
고대역사서를 좌우에 풀어 놓고, 《시경(詩經)》과 《서경(書經)》을 앞뒤에 둔다.

전체 시의 압운을 위해서 '前後(전후)'를 '後前(후전)'으로 바꾼 것이다.

③ 柳色春山映, 梨花夕鳥藏.　(왕유〔王維〕《춘일상방즉사〔春日上方卽事〕》)
봄날의 산은 버들색으로 물들고, 배꽃에는 황혼에 새들이 깃든다.

이 두 구절의 순서는 원래 "春山映着柳色(춘색영착유색), 夕鳥藏梨花(석조장이화)"로 격률의 요구에 맞추기 위해서 변환시키고 조정한 것이다. 압운(押韻)과 평측(平仄)은 모두 격률의 문제에 속하는 것으로서 구체적으로 논하자면 언급할 것이 많으므로 필자의 《簡明詩律(간명시

율)》[47]을 참조해도 된다. 이상에서 나열한 시(詩)의 예를 다시 들어 단어를 살펴보도록 하겠다. 단어와 구에서도 이와 마찬가지로 격률(格律)의 요구에 맞추기 위해서 단어의 순서를 변환시킨 것이 있다. 예를 들면, 다음과 같다.

④ 千古江山, 英雄無覓孫仲謀處.
(신기질[辛弃疾]《영우락[永遇樂]·경구북고정회고[京口北古亭懷古]》)
천 년동안 강산은 여전한데, 영웅 손중모(孫仲謀)는 찾을 길이 없도다.

빈어 '英雄(영웅)'이 동사 '覓(멱)' 앞에 놓였다. 그리고 어순(語順)을 바꾸는 동시에 내용 전달(詩 역시 그러하다)에 더욱 유리해야 한다. '英雄(영웅)'을 '覓(멱)' 앞에 위치시킴으로써 '英雄(영웅)'을 두드러지게 했을 뿐만 아니라 어세(語勢)도 강화시킨 것이다.

단어 순서(詞序)의 변환은 오해를 불러일으키지 않는 것을 원칙으로 해야 한다. 오문영(吳文英)의 《옥루춘(玉樓春)》에서 '乘肩爭看小腰身(승견쟁간소요신)' 구절의 원래 뜻은 춤추는 파트너의 어깨너머로 덩실덩실 춤추는 예술가 여인의 날씬한 몸매를 다투어 본다는 의미이다. 그런데 작자가 '乘肩(승견)'을 '爭看(쟁간)' 앞으로 옮김으로 인해 관중 속에서 어떤 사람이 다른 사람의 어깨를 밟고서 춤추는 여자의 날씬한 허리를 다투어 보는 것으로 독자들이 쉽게 오해할 수 있다고 하였으나, 이것은 인정할 수 없다. 시(詩)와 사(詞)에서의 어순 변환은 그 자체의 임의성을 가지고 있는 동시에 형식과 내용의 화합과 통일, 규칙성과 예술성의 화합과 통일이 필요한 것이다.

---

47 산서교육출판사, 1998년.

제3강

[생략]

문장을 간결하고 정련(精煉)되게 하기 위해서 말의 뜻(語意)을 전달하는 영향을 주지 않는 전제하에 종종 어떤 구조의 성분을 생략하기도 한다. 이것은 고대한어와 현대한어에 모두 존재하는 현상이다.

　　그러나 이러한 현상은 고대한어에서 더욱 많이 나타나고 복잡하여 고대한어의 특성이 되었다. 어법의 시각에서 보면 어떤 성분을 생략하기 위해서는 따라야 할 규칙이 있다. 인명과 지명으로 이루어진 부분의 생략은 고대한어만의 독특한 현상이다. 이것은 어법의 각도에서 보면 해석하기가 어려운데, 그것은 일종의 문자나 혹은 음절의 생략에 불과하기 때문이다. 고대 사람들은 이러한 문자나 혹은 음절 생략에 대한 임의성이 많아 이러한 생략 현상을 정확히 해석하려면 여러 방면의 지식을 운용해야 가능해진다. 인명과 지명으로 이루어진 부분의 생략을 분석하기 위해서는 말이나 단어 혹은 보다 작은 단위에서 시작해야 한다. 만약 말이나 단어보다 큰 단위에서 시작하면 유월(兪樾)이 《古書疑義擧例(고서의의거례)》에서 말한 "문장은 앞에 있으나, 뒤에서 드러난다. (文設于前而見于後.)"라는 것처럼 이 역시 생략으로 간주할 수 있다. 이것은 또한 한 문단, 심지어는 전편의 문장에서 자세히 살펴보아야 한다. 이 장에서 언급한 것은 주로 어법적인 측면에서의 '생략'이고, 기타 생략은 전반적인 탐색을 위한 보조적인 자료로서 제시하였을 뿐이다.

　　생략문을 분석할 때, 주의해야 할 점이 있다. 문장의 내용을 정확하게 이해하기 위해서, 생략된 요소를 보충하여 넣어 볼 수 있다. 그러나 이것은 문언문을 쓸 때도 이러한 생략된 요소를 갖추어야 한다는 것과는 다르다. 많은 문언문 문장은 우리가 생략되었다고 여기는 요소를 갖추어 넣게 되면 오히려 문언문을 쓰는 전통적인 습관에 들어맞지 않게 된다. 바로 "경서(經書)와 사서(史書)를 드나들며, 백가의 책을 펼친다.(出入經史, 手披百家.)"라는 이 구절을 보면 보충해서 넣어야 할 요소가 적지 않다. 그러나 보충하여 넣게 되면 문언문의 필법(筆法)과 달라서 현대한어 문장으로 간주할 수밖에 없다. 문언문에는 그만의 고유한 표현 방식이 있는 것이다.

一. 주어의 생략

　　문언문의 주어는 어떤 것은 앞 문장을 이어받아 생략한 것이 있고, 어떤 것은 뒤 문장에 덮여서 생략된 것이 있는데, 그 규칙은 현대한어와 같다. 그러나 문언문 가운데 제3인칭대사, 예를 들면, '之(지)', '其(기)' 등과 같이 보통 단독으로 주어가 될 수 없고, 제3인칭대사를 주어로 삼아야 하는 곳에서 자주 생략하게 되어 문언문의 생략 현상이 더욱 두드러지게 나타나는 것이다. 주어의 생략 현상은 아래와 같이 분류할 수 있다.

(一) 주어가 앞을 이어받아 생략(主語承前省略)

　　주어가 앞 문장에 나타나면 뒤 문장의 주어는 일반적으로 중복할 필요가 없으므로 앞 문장의 것을 받아 생략한다.

① 葉公見之, (   )棄而還走, 失其魂魄, (   )五色無主.

(유향[劉向]《신서[新序]·잡사[雜事]》)

엽공이 그것을 보고서, 버리고 달아나는데, 혼비백산하여 얼굴색이 다 변했다.

위 예문에서 괄호가 있는 곳은 모두 주어 '葉公(엽공)'을 생략한 것이다. 엽공(葉公)은 이미 첫 번째 문장에서 나타났고, 뒤 문장의 서술에서도 주어가 변하지 않기 때문에 앞 문장의 것을 이어서 생략한 것이다(엽공[葉公]의 '엽[葉]'은 옛날에는 'shè'로 읽었는데, 지난 세기 50년대에 문자개혁위원회 심음회[審音會]에서 'yè'로 읽도록 규정하였으므로 옛 독음을 따르지 않아도 된다).

② 永州之野産異蛇, (   )黑質白章, (   )觸草木, (   )盡死.

(유종원[柳宗元]《포사자설[捕蛇者說]》)

영주의 들판에는 기이한 뱀이 살았는데, 검은 바탕에 흰 무늬가 있었으며, 초목이 닿으면 초목이 모두 죽었다.

두 번째 구절의 주어는 첫 번째 구절의 빈어 '異蛇(이사)'를 이어받아 생략한 것이고, 세 번째 구절의 주어는 두 번째 구절의 주어 '異蛇(이사)'(나타나지 않음)를 이어받아 생략한 것이며, 네 번째 구절의 주어는 세 번째 구절의 빈어 '草木(초목)'을 이어받아 생략한 것이다. 비록 주어의 내용 및 위치에 변환이 있고, 아울러 출현하지 않은 것도 있지만, 모두 앞에 것을 이어받아 생략한 것에 해당한다(보통 뒤에서 생략하는 주어는 반드시 앞과 같은 주어일 것이라고 잘못 알면 안 된다).

(二) 주어가 뒤를 이어받아 생략(主語蒙後省略)

　뒤 문장 주어가 앞 문장 주어와 같다면 뒤 문장 주어를 이어받아 앞
문장 주어를 생략할 수 있다.

　　③ 七月（　）在野, 八月（　）在宇, 九月（　）在戶, 十月蟋蟀在我床下.

（《시경〔詩經〕·빈풍〔豳風〕·칠월〔七月〕》）

　　칠월에는 들에서 울고, 8월에는 처마 밑에서 울며, 9월에는 귀뚜라미가
　　집 안에 숨어서 울고, 10월에는 나의 침대 밑으로 기어들어 와서 운다.

　이 네 구절의 시(詩)는 귀뚜라미 울음소리가 먼 곳에서 가까이 다가
오고, 날씨가 나날이 추워지는 것을 서술한 것이다. 네 구절의 주어는
모두 '蟋蟀(실솔: 귀뚜라미)'인데, 앞의 세 구절이 뒤를 이어받아 생략한
것이다.

(三) 대화체에서 주어 생략(主語當前省略)

　이른바 바로 앞에서의 생략(當前省略)은 대화할 때의 생략을 말한다.
서로가 대화할 때는 일정한 언어 환경이 있는데, 흔히 주어를 언급할
필요가 없다. 그러나 문자로 직접 기록할 때는 쌍방이 묻고 대답하는
주어가 항상 쉽게 혼동된다. 그러므로 반드시 위와 아래 문장의 의미를
제대로 파악하여 결정해야 한다.

　　④ 樊噲曰 "今日之事如何?", 良曰: "（　）甚急"
　　번쾌(樊噲)가 물었다. "오늘의 상황이 어떻습니까?" 장량(張良)이 대답
　　하였다. "(오늘의 상황은) 매우 위급하오."

주어 '今日之事'는 얼굴을 마주한 대화이므로 생략되었고, 대화의 내용이 단순하고 주어가 무엇인지 확실히 이해하는 것이 어렵지 않다. 대화의 내용이 비교적 많고, 심지어는 주어가 술어 '曰(왈)'과 함께 생략된다면 사람들은 주어를 분별하기가 쉽지 않을 것이다.

⑤ (孟子)曰: "許子必種粟而後食乎? (許子는 반드시 곡식을 심어서 먹는가?)"

(陳相)曰: "然. (그렇습니다.)"

(孟子)曰: "許子必織布而後衣乎? (許子는 반드시 천을 짜서 옷을 만들어 입는가?)"

(陳相)曰: "否, 許子衣褐 (hè, 麻織品; 아닙니다. 許子는 갈옷을 입습니다.)"

(孟子)曰: "許子冠乎? (許子는 갓을 쓰는가?)"

(陳相)曰: "冠. (씁니다.)"

(孟子)曰: "奚冠? (무슨 갓을 쓰는가?)"

(陳相)曰: "冠素. (흰 비단으로 만든 갓을 씁니다.)"

《맹자〔孟子〕·등문공상〔滕文公上〕》

이러한 생략은 현대한어의 문장에서는 문장부호가 있어 각자가 한 말의 앞뒤에 인용부호를 하고, 게다가 흔히 또 줄을 바꾸어 씀으로써 의미가 혼동되지 않게 된다. 그러나 고서(古書)에는 지금과 같은 완벽한 부호가 없고 줄을 바꾸어 쓰는 것도 명확하지 않으며, 두 사람의 말이 함께 연이어 있어 위아래 문장의 뜻을 완전히 파악하여 구별해야 한다. 이상의 예문 ⑤에 부호를 사용하지 않고, 행을 나누어 쓰지 않으면 아래와 같이 되는 것이다(고서는 원래 바로 이러한 것이다).

孟子曰許子必種粟而後食乎曰然許子必織布而後衣乎曰否許子衣褐許子冠乎曰冠曰奚冠曰冠素.

문언문에서 주어의 생략은 앞에서 언급한 것 이외에도 또 다른 것이 있다. 이것은 특별히 한 구절을 건너뛰어 교차하여 생략하는 것으로 상당히 착각을 일으키기 쉽다. 예를 들면, 다음과 같다.

楚人爲食, 吳人及之; ( )奔, ( )食而從之.

(《좌전〔左傳〕·정공 4년〔正公四年〕》)

초 나라 군대가 밥을 다 짓자 오나라 군대가 추격하여 쫓아왔다. 초나라 군대는 달아나고, 오나라 군대는 초나라 군대가 지어 놓은 밥을 먹고 다시 그들을 추격하였다.

제3구 '奔(분)'의 주어는 '楚人(초인)'인데, 제1구를 이어받아 생략한 것이다. 제4구의 '食而從之(식이종지)'의 주어는 '吳人(오인)'인데, 제2구를 이어받아 생략한 것이다. 이러한 생략은 《좌전(左傳)》에서 비교적 많이 보이고, 《사기(史記)》에서는 적게 보인다. 후세에는 《좌전(左傳)》의 필법(筆法)을 모방한 문장에서도 이러한 생략법은 극히 드물다. 《좌전(左傳)》에 나온 이와 같은 생략법에서 우리는 당시의 성분(成分) 표현이 완벽하지 못한 일면을 엿볼 수 있다.

二. 술어의 생략

술어는 주어에 대해 서술한 것으로서 일반적으로는 생략할 수가 없다. 그러나 문언문에는 일부 특수한 서술이 있어 동사술어도 생략할 수 있다. 이러한 상황은 대체로 아래와 같다.

(一) 술어가 앞을 이어받아 생략(謂語承前省略)

① 夫戰, 勇氣也. 一鼓作氣, 再( )而衰, 三( )而竭. 彼竭我盈, 故克之. 《좌전[左傳]·장공 10년[莊公十年]》)

전쟁은 용기에 달린 것입니다. 첫 번째 북을 두드리고 진군하면 사기가 진작되지만, 두 번째 북을 두드리면 사기가 떨어지고, 세 번째가 되면 용기가 거의 바닥나게 됩니다. 제(齊)나라의 군대는 기가 다하고 힘이 쇠해졌지만 우리군의 사기는 한창 왕성하였으니, 제(齊)나라 군대를 전쟁에서 이길 수 있었던 것입니다.

단어 夫(부): 여기서는 발어사로 사용되어 의론의 시작을 나타낸다.

鼓(고): 북을 치다. 振作(진작): 분발하다, 불러일으키다. 氣(기): 용기.
衰(쇠): 기가 쇠함을 가리킨다. 竭(갈): 다하다. 盈(영): 왕성하고 가득
차다. 克(극): 싸워서 이기다.

'一鼓作氣(일고작기)', '再而衰(재이쇠)', '三而竭(삼이갈)'은 나란히 예를
든 것으로 '再(재)', '三(삼)' 뒤의 동사 '鼓(고)'는 앞 문장에서 이미 나타
났기 때문에 생략한 것이다.

(二) 술어가 뒤를 이어받아 생략(謂語蒙後省略)

② 楊子之隣人亡羊, 旣率其黨(   ), 又請楊子之豎追之.

(《열자[列子]·설부[說符]》)

양자(楊子; 楊朱를 말함)의 이웃집이 양을 잃어버리자 이미 그의 친족들을
데리고 양을 쫓아갔는데, 양자(楊子) 집안 젊은 종에게도 함께 양을 쫓
으러 가자고 청했다.

단어 亡(망): 잃어버리다. 黨(당): 친족, 인척. 豎(수): 젊은 종을 말
한다.

'率其黨(솔기당)' 뒤의 동사 '追(추; 빈어 '之[지]'와 연결되어 있다)'는 다
음 문장에서 나타났기 때문에 생략한 것이다.

(三) 대화체에서의 술어 생략(謂語當前省略)

③ 陳軫曰: "異貴於此者何也?"曰: "唯令尹（ ）耳."

(《전국책〔戰國策〕·제책〔齊策〕》)

진진(陳軫)이 말했다: "(官〔관〕과 爵〔작〕) 이보다 더 고귀한 것이 무엇
인가?"(소양〔昭陽〕이) 대답하였다 "오직 영윤(令尹)입니다(이보다 더 고
귀한 것)."

대화에서 주어 '官(관)과 爵(작)', '昭陽(소양)'이 생략되었을 뿐만 아
니라 술어 '異貴於此者(이귀어차자)'도 생략되었다.

三. 빈어의 생략

어떤 빈어들은 생략되는 상황을 한번 보면 바로 알 수 있다. 그러나 어떤 빈어들은 생략되는 상황을 잘 따져보아야 가능한데, 예를 들면, 다음과 같다.

① 人皆有兄弟, 我獨無( ). (《논어〔論語〕·안연〔顏淵〕》)
다른 사람은 모두 형제가 있는데, 나만 홀로 없다.

'無(무)'의 빈어 '兄弟(형제)'가 생략된 것은 바로 알 수 있다. 현대한어에도 비슷한 표현이 있다.

② 黔無驢, 有好事者船載( )以入. (《유종원〔柳宗元〕·검지려〔黔之驢〕》)
검주에는 당나귀가 없었는데, 어떤 일 벌이기를 좋아하는 사람이 배에 싣고서 들여왔다.

동사 '載(재)', '入(입)'의 빈어는 각각 '驢(려)', '黔(검)'인데, 모두 생략된 것이다.

③ 途中兩狼, 綴行甚遠. 屠懼, 投( )以骨.

(포송령〔蒲松齡〕《요재지이〔聊齋志異〕》·낭삼칙〔狼三則〕)

길을 가다가 이리 두 마리를 만났는데, 바짝 붙어서 아주 멀리까지 따라왔다. 그래서 그들에게 뼈다귀를 던져주었다.

동사 '投(투)' 뒤의 빈어 '之(지)'가 생략되었고, '以骨(이골)'은 '投(투)' 의 보어(개사구조 보어)이다. 만약 생략하지 않는다면 '投之以骨(투지이골)'이 된다.

④ 上使( )外將兵. 《사기〔史記〕·진섭세가〔陳涉世家〕》

황상(皇上)이 그를 파견하여 밖에서 군대를 거느리게 했다.

'使(사)' 뒤의 빈어 '之(지: 겸어)'가 생략된 것이다.

四. 개사와 개사빈어의 생략

이러한 생략(省略) 현상에서 고대한어와 현대한어의 차이는 극명하다. 현대한어의 개사 혹은 개사빈어('被'자 구문은 제외)는 일반적으로 모두 생략할 수 없다. 그러나 고대한어에서는 생략된 것이 있다. 개사 '于(우)'의 생략은 비교적 많이 보이고, '以(이)'의 생략은 비교적 적게 보인다. 기타 '自(자)'와 같은 것도 생략되기도 하였다.

① 楚人和氏得玉璞(　)楚山中. (《한비자〔韓非子〕·화씨〔和氏〕》)
초나라 사람 변화(卞和)가 초나라 산에서 박옥(璞玉) 한 덩이를 얻었다.

단어 和氏(화씨): 초나라 사람 변화(卞和). 璞(박): 옥이 함유된 돌(아직 다듬어지지 않은 옥을 말함).

괄호 안에 개사 '于(우)'가 생략되었는데, 기타 '迎君(　)通中(通中에서 군왕을 맞이하다)', '一厝(　)朔東, 一厝(　)雍南(하나는 북방의 동쪽에 두었고, 하나는 옹주의 남쪽에 두었다)'과 같은 표현도 모두 개사 '于(우)'를 생략한 것이다.

② 叩石墾壤, 箕畚運於渤海之尾. 《열자[列子]·탕문[湯問]》

돌을 깨뜨리고 흙을 파내어 키와 삼태기에 담아서 발해 끝으로 운반
했다.

단어 叩(고): 두드리다, 깨뜨리다. 墾(간): 개간하다. 箕畚(기분): 삼태
기. 尾(미): 가장자리, 변두리.

'以(이)'의 생략이 비교적 드물게 보이는 것은 상대적으로 '于(우)'에
비해 적은 것이지, 아주 드물게 보이는 것은 아니다. "我(　)何面見之.
(내가 무슨 낯으로 그들을 보겠는가?)", "秦王購之, (　)金千斤. (진왕이 그것을
사는데, 금 천근으로 하였다.)"와 같은 것도 모두 '以(이)'를 생략한 것으로
서 문언문 독본(讀本)에서 자주 보인다.

③ 信亡(　)楚歸漢. 《한서[漢書]·한신전[韓信傳]》

한신이 초나라에서 도망쳐 한나라에 귀의하였다.

단어 亡(망): 도망하다. 歸(귀): 돌아가다, 귀의하다.

개사 '自(자)', '從(종)'을 생략하였다.

④ 賊二人得我, 我幸皆殺之矣. 願以(　)聞於官.

(유종원[柳宗元] 《동구기전[童區寄傳]》)

도적 두 명이 나를 잡아갔는데, 다행히도 내가 그들을 모두 죽였습니
다. 바라건대, 이 일을 관청에 알려주시기 바랍니다.

개사 '以(이)'의 빈어 '之(지)'(혹은 '此[차]')를 생략하였는데, '殺賊二人
(살적이인)'이 일을 지칭한 것이다.

⑤ 此人一一爲(　)具言所聞. 《도잠[陶潛]·도화원기[桃花源記]》

어부는 알고 있는 사실을 일일이 그들에게 상세하게 말해주었다.

단어 具言(구언): 상세히 말하다.

개사 '爲(위)'의 빈어 '之(지)'를 생략하였는데, 말하는 대상 '桃花源中人(도화원중인)'을 지칭한다.

⑥ 向察衆人之議, 專欲誤將軍, 不足與( )圖大事.

(《자치통감〔資治通鑒〕·적벽지전〔赤壁之戰〕》)

예전에 내가 여러 사람의 의논을 자세히 살펴보았는데, 오로지 장군을 그르치려 함이니, 더불어 큰일을 도모해서는 안됩니다.

단어 向(향) : 이전에

개사 '與(여)'의 빈어 '之(지)'를 생략하였는데, '專欲誤將軍(전욕오장군)'하려는 '衆人(중인)'을 지칭한다.

⑦ 衣食所安, 弗敢專也 必以( )分( )人.

(《좌전〔左傳〕·장공 10년〔莊公十年〕》)

의복과 음식 등의 편안함을 주는 것은 감히 독차지하지 않았으며, 반드시 남들에게 나누어 주고자 하였다.

개사의 빈어 '之(지)'와 개사빈어구조의 개사 '於(어)'를 생략하였다. '必以分人(필이분인)'은 실제로는 '必以(之)分(於)人'이다.

개사의 빈어 생략은 반드시 모두가 '之(지)'로 대체되는 것이 아니며, 다른 것일 수도 있다. 개사 '以(이)'도 반드시 '拿(나), 把(파), 用(용)'등에 해당하는 것은 아니며, 다른 것에 해당할 수도 있다.

⑧ 非劉豫州莫可以( )當曹操者.　(《적벽지전〔赤壁之戰〕》)

유예주(유비)가 아니면 조조를 당해낼 수 있는 사람이 없다.

개사 '以(이)' 뒤에 빈어 '我(아)'를 생략한 것이다. '以(이)'는 '與(여)'에 해당한다(이 견해는 왕인지〔王引之〕의 《경전석사〔經傳釋詞〕》에 보인다).

五. 한정어 수식의 중심사(中心詞) 생략

문언문에서는 편정구조의 중심사(中心詞)도 생략할 수 있다. 중심사를 수식하는 한정어는 모든 단어구조를 대표하는 의미인데, 생략될 수 있는 이 중심사(中心詞)는 일반적으로 사람이나 혹은 사물을 가리키는 명사이다. 우리는 이미 출현한 한정어 혹은 앞뒤 문장에서 출현했거나 그것에 해당하는 단어들을 근거로 하여 생략된 중심사(中心詞)를 유추하여 알 수 있다.

① 先王之制, 大都不過參國(國都)之一, 中(　)五之一, 小(　)九之一.

《좌전〔左傳〕·은공 9년〔隱公九年〕》

선왕이 제정한 법도에 따라 큰 도시의 성곽은 국도(國都)의 3분의 1을 넘어서는 안 되며, 중간 도시는 5분의 1을 넘지 말아야 하며, 작은 도시는 국도의 9분의 1을 넘지 말아야 한다.

'中(중)'과 '小(소)' 뒤에 있는 중심사(中心詞)는 모두 생략되었다. 우리는 위 문장에서 이미 나타난 편정구조의 '大都(대도)'를 근거로 아래 문장에서 한정어 '中(중)', '小(소)' 뒤의 중심사(中心詞) '都(도)'가 생략되었음을 유추하여 알 수 있다.

② 公曰: 多行不義( ), 必自斃, 子姑待之.

(《좌전〔左傳〕·은공 원년〔隱公元年〕》)

정장공(鄭莊公)이 말하였다. "의롭지 못한 일을 많이 행하면 반드시 스스로 멸망하게 될 것이니, 그대는 잠시 그것을 기다려 보시오(좀 더 두고 보시오)."

단어 斃(폐): 쓰러지다, 멸망하다. 子(자): 당신, 그대. 姑(고): 잠시.

'不義(불의)' 뒤의 중심사(中心詞)가 생략되었다. '不義(불의)'는 바로 '不義之事(불의지사)'인데, 중심사 '事(조사 '之〔지〕'와 함께 생략)'를 생략한 것이다.

③ 聞大王起兵, 且不聽不義( ). (《사기〔史記〕·항우본기〔項羽本記〕》)

대왕께서 이미 군사를 일으켰으며, 게다가 도의에 어긋나는 명령을 듣지 않았다는 것도 들었습니다.

단어 大王(대왕): 제왕(齊王), 전영(田榮). 不義(불의): 도의(道義)에 어긋나는 명령.

'不義(불의)' 뒤의 중심사(中心詞)가 생략되었다. '不義(불의)'는 바로 '不義之命(불의지명)'인데, 중심사 '命(조사 '之〔지〕'와 함께 생략)'을 생략한 것이다. 예 ③과 앞의 예 ②는 한정어가 모두 '不義(불의)'이고, 중심사가 하나는 '事(사)'이고 하나는 '命(명)'인데, 모두 앞뒤 문장의 문맥의 흐름에 따라 결정된 것이다.

④ 賞必加於有功( ), 而刑必斷於有罪( ).

(《사기〔史記〕·범저채택열전〔范雎蔡澤列傳〕》)

상은 반드시 공이 있는 사람에게 주어야 하고, 벌은 반드시 죄가 있는
사람에게 주어야 한다.

단어 賞(상): 상을 주다. 加(가): 주다. 斷(단): 판단하다.

'有功(유공)'과 '有罪(유죄)' 뒤의 중심사(中心詞)가 생략되었다. '有功
(유공)'은 '有功之人(유공지인)'이고, '有罪(유죄)'는 '有罪之人(유죄지인)'인
데, 모두 중심사 '人(조사 '之〔지〕'와 함께 생략)'을 생략한 것이다.

六. 기타 생략

    이상의 여러 가지 생략법은 옛날부터 지금까지 서로 통용되는 것이 있고, 문언문 고유의 것(고유의 것은 이미 강조함)이 있다. 이 외에도 문언문(文言文) 가운데 인명, 지명으로 이루어진 부분의 생략은 문언문이 가진 특유한 현상이다. 이러한 인명, 지명으로 이루어진 부분의 생략은 어법적인 측면에서 해석을 찾아내기는 매우 어렵다. 이것은 단지 일종의 문자와 음절상의 생략이기 때문이다(이 장의 서두에서 이미 언급했기 때문에 예는 나열하지 않겠다). 옛날 사람들은 문자와 음절의 생략에 대해 비교적 임의성이 많다. 이러한 종류의 생략 현상을 확실히 이해하려면 여러 방면의 문사(文史) 지식을 결합해야 비로소 가능해진다. 인명(人名)을 예로 들면, '諸葛亮(제갈량)'은 '葛亮(갈량)'으로, '魯仲連(로중련)'은 '仲連(중련)'으로, '東方朔(동방삭)'은 '東朔(동삭)' 혹은 '方朔(방삭)'으로, '司馬相如(사마상여)'는 '馬相如(마상여)' 혹은 '司馬(사마)'로, '藺相如(인상여)'는 '藺相(인상; 옛사람들에게 일찍이 '司馬慕藺相[사마모인상]'의 표현법이 있었다)'으로, '陶淵明(도연명)'은 '陶淵(도연)'으로 약칭하였다. 지명(地名)을 예로 들면, "季子本封延陵, 後復封州來. (季子[季札]는 원래 延陵[연릉]에 봉해졌다가 후에 다시 州來[주래]에 봉해졌다.)"에서 延陵(연릉)과 州來(주래)를 《좌전(左傳)》에서는 '延州來(연주래)'로 약칭하여 "공자 촉용(燭庸)이 군대를 거느리고 잠(潛)을 포위하였는데, 연주래(延州來)의 계자(季子)로 하여금 상국(上國)에 선물을 바치고, 마침내 진나라(晉)에 선물을 바치고서 제후들의 동정을 살피게 하였다."[48]라고 하였다. 문언문에서는 인명과 지명을 생략할 뿐만 아니라, 시명(諡名)에도 생략이 있다. 시(諡[shì])는 고대의 제왕, 귀족, 대신(大臣)이나 혹은 기타 지위가 있는 사람이 죽은 후에 추증되는 칭송의 뜻이 담긴 칭호이다. 예를 들면, 고염무(顧炎武)의 《일지록(日知錄)》 23권에서 다음과 같이 말했다: "옛사람의 시명(諡名)은 두 자와 세 자로 된 것이 있으나, 후인들이 계승하여 단지 한 자로 부른 것도 있다. 위(衛)의 예성무공(睿聖武公)은 단지 무공(武公)이라 하였고, 위혜성왕(魏惠成王)은 혜왕(惠王), 진혜문왕(秦惠文王)은 혜왕(惠王), 장양왕(莊襄王)은 장왕(莊王)이라 했다. 한소리후(韓昭釐侯)는 소후(昭侯), 한제갈충무후(漢諸葛忠武侯)는 무후(武侯)로만 불렀다."[49] 이 외에 기타 고유 명칭을 생략하기도 하였다. 예를 들면, '집현전서원(集賢殿書院)'을 약칭하여 '집현전(集賢殿)', '집현원(集賢院)' 혹은 '集賢(집현)'이라고 하였다. 인명, 지명, 시명(諡名) 및 기타 고유 명칭 등이 생략된 상황을 잘 이해하면 고적(古籍)을 읽는 데 많은 도움이 된다. 언젠가 어문교학(語文敎學) 좌담회에서 어떤 사람이 말했던 것이 기억난다. 한 젊은 교사가 '제갈량(諸葛亮)'의 성(姓)은 마땅히 '諸(제)'이고, 이름은 '葛亮(갈량)'인데,

---

48 公子燭庸帥師圍潛, 使延州來季子聘于上國, 遂聘于晉以觀諸侯.
49 古人諡名二字三字而後人相沿止稱一字者: 衛之睿聖武公止稱武公, 魏惠成王止稱惠王, 秦惠文王止稱惠王, 莊襄王止稱莊王, 韓昭釐侯止稱昭侯, 漢諸葛忠武侯止稱武侯.

그 자신에게 근거[50]가 있다고 했다는 것이다. 이것은 참으로 매우 예외적인 상황이다. 그러나 또한 인명, 지명의 생략 현상을 이해해야 한다는 중요한 의미를 잘 설명하고 있다(옛날에 경희〔京戲〕에서는 "저쪽에서 제 공명〔諸孔明〕이 온다."라고 말을 했는데, 그것은 다름 아니라 관객을 웃기게 하기 위한 우스갯소리이다). 또한 시명(諡名)이 생략되는 경우를 이해하게 되면 고대작품을 읽을 때나 역사 인물의 여러 가지 방면을 이해할 때, 모종의 착각을 다소 방지할 수 있다.

이러한 문자 혹은 음절이 생략되어 형성된 격식(格式)은 쌍음절이 많다. 이것은 임의성 가운데서 또 습관성이 깃들어 있기 때문이다. 한어의 습관은 쌍(雙)을 중시하고 단(單)을 소홀히 하며, 쌍음절은 한어(漢語)가 짝수, 균칭(勻稱)을 중시하는 구조적 특징과 맞아 리듬감이 쉽게 생긴다. 단음절은 조절 작용을 도와주며 리듬감 또한 더욱 조화롭게 한다. 예를 들면, '延陵州來(연릉주래)'를 '延州來(연주래)'로 말한 것은 두 개 지명의 네 개 음절을 세 개 음절로 생략하여 말한 것으로서 문장에 매끄러운 어감을 부여한 것이다. 당연히 내용을 정확히 전달하는 원칙에 맞아야 한다. 고인(古人)들은 사람들이 당시에 함께 인식했던 언어의 소재 속에서 이상과 같이 생략하였지만, 후인들은 그것을 모방해서는 안 된다. 현대인들의 많은 '생략어(略語)'들은 기본적으로 쌍음절이다. 이것 역시 내용 전달에 영향을 미치지 않는 상황에서 간결하면서도 균형을 맞추는 데 힘써야 하지만 옛사람들의 표현법과 동등하게 볼 필요는 없다. 그렇지만 지적해야 할 것은 지금 '생략어(略語)'가 계속 끊임없이 나오는 것은 그 필요성이 있기 때문이고, 또한 "한자와 한어의 단음절이

---

50 "諸葛亮(제갈량)"이 "葛亮(갈량)"으로 불린 것을 잘못 근거하였다.

의미를 이루는 특징이 서로 순응한다. (漢字與漢語單音成義的特點相適應.)"
는 가능성이 있기 때문이다. 단음절(單音節)이 뜻이 되는 것은 한어의
고립어(孤立語)[51]적 특성이다.

생략의 여러 가지 실마리는 이미 상술한 바와 같다. 즉 예를 들어 문
장성분의 생략을 집중적으로 설명할 때, 문자 혹은 음절의 생략(이러한
비문장성분의 생략은 일반 어법서에서는 언급하지 않음)을 덧붙여 서술하였다.
문자(文字)와 음절의 생략은 생략 현상(省略現象)의 작은 측면에서 말한
것이다. 범위를 확대하여 즉 생략의 현상의 큰 측면에서 말한다면 어떤
것들은 유월(俞樾)의 《고서의의거례(古書意義擧例)》에서 서술한 바와 같
이 "문자가 앞에서 갖추어지면 뒤에서는 생략된다."[52]와 "문자가 뒤에
없으면 앞에서 보인다."[53] 등과 같은 것도 역시 생략으로 볼 수 있다.
이러한 현상을 만나면 한 단락에서, 심지어는 전편의 문장에서 자세히
살펴보아야 하므로 여기에서는 서술하지 않겠다.

끝으로 또 강조할 것은 예나 지금이나 모두 생략 현상이 있는데, 문
체에 따라 알맞게 사용해야 한다. 문예작품과 일반 산문, 문장성분 등
은 필요한 생략을 할 수 있다. 그러나 정론문(政論文), 특히 국제교류와
관련된 문건은 생략을 많이 해서는 안 된다. 어떤 때에는 심지어 대사
(代詞)조차도 사용하지 않는다.[54] 또한, 언어의 다양한 구성요소를 이해
하려면 여러 방면에서 살펴야지 한 곳에 얽매이고 빠져들어서는 안 된
다. 앞에서 문자음절(文字音節)의 생략을 말하였는데, 다음절(多音節)을

---

51 사근어(詞根語)라고도 한다.
52 文具於前而略於後.
53 文沒於後而見於前.
54 명사의 글자 수가 아무리 많고 앞뒤로 수차례 나타나더라도 대사는 쓰지 않으며, 생략은 더욱
하지 않는다.

간략하게 쌍음절(雙音節)로 하려면 음절구조에서 고려해야 한다. 그렇다면 '燭武(촉무)'라는 성명(姓名) 사이에 '之(지)'를 넣어서 '燭之武(촉지무)'[55]라고 말한 것은 두 글자가 오히려 세 글자로 변한 것인데, 어떻게 이해해야 하는가? 마땅히 지적해야 할 것은 성(姓)과 이름(名) 사이에 '之(지)'를 덧붙이는 취지는 '누구 집의 누구(某家之某)'를 나타내기 위한 것이며, '之(지)'는 리듬 작용을 조화롭게 한 것이다. 마치 오늘날 '영광의 집(光榮之家)', '의사와 기술자의 집(醫工之家)'이라고 말하면서 '之(지)'를 사용해야 하고, '영광집(光榮家)' '의사와 기술자 집(醫工家)'이라고 말하지 않는 상황처럼 '之(지)'[56]를 덧붙여 "기수와 우수가 서로 교차(奇偶相見)"하게 함으로써 리듬감이 조화를 이루는 것이다. 이렇게 언어 표현의 실질적인 요구를 결합해 여러 가지 이치를 체계적이고 철저하게 이해할 수 있기를 바란다.

---

55 《좌전(左傳)·희공 30년(僖公三十年)》의 "燭之武退秦師" 구절에 보임.
56 경성(輕聲)임.

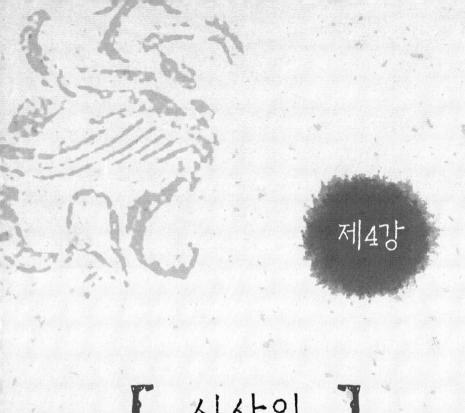

제4강

[실사의
활용]

모든 단어는 모두 일정한 품사류에 속하며 동일한 품사류의 단어는 모두 공통된 어법적 특성을 갖추고 있다. 이것은 고대한어와 현대한어가 공통으로 가지고 있는 어법 규칙이다. 만약 하나의 단어가 두 종류 혹은 그 이상의 어법적 특성을 갖추면 이것은 단어의 겸류(兼類)이다. 예를 들어 "小不忍則亂大謀. (작은 일을 참지 못하면 큰일을 그르친다.)"에서의 '謀(모)'는 명사에 속하지만, "肉食者謀之. (고기를 먹는 자〔권력을 잡은 자〕가 그것을 도모할 것이다.)"에서 '謀(모)'는 동사에 속한다. 이처럼 '謀(모)'는 명사와 동사의 어법 특성을 갖추고 있으므로 겸류(兼類)의 단어이다.

그러나 단어 활용은 단어의 겸류(兼類)가 아니다. 활용은 원래 어떤 품사에 속하는 단어가 특정한 조건에서 일정한 언어 습관에 따라 민첩하게 다른 품사로 바뀌면서 임시로 다른 품사의 어법적 특성을 갖추는 것을 의미한다. 예를 들면, "范增數目項王. (범증은 여러 번 항왕에게 눈짓을 보냈다.)"에서 '目(목)'은 원래 명사로 '眼睛(눈)'을 의미하지만, 이 구절에서는 동사로 사용되어 "看, 使眼色. (보고, 눈빛으로 시키다.)"로 해석된다. 이것은 또 빈어 '項王(항왕)'을 가지게 되어 동사의 어법적 특성을 갖게 된다. 하나의 단어가 갑류(甲類) 단어에서 을류(乙類) 단어로 활용되었는지를 판단하려면 구체적으로 앞뒤 문맥에서 전달하는 의미에 근거하는지를 살펴보는 것 이외에도, 을류(乙類)의 어법적 특성을 갖추고 있는지를 살펴보아야 한다.

단어의 활용은 주로 실사(實詞)에서 나타난다. 실사 활용은 선진(先秦)시대에 가장 활발했다. 처음에는 대부분 임의적이었으나, 후대의 사람들이 자주 옛사람들의 용법을 모방하게 된 것이다. 그런데 고대한어의 실사 활용 범위는 비교적 넓고 현대한어는 비교적 좁은데, 이것은 무엇 때문일까? 중요한 것은 현대한어의 단어는 고대한어보다 풍부해서 어떤 의미를 나타내려면 바로 그 단어를 사용할 수 있기 때문에 고대한어처럼 활용 방법을 취할 필요가 없다. 이것은 언어 자체의 발전적 요소에 의해 결정된 것이다. 이와 동시에 실사의 활용은 주로 수사(修辭)의 필요에 의해서 나타난다. 예를 들면, '手(수)'는 물건을 잡을 수 있어 즉 원래의 뜻에서 파생하여 '執(집)'의 역할을 하게 하므로 "曹子手劍而從之. (조자가 칼을 잡고서 그를 따랐다.)"[57]라고 말할 수 있다. 여기서 '手(수)'가 동사로 활용된 것은 단지 일반적인 어법 현상일 뿐이다. 그러나 이백(李白)의 "東風已綠瀛洲草, 紫殿紅樓覺春好. (동풍에 벌써 영주 들판 풀이 푸르고, 자줏빛 대궐과 붉은 누대가 봄을 알아차리네.)"[58]에서의 '綠(록)'은 구위(丘爲)의 "東風何時至, 已綠湖上山. (동풍이 어느새 왔는지, 벌써 호숫가 산이 푸르네.)"[59]에서의 '綠(록)', 후대 왕안석(王安石)이 사용한 "春風又綠江南岸. (봄바람에 또 강남 언덕이 푸르네.)"에서의 '綠(록)', 이청조(李淸照)가 사용한 "草綠階前. (풀이 계단 앞에 푸르네.)"에서의 '綠(록)' 등은 모두 수사상 필요에서 나온 것으로 모두 형용사가 동사로 활용된 것이다. 이것의 특징은 객관적 사물의 색깔과 광택을 선명하게 드러내 돋보이게 하였으며, 사람들에게 예술미를 느끼게 해주는 형용사의 성질과 상태의 의미를 잘 보존시켰다는 점이다. 게다가 정적인 상태에서 동적인 상태로 변화시켜 사람들로 하여금 더욱 구체적인 형상으로 아름다운 풍경의 연상을 불러일으켜 봄기운의 만연함과 그 생기발랄함을 느끼게 한 것

---

57 《공양전(公羊傳)·장공 13년(莊公十三年)》
58 《시종의춘원봉조부용지유색초청청신앵백전가(侍從宜春苑奉詔賦龍池柳色初靑聽新鶯百囀歌)》
59 《제농부려사(題農父廬舍)》

이다. 이것은 수사상의 필요에 의해 나타나는 용법으로, 현대한어에서
는 그 예를 찾아보기 어렵다. 또 다른 예를 들면, "劊子手們亮出了軍刀.
(살수들이 군용도를 빼들었다.)"에서 '亮(량)'은 원래는 형용사이지만 여기서
는 동사(빈어를 동반함)로 쓰인 것이다. 그래서 더욱 형상성(形象性)을 갖
추어 '拔(발)'의 어휘적 의미를 포함하고 있을 뿐 아니라 수식하고 묘사
하는 역할도 나타내고 있다. 이것은 "劊子手們(회자수문)"과 '軍刀(군도)'
를 함께 연결하여 곧 '劊子手們(회자수문)'의 살기등등하고 험악한 인상
을 생동감 있고 선명하게 그려낸 것이다. 만약에 '亮(량)'을 '拔(발)' 혹은
'抽(추)' 등의 단어로 바꾸어 표현했다면 그 생동감 있는 효과는 사라지
고 말 것이다.

　　언어의 발전과 언어의 운용에는 준수할 규칙이 있으므로 그 규칙성
을 이해하고 파악한다면 스스로 언어를 다루는 데 도움이 될 것이다.
이상에서 예를 들어 설명하였으니, 문일지십(聞一知十; 하나를 들으면 열
을 안다)과 촉류방통(觸類旁通; 어떤 사물의 규칙을 알게 되면 같은 종류의 사물
들을 미루어 아는 것)으로 활용할 수 있어야 한다. 고대에 사람들은 남송
(南宋) 이청조(李淸照)의 '草綠階前(초록계전)'에서 '綠(록)'의 사용을 '極似
唐人(극사당인)'이라고 극찬하고, 李白(이백)과 丘爲(구위) 등의 필법이라
하였다. '綠(록)'을 사용한 까닭은 구체적으로 설명하지 못했다. 고대에
사람들은 퇴고(推敲)를 언급할 때, 항상 왕안석(王安石)의 "春風又綠江南
岸. (봄바람에 또 강남 언덕이 푸르네.)"에서 '綠(록)'을 고친 것을 예로 소개
했다. 그런데 항상 왕안석은 글 쓰는 것이 진지하여 초고(草稿)에서 '過
(과)', '到(도)', '入(입)', '滿(만)' 등 십여 개의 글자를 썼다. 그리고 마지
막에 가서는 '綠(록)'으로 고쳤다는 것은 말했으나, '綠(록)'을 쓰게 된 까

닭에 대해서는 구체적으로 언급하지 않았다. 양수달(楊樹達)은 일찍이 "綠(록)자는 구체적이어서 사람들에게 깊은 인상을 남기기 때문에 아름다운 것이다."[60]라고 했으나, 애석하게도 결정적인 이유는 언급하지 못했다(어떤 사람이 왕안석의 '綠(록)'자를 첫 번째 예의 독특한 용법으로 삼은 것은 사실과 맞지 않으며 더욱 취할 것도 없다. '독특하다'는 것도 광범위하게 말한 것일 따름이어서 가르침으로 삼기에 부족하다).

어법은 수사의 기초가 되므로 어법 규칙을 알게 되면 수사의 기법이 숙달되어 막히지 않는다. 그리하여 "春風又綠淮河岸. (봄바람이 또 회강 언덕에 푸르네.)"[61], "春風又綠浦江岸. (봄바람이 또 포강 언덕에 푸르네.)"[62], "春綠江南. (봄이 강남에 푸르네.)"[63] 등이 끊임없이 나오게 되었다. 요즘 또 '綠(록)' 뒤에 접미사를 붙여 '綠化(녹화)'라는 새 단어(동사)가 만들어져 사람들에게 구체적인 형상과 청신한 느낌을 안겨 주어 광범위하게 활용되고 있다.

앞에서는 어법과 수사(修辭)에서 요구되는 실사(實詞)의 활용 상황을 종합하여 서술했다. 이제 고대한어(古代漢語)의 실사 활용 현상을 종류에 따라 말해보고자 한다. 이 가운데 몇 개의 현상은 여전히 수사(修辭)와 일부분 관련이 있다. 그러나 함께 서술하지 않은 것은 독자 스스로 앞뒤를 통해 이해할 수 있기 때문이다.

---

60 《중국수사학(中國修辭學)》

61 20세기 50년대 《해방일보(解放日報)》의 제목.

62 90년대 《문회보(文匯報)》의 제목.

63 극본 《채문회(蔡文姬)》

一. 명사가 동사로 활용되는 경우

　　명사 활용을 판정할 때에는 특별히 음의 두 가지를 중시해야 한다. 첫째는 언어의 환경(어법의 특성은 언어 환경으로부터 분명하게 나타난다)에 근거하는 것이며, 둘째는 역사적으로 취급하는 것이다. 말뜻을 핵심으로 삼고 이 두 가지를 중시하면 정확히 판단할 수 있다(이처럼 명사 활용을 판정하고, 기타 종류의 품사 활용 또한 이처럼 판정한다). 예를 들면, "爲擊破沛公軍(패공의 군대를 격파하기 위해서)"[64]의 '軍(군)'은 명사이다. 그러나 "沛公軍霸上. (패공은 패상에 군사를 주둔시켰다.)"[65]의 '軍(군)'은 명사가 동사로 활용된 것으로, 빈어 '霸上(패상)'을 가지는 동사로 쓰여 군대를 머무르게 하다는 뜻이다. 다른 예를 보자. "出入相友. (드나들며 서로 돕는다.)"[66]의 '友(우)'는 많은 사람이 명사가 동사로 활용된 것으로 보는데, 사실은 원래부터 동사이다. 곽석량(郭錫良)은 "갑골문·금문의 '友(우)'

---

64 《홍문연(鴻門宴)》
65 《홍문연(鴻門宴)》
66 《맹자(孟子)·등문공상(滕文公上)》

자는 두 개의 팔을 그린 것으로 '以手相助(손으로 서로 돕다)'가 그 원래의 뜻으로 동사이다. 《설문해자(說文解字)》에서 "友는 뜻을 같이하는 것이 友이다. (友, 同志爲友.)"라고 했다. 이것은 '友(우)'의 나중에 나타난 뜻이다. 선진(先秦)의 고적(古籍)에서 '友(우)'는 항상 동사술어로 쓰였는데, 결코 임시적인 용법이 아니다."라고 하였다. 이어서 곽석량(郭錫良)은 《상서(尚書)》, 《시경(詩經)》, 《논어(論語)》, 《좌전(左傳)》, 《묵자(墨子)》, 《장자(莊子)》, 《맹자(孟子)》, 《순자(荀子)》, 《한비자(韓非子)》 등 9권의 책에서 '友(우)'의 빈도수를 통계하였는데, '友(우)'는 동사로 대략 68번 쓰이고, 명사로 대략 86번 쓰여 백분율로는 44%가 동사, 56%가 명사였다. 마지막에 곽석량(郭錫良)은 종합하여 말하기를 "동사로 쓰인 경우와 명사로 쓰인 경우의 비율이 비슷하므로 활용이라고 볼 수 없다(임시적 용법). 역사적 발전으로 보면 '友(우)'는 원래 동사지만 명사의 의미로 확대·발전된 것이므로 선진시기에는 오직 겸류(兼類)로 보아야 한다."[67]라고 말했다. 또한 '樹(수)'는 금문(金文)의 형상이 손으로 나무를 심는 모양과 같아 본래의 뜻은 '植樹(식수)', '種樹(종수)'로서 원래 동사이다. 춘추(春秋)시대 이후에서야 명사로 쓰이기 시작했고, 동한(東漢) 허신(許慎)의 《설문해자(說文解字)》에서는 "수(樹)는 살아있는 나무의 총칭이다."[68]라고 했는데, 이것은 나중에 생긴 의미이다. '樹(수)'는 앞에서 언급한 9권의 선진(先秦) 고적(古籍)에서 동사로는 91번 쓰였고, 명사로는 27번 쓰였다. 이를 통해서 선진시대에도 겸류사(兼類詞)로 쓰였다는 것을 알 수 있다. 활용으로 보는 것은 지금의 규칙으로 옛날의 것을 다루

---

67 곽석량(郭錫良), 《한어사논집(漢語史論集)》 46쪽, 상무인서관(商務印書館), 1997.
68 樹, 木生植之總名也.

는 오류를 범한 것 같지만, 이는 역사적으로 취급할 문제는 아니다.

활용과 겸류(兼類)를 구별하는 것은 한어어법사의 인식에 대해 중요한 의의를 지닌다. 일반적으로 문장을 분석할 때, 활용인지 겸류(兼類)인지를 막론하고 문장의 문법구조관계를 변별하는 데 중점을 두어야 하며, 그 어의(語義) 체계를 명확히 해야 한다. 때로 활용과 겸류(兼類)를 구별하기 어려울 경우는 숙제로 남겨두고 나중에 연구해도 좋을 것이다. 명사가 동사로 활용되는 것은 아래와 같은 여러 상황이 있다.

㈠ 명사가 조동사(능원동사), 부사의 수식을 받아 동사로 활용되는 경우

예를 들면, 다음과 같다.

① 假舟楫者, 非能水也, 而絶江河. (《순자〔荀子〕·권학〔勸學〕》)
배와 노를 이용하는 사람은 수영을 할 줄은 몰라도, 오히려 장강(長江)과 황하(黃河)를 건널 수 있다.
단어 假(가): 빌리다, 이용하다. 楫(즙): 배를 젓는 도구, 노. 水(수): 수영하다. 絶(절): 강을 건너다.

② 客初至, 不冠不襪. (위희〔魏禧〕《대철추전〔大鐵椎傳〕》)
손님이 처음 왔을 때, 모자도 쓰지 않고 버선도 신지 않았다.

③ 軍壘成,秦人聞之,悉甲而至.

（《사기〔史記〕·염파인상여열전〔廉頗藺相如列傳〕》）

군영과 보루가 완성되자, 진(秦)나라 사람들이 듣고서 모두 갑옷을 입고 뛰어왔다.

단어 悉(실):모두, 전부. 甲(갑):고대에 군인이 입은 가죽으로 만든 호신용 의복.

예 ①의 '水(수)'는 원래 명사이지만, 앞에 부정부사 '非(비)'와 조동사 '能(능)'으로 수식하여 동사의 어법적 특성을 갖추고 있으므로 활용된 것이다. 예 ②의 '冠(관)', '襪(말)'은 원래 명사이지만, 앞에 부정부사 '不(불)'로 수식하여 동사의 어법적 특성을 지니므로 동사로 활용된 것이다. 예 ③의 '甲(갑)'도 원래 명사이지만 앞에 정도부사 '悉(실)'로 수식하여 동사의 어법적 특성을 지니므로 동사로 활용된 것이다.

④ 左右欲刃相如.　（《사기〔史記〕·염파인상여열전〔廉頗藺相如列傳〕》）

(진왕의) 측근들이 인상여(藺相如)를 칼로 찔러 죽이려 했다.

단어 '刃(인)': 원래의 뜻은 칼날인데, 널리 '칼'을 의미한다. 이 문장에서는 단지 '刃(인)'을 썼는데, 품은 뜻은 '칼로 죽이다'는 것이다.

예 ④의 '刃(인)'은 원래 명사로, 앞에 조동사 '欲(욕)'이 쓰이면서(또한, 뒤에는 빈어 '相如〔상여〕'를 지니고 있다) 역시 동사의 어법적 특성을 갖추어 동사로 활용된 것이다.

㈡ 명사가 문장에서 빈어나 보어를 동반하여 동사로 활용되는
경우

⑤ 徐庶見先主,先主器之. (《삼국지〔三國志〕·제갈량전〔諸葛亮傳〕》)
서서(徐庶)가 선주(유비)를 알현하자, 선주는 그를 비범한 인물로 보
았다.

단어 器(기): 그릇으로 중시하다, 중요하게 여기다.

⑥ 秦伐韓,軍於閼與. (《사기〔史記〕·염파인상여전〔廉頗藺相如傳〕》)
진나라가 한나라를 공격하자, 알여(閼與) 지방에 군대를 주둔시켰다.

단어 閼與(알여): 지명이다.

예 ⑤의 '器(기)'는 원래 명사이지만 빈어 '之(지)'를 수반하여 동사로
활용되었다. 예 ⑥의 '軍(군)'은 원래 명사이지만 보어 '於閼與(어알여)'를
수반하여 동사로 활용되었다.

㈢ 명사가 조사 '所(소)'자 뒤에서 동사로 활용되는 경우

⑦ 乃丹書帛曰 '陳勝王', 置人所罾魚腹中.

(《사기〔史記〕·진섭세가〔陳涉世家〕》)
이에 붉은 글씨로 비단에 '진승왕'이라 쓰고, 다른 사람이 그물질로 잡
은 물고기 배 안에 넣어 두었다

단어 罾(증): 어망을 뜻한다.

예 ⑦의 '罾(증)'은 원래 명사지만 앞에 조사 '所(소)'를 덧붙여 '수동
의 사물(물고기)'을 가리키게 되면서 동사로 활용되었다.

㈣ 명사 앞뒤에서 '而(이)'로 연접하여('而[이]'는 일반적으로 명사를 잇지
   못한다) 바로 동사로 활용되는 경우

⑧ 項王乃復引兵而東.　(《사기〔史記〕·항우본기〔項羽本紀〕》)
항우가 이에 다시 군대를 이끌고 동쪽으로 나아갔다.

⑨ 則而行之.　(《황제내경〔黃帝內經〕》)
법칙을 따라 일을 처리하였다.

예 ⑧의 방위사 '東(동)' 앞에 '而(이)'가 있고, 예 ⑨의 명사 '則(칙)'
뒤에 '而(이)'가 있는데, 모두 동사로 활용된 것이다.

二. 수사, 대사가 동사로 활용되는 경우

① 夫金鼓旌旗者, 所以一人之耳目也.　（《손자병법〔孫子兵法〕·군쟁〔軍爭〕》）
무릇 징, 북, 깃발은 군대의 시청(視聽)과 행동을 하나로 통일하는 데
사용하는 것이다.

단어 夫(부): 발어사로 보통 문장 첫머리에 오며, 장차 의론이 발휘되
는 것을 나타낸다(문장 끝에 놓이면 감탄을 나타내는데, "悲夫〔비부; 슬프도다〕"와
같은 것이다). 所以(소이): 도구 혹은 의지하는 사물을 말한다.

현대한어에서는 "因为……所以……(왜냐하면……, 그래서……)"라고 말하
는데, 문언(文言)에는 이러한 용법이 없다. 이 위치에서는 단지 '故(고)'
자 만을 쓸 수 있다.

② 先帝創業未半, 而中道崩殂.　（《삼국지〔三國志〕·제갈량전〔諸葛亮傳〕》）
선제(유비)가 왕업을 시작하신지 아직 반에도 미치지 못하였는데, 중도
에 돌아가셨다.

예 ①의 수사 '一(일)'은 동사로 활용되었고, '統一(통일하다)'의 뜻에
해당한다. 예 ②의 수사 '半(반)'도 바로 앞에 부사 '未(미)'가 있으므로

동사로 쓰였음을 알 수 있다.

③ 見公卿不爲禮, 無貴賤, 皆'汝'之. 《《수서〔隋書〕·양백추전〔楊伯丑傳〕》》
공경과 대관들을 보고서도 예를 행하지 아니하고, 지위의 높고 낮음을
막론하고, 일괄적으로 '汝(여)'를 써서 그들을 불렀다.

단어 不爲禮(불위례): 예를 행하지 않다. 無貴賤(무귀천): 지위의 높
고 낮음을 따지지 않다.

고대에는 신분의 높고 낮음과 귀하고 천함을 막론하고 경칭(敬稱)과
겸칭(謙稱)이 매우 중시되었으므로 직접 '汝(여)'라고 부른 것은 공손하
지 못한 것으로 간주된다.

예 ③의 대사 '汝(여)' 앞에 부사 '皆(개)'가 나오고, 뒤에 빈어 '之(지)'
가 나와 동사로 활용되었다.

三. 형용사가 동사로 활용되는 경우

① 上官大夫短屈原於頃襄王.　(《사기〔史記〕·굴원열전〔屈原列傳〕》)

상관대부는 경양왕 앞에서 굴원을 헐뜯었다.

단어 上官(상관): 복성. 大夫(대부): 관직. 短: 헐뜯다.

② 欲居之以爲利, 而高其値, 亦無售者.　(포송령〔蒲松齡〕《촉직〔促織〕》)

그것(귀뚜라미)으로 이익을 차지하려고, 그 가격을 올려버리면 또한 사는 사람이 없을 것이다.

예 ①의 '短(단)'은 원래 형용사이지만 동사로 쓰여서 빈어 '屈原(굴원)'을 수반한다. 예 ②의 '高(고)'는 원래 형용사이지만 동사로 쓰여 빈어 '其値(기치)'를 수반한다.

四. 명사, 동사, 형용사와 수사가 사역동사(使役動詞)로 쓰이는 경우

명사·동사·형용사가 '사역동사(使役動詞)' 역할을 하는 것은 명사·동사·형용사의 사동용법이다. 이런 종류의 사동용법의 형식을 사동식이라 한다. 사동용법 혹은 사동식은 동사가 빈어에 대해 '그것으로 하여 어떻게 하게 한다'는 뜻을 포함하는 것을 말한다. 즉 빈어로 하여금 객관적으로 어떤 행위나 혹은 동작을 일으키게 하는 것이다. 예를 들면, 다음과 같다.

① 先破秦入咸陽者王之. 《사기〔史記〕·항우본기〔項羽本紀〕》
먼저 진나라를 무찌르고 함양에 들어가는 자를 왕으로 세울 것이다.

예 ①의 '王(왕)'은 원래 명사이지만 사동사의 역할을 하며, '王之(왕지)'는 '使之王(사지왕)'으로 "讓他稱王. (그로 하여 왕이 되게 하다.)"으로 해석된다. '王(왕)'은 4성(Wàng)으로 읽는다.

② 族秦者秦也, 非天下也.　(두목〔杜牧〕《아방궁부〔阿房宮賦〕》)

진나라를 멸족(滅族)한 것은 진나라이지 천하의 백성이 아니다.

단어 族(족): 부족, 씨족, 가족으로 파생된 뜻은 멸족(滅族)이다. 멸족은 고대에 행해진 일종의 혈벌이다. 어떤 사람이 죄를 지으면 형벌이 부모와 형제, 그리고 처자식에게 미친다. 大夫(대부): 관직. 短: 헐뜯다.

③ 故王不如東蘇子.　(《사기〔史記〕·소진열전〔蘇秦列傳〕》)

그런 까닭으로 왕은 소대(蘇代)를 석방하여 동쪽으로 보내는 것이 좋을 것입니다.

예 ②, ③에서 명사인 '族(족)'과 방위 명사인 '東(동)'은 모두 사역동사로 사용되었다.

④ 公若曰: "爾欲吳王我乎?"　(《좌전〔左傳〕·정공10년〔定公十年〕》)
공약이 말했다: "그대는 나를 오왕이 되게 하고 싶은가?"

의미는 "그대는 나를 찔러 죽이려고 하느냐?"라는 것이다. 오왕 료(僚)는 전제(專諸)가 칼로 찔러 죽였는데, 공약은 무숙(武叔)이 칼로 자기를 겨누는 것을 보고 아마도 살해되리라는 것을 알고서 이렇게 말한 것이다.

예 ④에서는 사람 이름이 사역동사로 쓰였다. 여기에서 많은 필묵을 아꼈음에도 기탁한 뜻과 형상성(形象性)은 매우 선명하다.

이상으로 명사가 사역동사로 쓰인 것을 알아보았다. 아래에서는 동사가 사역동사로 쓰인 것을 다시 살펴보기로 하자.

⑤ 項伯殺人, 臣活之.　(《사기〔史記〕·항우본기〔項羽本紀〕》)
항백이 사람을 죽였으나(그 죄는 마땅히 죽음에 해당하지만), 제가 그를(항백을) 구했습니다.

예 ⑤의 동사 '活(활)'이 사동사로 쓰였고, '之(지)'는 빈어이므로 '活之(활지; 그를 살리다)'는 즉 '使之活(사지활; 그로 하여금 살게 하다)'이다.

⑥ 其意蓋將死我於囊而獨竊其利也.　(마중석〔馬中錫〕《중산랑전〔中山狼傳〕》)
그의 속셈은 아마도 나를 주머니 속에서 죽이고, 혼자서 그 이익을 훔치려 할 것이다.

예 ⑥의 동사 '死(사)'가 사동사로 쓰였고 我(아)'는 빈어이며, '死我(사아)'는 '使我死(사아사)'이다. 다만, '死(사)'(그리고 예 ⑤의 '活〔활〕'의 종류)는 매우 전형적인 자동사로 보통 빈어를 지닐 수 없는데, 사동의 의미로 쓰일 때는 빈어를 지닐 수 있다는 점에 주의해야 한다. 현대한어의 '死(사)'도 마찬가지로 자동사로서 빈어를 지닐 수 없으나 사동의 의미를 나타내게 되면 "死了這條心吧. (마음을 접어라.)"라는 말처럼 빈어를 지닐 수 있다. 이를 통해 하나의 규칙을 알 수 있는데 바로 자동사가 사동의 의미를 표시할 때(즉 사동사로 쓰일 때) 빈어를 가질 수 있다. 여숙상 (呂叔湘)은 "동사에 타동사와 자동사 두 종류가 있다고 말하는 것보다는 동사에는 타동사와 자동사 두 가지 용법이 있다고 말하는 게 좋다."[69]라고 하였다. 여숙상(呂叔湘)은 한어동사를 전면적으로 분석하여 단 두 마디 말로써 규칙성을 개괄하였다. 우리는 이것으로 말미암아 한 가지를 보고 열을 알고, 간단한 것으로써 복잡한 것을 헤아릴 수 있어야 한다.

⑦ 武益愈, 單于使使曉武, 會論虞常, 欲因此時降武.
　　　　　　　　　　　　　　(《한서〔漢書〕·소무전〔蘇武傳〕》)
소무(蘇武)의 상처가 날로 좋아지자, 선우(單于)는 소무에게 사람을 보내 우상(虞常)의 죄명을 모아서 판정하는 데 앞장 섰다는 사실을 알림으로

---

69 呂叔湘《어법학습(語法學習)》, 中國靑年出版社, 1953년.

써 이로 인하여 소무를 항복하게 하려고 했다.

단어 益愈(익유): 점점 나아지다. 單于(선우): 흉노의 우두머리를 칭하는 말. 曉(효): 알리다. 會論(회론): 모여서 판정하다. 因(인): ~을 틈타서, ~을 빌려.

예 ⑦의 동사 '降(항)'은 사동사로 쓰였고, '武(무)'는 빈어로 '降武(항무)', 즉 소무로 하여금 항복하도록 하겠다는 말이다. 일반용법과 사동용법을 잘 구별하면 그 의미를 정확히 이해하는 데 유리하다. 예를 들어 '降敵(항적)'의 '降(항)'은 일반적인 동사용법으로 쓰이면 적에게 항복한다는 뜻이다. 그러나 사동용법으로 쓰이면 적군으로 하여금 항복하게 한다는 뜻이다. 단어의 사용은 모두 그 앞뒤 문맥이 있기 때문에 앞뒤 문맥에 비추어 활용 규칙에 대한 상식을 활용하면 구별이 더욱 쉬워져 오류를 범하지 않게 된다.

⑧ 秦兵圍大梁, 破魏華陽下軍, 走芒卯.

(《사기〔史記〕·위공자열전〔魏公子列傳〕》)

진나라 군사가 대량(大梁)를 포위하고, 위나라의 화양 일대의 군을 격파하여 장수 망묘(芒卯)를 쫓아냈다.

단어 大梁(대량): 위나라의 수도. 지금의 하남성(河南省) 개봉시(開封市) 下軍(하군): 춘추시대에 큰 나라는 대부분 삼군(三軍)을 설치하였다. 예를 들면, 진(晉)나라는 중(中)·상(上)·하(下)군이라 칭했고, 초(楚)나라는 중(中)·좌(左)·우(右)군(각 군〔軍〕에는 장〔將〕좌〔佐〕가 있는데, 중군장〔中軍將〕이 삼군의 총수가 되었다)이라 칭했으며, 기타 각 나라도 상(上)·중(中)·하(下) 삼군이 있었다. 芒卯(망묘): 빈어이며, '走芒卯'는 즉 망묘를 달아나게 하다는 뜻이다.

예 ⑧의 동사 '走(주)'는 사동사로 쓰였고, '芒卯(망묘)'는 빈어이므로 '走芒卯(주망묘)'는 망묘를 쫓아냈다는 뜻이다.

이상의 예 ⑥, ⑦, ⑧은 모두 동사의 사동용법으로 구체적인 앞뒤 문장 내에서 動補式(동보식: 동사＋보어)·使成式(동작을 나타내는 동사＋상태를 나타내는 동사)·處置式(把＋빈어＋동사)의 세 종류의 다른 역법이 있다. '死我(사아)'는 '弄我死(나를 죽게 만들다; 動補式)', '降武(항무)'는 '使蘇武投降(소무로 하여금 항복하게 하다; 使成式)', '走芒卯(주망묘)'는 '把芒卯趕走(망묘를 쫓아내다; 處置式)'의 식으로 실제 상황에 근거하여 자연스럽게 번역할 수 있다. 단 주의할 것은 여기서도 역사 흐름의 문제가 있다. 고대한어동사의 사동용법은 다양한 종류의 어법 의미를 나타내며, 사용이 비교적 빈번했으나 근대한어와 현대한어가 동보식(動補式)·사동식(使動式)·처치식(處置式)으로 발전하면서 동사의 사동용법(使動用法)도 이에 상응하여 줄어들었다.

⑨ 欲不戰以老秦師. 《자치통감[資治通鑑]·비수지전[淝水之戰]》
싸우지 않기를 바란다면 진나라 군사를 피로하게 하면 된다.

예 ⑨의 '老(로)'는 형용사가 사동사로 쓰인 것이고, '秦師(진사)'는 편정구조(偏正構造)로 '老(로)'의 빈어가 된다.

⑩ 强本而節用, 則天不能貧. 《순자[荀子]·천론[天論]》
농업 생산을 강화하고 동시에 지출을 절약하면 하늘(대자연)도 사람을 가난하게 할 수 없다.

단어 本(본): 근본으로, 농업생산을 말한다. '貧(빈)'은 현대중국어로는 '貧窮(빈궁)'으로 해석된다. 고대에서는 '貧(빈)'을 '富(부)'와 상대적인 것으로, 의식과 재물이 결핍한 것을 '貧(빈)'이라 하였는데, 현대에도 여전히 이러한 뜻을 계속 사용하고 있다. '窮(궁)'은 '通(통)'과 상대적인 것으로, 뜻을 얻지 못하고 출로(出路)가 없는 것을 '窮(궁)'이라 한다.

예 ⑩ '貧(빈)'은 형용사가 사동사로 쓰인 것으로, 그 뒤에 빈어를 생략하였다.

⑪ 是故亂國之俗, 其學者則稱先王之道, 以籍仁義, 盛容服而飾辯說, 以疑當世之法而貳人主之心. 《《한비자[韓非子]·오두[五蠹]》》
그래서 어지러운 나라의 습관과 풍속은 그러한 유가 학자들이 즉 '인의(仁義)'를 빌어 선왕의 도를 내세우고, 겉의 화려함을 중시하여 그들의 궤변을 꾸며댄다. 당시 세상의 법과 제도를 의심하여 군주의 마음을 갈팡질팡하게 한다.

예 ⑪의 '貳(이)'는 '二(이)'와 같으며 수사이다. '貳人主之心(이인주지심)'은 즉 '使人主之心貳(사인주지심이)'로 군주의 마음을 한결같지 못하고 망설이게 한다는 뜻이다. 이 문장의 '貳(이)'는 사동(使動)의 뜻이 분명하게 드러난다. 앞에서 수사(數詞)가 동사로 활용되는 항목을 말하면서 "夫金鼓旌旗者,所以一人之耳目也. (무릇 징과 북을 치고 깃발을 드는 것은 사람의 이목을 통일하기 위한 것이다.)"라는 예를 들었다. 여기에서 '一(일)'은 보통 '統一(통일)'을 말한 것으로 이 예와는 다른 것이다. 비록 두 가지 종류로 이해할 가능성은 있지만 이 예문처럼 사동의 의미가 두드러지지 않는다.

한 가지 또 주의해야 할 문제가 있다. 동사를 사동사로 활용할 때 그것을 '품사 활용'으로 분류해서는 안 된다는 것이다. 그 이유는 '품사 활용'은 어떤 종류의 품사가 임시로 다른 품사로 활용되어 품사의 성격이 임시로 변한 것을 말한다. 즉 동사가 사동사로 쓰인다 해도 동사의 품사 성격은 변하지 않고 여전히 동사이기 때문이다. 이는 물론 더 연구를 진행하여 동의를 얻어낼 문제이다. 여기서 곧바로 동사의 사동용법을 '품사류의 활용'으로 분류한 것은 통상적이고 관용적인 표현에서 출

발한 것으로, 현재의 일반적인 어법서와 유관한 내용을 연계하기 편리
하도록 한 것이다.

五. 명사, 형용사가 의동사(意動詞)로 쓰이는 경우

명사·형용사가 '의동사'로 쓰이는 것은 바로 명사·형용사의 의동(意動)용법이다. 이러한 의동용법의 형식은 또한 의동식이라 한다. 의동용법 혹은 의동식은 동사가 빈어에 대해 '그것을 무엇으로 간주하다' 혹은 '그것이 어떻다고 여기다'라는 의미가 있다. 즉 주어는 빈어의 인식과 추측에 대해 빈어가 어떤 성질이나 상태를 갖추고 있는지를 주관적으로 인식하는 것이다.

① 公子乃自驕而功之, 竊爲公子不取也.

(《사기〔史記〕·위공자열전〔魏公子列傳〕》)

공자께서는 곧 스스로 교만하여 자신의 공을 내세우시는데, 제가 보기엔 공자께서 취하실 태도가 아닙니다.

예 ①의 '功(공)'은 명사가 의동사로 쓰인 것이고, '之(지)'는 그것의 빈어이므로 '功之(공지)'는 "認爲對此有功. (이것에 대해 공이 있다고 여기다.)"이다. 명사의 의동용법은 사동용법보다 많이 보인다.

② 漁人甚異之. (도잠[陶潛]《도화원기[桃花源記]》)
어부가 그것을 심히 기이하게 여겼다.

예 ②의 '異(이)'는 형용사가 의동사로 쓰인 것이고, '之(지)'는 빈어로 '異之(이지)'는 "對此感到奇特. (이것에 대해 기이하다고 느끼다.)"이다.

③ 是故明君貴五穀而賤金玉. (조착[晁錯]《논귀속소[論貴粟疏]》)
이 때문에 현명한 군주는 오곡(五穀)을 귀중하게 여기고 금과 옥을 비천하게 여긴다.

예 ③의 '貴(귀)'와 '賤(천)'은 모두 형용사가 의동사(意動詞)로 쓰인 것이며, 그 빈어는 '五谷(오곡)'과 '金玉(금옥)'이다. '貴五谷(귀오곡)'은 "把五谷看得貴重(오곡을 귀중하게 여기는 것)"이고, '賤金玉(천금옥)'은 "把金玉看得輕賤(금과 옥을 비천하게 여기는 것)"이다.

④ 李生聞而善. (이지[李贄]《찬유해[贊劉諧]》)
이생(이지 자신을 가리킨다)은 듣고서 좋다고 여겼다.

예 ④의 '善(선)'은 원래 형용사인데 '而(이)'가 '善(선)'과 동사 '聞(문)'을 연접시켜 의동사로 쓰였고, 뒤에 빈어를 생략했다.

⑤ 世之所高, 莫若皇帝. (《장자[莊子]·도척[盜跖]》)
세상에서 숭고하고 위대한 것으로 황제만한 것이 없다.

예 ⑤의 '高(고)'는 형용사가 의동사로 쓰인 것으로, 앞에 조사 '所(소)'를 덧붙이고 빈어를 생략했다.

의동용법은 형용사와 명사에만 한정되어 있고, 동사에는 의동용법(意動用法)이 없다. 의동용법은 빈어가 어떠하다고 여기는 것으로 주관적인 견해이고 사동용법은 빈어를 어떻게 한다는 것으로 객관적인 결과이다. 이러한 구별을 좀 더 명확하게 하기 위해서 아래의 문장을 비교해 보기로 한다.

⑥ 吾妻之美我者, 私我也.

(《전국책〔戰國策〕·추기풍제왕납간〔鄒忌諷齊王納諫〕》)

내 아내가 나를 훌륭하다고 한 것은 나를 사사로이 하기 때문이다.

⑦ 君子之學也以美其身. (《순자〔荀子〕·勸學〔권학〕》)

군자의 학문은 그 몸을 아름답게 한다.

예 ⑥의 '美我(미아)'는 아내의 주관적인 견해이다. 추기(鄒忌)의 신체에는 변화가 없으므로 '美(미)'는 의동용법이다. 예 ⑦은 "군자가 공부하는 것은 이로써 자신을 잘 수양하기 위함이다."70)라는 것을 말하고 있다. 즉 공부하는 것은 자신의 향상을 얻을 수 있는 것이다. 이것은 객관적인 결과로 '美(미)'는 사동용법이다. 더 비교해 보자.

⑧ 孔子登東山而小魯, 登泰山而小天下.

(《맹자〔孟子〕·진심상〔盡心上〕》)

공자가 동산에 올라가 노나라를 작다고 여겼고, 태산에 올라가 천하를 작다고 여겼다.

⑨ 工師得大木, 則王喜, 以爲能其任也. 匠人而小之, 則王怒, 以爲不其任矣. (《맹자〔孟子〕·양혜왕하〔梁惠王下〕》)

목공이 큰 나무를 얻게 되면 왕께서는 기뻐하시고 그 나무가 제구실을 해낼 수 있다고 생각하실 것입니다. 목수가 그 나무를 깎아서 작게 만들면 왕께서는 성을 내시고 그 나무가 제구실을 해내지 못한다고 생각하실 것입니다.

---

70 君子學習是用來使自身美好(修養好).

예 ⑧의 '小魯(소로)', '小天下(소천하)'는 높은 산에 오른 후 '노나라를 작다고 여기고',[71] '천하를 작다고 여겼다'[72]는 것이다. 이는 공자의 주관적인 느낌이다. 그러므로 '小(소)'는 여기서 형용사의 의동용법이다. 예 ⑨는 목공이 나무를 자를 때 나무를 작게 만든 것이고, 작은 것은 객관적인 결과이므로 이는 '小(소)'의 사동용법이다.

고대한어의 형용사가 동사로 활용되는 것은 대부분 사동용법과 의동용법이고, 극소수는 일반동사로도 활용된다. 이것은 이상의 단어의 예 가운데서도 엿볼 수 있으며 여기저기 많은 문언문에서 찾아볼 수 있다. 이는 고대한어의 형용사가 동사로 활용되는 규칙에 대해 말한 것으로, 이것을 확대해 가면 여러 가지 규칙적인 명시도 검증을 거쳐서 전체적인 실증을 얻을 수 있다.

단어의 활용에 대한 판정은 일정한 언어 환경과 결합해야 한다. 이는 앞에서 예문 분석을 통해 이미 나누어 명시하였다. 아래에서는 전반적인 파악에 도움이 될 수 있도록 여러 가지 실마리들을 종합하여 제시해 보겠다. 명사가 동사로 활용되는 현상에 대해 말하자면 앞에 조동사·부사의 수식을 받고 혹은 뒤에 빈어(때로 생략하기도 한다)·보어를 가진다. 혹은 조사 '所(소)'나 '而(이)'로 다른 동사와 이어지는데, 이것들은 모두 일정한 관계를 지닌다. 이러한 일정한 구조관계는 모두 언어의 사용 양상, 즉 언어의 환경 안에서 구체적으로 나타난다. 기타 품사류의 활용도 마찬가지로 일정한 언어 환경을 바탕으로 이루어져야 한다.

이번 장(章)에서는 실사 활용을 간결하면서도 핵심적으로 소개하였

---

71 認爲魯國小.
72 認爲天下小.

다. 이 가운데 동빈(동사+빈어)관계는 비교적 복잡하므로 사동(使動)·의동(意動)의 문제에는 더 자세한 설명을 덧붙였다. 이 외에도 동빈관계와 관련되는 문제(활용을 포함해서)는 더 남아 있는데, 상세히 설명하지 못했다. 예를 들면, 이른바 '爲+動(위+동)', '對+動(대+동)', '因+動(인+동)', '把+動(파+동)', '以+動(이+동)' 등의 표현법이다. 어법발전사를 다룬 이 책에서는 동빈관계를 10종류로만 나누었는데, 더 세분화하기도 한다. 예를 들면, 맹종(孟琮)의 《동사용법사전(動詞用法辭典)》은 동빈관계를 14종류로 나누었고, 또 다른 책에서는 106종류로 나누었다. 후대에 와서 어떤 사람은 "종합해서 말하자면 동사와 빈어의 관계는 모두 다 서술할 수 없다."라고 단언했다. 객관적인 사물은 매우 복잡한 것으로, 의미만 고려하여 동빈관계를 세분하게 되면 분류된 명칭이 많아지기 마련이다. 사실 언어의 규칙성과 전형성을 고려하여 귀납적으로 의미를 끌어낸다면 인식 가치와 실제적 가치를 더욱 갖추게 된다. 동빈관계의 인지에서도 역시 이와 마찬가지며 기타 현상의 인지 역시 이러하다.

[수량(數量)의 표시]

숫자의 크고 작음이나 순서의 앞뒤를 표시하는 단어를 수사(數詞)라 하고, 사물과 행위 동작의 수량 단위를 표시하는 단어를 양사(量詞) 혹은 단위사(單位詞)라고 한다. 그리고 이 두 가지를 합쳐서 수량사(數量詞)라고 말한다.

사람, 사건, 사물 및 행위 동작은 모두 숫자(數)와 수량(數量)으로 표시할 수 있기 때문에 수량사(數量詞)는 언어를 사용하면서 소홀히 할 수 없는 부분이다.

고대한어(古代漢語) 수량사의 어법 기능은 현대한어(現代漢語)의 수량사 어법 기능과 기본적으로 서로 비슷한데, 주로 명사나 동사를 수식(설명이나 제한)한다. 그러나 고대한어의 수(數)에 대한 표현법은 현대한어와 상당히 다른데, 특히 양사(量詞)는 현대한어보다 적게 사용된다. 여기에서 하나씩 설명해보기로 하자.

一. 수(數)의 표현법

고대한어의 수사(數詞)는 현대한어와 마찬가지로 기수(基數), 서수 (序數), 약수(約數), 허수(虛數)로 나누어진다. 그러나 고대한어의 수 (數)에 대한 표현법과 현대한어를 비교해 보면 여러 가지 다른 점들이 있다.

(一) 기수(基數)

고대한어의 기수 표현에서 주의해야 할 점에는 '一(일)의 생략', '有 (유)의 첨가', '零(영)을 말하지 않는 것' 등이 있다. 예를 들면, 다음과 같다.

① 晉人敗秦師於殽, 匹馬隻輪無返焉.

《공양전〔公羊傳〕·희공 33년〔僖公三十三年〕》

진(秦)나라 군대가 효(殽) 지역에서 진(晋)나라 군대에 참패하여 말 한 필과 마차 한 대(고대의 전차는 말이 끄는데, 여기에서 한 대의 마차를 대신하는 표현법은 실패의 참담함을 신랄하게 말한 것이다)조차도 돌아가지 못했다.

② 至於孝平, 郡國百三, 縣邑千四百八十七.

《후한서〔後漢書〕·군국지서〔郡國志序〕》

평제의 시대에 이르러서는 중앙에 속해 있는 군(郡)과 제후국 103개, 군국(郡國)에 속해 있는 현성(縣城)이 1,487개가 있었다.

단어 孝平(효평): 한나라 평제. 한대(漢代)는 이른바 '孝(효)'로써 나라를 세웠기 때문에 일반적으로 황제의 시호 앞에다 '孝(효)'를 붙였다.

예 ①에서 '匹馬隻輪(필마지륜)' 앞에 각각 두 개의 수사 '一(일)'이 생략되었다(기타 隻鷄鬪酒〔지계투주〕[73]의 표현법이 이와 같다). 예 ②의 '百三(백삼)'은 즉 '一百零三(일백영삼)'이고, '千四百八十七(천사백팔십칠)'은 '一千四百八十七(일천사백팔십칠)'이다. 연속으로 나오는 숫자 가운데 가장 큰 한 자릿수는 '十(십)', '百(백)', '千(천)', '萬(만)' 등인데, 그 숫자 앞에 '一(일)'은 생략해도 된다.

③ 吾十有五而志于學. 《논어〔論語〕·위정〔爲政〕》

나는 15세 때 곧 학업에 뜻을 두었다(학문을 하다).

④ 期三白有六旬有六日. 《상서〔尙書〕·요전〔堯典〕》

일 년은 366일이다.

단어 期(기): 주(周, 년, 월). 旬(순): 십일.

⑤ 十犬又五犬. 《은허복사〔殷墟卜辭〕》

열다섯 마리의 개.

---

73 손님을 맞이하여 시중드는 것을 이르는 말.

예 ③의 '有(유)'는 '十(십)'과 '五(오)' 사이에 놓았고, 예 ④에서는 두 개의 '有(유)'를 사용하였다. 예 ⑤의 '又(우)'는 '有(유)'와 같다(기타 예를 들면, '一又二分之一'의 표현법은 이와 같다). 예 ③, ④, ⑤는 모두 정수와 끝 수 사이에 '有(유)'를 사용했다('又〔우〕'는 '有〔유〕'와 같다).

⑥ 冬至後一百五日爲寒食. (《형초세시기〔荊楚歲時記〕》)
동짓날 이후로부터, 백오 일이 지나면 바로 한식이다.

단어 冬至(동지): 절기 명칭. 이십사절기 중 하나. 寒食(한식): 절기 명칭. 청명(淸明)의 하루 전.

예 ⑥에서 '一百五日(일백오일)'은 '一百零五日(일백영오일)'과 같다. 수 사 '零(영)'은 잘 쓰지 않는다. 이외에 기수 '兩(양)'과 표현법이 비슷한 '再(재)'와 '復(부)'가 있으므로 역시 많은 주의를 기울여야 한다.

⑦ 兩造具備. (《서경〔書經〕·여형〔呂刑〕》)
원고와 피고 양측이 모두 도착했다.

⑧ 齊秦立爲兩帝, 王以天下爲尊秦乎, 且尊齊乎?
(《전국책〔戰國策〕·제책 4〔齊策四〕》)
(소진이 제나라 왕에게 말하길) 제(齊)나라와 진(秦)나라 양측이 각자 황제의 칭호를 사용하고 있는데, 대왕께서는 천하 사람들이 진(秦)나라를 존중한다고 여기십니까? 아니면 제(齊)나라를 존중한다고 여기십니까?

단어 '且(차)'는 이 문장에서 선택문을 연결하는 것으로 '抑(yì)', '還是(háishì)'에 해당한다.

⑨ 楚强則秦弱, 秦强則楚弱, 此其勢不兩立.
(《전국책〔戰國策〕·초책 1〔楚策一〕》)
초나라가 강해지면 진나라가 약해지고, 진나라가 강해지면 초나라가 약해지니, 이렇듯 그 세력은 양립할 수 없습니다.

단어 勢(세): 정세. 勢不兩立(세불양립): 초(楚)나라와 진(秦)나라가 서로 대립하여 조화될 수 없음을 가리킴.

則(즉)은 문언에 자주 쓰이는 연사(連詞) 중 하나로서 용법이 다양하다. 이 문장에서는 두 가지 일이 서로 대응하고 있음을 나타내고 있다.

예 ⑦의 '兩(양)'은 쌍을 이루는 뜻이 있어 쌍방을 가리킨다. 예 ⑧의 '兩(양)'은 쌍, 쌍방을 이루는 것에서 양측이 모두 공존하는 것으로 확대되었다. 예 ⑨의 '兩(양)'은 쌍, 쌍방이 되는 것에서 갑을(甲乙) 양측이 모두 같다는 것으로 확대되었다.

⑩ 五歲再閏. 《역경〔易經〕·계사상〔系辭上〕》)

5년 가운데 윤년(윤달)이 두 번 있다.

단어 閏(윤): 많은 수, 남은 수. 역법에서 해를 세는 것과 지구가 태양을 한 바퀴 도는 시간과의 차수(差數), 여분의 시간을 '閏(윤)' 혹은 '윤달(閏月)'이라고 한다.

⑪ 一戰而擧鄢, 郢, 再戰而燒夷陵, 三戰而辱王之先人.

《사기〔史記〕·평원군우경열전〔平原君虞卿列傳〕》)

첫 번째 전투에서 언(鄢)과 영(郢)을 차지하였고, 두 번째 전투에서 이릉(夷陵)을 소멸시켰으며, 세 번째 전투에서 초왕(楚王)의 조상에게 치욕을 안겨주었다.

예 ⑩의 '再(재)'는 두 번이란 뜻이며, 예 ⑪의 '再(재)'는 두 번째라는 뜻으로 쓰였으며 '또 한 차례'의 의미를 나타낼 때는 '復(부)'로 쓴다.

⑫ 於是馮諼不復歌. 《전국책〔戰國策〕·제책 4〔齊策四〕》)

그리하여 풍훤(馮諼)은 다시는 노래를 부르지 않았다.

예 ⑫의 '復(부)'는 또 한 번이라는 뜻이며 고대한어의 '復(부)'는 현대한어의 '再(재)'에 해당하므로 이 문장의 예문 '不復歌(불부가)'는 '不再唱歌(부재창가)'로 해석된다.

'再(재)'와 '復(부)'는 옛날과 지금의 뜻이 달라졌는데, 비교하여 뜻을 나타내면 다음과 같다.

> 고대한어의 '再(재)'는 두 번, 두 번째의 의미이며, 또 한 차례의 의미가
> 아니다.
> 고대한어의 '復(부)'는 또 한 차례의 의미이다.
> 고대한어 '復(부)'는 현대한어 '다시(再)'로 또 한 차례의 의미이다.

(二) 서수(序數)

고대한어에서 서수의 형식은 기수와 일반적인 차이가 없고, '第(제)'를 붙여 사용하기도 했다. 예를 들면,

⑬ 順於民心, 所補者三: 一曰主用足, 二曰民賦少, 三曰勸農工.

(조착[晁錯] 《논귀속소[論貴粟疏]》)

백성의 원하는 바에 순응하면 국가에 세 가지 면에서 이익이 있다. 첫째는 군주가 원하는 것이 풍부해지는 것이고, 둘째는 백성의 세금이 적어지는 것이며, 셋째는 농업생산을 권면하게 되는 것이다.

단어 補(보): 이익. 用(용): 필요한 것.

⑭ 此印者才畢, 則第二板已具. (심괄[沈括] 《몽계필담[夢溪筆談]》)

이번 인쇄가 비로소 끝나게 되면 두 번째 활자판도 이미 준비되어 있다.

단어 板(판)은 '版(판)'과 같다. 第二板(제이판): 두 번째 활자판(活字版).

예 ⑬의 '一(일)', '二(이)', '三(삼)'은 즉 '第一(제일)', '第二(제이)', '第三(제삼)'으로, 모두 서수를 나타낸다. 예 ⑭는 '二(이)'에 '第(제)'를 붙임으로써 서수의 의미가 더욱 명확해졌다.

순서를 표시하는 것은 어떤 경우에는 '次(차)', '之(지)', '長(장)', '末(말)', '甲(갑)', '乙(을)', '伯(백)', '仲(중)' 등의 단어를 쓰기도 한다. 이러한 표현법은 현대한어에서도 여전히 사용되고 있으며 대부분 한 번 보기만 해도 바로 그 뜻을 헤아릴 수 있는 것이 많으므로 여기서는 예를 들지 않겠다.

(三) 약수(約數)

약수는 부정확한 수를 말하는 것으로, '대략', '약'의 뜻이 있다. '三四十(삼사십)', '十三四(열세넷)', '數十百千(수십에서 백과 천에 이르는 것)' 등이 여기에 해당하는 데 현대한어에서도 여전히 쓰이고 있으므로 예는 생략하겠다. 단, 현대한어에서는 쉽게 찾아 볼 수 없는 몇 가지 표현법만 제시하고자 한다.

첫째, 수사 앞에 '且(차)', '幾(기)', '將(장)'을 붙여 근사한 수를 나타낸 것이다.

⑮ 北山愚公者, 年且九十. 　《열자〔列子〕·탕문〔湯問〕》
북산에 사는 우공이란 사람은 나이가 거의 구십이 되었다.

⑯ 漢之爲漢, 幾四十年矣. 　(가의〔賈誼〕《논적저소〔論積貯疏〕》)
한 왕조의 건국에서 지금에 이르기까지, 약 40년이 걸렸다.

'漢之爲漢(한지위한)'에서 앞에 쓰인 '漢(한)'은 한 왕조(漢王朝)를 뜻하고, 뒤의 '漢(한)'은 한 왕조의 역사와 현황을 개괄한 것이다.

⑰ 歷載將百. (심약[沈約]《송서[宋書]·사령운전론[謝靈運傳論]》)
거의 백 년의 시간이 지났다.

둘째, 숫자 앞에 '可(가)'를 붙이거나 혹은 양사 뒤에 '許(허)', '所(소)'를 붙여 추정하는 수를 나타내는 것이다.

⑱ 章小女, 年可十二. (《한서[漢書]·왕장전[王章傳]》)
왕장(王章)의 어린 딸은 나이가 대략 열두 살 정도이다.

⑲ 松江府東去五十里許, 曰烏泥涇. (도종의[陶宗儀]《황도파[黃道婆]》)
송강부(松江府)의 동쪽으로 50리쯤 떨어진 곳을 오니경(烏泥涇)이라 한다.

⑳ 其巫, 老女子也, 年已七十, 從弟子女十人所.
(저소손[褚少孫]《사기[史記]·골계열전보[滑稽列傳補]》)
그 무당은 노파로 나이가 이미 70세인데, 그녀를 따르는 여자 제자가 10여 명이다.

단어 其(기): 그것, 그. 巫(무): 전문적으로 귀신을 부리는 것을 가장하여 잔꾀를 부려 남을 대신해서 기도해주고, 재물을 사취(詐取)하는 것을 직업으로 삼는 사람.

예 ⑱의 '可(가)'는 현대한어에서 추정을 나타내는 '大槪(dàgài)'에 해당하고, 예 ⑲의 '許(허)'와 예 ⑳의 '所(소)'는 추정의 어기를 나타내는 '來(lái)'에 해당한다. '十人所(shírénsuǒ)'는 또한 '十所人(shísuǒrén)'으로 말할 수 있다.

마지막으로, 끝자리 수가 불확실할 때는 '餘(여)'를 쓰고, 그 앞에 또 '有(유)'자를 덧붙인다.

㉑ 鄒忌修八尺有餘. 《전국책〔戰國策〕·제책 1〔齊策一〕》

추기(鄒忌)의 키는 팔 척이 넘었다.

단어 修(수) : 길다.

　　이상의 근사치의 수, 추정의 수, 끝자리가 불확실한 경우는 모두 약수로 표시하는데, 그 표현법이 현대한어와 다르다. 우리가 알듯이 때로는 사람들이 어떤 사물의 형태, 특징과 숫자 등에 대해서 단지 하나의 개략만을 필요로 하거나 혹은 표현할 수 있을 뿐이다. 그래서 이러한 정보를 전달하려면 언어 속에 "近似(jìnsì), 好像(hǎoxiàng), 約莫(yuēmò), 差不多(chàbuduō), 有点(yǒudiǎn), 一些(yìxiē), 大約(dàyuē), 大概(dàgài), 也許(yěxǔ), 左右(zuǒyòu)" 등과 같은 외연(일정한 개념이 적용되는 사물의 전 범위)이 확정되지 않은 모호한 단어들과 상응하여 나타나는 것이다. 모호한 단어는 고대한어와 현대한어에 모두 있지만 단지 고금(古今)의 표현법이 항상 다르므로 이상 약수의 표시도 곧 고금(古今)이 다른 것이다. 고대한어를 배우려면 고대한어와 현대한어의 차이점을 파악해야 한다.

　　이외에도, 고대한어에는 '衆(중)', '群(군)', '諸(제)', '數(수)' 등이 많으나 불확실하게 가리키는 수를 나타낸다. 예를 들면, 다음과 같다.

㉒ 衆叛親離. 《좌전〔左傳〕·은공 4년〔隱公四年〕》

여러 사람이 반대하고, 측근들이 등을 돌렸다(완전한 고립된 것을 묘사한 것이다).

㉓ 登高作賦, 是所望於群公. (왕발〔王勃〕《등왕각서〔滕王閣序〕》)

높은 누각에 올라 부(賦)를 짓는 것, 이것이 여러 공에게 바라는 것이다.

단어 群(군) : 여러분. 公(공): 존칭. 群公(군공): 연장자 여러분.

㉔ 故予與同社諸君子, 哀斯墓之徒有其石也, 而爲之記.

(장부〔張溥〕《오인묘비기〔五人墓碑記〕》)

그리하여 나와 결사를 조직한 여러 군자는 이 묘에 한 개의 돌 비석 밖에 없는 것을 애석하게 여겨 특별히 그것을 대신하여 기록한다.

단어 君子(군자): 품행이 고상한 사람을 공경하여 이름.

㉕ 停數日. 辭去.　(도잠〔陶潛〕《도화원기〔桃花源記〕》)
며칠을 머무른 후, (낚시한 사람이) 작별을 고하고 돌아갔다.

예 ㉒, ㉓, ㉔, ㉕의 '衆(중)', '群(군)', '諸(제)', '數(수)' 등은 모두가 많으나 정확하지 않은 수를 나타낸다. 그 밖에도 '幾(기), 若干(약간)' 등의 기타 단어 역시 부정확한 수를 나타낸다: "若此者亦無幾人. (이와 같은 사람은 또한 몇 사람 없다.)", "令齊, 趙, 楚各爲若干國. (제나라, 조나라, 초나라에 각자 약간의 나라를 다스리게 했다.)", "婦之子若而(若干)人. (부인의 아들이 몇 명 있다.)"

(四) 허수(虛數)

앞에서 언급한 약수(約數)는 실수(實數)와 다르지만, 결국은 실수(實數)와 서로 거리가 멀지 않다. 허수(虛數)는 많음을 나타내면서, 자주 과장된 요소를 가지고 있다. 허수를 나타내는 방법에는 두 가지가 있다.

1. '3', '9'와 그 배수인 '12, 18, 36, 72, 360' 등으로 나타낸다. 예를 들면, 다음과 같다.

㉖ 季文子三思而後行.　(《논어[論語]·공야장[公冶長]》)

季文子는 세 번 생각한 다음에야 행동에 옮긴다.

㉗ 善守者, 藏於九地之下, 善攻者, 動於九天之上, 故能自保而全勝也.

(《손자[孫子]·형편[形篇]》)

방어에 능한 자는 깊이를 알 수 없는 지하에 숨는 것과 같고(즉 자기의 병력을 각종 지형을 이용하여 깊이 숨긴다), 공격에 능한 자는 오를 수 없는 높은 하늘에서 움직이는 것과 같아서(강력한 기세와 각종 기후를 포괄한 이용 등으로 적들이 방비하기 어렵게 만든다), 자신을 보호할 수 있을 뿐만 아니라 적을 완전히 섬멸하는 승리를 거둘 수 있다.

예 ㉖의 '三思(삼사)'는 여러 번 생각함을 가리키고, 예 ㉗의 '九地(구지)'는 깊어서 헤아릴 수 없음을 극도로 표현한 것이고, '九天(구천)'은 높아서 오를 수 없음을 극도로 표현한 것이다.

그 밖에도 '十二樓(십이루)' '十八層地獄(십팔층지옥)', '三十六策(삼십육책)', '七十二變(칠십이변)', '三百六十度(삼백육십도; 과학적 기록 단위 제외)' 등은 모두 허수로서 실제로 가리키는 것이 아니다.

2. '十(십)', '百(백)', '千(천)', '萬(만)' 등으로 표시한다. 예를 들면, 다음과 같다.

㉘ 百計營謀不能脫.　(《요재지이[聊齋志异]·촉직[促織]》)

갖은 방법들을 다 동원해 보았지만, 벗어날 수 없었다.

㉙ 楚王寶鼎重千斤.

(곽말약[郭沫若]《양주금문사대계도록고석[兩周金文辭大系圖錄考釋]》에서 재인용)

초왕은 무게가 천근이나 되는 솥을 보배로 여겼다.

㉚ 太形, 王屋二山, 方七百里, 高萬仞. 《열자(列子)·탕문(湯問)》

태형(太形), 왕옥(王屋) 두 개의 산은 사방으로 칠백 리이고, 높이가 만 인(萬仞)이나 된다.

단어 仞(인): 고대에 일곱 자 혹은 여덟 자를 一仞(일인)이라 함.

㉛ 將軍百戰死, 壯士十年歸. 《목란시(木蘭詩)》

장군들이 많은 전투로 죽었는데, 장사는 십 년 만에 돌아왔네.

예 ㉘, ㉙, ㉚, ㉛의 '百(백)', '千(천)', '萬(만)', '十(십)'도 모두 허수로서 그 많음을 과장하여 말한 것이지 실제로 가리킨 것은 아니다.

허수의 용법은 가장 일찍 청대의 학자 왕중(汪中)이 《釋三九(석삼구: 『술학(術學)·내편(內篇)』에 보임)》에서 비교적 구체적으로 언급하였다. "그래서 구(九)라는 것은 허수임을 알 수 있다. 십·백·천·만까지 헤아려 보아도 또한 참으로 이와 같은 것이다. 그러므로 학자들은 그 말을 이해하려면 그 문자에 얽매이지 말아야 한다."[74] 허수를 이해해도 글자의 뜻에 붙이지 못하면 실제적인 수로 오해하게 되므로 반드시 중시해야 한다.

이상의 허수는 매우 많음을 말하기도 하지만, 또한 매우 적음을 말할 때도 있다. "假令夫伏法受誅, 若九牛亡一毛, 與螻蟻何以異!(가령 법에 굴복하여 죽임을 당한다 할지라도, 아홉 마리 소 가운데 터럭 하나 없어지는 것과 같은데, 땅강아지나 개미 같은 미물과 무엇이 다르겠습니까?)"[75]에서 그 예를 찾을 수 있다. 여기에서 '一毛(일모)'를 '九牛(구우)'와 서로 대비시켜 너무 작아서 말할 것도 없다는 것을 극단적으로 말한 것이다. 또 "其危如一髮引千鈞.(그 위태롭기가 마치 하나의 터럭으로 천 균이나 되는 무게를 당기

---

74 故知九者, 虛數也.推之十百千萬, 固亦如此.故學者通其語言, 則不膠其文字矣.
75 사마천(司馬遷), 《보임안서(報任安書)》

는 것과 같다.)"[76)]에서 '一發(일발)'을 '千鈞(천균; 鈞은 30근)'에 대비시켜 힘이 매우 미약함을 극단적으로 말한 것으로, 상황이 매우 위급함(3,000근의 무게가 머리카락 한 가닥에 매달려 있는 것 같이 위급함)을 비유하였다. 그 작음을 극단적으로 말하여 또한 그 큰 것에 은근히 기탁하기도 하는데, 현대한어의 표현법으로 보면 "不拿人民一針一線. (국민의 바늘 하나, 실 하나도 취하지 않는다.)"과 같은 것이다. '一針一線(바늘 하나, 실 하나)'는 하물며 그 작은 것들도 취하지 않는데 그 밖의 모든 것들은 당연히 더욱 취하지 않는다는 것이다. 또 "要愛護朝鮮人民一草一木. (조선 인민들의 풀 한 포기, 나무 하나라도 아끼고 보호해야 한다.)"의 '一草一木(일초일목)'은 그것이 매우 적어도 오히려 보호해야 함을 극단적으로 말한 것이니, 그 외의 것들은 더욱 마땅히 보호해야 한다는 것이다. '一針一線(일침일선)' '一草一木(일초일목)'은 작은 것을 비유하고 적은 것을 비유하고 있지만 실제로는 큰 것을 기탁하고 많은 것을 기탁하는 의미이다. '작은 것으로 큰 것을 개괄하는 것(以小槪大)'으로, 이보다 나은 표현이 없다. 지식을 배우려면 깨우쳐야 하는데, 깨우침이 깊을수록 지식에 대한 이해가 더욱 좋아지고, 지식에 대한 이해가 좋아질수록 언어의 실제 운용에도 더욱 도움이 된다. 고대한어를 배우는 것은 고서(古書)를 읽고 통달하기 위함이며, 또한 옛것의 좋은 점을 현실에 맞게 사용하기 위함이기도 하다.

바로 허수(虛數)는 독특하게 의미를 표현하는 역할을 갖추고 있어서 시가(詩歌; 물론 시가에 국한된 것은 아니다)에는 허수(虛數)를 운용하여 때로는 정취가 훨씬 넘쳐나고, 시의 의미가 충만해지기도 한다.

---

76 한유(韓愈), 《여맹상서서(與孟尙書書)》

飛流直下三千尺, 疑是銀河落九天.　(이백〔李白〕)

삼천 척 아래로 곧장 날아 흐르는데, 은하수가 구천 하늘에서 떨어지는 듯하구나.

三萬里河東入海, 五千仞嶽上摩天.　(육유〔陸游〕)

삼만 리 황하는 동쪽으로 바다로 흘러들고, 오천 길 산은 하늘에 맞닿아 있네.

이 시구(詩句)는 허수(虛數)를 효과적으로 운용하여 묘사한 사물을 극도로 형상화함으로써 의경(意境)이 넓어지고 특징이 선명해져서 예술적 매력을 갖추고 있다. 육유(陸游)의 시에서 '三萬(삼만)', '五千(오천)' 등 이러한 숫자를 쓰지 않았더라면 사람들에게 북국(北國)의 풍경과 웅장하고 아름다운 산천의 경치를 신선하면서도 거대한 구체적 형상으로 전달하지 못했을 것이다.

이러한 서사(敍寫)가 생기고 나서 뒤에 이어지는 "遺民淚盡胡塵裏, 南望王師又一年. (오랑캐의 먼지 속에서 유민의 눈물은 다 말라버리고, 남쪽으로 군대를 그리며 또 일 년을 보내네.)"라는 구절에는 유민(遺民)으로 전락한 비참한 마음과 육유(陸游)의 애국에 대한 희망, 항전 의지, 구차하게 안일을 탐내다 나라를 망친 행위에 대한 통탄이 더욱 철저하게, 더욱 심도 있게 표현되어 있다. 이러한 허수의 훌륭한 사용에 있어 당연히 주요한 것은 수사(修辭) 수법(手法)의 운용이지만, 어법은 수사(修辭)의 기초이므로 이 두 가지는 결국 서로 스며들고 서로 보완하여 이루어지는 것이다. 어법에 대한 지식이 있으면 수사(修辭)의 수법은 자연히 더욱 자각할 수 있게 된다. 두목(杜牧)의 《강남춘(江南春)》의 시구(詩句) "千里鶯啼綠映紅, 水村山郭酒旗風……. (천 리 밖 꾀꼬리 울음에 녹음이 붉게 물들고, 어촌 산 둘레에 술집 깃발이 바람에 펄럭인다…….)"에 대해 양승암(楊升庵)은 '千

里(천리)'는 타당하지 않으니 '千(천)'을 '十(십)'으로 고쳐야 한다고 주장했다. 그는 천 리 밖에서는 꾀꼬리 울음소리가 들리지 않고, 녹음이 붉게 물드는 것도 보이지 않는다고 여겼기 때문이다. 사실, 강남은 사방으로 천 리인데 천 리 안에는 꾀꼬리가 울고, 녹음이 붉게 물드는 어촌의 산 둘레 길의 경치가 없는 곳이 없으나, 두목(杜牧) 시의 의미는 단지 어느 한 곳만을 말한 것이 아니어서 《강남춘(江南春)》으로 이름을 붙인 것이다. 만약 '천(千)'을 '십(十)'(십 리에서도 반드시 볼 수 있고 들을 수 있는 것은 아니다)으로 바꾸게 된다면 그 원래의 의미와 맞지 않을 뿐만 아니라, 정취도 삭막해지게 되고, 언어의 맛도 크게 퇴색될 것이다. 이렇게 기계적으로 언어를 다루는 '정확성'은 언어의 생동감에 악영향을 주게 되므로 절대로 취해서는 안 된다. 만약에 반드시 이렇게 기계적으로 다루어야 한다면 비슷한 명구를 연계시켜 보면 "黃河之水天上來. (황하의 물은 하늘에서 내려온다.)"도 곧 쓸 수 없으므로 "黃河之水青海來. (황하의 물은 청해에서 온다.)"로 바꾸지 않으면 안 된다. 이러한 까닭으로 양승암(楊升庵)이 허수의 신묘한 작용 이치를 통달했다면 당연히 이처럼 융통성이 없지는 않았을 것이라는 생각이 든다.

二. 양(量)의 표현법

수(數)의 개념이 생긴 것은 상당히 이른 시기이고, 나중에 양(量)의 개념도 잇달아 생겨났다. '量(양)'을 어떤 사람은 회의자라 여겼다. 형부(形部)는 '日(일)'이고 성부(聲部)는 '重(중)'에 속하는 것으로 노천에서 길이를 재고 중량을 재며 물체의 길고 짧음, 많고 적음, 가볍고 무거움을 재는 것을 표시한다. 만약 이러한 견해에 따른다면 '量(양)'의 개념이 생겨난 것은 원시사회 후기로 그 시기의 생산력은 점점 발달하기 시작하여 아마도 여분의 생산품이 생겨나자 분배의 필요성과 교환의 공평함때문에 비교적 명확한 양의 개념이 필요했던 것으로 보인다. 은상(殷商)시대에 이르러서야 '量(양)'에 어울리는 문자의 기록이 나타났다. 은허 갑골문에 나타난 양사는 다음과 같다.

丙: 馬五十丙.
丙(병): 꼬리(尾). 五十丙: 즉 오십 마리의 말.

말 꼬리는 특징이 뚜렷하여 꼬리로 양을 셌다. '필(匹)'로 계산하는 것은 금문에서 나타나는데, 그 기원은 아직 정확히 밝혀진 바가 없다. 또 어떤 사람은 '丙(병)'은 차와 말을 나타내는 단위로서 '乘(승)'에 상당하며 몇 마리의 말이 하나의 '丙(병)'을 구성한다는 주장에 대해서는 더욱 검토해야 한다.

朋: 貝十朋.

두 개의 조개는 하나의 朋(붕)이며, 十朋(십붕)은 이십 개의 조개를 말한다. 처음에 朋(붕)은 마치 줄로 조개껍데기를 엮어 놓은 듯한 모습의 글자였기에 이것이 화폐의 단위였을 것이다. 다른 나라에선(이 밖에 왕국유의 추측에 의하면 十貝〔십패〕는 一朋〔일붕〕이다) 열 개의 조개가 하나의 朋(붕)이었을 것으로 추측한다.

卣: 鬯三卣.

단어 鬯(창): 제사를 지낼 때 쓰는 술. 卣(유): 중간 크기의 술잔(술을 따르는 용기). 양사로 쓰인다.

상고한어에서의 양사는 주로 도량형의 단위를 표시하였는데, 그때 이미 '丈(장)', '尺(척)', '升(승)', '斗(두)', '石(석)', '斤(근)' 등의 양사가 있었다. 예를 들면, 다음과 같다.

① 木橋長三丈. 《묵자〔墨子〕·비성문〔備城門〕》
나무다리의 길이가 3장이다.

② 其喉下有逆鱗徑尺. 《한비자〔韓非子〕·세난〔說難〕》
그 목덜미 아래에는 한 자 정도의 거꾸로 난 비늘이 있다.

③ 賜酒日二升, 肉二斤.　(《묵자[墨子]·호령[號令]》)
날마다 술 두 되와 고기 두 근을 하사하였다.

④ 十升爲斗, 十斗爲斛.　(《한서[漢書]·율력지상[律曆志上]》)
십 승은 한 말이고, 열 말은 한 곡이다.

⑤ 治田百畝, 歲收畝一石半.　(《한서[漢書]·식화지상[食貨志上]》)
밭 백 무를 경작하면 일 년에 한 무에서 한 석 반을 거둔다.

이 밖에도, 鈞(균), 鎰(일), 乘(승), 廛(전), 個(개) 등이 있다.

⑥. 吾力足以擧百鈞, 而不足以擧一羽.　(《맹자[孟子]·양혜왕상[梁惠王上]》)
나의 힘은 삼천 근(백균[百鈞]) 무게의 물건을 들어 올릴 수 있을 정
도로 충분하지만, 깃털 하나를 들기에 부족하다(맹자의 이 비유는 별도
로 실제의 뜻을 기탁한 것으로, 앞뒤 문장을 연계해야 전체적으로 더욱 잘 이해할 수
있다).

단어 鈞(균): 삼십 근.

⑦ 當秦之隆, 黃金萬鎰爲用.　(《전국책[戰國策]·진책[秦策]》)
소진(蘇秦)의 세력이 왕성했을 때, 황금 이십만 냥(兩)을 사용할 수 있
었다.

단어 鎰(일): 이십 냥(兩) 혹은 이십사 냥.

⑧ 宋人以兵車百乘, 文馬百駟, 以贖華元於鄭.

(《좌전[左傳]·선공 2년[宣公二年]》)

송나라가 (전쟁에서 패한 후) 백 대의 병차와 사백 필의 무늬가 있는
말로 값을 치르고, 정(鄭)나라에서 포로로 잡힌 화원(華元)을 되찾아
왔다.

단어 鎰(일): 이십 냥(兩) 혹은 이십사 냥. 乘(승): 한 대. 고대 병제(兵
制): 전차 한 대에 갑병 3명, 보병 72명이 배치되었다. 文馬(문마): 살쾡
이 무늬가 있는 말. 駟(사): 말 네 필로 고대 한 대의 병차(兵車)는 말 네

필이 끝었다. 華元(화원): 송나라군의 원수(元帥)로 정(鄭)나라에 포로로 잡힘.

⑨ 不稼不穡, 胡取禾三百廛兮. 《시경[詩經]·위풍[魏風]·벌단[伐檀]》)

농사를 짓지도 않았으면서 어찌하여 많은 수확물(노동의 대가)을 가지려 하는가?

단어 稼(가): 경작. 穡(색): 수확. 稼穡(가색): 농사 활동의 총칭. 廛(전): (세금을) 거두다. 三百(삼백): 허수로 수가 많음을 말함. 兮(혜): 고대의 시(詩)·사부(辭賦)의 어기조사로서 현대한어의 '啊'에 해당함.

⑩負矢五十箇. 《순자[荀子]·의병[議兵]》)

오십 개의 활을 짊어지다.

단어 矢(시): 활. 箇(개): 낱개.

한대(漢代)부터 시작하여 특히 위진남북조시대 이래로 명량사(名量詞)가 대량으로 나타났다. 대략적인 통계로 1백여 개가 증가하여 상고시대(상[商], 주[周], 진[秦], 한[漢])에 나타난 것과 합하면 이미 2백여 개가 있다. 예를 들면, 다음과 같다.

⑪ 唯橋姚已致馬千匹, 牛倍之, 羊萬頭, 粟一萬鍾計.

《사기[史記]·화식열전[貨殖列傳]》)

오직 교요(橋姚)만이 부를 쌓아서 말은 천 필(匹), 소는 이천 두(頭), 양은 일만 마리(只), 식량은 만 종(鐘)이 되었다.

匹(필), 頭(두), 鐘(종)은 모두 양사이다. '匹(필)'은 금문(金文)과 서경(書經)에서 일찍 발견되었는데, 나중에 사슴, 나귀, 말에 모두 필(匹)을 사용하여 세다가 나중에는 '말(馬)'에만 쓰이게 되었다. '匹(필)'의 유래는 분명하지 않으나, 청대 주준성(朱駿聲)은 '匹(필)'은 ⺶(절: 독음은 輟

[chuò]과 같고, 작은 것이다)의 잘못이고, '灺(절)'은 '疋(필)'을 잘못 쓴 것이고, 다시 '匹(필)'로 잘못 쓴 것이라고 주장했다. '頭(두)'는 선진(先秦)시대에는 보이지 않고, 가장 일찍 《한서(漢書)》에 나타났으며, 위진(魏晉)남북조시대에는 '소' 외에 호랑이, 늑대, 여우, 토끼, 쥐, 개, 돼지, 뱀, 용, 물고기, 수달, 거북이, 비둘기, 꿩, 새, 참새, 앵무, 봉황, 벌, 금파리 등에 모두 '頭(두)'로 사용할 수 있게 되었다. 나중에 사물의 부류를 뚜렷이 하기 위해서 양사가 나뉘게 되었는데 一頭牛(일두우), 一尾魚(일미어), 一條蛇(일조사) 등으로 표현하게 되었다. '鐘(종)'은 육곡(六斛; 60말) 사두(四斗; 네 되)를 뜻한다.

⑫ 復行數十步, 豁然開朗.　(도잠[陶潛]《도화원기[桃花源記]》)
다시 수십 보를 걸어가니, 갑자기 밝으면서도 확 트이는 듯하였다.

단어 步(보): 양사. 豁然(활연): 넓고 밝은 모양.

⑬ 昔有一獼猴, 持一把豆.　(《백유경[百喩經]·미후파두유[獼猴把豆喩]》)
옛날에 한 마리 원숭이가 있었는데, 콩 한 줌을 쥐었다.

'把(파)'를 양사로 쓴 것은 남북조(南北朝)시대에 이미 통용되었다. 어떤 학자는 당대(唐代)에 이르러 비로소 통용되었다고 하면서 백거이(白居易)의 시 "玄髮看成一把絲. (검은 머리카락이 곧 한 줌의 실로 변했다.)"를 '把(파)'의 초기 용례로 들었지만, 사실과는 맞지 않는 것 같다.

⑭ 丹砂一粒不曾嘗.　(백거이 시[白居易 詩])
단사('불로장생약'을 말함) 한 알도 시인은 먹어 보지 못했다.

⑮ 聽取蛙聲一片.　(신기질 사[辛棄疾 詞])
청개구리의 한 가닥 울음소리를 들었다.

남조(南朝) 유의경(劉義慶)의 《세설신어(世說新語)》만 보아도 양사는 상당히 다양하게 쓰였는데 예를 들면, 다음과 같다.

"得作簡一枚. (편지 한 장을 써야한다.)" (《아량문[雅量門]》)

"以五百匹布贖之. (오백 필의 천으로 속죄하다.)" (《덕행문[德行門]》)

"著文數十篇. (문장을 수십 편 쓰다.)" (《문학문[文學門]》)

"種一株松. (소나무 한 그루를 심다.)" (《언어문[言語門]》)

"唯此一條而已. (오직 이 목록만 있을 뿐이다.)" (《품조문[品藻門]》)

"合一劑湯. (탕약 한 제에 맞먹다.)" (《술해문[術解門]》)

"今有一丸藥. (오늘 환약 한 알이 있다.)" (《경저문[輕詆門]》)

"凡二百五十偈. (무릇 이백오십 글귀.)" (《문학문[文學門]》)

"自飮一碗. (혼자 한 그릇을 마시다.)" (《방정문[方正門]》)

"送一船米. (한 배의 쌀을 보내다.)" (《방정문[方正門]》)

"兩行科斗書. (두 줄의 과두문자.)" (《아량문[雅量門]》)

"被褥一副. (이불과 요 한 쌍.)" (《방정문[方正門]》)

"欲乞一頓食耳. (먹거리 한 술 구하려 했을 뿐이다.)" (《임탄문[任誕門]》)

이 가운데서 선진(先秦)·양한(兩漢)시대에 적은 수를 나타낸 것 중 하나인 '枚(매)'는 일찍 "《묵자(墨子)·비전(備戰)》"의 '槍三十枚(창삼십매)'에도 보이며 《사기(史記)》와 《한서(漢書)》에서도 나타난다. 이를 제외하면 대부분은 중고(中古)시대에 나타난 것이다. 불교에서 전문적으로 사용하는 '偈(게: 결국은 불교를 벗어나지 못했다)'도 중고(中古)시대에 출현한 것이다(이것은 불교의 전래와 분리할 수 없는 것이다).

상고(上古)한어에는 동량사(動量詞)가 없었으나 중고(中古)한어에서는 이십여 개의 동량사가 나타났는데 예를 들면, 다음과 같다.

'過(과)': 今欲思論一過. (오늘 생각을 한 번 해야 한다.)

'番(번)': 往夏數番. (여러 번 왕복하다.)

'遍(편)': 但讀千遍. (단지 천 번을 읽었다.)

'回(회)': 試作兩三回. (두세 번 만들어 봤다.)

'通(통)': 擂鼓一通. (북을 한 번 쳤다.)

'陣(진)': 如此數陣. (이와 같이 수 차례.)

'下(하)': 鞭杖數百下. (채찍으로 수백 차례 때리다.)

'次(차)': 年行一次. (매년 한 차례 가다.)

'周(주)': 伏讀一周. (한 차례 엎드려 읽다.)

'匝(잡)': 繞樹三匝. (나무를 세 바퀴 돌다.)

'返(반)': 往復數返. (가고 돌아오고 여러 번 되풀이하다.)

'合(합)': 沖突賊軍十合. (적군과 충돌한 것이 열 번이다.)

'壯(장)': 灸瘡三壯. (종기에 세 번 뜸질하다.)

'度(도)': 數度水戰. (수중전을 여러 차례 치르다.)

이 양사들은 모두 동량사로만 쓰이는 것이며, 이 외에도 명사를 빌어 동량사로 쓴 것이 있다.

'聲(성)': 猿啼三聲. (원숭이가 세 차례 울다.)

'拳(권)': 毆帝三拳. (제를 세 대 때리다.)

'槌(추)': 擊數千槌. (수천 번을 치다.)

여기까지 살펴보고 왕력(王力)의 다음 두 문단의 글을 인용하여 '양의 표현법', 이 부분에 대한 결론으로 삼고자 한다.

선진시대에, 도량형 제도가 세워진 이후에 많은 도량형 단위 양사(量詞)가 나타났는데, 예를 들면, '丈(장)', '尺(척)', '寸(촌)', '升(승)', '斗(두)', '石(석)', '鍾(종)', '斤(근)', '鈞(균)', '鎰(일)' 등이 있다. 그러나 천연적인 것을 나타내는 단위사는 여전히 매우 적다. 우리가 아는 바로는 단지 '匹(필)', '乘(승)', '兩(냥: 수레와 신발을 가리킴)', '張(장: 장막을 가리킴)', '個(개; 화살을 가리킴)' 등 몇 개밖에 없다. 그래서 우리는 천연 단위를 나타내는 단어는 선진(先秦)시대에 이미 생기기 시작했지만 진정한 발전은 한대 이후라고 말할 수 있다.[77]

> "천연단위사가 무(無)에서 유(有)로, 단순함에서 복잡함으로, 사물 단위에서 행위 단위로 변화한 것은 한어발전사에서 주의할 만한 현상이다."[78]

끝으로, 왕력(王力)이 양사 발전에 대해 말한 것에 이어서 양사의 전환과 소실, 그리고 생성을 덧붙여 설명하고자 한다. 양사는 역사의 발전 과정 중에서 같은 대상에 대한 표현이 시대에 따라 변화하기도 했다. 즉, 원래는 어떤 사물을 가리키는 단위였으나, 후에는 바뀌기도 했다. 예를 들면, "賜衣被一襲. (옷과 이불 한 채를 하사하였다.)"의 '襲(습)'은 나중에 '套(투)' 혹은 '副(부)'로 바뀌어 사용되었다. '駟(사)', '鎰(일)', '秉(병)' 등의 양사들은 선진(先秦)시대에 상용되다가 나중에는 사용되지 않았는데, '駟(사)'는 지칭했던 사물이 없어지게 되어 소실되었고, '鎰(일)'은 도량형 제도의 변화로 소실되었으며, '秉(병)'은 사람들이 자주 '把(파)'로 대체하여 씀으로써 사라지게 되었다. 또한, 어떤 양사들은 사람들이 언어의 이미지를 강화시키기 위해서 수사적 색채가 강한 단어를 만들어서 양사로 충당하면서 소실되기도 했다. 예를 들어, '扁丹(편주)'라고 말할 때는 '葉(엽)'을 사용하였고(一葉扁丹[일엽편주]), '明月(명월)'을 말할 때, '輪(윤; 一輪明月[일륜명월])'이나 혹은 '鈞(균; 一鈞殘月[일균잔월])'을 사용하였으며, '白云(백운)'을 말할 때에는 '朵(타; 一朵白

---

77 《왕력문집(王力文集)》, 제11권, 34쪽.
78 《왕력문집(王力文集)》, 제11권, 54쪽.

云〔일타백운〕)'를 사용했는데, 모두 구체적 사물의 형태를 더욱 선명하게 하기 위한 것이었다. 또 다른 예로는 '愁思(추사)'를 말할 때는 '縷(루; 一縷愁思〔일루추사〕)', '光陽(광양)'을 말할 때는 '寸(촌; 一寸光陽〔일촌광음〕)' 을 사용했는데, 모두 비교적 추상적인 사물을 일시적으로 형상화한 것이다. 여기에서 양사를 어떻게 선택하여 사용했는지도 크게 연구하였다. 심지어는 '春(춘)' 앞에도 양사를 사용하였는데, 사람들은 이를 전혀 부자연스럽다고 느끼지 않았다. 예를 들어, "江南無所有, 聊贈一枝春. (梅; 강남에서는 가진 것이 없으니, 애오라지 매화 가지 하나에 봄을 담아 보낸다.)"에서 사람들은 오히려 흥취가 넘치는 것을 느꼈다. 예전에 사천(泗川)의 한 학자가 매화가 그려져 있는 연하장을 부쳐 왔는데, 글을 모방하여 "蜀鄙無所有, 聊增一枝春. (촉비 땅에는 있는 것이 없으니, 애오라지 한 가지에 봄을 담아 보낸다.)"이라고 했는데, 필자 또한 흥취가 넘치는 것은 누구나 동감을 할 것이다(별도로 관련있는 내용은 설명 끝에 강조와 함께 예를 들어 설명하니, 더욱 좋은 참고가 될 것이다). 이러한 표현법은 동양 언어 가운데 특히 한장(漢藏) 계열의 언어 특유의 특징이라 할 수 있다.

三. 수사(數詞)와 양사(量詞) 결합의 표현 방식

　　문언문(文言文) 가운데 수사와 양사의 어법 기능은 현대한어와 기본적으로 같으며 주로 명사와 동사를 수식하는 데 쓰인다. 예를 들면, 다음과 같다.

　　① 半匹紅紗一丈綾, 系向牛頭充炭値.

(백거이〔白居易〕《매탄옹〔賣炭翁〕》)

　　붉은 베 반 필과 비단 열 자를 소머리에 매달아 놓고는 숯값이란다.

　　② 輕騎一日一夜行三百餘里.　　(《자치통감〔資治通鑑〕·적벽지전〔赤壁之戰〕》)

　　적게 혹은 아예 치중(군용 무기, 군량과 사료, 막사, 의류 등)을 지니지 않은 기병도 하룻밤 사이 삼백 리 정도밖에 가지 못한다.

　　예 ① 수량사 '半匹(반필)', '一丈(일장)'은 각각 명사 사(紗)와 릉(綾)을 수식하며 한정어 역할을 한다. 예 ② 수량사 '一日一夜(일일일야)'는 동사 '行(행)'을 수식하며 부사어 역할을 한다.

　　이러한 것들은 어렵지 않게 이해하고 파악할 수 있다. 중요한 것은 고대한어의 수량 표시하는 아래의 특징들을 중시해야 한다는 점이다.

㈠ 수사가 명사와 직접 결합하고, 양사를 붙이지 않는 경우

③ 用耦犁, 兩牛三人, 一歲之收, 嘗過縵田.

(《한서〔漢書〕·식화지〔食貨志〕》)

한 쌍의 쟁기를 이용해 땅을 갈고 파종하며, 두 마리 소와 세 명이 일
하여 일 년의 수확이 만 전을 넘어설 것이다.

단어 耦(우): 쌍을 이루는 것. 縵田(만전): 형성되지 않은 작은 밭.

④ 齊爲衛故, 伐晉冠氏, 喪車五百.　(《좌전〔左傳〕·애공 15년〔哀公十五年〕》)

(진나라가 위나라를 공경할 때) 제나라는 위나라를 위하려는 이유로
진나라의 관씨를 공격하였는데, 수레(병력) 오백 대를 잃었다.

⑤ 一鬟五百萬, 兩鬟千萬餘.　(辛延年《羽林郎》)

쪽 찐 머리 하나는 오백만 전이고 쪽 찐 머리 두 개는 천만여 전이다.

단어 鬟(환): 머리를 감아 동그랗게 감아 올려 쪽을 찌게 틀어 올린
것을 빈(鬟)이라 부른다. 예전에 젊은 여성들은 두 갈래 혹은 세 갈래로
머리를 틀어 올렸다.

예 ③의 '二牛(이우)', '三人(삼인)'은 모두 수사가 명사와 직접 조합되
어 있는 것인데 명사 앞에 쓰이며 중간에 양사를 사용하지 않는다. 예
④에서 수사 '五百(오백)'을 '兵車(병차)'의 뒤에 놓고 양사를 쓰지 않았
다. 예 ⑤에서 '五百萬(오백만)' '千餘萬(천여만)' 뒤에는 양사도 필요 없고
명사도 필요 없다.

(二) 수사가 명사와 결합하고, 양사를 쓰는 경우

예를 들면, 다음과 같다.

　⑥ 皆賜玉五珏, 馬三匹. 《좌전〔左傳〕·양공 18년〔莊公十八年〕》
　모두 옥 다섯 쌍과 말 세 마리를 하사하였다.
　단어 珏(반): 한 쌍의 옥.

　⑦ 大王遣一介之使至趙. 《사기〔史記〕·염파인상여열전〔廉頗藺相如列傳〕》
　(인상여가 진왕〔秦王〕에게 말하길) 대왕께서는 사신 한 명을 조(趙)나
　라로 보내주십시오.
　단어 珏(반): 한 쌍의 옥. 一介(일개): 뜻의 항목(의미가 같은 어휘를 배열
　한 말)이 비교적 많은데, 여기서는 수량 하나 혹은 한 분으로 쓰였다.

　예 ⑥의 '五(오)', '三(삼)'은 모두 수사로서 각각 명사 '玉(옥)'과 '馬
(말)'의 뒤에 사용하여 양사 '珏(각)'과 '匹(필)'을 함께 사용했다. 예 ⑦의
수사, 양사 '一介(일개)'를 명사 앞에 쓰고, 중간에 조사 '之(지)'를 넣고
분리하여 "數＋量＋'之'＋名"의 형식을 만들었다. 이 밖에 '七十里之地(칠
십 리의 땅)', '三寸之舌(세 치의 혀)' 등도 모두 이와 같은 형식이다.

(三) 수사와 동사의 결합에는 여러 가지 경우가 있다.

　⑧ 由是先主遂詣亮, 凡三往, 乃見.
　　　　　　　　　　　《삼국지〔三國志〕·촉지〔蜀志〕·제갈량전〔諸葛亮傳〕》
　이러한 연유로 유비는 제갈량을 찾아갔는데, 세 번 방문해서야 제갈량
　을 만날 수 있었다.

⑨ 見黑卯之子於門, 擊之三下. 《열자[列子]·탕문[湯門]》

문 입구에서 흑묘(黑卯)의 아들을 보자 검으로 그를 세 번 내리쳤다.

⑩ 魯仲連辭讓者三, 終不肯受. 《전국책[戰國策]·제책[齊策]》

노중련(魯仲連)은 세 번이나 거절하면서, 끝내는 받지 않았다.

예 ⑧의 수사 '三(삼)'은 동사 '往(왕)'과 직접 결합해 양사를 쓰지 않았다. 예 ⑨의 수사 '三(삼)'은 동사 '擊(격)'과 결합하였는데, 중간에 빈어 '之(지)'를 붙이고, '之(지)'뒤에 양사 '下(하)'를 썼다. '擊之三(격지삼)'과 '三擊之(삼격지)'는 모두 선진(先秦)시대의 용법이며, '擊之三下(그를 세 차례 때리다)'는 위진(魏晉)시대의 용법이다(선진시대에는 동량사 '下[하]'가 없었다. 이로부터 우리는 《열자[列子]》는 진[晉]나라 사람이 지은 것임을 알 수 있다). 이러한 용법은 현대한어에도 자주 사용하는데 "打他三下, 看他兩次. (그를 세 번 때렸고, 그를 두 차례 보았다.)"와 같은 것이 있다. 예 ⑩의 수사 '三(삼)'은 동빈구조로 조합되었고, 사이에 조사 '者(자)'를 사용하여 분리했다. 이러한 문장 형식에서 '者(자)'의 앞부분은 주어이고 뒷부분은 술어가 된다. 이러한 표현을 사용하는 것은 행위 동작의 수량을 강조하기 위한 것이다.

㈃ 수(數)를 묻는 표현법

⑪ 子來幾日矣? 《맹자[孟子]·이루상[離婁上]》

당신께서 오신 지 며칠이나 되었습니까?

단어 子(자): 맹자의 제자인 악정극(樂正克)을 뜻한다. '子(자)'는 현대한어의 '您(nín)'에 해당하며 존경의 의미를 나타낸다. 맹자는 자신의 학생을 부를 때도 예를 갖추어 불렀다.

⑫ 先生處勝之門下, 幾年于此矣?

(《사기〔史記〕·평원군우경열전〔平原君虞卿列傳〕》)

(평원군이 모수에게 말하길) 당신은 이 조승(趙勝)의 문하에 거처하면
서 여기에서 몇 년이나 있었던가요?

⑬ 衛靈公問孔子居魯得祿幾何? (《사기〔史記〕·공자세가〔孔子世家〕》)
위령공이 공자에게 노국에서 관직을 맡을 때 얼마의 봉급을 받았는지
물었다.

주의해야 할 것은 전체 문장을 구조상으로 보면 의문문이 아니기에
의문부호를 쓰지 않았다. 만약 '居魯(거로)' 앞에 콜론〔:〕 부호를 사용했
다면 '居魯得祿幾何'가 독립적으로 문장을 이루기 때문에 물음표를 사
용해야 한다. 문장은 옛사람이 쓴 것이며, 구두점은 후세 사람이 덧붙
인 것이다. 구두점을 찍기 위해서는 글의 의미와 구조를 종합적으로 고
려해야 한다. 사람들은 이 부분에서 자주 실수를 범하기에 특별히 언급
한다.

⑭ 柳巷還飛絮, 春餘幾許時? (《한유시〔韓愈詩〕·유항시〔柳巷詩〕》)
버드나무 골목에는 아직도 버들개지 바람에 날리는데, 봄날은 얼마나
남았을까?

단어 絮(서): 본래 의미는 굵은 명주실 면화를 뜻하며 솜과 비슷한 것
을 가리키는 데 쓴다. 예로 '楊花飛絮(양화비서)', '柳絮(유서)'가 있는데,
이 문장에서는 직접 '버들개지'를 가리킨 것이다.

예 ⑪, ⑫의 '幾(기)'는 수사이다. 예 ⑬의 '幾(기)'는 의문대사
'何(하)'와 결합하여 '幾何(기하)'가 되었다. 예 ⑭의 '幾(기)'는 대약수를
나타내는 '許(허)'와 결합하여 '幾許(기허)'가 되는데, 모두 수를 묻는 것
을 나타낸다.

(五) 분수(分數)의 주요 표현법

하나의 종류는 분모 수와 분자 수를 연용하는 것으로서 중간에 '分(분)'과 '之(지)'를 사용하지 않는다. 예를 들면, 다음과 같다.

⑮ 每歲大決, 勾者十三四, 留者十六七, 皆縛至西市待命.

(방포[方苞]·《옥중잡기[獄中雜記]》)

해마다 가을 대처형 시기에 사형을 당하는 사람이 열에 서너 명이고, 남는 사람이 열에 육칠 명인데, 모두가 결박당한 채로 서시로 끌려가서 사형집행 명령을 기다린다.

단어 大決(대결): 즉, 추결(秋決)이다. 봉건시대에는 가을에 범죄자를 집중적으로 처형하는 규정이 있었다.

勾者(구자): 매년 8월 형부(刑部)에서는 중앙정부 9개 분야 고위관리들과 회동하여 사형범들을 심의하고, 다시 군주의 결정을 청하였다. 선이 그어진 것과 선이 그어지지 않은 것의 구분이 있었는데, 선이 그어진 자는 즉시 사형에 처하고 선이 없는 자는 잠시 유예했다.

勾者十三四(구자십삼사): 황제가 명단 위에 주필로 선을 그어서 즉각 처결된 자가 열명 가운데 서너 명이었다.

⑯ 惟知心之難得, 斯百一而爲收. (한유[韓愈]《별지부[別知賦]》)

유독 마음을 알아주는 사람만은 얻기가 어려우니, 바로 백 명 가운데 한 명 정도 얻을 수 있다.

단어 百一(백일): 백 분의 일.

예 ⑮의 분모는 '十(십)', '百(백)' 등의 정수이며, 중간의 '分(분)', '之(지)'는 사용하지 않았다. 분모가 '千(천)', '萬(만)'일 때도 이러하다. 예를 들면, 속어에서 "不怕一萬, 祇怕萬一. (일만은 두렵지 않고, 만일이 두렵다.)"이라고 말한 '萬一(만일)'은 바로 만 분의 일이다.

또 다른 한 가지는 분모와 분자 사이에 '之(지)'나 '分(분)'을 쓰고, 명사를 사용하지 않는 것이다.

⑰ 王府祿米每石征銀一兩, 後增十之五.　　(명사〔明史〕《양수수전〔楊守隨傳〕》)

왕부(王府)는 녹미(祿米) 한 석마다 은 한 냥을 거두어들이다가, 나중에는 십분의 오냥으로 증가시켰다.

단어 十之五(십지오)는 십분지오(十分之五)로, 즉 (온전) 십 분의 오냥(五兩)을 를 말한다.

(六) 배수(倍數)의 특정 표현법

한 배는 '倍(배)'를 사용하고, 열 배는 '什(십)'를 사용하며, 다섯 배는 '蓰(사)'를 쓰며, 백 배는 '百(백)'을 사용한다. 예를 들면, 다음과 같다.

⑱ 或相倍蓰, 或相什百, 或相千萬.　　(《맹자〔孟子〕·등문공상〔滕文公上〕》)
어떤 것은 차이가 배에서 다섯 배, 어떤 것은 열 배에서 백 배, 또 어떤 것은 천 배에서 만 배가 난다.

⑲ 故事半古之人, 功必倍之.　　(《맹자〔孟子〕·공손추상〔公孫丑上〕》)
그러므로 일을 한 것은 옛사람의 반이지만, 얻은 성과는 옛사람의 배이다.

⑳ 商賈大者積貯倍息.　　(《한서〔漢書〕·식화지〔食貨志〕》)
가장 큰 상인은 물건을 쌓아 두고서 배가 넘는 이익을 도모한다.

원래, 물건을 운반하여 파는 것을 '商(상)'이라 불렀고, 물건을 쌓아 두고 이익을 추구하는 사람을 '賈(고)'라 불렀다. 따라서 '行商坐賈(행상

좌고: 돌아다니면서 장사하는 것과 상가에서 장사하는 것)'라고 말했다. 후에
두 글자는 점점 구별이 없어지고 항상 혼용되었다.

⑪ 利不百, 不變法 功不十, 不易器. 《《상군서〔商君書〕·갱법〔更法〕》》
이익이 백 배가 되지 않으면 법을 바꾸지 아니하고, 효과가 열 배가 되
지 않으면 그릇을 바꾸지 않는다.

수량사의 기본적인 내용은 이미 언급하였고, 일부 특수한 용법으로,
'二八佳人(이팔가인: 십육 세의 아름다운 여자)' 등이 있는데 여기에서 '二八
(이팔)'은 2 곱하기 8로 열여섯 살이지, 스물여덟 살이 아니다. 이것은
결국 개별적인 것으로서 일반적인 수량의 표현법 범주에 끼워 넣을 필
요가 없으므로 언급하지 않겠다.

그러나 특히 강조해야 할 것은 고대한어 수량사의 여러 가지 종류를
이해한다면 고적(古籍)을 읽고 이해하는 데 도움이 된다는 점이다. 이와
동시에 현대한어와 개인의 언어 구사에 연결하면 하나를 보고 열을 알
게 될 것이다. 앞에서 말한 육유(陸游)의 "三萬里河東入流, 五千仞嶽上摩
天. (삼만 리의 황하가 동쪽으로 흘러들고, 오천 길 높이 산이 위로 하늘에 맞닿아
있다.)"에서 '三萬里(삼만리)', '五千仞(오천인)'의 뛰어난 사용은 역대 시문
중에 흔히 볼 수 있다. 모두가 알고 있는 모택동의 시어(詩語)에서도 수
량사의 운용은 80여 곳에 이르며 시적 효과도 얻었다. 누군가 "동사의
적절한 사용은 생각을 정확히 전달하는 중요한 역할을 한다."라고 말했
다. 물론 이 말이 틀린 것은 아니지만, 전부는 아니다. 동사 외에도 명
사, 형용사, 수량사, 대사, 부사와 각종 허사를 정확하게 사용해야만 생
각과 감정을 정확하고 분명하고 생동감 있게 전달할 수 있다는 것을 알
아야 한다. 여기서는 단지 수량사만을 다뤘을 뿐이다. 일찍이 20세기 50

년대에 무한(武漢) 장강대교(長江大橋)의 전경 사진 위의 표제가 '長江大橋(장강대교)' 네 자였는데, 나중에 어떤 사람이 수량사 '萬里(만리)'와 '第一(제일)'을 붙여 '萬里長江第一橋(만리장강제일교)'라고 말한 이후에는 의미가 크게 달라졌다. '萬里(만리)'는 공간에 대한 말로 광활한 큰 하천을 묘사한 것으로, 비교할 수 없는 조국산하의 장엄함을 표현한 것이며, '第一(제일)'은 서수를 말하는 것으로 장강대교(長江大橋)가 생겨난 시간을 표시한 것이다. 즉 무한(武漢)의 장강대교(長江大橋)는 중국의 역사상 장강(長江)에 출현한 '첫 번째 다리'라는 뜻이다. 중국 사람들은 수세기를 거쳐 오며 다리 하나로 남북을 가로지르고, 험한 길을 탄탄대로로 바꾸는 꿈을 꿔 왔다. 신중국에 이르러서야 처음으로 '第一橋(제일교)'가 출현한 것이다. 신중국 성립 초기에 장강(長江) 위에 '第一橋(제일교)'가 출현하였으니, 제2, 제3의 다리도 분명 계속해서 출현했을 것이다. 알다시피, 중국에는 무한장강대교(武漢長江大橋)뿐만이 아니라 남경장강대교(南京長江大橋), 강음장강대교(江陰長江大橋) 등등이 만들어졌다. 그리고 '萬里長江第一橋(만리장강제일교)'이 문구가 사람들에게 아름답고 풍부한 연상을 불러일으키고 예술적 감화력을 안겨주는 것을 어렵지 않게 볼 수 있다. 수량사의 운용이 이러하듯 다른 품사의 운용 역시 마찬가지일 것이다.

제6강

[대사의
운용]

대사는 명사, 동사, 형용사와 기타 각 종류의 실사(의미가 비교적 구체적인 단어로, 명사·동사·형용사·수사·양사 등을 포괄함)를 대신하는 품사이다. 과거에 고대한어 어법에 관한 일부 책에서는 간혹 대사를 허사에 넣기도 하였는데, 이것은 적합하지 않다. 또 대사를 대명사라고 말하는 것이나 대사를 각종 실사에 넣어야 한다는 것 모두 적합하지 않다. 여기에서는 어떻게 분류할 것인지에 대한 분석은 하지 않고 일부 대사의 구체적인 활용 양상을 중점적으로 소개하고, 아울러 고대한어와 현대한어의 대사(代詞)의 차이점을 서술하여 문언문(文言文)을 읽고 이해하는 데 도움을 주고자 한다.

대사의 역할은 서로 같은 단어의 중복 출현(중요한 정치 문헌 종류는 당연히 여기에 포함되지 않는다)을 피하게 하여 문장의 간결함과 유창함, 그리고 산뜻함을 추구하는 것이다. 이러한 점은 고금동서(古今東西)을 막론하고 모든 언어에서 모두 그러하다. 물론 고대한어와 현대한어가 일치하는 점이 많기는 하지만 구체적인 표현법에는 다른 점이 있다. 예컨대 고대한어의 '吾(오)', '你(이)', '彼(피)'와 현대한어의 '我(wǒ)', '你(nǐ)', '他(tā)', 고대한어의 '此(차)', '彼(피)'와 현대한어의 '這(zhè)', '那(nà)', 고대한어의 "何(하)"와 현대한어의 '什麼(shénme)'는 그 어법작용이 상당히 일치하나 구체적인 표현법에는 분명한 차이가 있다. 그뿐만 아니라 어법의 역할에도 공통점과 차이점이 있는데, 엄격히 말하면 고대한어에는 삼인칭대사가 없으며, '之(지)', '其(기)', '彼(피)'는 모두 지시대사가 변하여 된 것이다. 그러나 이 세 단어 가운데 오히려 완전히 발전한 것은 하나도 없다. 종합해 보면 현대한어의 '他'(tā: 고대한어에도 또 '他[타]'가 있으나 현대한어의 '他[tā]'와 다르다) 하나에도 미치지 못한다.

'之(지)', '其(기)', '彼(피)' 자체로 말하면 '彼(피)'를 제외하고 '之(지)'와 '其(기)'는 모두 주어가 되지 못한다. 따라서 어법에서 주어의 생략이 현대한어보다 많아서 이러한 품사의 특수성은 어법분석을 복잡하게 만든다. 또한, 고대한어는 현대한어와 달리 대사를 칭하는 표현법이 다양하므로 고대작품 분석이 어려운 것이다. 즉, 대사는 발전 양상을 보면 복잡한 것에서 간략한 것으로 나아간 것이다. 현대한어의 대사를 이해하는 것은 전혀 어렵지 않으나, 고대한어의 대사는 다양하고 복잡하여 이해하려면 많은 노력이 필요하다. 이 장에서는 주로 고대한어 대사의 구체적 표현법과 문장에서의 역할을 소개하겠다.

一. 인칭대사

　　인칭대사는 사람이나 사물의 명칭을 대신하는 것이다. 학자에 따라 사물을 가리키는 제3인칭을 인칭대사에 포함하지 않기도 하고[79] 혼동을 피하려고 3칭대사로 통틀어 부르기도 한다. 여기서는 일반적인 것을 따라 사물을 가리키는 제3인칭까지 모두 인칭대사(人稱代詞)로 부르기로 한다.

　　인칭대사는 제1인칭대사(第一人稱代詞), 제2인칭대사(第二人稱代詞), 제3인칭대사(第三人稱代詞)와 복칭대사(複稱代詞) 등으로 나눈다.

---

[79] 양수달(楊樹達)의 《고등국문법(高等國文法)》, 양백준(楊伯峻)의 《문언문법(文言文法)》에 자세히 보인다.

(一) 제1인칭대사

제1인칭대사에 吾(오), 我(아), 予(여), 餘(여), 朕(짐), 卬(앙), 台(이) 등이 있는데, 이들은 모두 '나' 혹은 '나의'의 뜻이 있다. 예를 들면, 다음과 같다.

① 我爲趙將, 有攻城野戰之大功.

《사기[史記]·염파인상여열전[廉頗藺相如列傳]》

(염파[廉頗]가 말하길) 나는 조나라 장군이 되어 성을 공격하고 들판에서 싸운 큰 공로가 있다.

단어 野戰(야전): 요새와 대도시 밖에서 진행되는 전투를 말한다. '大(대)'를 어떤 사람은 연문(衍文: 여분의 글자)으로 본다.

② 吾罪大矣. 《좌전[左傳]·성공 15년[成公十五年]》

(화원[華元]이 말했다) 나의 잘못이 매우 크다.

③ 名余曰正則兮, 字余曰靈均. 《초사[楚辭]·이소[離騷]》

내게 이름을 지어 정칙(正則)이라 하였고, 내게 자를 지어 영균(靈均)이라 하였다.

단어 名(명), 字(자): 상고시대에 남자가 태어나 3개월이 되면 부친이 이름을 지어주고, 20세에 이르면 관례를 치러서 다시 그에게 자(字)를 취해 주었다. 이 이후로 후배와 동년배는 자(字)로만 그 사람을 부를 수 있고, 이름(名)은 부를 수가 없다.

④ 子何疑於予哉? (동방삭[東方朔]《답객난[答客難]》)

그대는 어찌 나를 의심(힐책)하는가?

⑤ 人涉卬否, 卬須我友. 《시경[詩經]·패풍[邶風]·포유고엽[匏有苦葉]》

남이 건너도 내가 건너지 않은 것은 나는 친구를 기다리기 때문이다.

⑥ 朕宅帝位三十有三載. 《상서〔尙書〕·대우모〔大禹謨〕》

(순〔舜〕이 우〔禹〕에게 말하길) 내가 제위에 있은 지 이미 33년이 되었다

⑦ (台)惟恐德弗類. 《상서〔尙書〕·설명상〔說命上〕》

나는 나의 덕행이 옛 성현과 같지 않을까 두렵다.

단어 類(류): 비슷하다.

이러한 제1인칭대사는 '吾(오)', '我(아)', '余(여)', '予(여)'가 상용되는데, 이 가운데서 '我(아)', '吾(오)' 등은 대화에서 주로 쓰였다. '余(여)', '予(여)'는 자신을 서술하는 곳에서 자주 사용되었다. '卬(앙)'은 《시경(詩經)》에서 많이 보일 뿐, 후대의 작품에는 거의 보이지 않는다. '卬(앙)'은 姎(앙; áng)의 가차(假借)이다. 《설문해자(說文解字)》에 "앙(姎)은 부인이 자신을 칭함이다."라고 되어 있다. '卬(앙)'과 '姎(앙)'은 소리가 비슷하여 통용되어서 '我(아)'의 통칭이 되었는데, 지금은 바뀌어 '俺(엄)'이 되었다(대사 중에 가차 현상이 매우 많은데, '我〔아〕'와 같은 것도 가차이나 특별히 설명할 필요가 없으므로 근원을 거슬러 올라가 고증하여 풀이하지는 않겠다. 이 책의 핵심 내용은 어법이므로 필요할 때만 다른 것도 아울러 언급하겠다). '짐(朕)'은 원래 일반 사람의 자칭(自稱)이었는데, 진시황 때부터 황제의 자칭으로만 사용되기 시작했다. 동한(東漢) 채옹(蔡邕)의 《독단(獨斷)》에 의하면 "짐(朕)은 나인데 옛날에는 누구나 쓸 수 있었다. 진시황 26년에 '짐'을 천자의 자칭(自稱)으로 정하면서 후세에도 이를 따랐다." 황제의 자칭으로 사용된 이후로부터 '짐(朕)'의 출현 빈도가 낮아졌다. 선진(先秦) 시대에 '짐(朕)'은 적지 않게 출현하였는데 《서경(書經)》에서 77차례나 사용되었고, 굴원(屈原)의 《이소(離騷)》에서도 "朕皇考曰伯庸. (나의 할아버지는 백용〔伯庸〕이라 한다.)"이라고 했다. '台(이)'는 인칭대사로 사용했고

의문대사로도 사용했는데 예를 들면, "夏(傑)罪其如台(何, 什麼)? (하〔걸왕〕의 죄는 무엇인가?)"와 같은 것이다.

이와 마찬가지로 제1인칭대사지만 용법이 다른 것이 있다. 예를 들면, '我(아)'는 일찍이 갑골문에서 출현하였는데, '吾(오)'는 출현이 비교적 늦어서(《시경〔詩經〕》에는 단지 '吾〔오〕' 하나만 있다). '我(아)', '吾(오)' 두 개의의 상고한어 용법에는 구별이 있다. 일반적으로 말해서, '吾(오)'자는 빈어(賓語)로 쓰이지 않는다. 예를 들면, 다음과 같다.

⑧ 今者吾喪我. 《장자〔莊子〕·제물론〔齊物論〕》
(남곽자기〔南郭子綦〕가 안성자〔顏成子〕에게 말했다) 지금 나는 이미 나 자신을 모두 잊어버렸다.

⑨ 我張吾三軍, 而被吾甲兵. 《좌전〔左傳〕·환공 6년〔桓公六年〕》
나는 우리 삼군의 위세를 북돋워 주고, 또한 견고한 갑옷과 날카로운 무기로 우리 군대를 무장시켰다.

예 ⑧, ⑨의 '我(아)', '吾(오)'는 한 문장에서 동시에 사용할 수 있지만, '吾(오)'는 단지 주어와 한정어로만 쓸 수 있고 빈어로는 쓸 수 없다. '今者吾喪我(금자오상아)'는 '今者我喪吾(금자아상오)' 혹은 '今者吾喪吾(금자오상오)'로 바꿀 수 없는 것이다. 다만 부정문에서 빈어가 동사 앞에 놓이면 '吾(오)'를 쓸 수 있다. 예를 들면, 다음과 같다.

⑩ 我勝若, 若不吾勝. 《장자〔莊子〕·제물론〔齊物論〕》
나는 너를 이기지만, 너는 나를 이기지 못한다.

고대한어의 제1인칭은 때로 융통성 있게 사용되는데, 경우에 따라서 '他(그)' 혹은 '他的(그의)'에 해당한다. 예를 들면, 다음과 같다.

⑪ 莊周終身不仕, 以快吾志.　《《사기〔史記〕·노장신한열전〔老莊申韓列傳〕》》
　장자는 종신 벼슬을 하지 않고서, 그(스스로)의 마음을 즐겁게 하였다.

　이것은 《사기(史記)》를 서술한 각도에서 이해한 것으로, 장자 자신
이 서술한 각도로 이해하면 자연히 융통성 있는 운용이라 할 수 없다.
이런 융통성 있는 운용 현상은 상당히 드물다.

　고대한어의 제1인칭대사는 매우 많으나 현대한어에는 '我(아)'만이
남았다. 현대한어에서는 보편적으로 '我(아)'를 쓰기 때문에 고문장(고
문)을 모방하기 위한 일부 문장에서는 문언의 어기(語氣)를 나타내기 위
해서 '我(아)' 대신 '吾(오)'를 쓴다.

　제1인칭대사는 또 하나의 '咱(zán: 나)'이 있는데, 송대(宋代) 북방 방
언에서 사용한 대사(代詞)이다. 나중에 어미(形尾)에 '們(men)'을 덧붙여
서 '咱們(zánen)'이 되었다. 근대 후기에 '咱們(zánen)'과 '我們(wǒmen)'
이 나누어지게 되었는데, 《홍루몽(紅樓夢)》의 용법이 바로 이러하다. '咱
們(zánen)'은 포괄식으로 말하는 사람과 대화하는 사람을 안에 포함하
고, '我們(wǒmen)'은 배제식으로 대화하는 사람을 안에 포함하지 않는
다. 남방인은 '我們(wǒmen)'도 포괄식으로 사용하는 사람이 있다. 현재
'我們(wǒmen)'은 또 다른 표현법을 파생시켰다. 문장 안에서 일종의 의
견이나 견해를 나타낼 경우, 분명히 자기가 제기한 것은 '我們(wǒmen)'
으로 표현하여 마음속으로 관련 있는 사람을 은연중에 포함한다. 이러
한 표현법은 타당하지 않다는 지적도 있으나 여전히 사용되고 있다. 이
것은 민족의 심리 상태와 연관이 있는 것 같다. 그래서 어떤 상황에서
는 '我(아)'를 사용하면 겸손의 의미(당연히 '我〔아〕'를 바로 쓴 것도 있다)가
결여되어 있다고 여겨서 '我們(wǒmen)'을 써서 완곡하면서도 겸손한 태
도를 나타내기도 한다.

'我(아)'가 제1인칭대사로 사용된 것은 일찍이 갑골문자에서 보인다. 그리고 현대까지 줄곧 쓰이면서 인칭대사 중에서 가장 중요하므로 '我(아)'의 운용에 대해서 몇 마디 더 언급하였다.

(二) 제2인칭대사

고대한어의 제2인칭대사는 제1인칭대사와 마찬가지로 수량이 많다. 예를 들면, '汝(女: 여)', '你(이)', '爾(이)', '若(약)', '乃(내)', '戎(융)' 등과 같은 것이다. 이것들은 모두가 '너(你)', '너의(你的)'의 의미이다.

⑫ 君命一宿, 女卽至. 《좌전[左傳]·희공 24년[僖公二十四年]》
군주(헌공)가 하룻밤을 지내고 (포성[蒲城]에) 이르라고 명령하였는데, 너는 당일로 도착했다.

⑬ 汝作司徒. 《상서[尙書]·요전[堯傳]》
(순임금이 설[契]에게 말하길) 너는 사도가 되어라(참조, 옛 관명 '사도[司徒]'는 금문에서는 대부분 '사토[司土]'로 썼다).

⑭ 爾何知, 中壽, 爾墓之木拱矣. 《좌전[左傳]·희공 32년[僖公三十二年]》
그대가 어찌 알겠는가? 일찍 죽었다면 네 무덤 위의 나무가 한 아름이나 자랐을 것이다.

⑮ 五侯九伯, 若實征之. 《사기[史記]·제태공세가[齊太公世家]》
오후(五侯)와 구백(九伯)이 잘못하면 네가 그들을 정벌하라.

단어 侯(후): 고대 5등급 작위 중에 두 번째. 伯(백): 고대 5등급 작위 중에 세 번째. 5등급의 배열순서는 公(공), 侯(후), 伯(백), 子(자), 男(남)이다.

⑯ 五侯九伯, 女實征之. 　《좌전〔左傳〕·희공 4년〔僖公四年〕》

위와 같다.

단어 女(여): 너.

⑰ 吾翁卽若翁. 　《사기〔史記〕·항우본기〔項羽本紀〕》

(유방〔劉邦〕이 항우〔項羽〕에게 말했다.) 나의 아버지가 곧 너의 아버지이다.

단어 若(약): 너의.

⑱ 必欲烹而翁, 則幸分我一杯羹. 　《사기〔史記〕·항우본기〔項羽本紀〕》

만약 반드시 너의 아버지를 삶아 먹고자 하면 곧 나에게도 국 한 그릇을 나누어주기 바란다.

단어 而(이): 너의.

⑲ 必欲烹乃翁, 則幸分我一杯羹. 　《사기〔史記〕·항우전〔項羽傳〕》

위와 같다.

단어 乃(내): 너의.

⑳ 戎雖小子, 而式弘大. 　《시경〔詩經〕·대아〔大雅〕·민로〔民勞〕》

네가 비록 나이가 어리지만, 너의 영향은 넓고도 크리라.

예 ⑮, ⑯의 "若實征之", "女實征之"와 예 ⑰, ⑱, ⑲의 '若翁(약옹)', '爾翁(이옹)', '乃翁(내옹)' 그리고 예 ⑳의 '戎雖小子(융수소자)'의 제2인칭 대사는 청대(淸代) 주준성(朱駿聲)의 《설문해자통훈정성(說文解字通訓定聲)·풍부(豐部)》에 따른 것으로 "戎(융), 汝(여), 若(약), 而(이)는 모두가 한 가지 소리의 변환(一聲之轉)이다."라고 하였다. 이른바 '一聲之轉(일성지전)'은 성모가 같고 운모가 변화하여 이루어진 전어(轉語)이다. 앞에서 예로 든 글자들은 모두 '日(일)'이 성모자인데 운모를 변화시켜 "소리가 가까우면 뜻이 통하는 것(聲近義通)"이 형성되었다(당연히 '소리가 가까우면 뜻이 통하는 것'은 '한 성모의 변환[一聲之轉]'에 국한되지 않고, '한 성모의 변환'도 대사[代詞]에 한정되지 않는다)."

예 ⑳의 '戎(융)'은 《시경(詩經)》에 많이 보이고, 다른 작품에는 드물게 나타난다. 장태염(章太炎)은 《신방언(新方言)·석언(釋言)》에서 "지금 강남 절강의 연해지역에서는 '汝(여)'를 '戎(융)'이라 말하는데 소리는 '農(농)'과 같다."라고 했다. '而(이)'와 '내(乃)'는 다른 대사와는 달리 빈어로 쓸 수 없고, 주어로 쓰는 경우도 매우 드물다. 자주 보이는 상황은 단지 한정어로 쓰는 경우이다.

제2인칭대사는 아래와 같은 두 가지 특징이 있다.

첫째, 제2인칭대사는 동사로 활용할 수 있다는 것이다. 예를 들면, 다음과 같다.

㉑ 遊雅(人名)常衆辱奇(陳奇), 或爾汝之.

(《어법논고[語法論稿]》에서 옮김)

유아(遊雅: 사람 이름)는 항상 기(진기[陳奇])를 많이 모욕했는데, 어떤 경우는 그에게 '너(爾汝)'라고 했다.

예 ㉑의 '爾汝(이여)'는 동사('爾汝[이여]'를 써서 '그[他]'라고 불렀다)로 활용되었는데, 이것은 경멸하거나 혹은 예의가 없는 뜻을 내포한 것이다. 앞의 '실사 활용' 부분에서 예를 들었으니 이를 참고하기 바란다.

둘째는 고대한어는 존칭이나 겸칭을 상용하여 인칭대사를 대신한 것이다. 예를 들면, 다음과 같다.

㉒ 子將若何? 《좌전[左傳]·소공 3년[昭公三年]》

그대는 장차 어찌 하렵니까?

예 ㉒의 '子(자)'는 제2인칭대사의 역할을 했지만 인칭대사가 아닌 명사로 상대방을 존칭하는 데 사용한다. 남을 높일 때는 '子(자)'를 쓰고, 자신을 낮출 때는 '僕(복)'을 사용해서 경의(敬意)를 나타낸다. 예를 들면, 사마천(司馬遷)의 《보임안서(報任安書)》에서 "僕非敢如此也. (저는 감히 이렇게 할 수는 없습니다.)"의 '僕(복)'은 제1인칭대사의 역할을 하지만 인칭대사가 아니라 명사이다. '子(자)' 등을 대사로 보기도 하는데 이는 실로 적합하지 않다.

(三) 제3인칭대사

상고한어에는 제3인칭대사가 없다. 제3인칭대사가 필요할 때는 '之(지)', '其(기)' 등의 지시대사를 빌려 사용한다. 나중에 이러한 지시대사가 발전하여 인칭대사를 겸하게 되었다. '其(기)'는 현대한어의 '他的(그의)', '她的(그녀의)', '它的(그것의)'에 해당하고, '之(지)'는 현대한어의 '他(그)', '她(그녀)', '它(그것)'에 해당한다. 이 두 가지는 공통적인 특징이 있는데 일반적으로 모두 문장의 주어가 될 수 없다는 점이다. 예를 들면, 다음과 같다.

㉓ 今者項莊拔劍舞, 其意常在沛公也.

《사기(史記)·항우본기(項羽本紀)》

(장량이 번쾌에게 이르길) 지금 항장(項莊)이 칼을 뽑아 춤추는 것은 그 뜻이 쭉 패공(劉邦을 말함)에게 있다.

㉔ 楚人有涉江者, 其劍自舟中墜於水.

《여씨춘추[呂氏春秋]·찰금[察今]》

초나라 사람 가운데 강을 건너는 자가 있었는데, 그의 칼이 배에서 물
속으로 떨어졌다.

㉕ 有魚焉, 其廣數千裏, 未有知其修者, 其名爲鯤.

《장자[莊子]·소요유[逍遙遊]》

어떤 물고기가 있는데 그 넓이가 수천 리나 되며, 그 길이를 아는 사람
이 없으니, 그 물고기의 이름을 곤(鯤)이라 한다.

선진(先秦)시대에는 제3인칭대사가 일반적으로 주어로 쓰이지 못하
여 명사로 앞의 문장을 중복하거나 혹은 주어를 생략하는 수밖에 없었
다. 이런 현상은 고문헌에서 드물지 않게 자주 보인다. 이 밖에도, '彼
(피)'는 원래 지시대사로 나중에 제3인칭대사로 빌려 쓰게 되었다. 이것
은 뒤에서 지시대사 부분을 말할 때 다루도록 하겠다.

'其(기)'에 해당하는 제3인칭대사로는 또한 '厥(궐)'이 있지만 비교적
드물게 쓰인다. 예를 들면, 다음과 같다.

㉖ 是以楚宗孫叔, 顯封厥子.

《삼국지[三國志]·위지[魏志]·곽가전[郭嘉傳]》

이로써 초나라는 손숙오(孫叔敖)를 높이고, 그의 아들에게 성대하게 봉
토를 내렸다.

예 ㉖의 '厥(궐)'은 '其(기)'에서 변한 것이다. 중고(中古)시대에 '其
(기)'는 주어와 빈어로도 쓰였다. 예를 들면, "其若見問, 當作依違答之.
(그가 알고 묻는 것 같아, 머뭇거리며 대답했다.)"[80]에서 '其(기)'는 주어로 쓰

---

80) 《송서(宋書)·유소전(劉邵傳)》

였고, "神人與其玉印玉板. (신인이 그 옥인과 옥판을 주었다.)"[81]에서 '其(기)'
는 동사인 '與(여)'의 빈어(쌍빈어 중 제1빈어)로 쓰였으며, "諸偸恐爲其所
識, 皆逃走. (여러 도둑이 그에게 알려질 것을 두려워하여 모두 달아났다.)"[82]의
'其(기)'는 개사 '爲(위)'의 빈어로 쓰였다.

중고한어에는 제3인칭대사 '渠(거)', '伊(이)'도 나타났다. 예를 들면,
"女婿昨來, 必是渠所竊. (사위가 어제 왔는데, 분명 그는 슬그머니 왔을 것이
다.)"[83]의 '渠(거)'와 "伊必能克蜀. (그가 반드시 촉을 이길 것이다.)"[84]의 '伊
(이)'이다. '渠(거)'는 '其(기)'가 변한 것이라고 하기도 했다.

당대에 와서 '他(타)'는 이미 선진(先秦)시대의 방지대사(旁指代詞; 王
顧左右而言他〔왕이 좌우를 돌아보며, 다른 것을 말했다〕)에서 발전하여 제3인
칭대사가 된 것이다. 예를 들면, "世人欲得知姓名, 良久問他不開口. (세상
사람들이 이름을 알고 싶어서 그에게 오랫동안 물어보았지만, 그는 입을 열지 않았
다.)"[85]의 '他(타)'가 바로 그러하다. '他(타)'는 현재까지도 사용되어 제3
인칭대사의 고정 형태가 되었다(송대 이래로 '他〔타〕'는 구어에서 보편적으로
쓰이게 되었고, '渠〔거〕', '伊〔이〕'는 갈수록 더욱 드물게 보이게 되었다).

고대한어의 제3인칭대사는 사람, 사물, 성별의 구분이 없는 반면,
현대한어에는 명확한 구분이 있다. 남성은 '他(타)'를 쓰고, 여성은 '她
(타)'를 쓰며, 통성(通性)은 '他(타)'를 쓴다. 사물을 지칭할 때는 '它(타)'
와 '牠(타)'를 쓴다. 원래 '牠(타)'는 동물을, '它(타)'는 무생물을 대신
했었는데, 나중에는 '它(타)'가 동물과 무생물을 아울러 대신하게 되

---

81 《남제서(南齊書)·배소명전(裵昭明傳)》
82 《남제서(南齊書)·왕경칙전(王敬則傳)》
83 《삼국지(三國志)·오지(吳志) 월달전(越達傳)》
84 《세설신어(世說新語)·아량(雅量)》
85 고적(高適), 《어부사(漁父詞)》

었다(인칭대사는 음〔陰〕, 양〔陽〕, 중〔中〕의 삼성〔三性〕으로 나누는데, 실제로는 서양 언어의 영향을 받은 것이다). 1917년 어떤 학자가 '他(타)', '她(타)', '它(타)'의 독음을 다르게 하여 tā(他), yī(她), tō(它)로 읽을 것을 제정하였으나, 이러한 인위적인 규정은 결국 받아들여지지 않았다. 또 어떤 학자는 제2인칭에 존칭을 나타내는 '您(nín)'이 있으니 3인칭에 존칭을 나타내는 '怹(tan)'이 있어야 한다고 했으나, 이 역시 결과적으로 받아들여지지 않았다. 이러한 주장은 표면적으로는 이치가 있고 근거가 있다. 송대(宋代)와 원대(元代)에 '您(nín)'은 복수를 나타내는 것으로, '你們(nǐmen)'의 합음(nim, nin은 훗날의 독음이다)이었지 존칭을 나타내지 않았다. 나중에 와서 '您(nín)'이 단수로 변하였고, nín으로 읽어 존칭을 나타내게 되었다. '怹(tan: 탄)'의 경우도 마찬가지로 tām에서 tān이 되었다. 나중에 사람들은 언어는 간결해야 하며 제3자를 말하는 데 존칭의 필요가 없다고 여기게 되었다. 언어는 사회적으로 약속하여 사용이 습관화되면 이루어지는 것이므로 약속하여 정하지 않으면(약정〔約定〕), 사용되지 않는 법이다.

앞에서 언급한 것은 제3인칭의 중요한 현상이고, 그 외의 기타 현상들은 언급하지 않았다. 눈썹과 수염을 한꺼번에 움켜잡으면 얼굴 모양이 뚜렷하지 않게 된다. 선진(先秦), 양한(兩漢)시대의 제3인칭대사에는 '夫(부)'와 '它(타)' 등도 있다. 《좌전(左傳)·애공 5년(哀公五年)》에서 "夫非而(你)仇乎? (그는 너의 원수가 아니더냐?)"의 '夫(부)', 《한서(漢書)·방술전(方術傳)》에서 "還它馬, 赦汝罪. (그의 말을 돌려주면 너의 죄를 용서하겠다.)"의 '它(타)' 등이 그 예이다. 또 현대한어에서 '他(타)', '渠(거)', '伊(이)'는 드물게 사용하다가 거의 사용하지 않게 되었고, 다만 방언에서만 사용된다. 광주(廣州) 방언에서는 '渠(거: '佢〔거〕'로 쓴다)를 쓰고, 상해(上海) 방언에서는 '伊(이)'를 쓴다. 한어어법사(漢語語法史)연구로 볼 때, 언어가 만들어지고 발전하는 흐름을 이해하는 것은 미룰 수 없는 책임이다. 만약에 이것을 따지지 않는다면 세밀하지 못하게 되어 어법사를 서술하는 질적인 문제 역시 미루어 짐작할 수 있다.

(四) 복칭대사

'自(자)', '己(기)'는 복칭대사(復稱代詞)이다. 마건충(馬建忠)은 그것을 '반신대사(反身代詞)', 왕력(王力)은 '복지대사(復指代詞)', 양수달(楊樹達)은 '표기신대사(表己身代詞)'라고 하였다. 각자 표현방법은 다르지만, 내용은 같은 것으로 "自作自受. (자작자수: 스스로 지은 것을 스스로 받는다.)", "己所不欲, 勿施於人. (기소불욕, 물시어인: 자기가 하고 싶지 않은 것을 남에게 베풀지 마라.)"의 '自(자)', '己(기)'를 말한다.

(五) 인칭대사의 복수

고대한어에서 인칭대사의 단·복수의 형식은 같다. '朕(짐)', '予(여)', '台(이)', '卬(앙)'을 제외하고도 다른 상황에서 자주 보인다. 예를 들면, 다음과 같다.

㉗ 臣請入, 與之同命. (《사기[史記]·항우본기[項羽本紀]》)

(번쾌가 말하길) 신은 청컨대, 들어가 그들과 더불어 운명을 함께하겠습니다.

예 ㉗의 '之(지)'는 복수를 나타낸다. 그들.

㉘ 我師敗績. (《좌전[左傳]·장공 9년[莊公九年]》)

우리 노나라의 군대가 대패하였다.

예 ㉘의 '我(아)'는 복수를 나타낸다(우리들). 현대한어에서도 '我軍(아군)', '我國(아국)', '我校(아교)', '我廠(아창)' 등을 연용한다.

㉙ 莒人囚楚公子平, 楚人曰: "勿殺, 吾歸而俘"

(《좌전[左傳]·성공 9년[成公九年]》)

거(莒)나라 사람이 초공자(楚公子) 평(平)을 사로잡으니, 초나라 사람이 말했다: "죽이지 마라, 우리가 너희 포로를 돌려보내겠다."

예 ㉙의 '而(이)'는 복수를 나타낸다.

㉚ 吾與汝畢力平險. (《우공이산[愚公移山]》)

내가 너희와 함께 힘을 다하여 험준한 산을 평평하게 하겠다.

예 ㉚의 '汝(여)'는 복수를 나타낸다.

㉛ 吾視其轍亂, 望其旗靡, 故逐之. (《좌전[左傳]·장공 10년[莊公十年]》)

저는 그들의 수레바퀴 자국이 어지러운 것을 보고, 그들의 깃발이 쓰러진 것을 보았기 때문에 그들을 추격한 것입니다.

예 ㉛의 두 '其(기)'는 '그들의'에 해당하며, 모두 복수를 나타낸다.

복수를 나타내는지 확인하기 위해서는 앞뒤 문맥을 보면 된다. 그래도 확인할 수 없으면 전체 문장의 뜻을 자세히 관찰하여 깨달아야만 이해할 수 있다. 예를 들어 《초사(楚辭)·이소(離騷)》에서 "孰雲察餘之中情？ (누가 우리의 속마음을 알겠느냐?)"의 의미는 누가 능히 우리의 심정을 자세하게 헤아릴 수 있겠느냐는 것이다. 이것은 여수(女嬃)가 굴원(屈原)에게 말한 것으로 굴원도 포함되므로 '餘(여)'는 '我們(wǒmen; 우리)'으로 해석해야 한다. 그러나 전인(前人)들은 착각하여 '餘(여)'를 단수로 이해하여 굴원의 말로 잘못 인식하였다. 전인(前人)들에게 이와 같은 소홀함이 있으므로 우리는 이것을 교훈으로 삼아야 한다.

제1, 2인칭대사도 뒤에 '儕(제)', '輩(배)', '屬(속)', '曹(조)' 등의 글자를 덧붙여서 '이러한 사람들'을 나타낸다. 예를 들면, 다음과 같다.

㉜ 吾儕何知焉？ 《좌전〔左傳〕·소공 24년〔昭公二十四年〕》
우리가 무엇을 알겠는가?

예 ㉜의 '吾儕(오제)'는 우리 이런 사람들을 나타낸다. '儕(제)'는 선진(先秦)시대에 나타났는데, 왕력(王力)은 《한어사고(漢語史稿)》에서 그것은 단지 《좌전(左傳)·양공(襄公) 13년·17년》에 두 차례 나타났다고 말했다. 앞에서 언급한 용례에서 발견한 것은 모두 그 사용 횟수가 3차례에 불과하니, 상당히 드물게 사용된 것이다.

㉝ 若屬皆且爲所虜. 《좌전〔左傳〕·소공 24년〔昭公二十四年〕》
너희들은 모두 장차 사로잡힐 것이다.
(범증〔範增〕이 항우〔項羽〕에게 말하길) 너희는 모두 유방에게 사로잡힐 것이다.

예 ㉝의 '若屬(약속)'은 '너희', '이 사람들'의 의미를 나타낸다.

㉞ 上今欲盡殺若曹. 《한서〔漢書〕·동방삭전〔東方朔傳〕》
왕이 이제 너희를 모두 죽이려고 한다.

예 ㉞의 '若曹(약조)'는 '너희'의 의미이다.

주의해야 할 점은 '儕(제)', '輩(배)', '屬(속)', '曹(조)'는 복수를 나타 내지만 복수의 형태는 아니라는 점이다. 근대한어의 인칭대사의 발전 으로는 복수 표지인 '們(men; 문)'의 산생이다. '們(문)'은 서면어에서 달 리 쓰는 방법이 있었는데 '他懣, 我懣, 他們, 他每' 등을 그 예로 들 수 있다. '們(문)'의 유래는 아직 분명하지가 않은데, 어떤 학자는 어원(語 源)에서 추측하여 당대 문헌 가운데 아마도 '弭(mǐ; 미)'이고, 또 '彌(미)' 로도 쓴다고 여겼다. "我弭當家(아미당가; 우리가 집안 살림을 맡는다)"가 그 예이다.

二. 지시대사

지시대사(指示代詞)는 사물을 가리키거나 구별하는 데 쓰는 것으로, 그것을 구지사(區指詞)라 부르기도 하며 주된 기능은 지시 작용이다. 이해를 돕기 위해서 먼저 현대한어의 '這(zhè)'로 비교해 보자.

> 我要這個. (나는 이것을 원한다.) -지시도 하고 대체도 한다.
> 我認識這個人. (나는 이 사람을 안다.) -순수하게 지시만 있다.

현대한어의 지시대사는 주로 '這(zhè)', '那(nà)', 그리고 이것으로부터 파생된 '這樣(zhèyang)', '那樣(nayàng)', '這裏(zhèli)', '那裏(nàli)', '這麼(zhème)', '那麼(nàme)', '這兒(zhèér)', '那兒(nàér)' 등이 있다. 고대한어에는 '此(차)', '是(시)', '斯(사)', '之(지)', '其(기)', '你(이)', '然(연)', '若(약)', '彼(피)', '夫(부)', '或(혹)', '莫(막)' 등이 있다. 아래에서 종류별로 나누어 소개하겠다.

(一) 是(시), 此(차), 斯(사), 兹(자)

이것들은 모두 고대한어 가운데서 비교적 자주 보이는 것으로, 근칭(近稱)을 나타내는 대사이다. 주어, 한정어, 빈어가 될 수 있으며 현대한어의 '這(zhè)', '這個(zhège)', '這裏(zhèli)'에 해당한다. 예를 들면, 다음과 같다.

① 今其人在是. 《전국책〔戰國策〕·조책〔趙策〕》
지금 그 사람이 여기에 있다.

예 ①의 '是(시)'는 '여기'로, 빈어이다.

② 是何故也? 《좌전〔左傳〕·장공 32년〔莊公三十二年〕》
이건 무슨 연고인가?

예 ②의 '是(시)'는 '이것'으로, 주어이다.

③ 有渝此盟, 明神殛之. 《좌전〔左傳〕·성공 12년〔成公十二年〕》
이 맹약을 위배하면 신명이 곧 그를 죽여 멸할 것이다.
단어 渝(유): 위배하다. 殛(극): 죽여서 벌주다.

예 ③의 '此(차)'는 '이것'으로, 한정어이다.

④ 此沛公左司馬曹無傷言之 《사기〔史記〕·항우본기〔項羽本紀〕》
이것은 당신 패공의 부하 좌사마(左司馬) 조무상(曹無傷)이 말한 것이다.
단어 左司馬(좌사마): 벼슬 이름. 군무와 관련 있는 것을 관장한다.

예 ④의 '此(차)'는 '이것'으로, 주어이다.

⑤ 逝者如斯夫 (《논어〔論語〕·자한〔子罕〕》)

(光陰이) 지나가는 것이 참으로 이것(흐르는 물)과 같구나!

예 ⑤의 '斯(사)'는 '이것'으로, 빈어이다.

⑥ 玆四人迪哲 (《상서〔尙書〕·무일〔無逸〕》)

(周公이 말하길) 이 네 사람은 성철이시다.

단어 四人(사인): 은중종 태무(殷中宗 太戊), 은고종 무정(殷高宗 武丁), 은제 조갑(殷帝 祖甲), 주문왕 희창(周文王 姬昌)을 말함. 迪哲(적철): 성철(聖哲)을 말함.

예 ⑥의 '玆(자)'는 한정어이다.

문언문(文言文)에서 '是(시)'와 '此(차)'는 동의어(同義語)이며, 이 두 개는 서로 바꿔 쓸 수 있다. 예를 들면, ①의 '今其人在是'는 '今其人在此'로 말할 수 있다. 그런데 '此(차)'는 문언문에서 '是(시)'보다 빈번하게 쓰인다. 이것은 사람(此壯士也〔이 사람은 장사이다〕), 물건(賢者亦樂此乎?〔현자도 또한 이것을 즐깁니까?〕), 장소(予居於此〔나는 여기에 산다〕), 시간(百有餘年於此矣〔백하고 또 여년을 여기에〕), 일을 가리킨다(故法治其國, 與此同〔그러므로 법으로써 그 나라를 다스리는 것은 이것과 같은 것이다.〕). '是(시)', '此(차)', '斯(사)', '玆(자)' 등의 지시대사 가운데 '此(차)', '斯(사)', '是(시)'는 더 빈번하게 사용된다. '此(차)'와 '斯(사)'의 구별은 처음에는 방언의 차이로 말미암은 것으로 짐작된다. 《논어(論語)》에서는 '此(차)'를 쓰지 않고 '斯(사)'를 쓰며, 《맹자(孟子)》에서는 '此(차)'를 쓴다. '是(시)'와 '斯(사)', '此(차)'의 구별은 여전히 알 수가 없다.

지시대사(指示代詞)로 '時(시)'를 쓴 것도 있다. 예를 들면, '時乃天道(이것이 곧 천도이다)', '自時而後(이 이후로)' 등인데 이는 드물게 보인다.

(二) 之(지), 其(기)

‘之(지)’, ‘其(기)’는 인칭대사인 동시에 지시대사이다. 지시대사로 쓰일 때 ‘之(지)’는 가까운 것을 가리키는 것으로, 현대한어의 ‘這(zhè)’에 해당한다. ‘其(기)’는 멀리 있는 것을 가리키는 것으로, 현대한어의 ‘那(nà)’에 해당한다. 예를 들면, 다음과 같다.

⑦ 均之二策, 寧許以負秦曲.

《사기〔史記〕·염파인상여열전〔廉頗藺相如列傳〕》

이 두 가지 대책을 비교해 보면 차라리 구슬(璧)을 진나라에 허락하여 이치를 굽힌 책임을 지게 하는 것이 나을 것입니다(**다른 해석**: 이치를 굽힌 책임을 진나라에 전가하다).

단어 均(균): 저울질하다, 비교하다, 저울을 같게 하다. 策(책): 대책, 방안.

⑧ 之二蟲又何知! 《장자〔莊子〕·소요유〔逍遙遊〕》
이 두 마리 작은 새가 또 무엇을 알겠는가?

⑨ 相如持其璧睨柱, 欲以擊柱.

《사기〔史記〕·염파인상여열전〔廉頗藺相如列傳〕》

상여가 옥(和氏璧－옥이름)을 가지고서 기둥을 비스듬히 보며, 옥으로 기둥을 치려고 하였다.

단어 睨(예): 비스듬히 보다, 흘겨보다.

⑩ 其智而明者, 所伏必衆. 《유종원〔柳宗元〕·봉건론〔封建論〕》
지혜가 있고 사리에 밝은 사람들에게는 복종하는 사람이 반드시 많기 마련이다.

예 ⑦의 ‘之(지)’는 ‘策(책)’의 한정어이고, 예 ⑧의 ‘之(지)’는 ‘蟲(충)’

의 한정어로 모두 가까이 가리키는 것을 나타낸다. 예 ⑨의 '其(기)'는 '璧(벽)'의 한정어이고, 예 ⑩의 '其(기)'는 '智而明者(지이명자)'의 한정어인데, 모두 멀리 가리키는 것을 나타낸다.

인칭대사 '之(지)'는 일반적으로 빈어로 쓰이고, 지시대사 '之(지)'는 일반적으로 한정어로 쓰이기 때문에 구별하기가 어렵지 않다. 그러나 인칭대사 '其(기)'와 지시대사 '其(기)'는 모두 한정어로 쓰이므로 구별하기가 좀 어렵다. 사실 '之(지)'와 '其(기)'는 원래 지시대사가 인칭대사로 전환되어 쓰인 것이므로 만약에 한정어로 쓰인 '其(기)'가 '他的(tāde)', '它的(tāde)'로 해석이 안 된다면 '其(기)'는 바로 지시대사로 단정할 수 있다.

'之(지)'는 현대한어에서도 사용되고 있는데, 특정한 구조에서 사용될 때, 어떤 경우는 가리키는 것이 확실하나 어떤 경우는 가리키는 것이 명확하지 않다. 그 예로는 '總之(종합하면)', '要之(요약하면)', '較之(비교하면)', '總而言之(종합해서 말하면)', '統而言之(통일해서 말하면)' 등이 있다. '其(기)'도 현대한어에서 계속해서 쓰이는데 '其原因(그 원인)', '其目的(그 목적)', '有其意義(그 의의가 있다)', '解除其武裝(그 무장을 해제하다)', '求其早日實現(그것의 조기 실현을 추구하다)', '帝國主義及其走狗(제국주의와 그 앞잡이)', '其他(기타)', '其餘(그 나머지)', '其次(그 다음)', '莫名其妙(그 오묘함을 밝히지 못하다)', '大請其客(그 손님을 크게 대접하다)', '大吃其虧(손해를 크게 보다)', 심지어는 '大看其電影(그 영화를 대대적으로 보다: '大〔대〕'는 과장을 나타내며 '其〔기〕'는 처음에는 익살스러운 어투로 쓰였으나, 나중에는 '大〔대〕'에 상응하여 과장표현법으로 변했다)' 등이 있다. '之(지)'와 '其(기)'가 이어져 사용되면서 어떤 의미는 갈수록 새롭게 변하여 심지어 중요한 작용으로 음절을 합치거나 음절을 조화시키는 역할을 일으키기도 한다. 이러한 설명은 원래 고대한어 어법서에서 언급할 것은 아니지만, 사람들이 이러한 설명을 접하면 흔히 확실히 이해하지 못하고, 그렇게 되는 이유도 알지 못하기 때문에 여기서 내친김에 언급하여, 전반적인 이해에 도움이 되도록 한 것이다.

(三) 彼(피), 他(타), 夫(부; fú)

'彼(피)'는 '此(차)'와 서로 상응하는 원칭대사인데, 예를 들면, 다음과 같다.

⑪ 息壤在彼.　(《전국책[戰國策]·진책[秦策]》)
식양(息壤)에서 맺은 맹약이 아직도 거기에 있다.

⑫ 是亦彼也, 彼亦是也. 彼亦一是非, 此亦一是非.
(《장자[莊子]·제물론[齊物論]》)
이쪽은 상대방이 보면 저쪽이고, 저쪽은 내가 보기엔 이쪽이다. 그것은 그것의 옳고 그름의 기준이 있고, 이것은 이것의 옳고 그름의 기준이 있다.

⑬ 我欲易之, 彼四人輔之, 羽翼已成, 難動矣.
(《사기[史記]·유후세가[留侯世家]》)
내가 태자를 바꾸고자 하였으나, 저 네 사람들이 보좌하여 태자의 날개와 깃이 이미 이루어졌으니, 변동시켜 바꾸기가 어렵다.

이것은 유방(劉邦)이 척부인(戚夫人)에게 한 말이다. '四人(사인)'은 상산(商山)의 네 노인을 가리키며, '之(지)'는 당시에 아직 태자였던 한혜제

(漢惠帝)를 가리킨다.

예 ⑪의 '彼(피)'는 빈어로 쓰인 것이고, 예 ⑫의 '彼(피)'와 '此(차)'
대구로 사용되어 주어와 빈어로 쓰였다. 예 ⑬의 '彼(피)'는 한정어로 사
람을 가리킨다. '彼(피)'는 사람을 가리킬 수도 있기 때문에 나중에는 자
주 인칭대사로 쓰여 현대한어의 '他(tā)', '他們(tāmèn)'과 비슷하다. 예를
들면, 다음과 같다.

⑭ 彼見孔子爲師, 聖人傳道必授異才, 故謂之殊. 夫古人之才, 今人
之才也. (왕충[王充]《문공[問孔]》)
그들은 공자가 스승이 되는 것을 보고, 성인이 도를 전하는 것은 반드
시 특별한 재주를 부여받기 때문이라 여겨, 그래서 그(공자)를 특별하
다고 말했다. 그러나 무릇 옛사람의 재주는 오늘날 사람의 재주인 것
이다.

앞에서 인칭대사 뒤에 '儕(제)', '輩(배)', '屬(속)', '曹(조)' 등을 더해
복수를 나타낸다고 말했는데, 이와 비슷하게 지시대사의 뒤에 '屬(속)',
'等(등)'을 더해도 복수를 나타낸다. 예를 들면, 다음과 같다.

景帝聞之, 使使盡誅此屬. 경제(景帝)가 그것을 듣고서 사신에게 이 무
리를 모조리 죽이게 하였다.
彼等方來. 그들이 바야흐로 온다.

지시대사 가운데 또 '他(타)'가 있는데, 이것은 가까운 것이나 먼 것
을 칭하지 않고, 다른 대상을 가리키는 것으로 현대한어의 '別的(다른
것)', '旁的(곁의 것)', '其他的(기타)'에 해당한다. 그러므로 이것을 방지대
사라고 해도 무방하다. 예를 들면, 다음과 같다.

⑮ 所以遣將守關者, 備他盜之出入與非常也.

(《사기〔史記〕·항우본기〔項羽本紀〕》)

제가 장수를 파견하여 함곡관을 지키게 한 까닭은 다른 도적들이 들어오는 것과 뜻밖에 발생하는 일을 막기 위해서입니다.

예 ⑮의 '他(타)'는 '盜(도)'의 한정어이고 사람을 가리킨다.

⑯ 學問之道無他, 求其放心而已矣. (《맹자〔孟子〕·고자상〔告子上〕》)

학문을 하는 방법은 다른 것이 아니라, 그 잃어버린 본심을 찾는 것일 따름이다.

예 ⑯의 '他(타)'는 '無(다른 것)'의 빈어로, 가까이 사물을 가리킨다(주의: '無〔무〕'는 일반적으로 부정부사의 역할을 하는데, 여기서는 빈어의 수식을 받으며 동사로 쓰였다).

⑰ 他日, 復見隣人之子, 動作態度無似竊鈇者.

(《열자〔列子〕·탕문〔湯問〕》)

후에 다시 이웃의 아들을 보니 행동과 태도 모두 도끼를 훔친 것 같지 않았다.

예 ⑰의 '他(타)'는 '日(일)'의 한정어로 시간을 가리키며, 다른 날의 뜻을 가진다.

⑱ 蕭同叔子非他, 寡君之母也 (《좌전〔左傳〕·성공 2년〔成公二年〕》)

소동숙자(蕭同叔子)는 남이 아니라 우리 군주의 모친이시다.

예 ⑱의 '他(타)'는 '非(비)'의 빈어로 사람을 가리킨다. '他(타)'는 인칭대사의 성격도 가지고 있어 자주 대사로 쓰이게 되었으며, 이로부터 현대한어의 인칭대사로 발전되었다(주의: '非〔비〕'는 일반적으로 부정부사로 작용하는데, 여기서는 빈어를 수식하는 동사로 작용한 것이다).

'夫(부)'도 지시대사이지만 지시성은 비교적 약하다. '夫(부)'는 한정어로 자주 사용되는데, 때때로 동사 뒤에서 비교적 복잡한 빈어를 가리키기도 한다. 예를 들면, 다음과 같다.

⑲ 微夫人之力不及此. 《좌전〔左傳〕·희공 30년〔僖公三十年〕》
저 사람(秦穆公)의 힘이 아니었다면 나는 이 지위에 오르지 못했을 것이다(이것은 晉文公의 말이다).

단어 微(미): 뜻이 '非(비)'와 비슷하다. 다만 일이 일어난 후의 가정에 쓴다. 부인: 진목공(秦穆公)을 가리킨다.

예 ⑲의 '夫(부)'는 '人(인)'의 한정어이다.

⑳ 夫二人者, 魯國社稷之臣也 《좌전〔左傳〕·성공 16년〔成公十六年〕》
이 두 사람이 노나라 존망과 관계되는 대신이다.

예 ⑳의 '夫(부)'는 '二人(이인)'의 한정어이다.

㉑ 左右曰: "乃歌夫'長鋏歸來'者也." 《전국책〔戰國策〕·제책〔齊策〕》
좌우의 사람들이 말했다: "바로 저 '긴 칼이여 돌아가야지'라고 노래를 부르는 사람입니다."

단어 鋏(협; jiá): 칼의 손잡이, 여기에서는 검을 가리킨다.

예 ⑲의 '夫(부)'는 '人(인)'의 한정어이고, 예 ⑳의 '夫(부)'는 '二人(이인)'의 한정어이다. 예㉑의 '夫(부)'는 빈어 "'長鋏歸來'者('장협귀래'자)"를 가리킨다. '夫(부)'를 조사로 보고 어기를 조절하는 작용으로 오해하는 경우가 있는데, 왜 이런 오해가 생기는 것일까? 이것은 아마도 '夫(부)'가 지시성이 약한 것과 관계가 있을 것이다. 요컨대, '夫(부)'가 가까운 것을 가리킬 때는 현대한어의 '這(zhè)'에 해당하고, 먼 것을 가리킬 때는 현대한어의 '那(nà)'에 해당한다. 그러나 지시(指示)의 성질이 비교적 약하기 때문에 특정한 언어 환경에서는 상대적으로 더욱 약해진다.

(四) 若(약), 爾(이)

앞에서 말한 바와 같이 '若(약)', '爾(이)'는 제2인칭대사인데 지시대사로도 쓰이며, 한정어가 된다. 예를 들면, 다음과 같다.

> ㉒ 君如有憂中國之心, 則若時可矣. 《공양전〔公羊傳〕·정공 4년〔定公四年〕》
> 대왕께서 진실로 중국의 일을 위해서 노심초사하는 마음을 가지고 계신다면 이때가 가장 좋습니다.
>
> 단어 若時(약시): 이때.

'中國(중국)'은 당시 중원 지역을 가리킨다.

예 ㉒의 '若(약)'은 '時(시)'의 한정어로 근칭을 나타낸다. 근칭을 나타내는 것인지 원칭을 나타내는 것인지는 문맥을 보면 더욱 분명해진다. 아래는 오자서(伍子胥)가 오왕(吳王) 합려(闔閭)에게 한 말로 당시 초(楚)나라는 채(蔡)나라를 침략했는데, 오자서는 바로 초나라를 공격하는 구실로 중원의 패자(覇者)가 될 수 있다고 여겼다. 이를 통해 볼 때, '若時(약시)'가 근칭을 나타낸다는 것은 의심할 나위 없이 확실한 것이다.

> ㉓ 先帝不以臣卑鄙, 猥自枉屈, 三顧臣於草廬之中, 諮臣以當世之事. 由是感激, 遂許先帝以驅馳, 後值傾覆, 受任於敗軍之際, 奉命於危難之間, 爾來二十有一年矣. 《제갈량〔諸葛亮〕·출사표〔出師表〕》
> 선황제께서 저를 비천하고 비루하다고 여기지 않으시고, 외람되게도 몸소 굽힘을 두려워하지 않고 세 차례나 초막으로 저를 찾아오셔서 제게 당시 천하의 대사를 자문하셨습니다. 저는 이에 감격하여 선황제를

위해 개나 말처럼 달려 신명을 다하기로 다짐하였던 것입니다. 뒤에 나라가 기울고 전복되는 어려움을 만나서 패전할 즈음에 막중한 임무를 받고, 명령을 위태롭고 힘든 가운데 받든 것이 이십하고도 일 년이 되었습니다.

단어 猥(외; wěi): 갑자기, 외람되게, 앞 문장의 겸사(謙詞)를 나타낸 '卑鄙(비비)'와 어울리는 의미(또한 '발성사[發聲詞]'로 이해하기도 한다)가 담겨 있다. 枉(왕): 옛날 지위가 높은 사람이 자기의 신분을 낮추는 것. 枉屈(왕굴): 존엄함을 굽히고. 驅馳(구치): 분주히 뛰어다니며 헌신하는 것. 傾覆(경복): 군대가 패한 것을 가리킨다. 爾來(이래): 그때부터 지금까지.

예 ㉓의 '爾(이)'는 원칭을 나타낸다. '爾來(이래)'는 '爾時以來(즉 이때 이래)'가 생략된 말이다. 생략된 말은 앞 문장의 의미와 연결해 보면 말의 뜻이 더욱 확실해진다. 이를 다른 유사한 문장을 이해하는 데 적용하면 다른 것까지 유추하여 알 수가 있다.

㉔ 貴土風俗, 何以乃爾乎? 《삼국지[三國志]·촉서[蜀書]·장예전[張裔傳]》
이곳의 풍속은 어찌하여 이러한가?

단어 乃爾(내이): 의외로 이러하다.

예 ㉔의 '爾(이)'는 근칭을 나타내며, 술어에 해당한다.

주의할 것은 '爾(이)'는 기타 여러 가지 용법이 있다. 예컨대, '率爾(솔이)'는 경솔한 모양을 나타내고, '如反手爾(여반수이)'의 '爾(이)'는 '而已(이이)' 등에 해당하므로 마땅히 혼동해서는 안 된다.

(五) 或(혹), 莫(막)[無(무), 毋(무), 靡(미)]

'或(혹)'은 허지(虛指), 즉 가리키는 대상을 명확하게 말하지 않는 것으로, 현대한어의 '有人(어떤 사람)', '有的(어떤 것)'에 해당한다. 예를 들면, 다음과 같다.

㉕ 宋人或得玉. 《좌전[左傳]·양공 15년[襄公十五年]》
송나라 사람 가운데 어떤 사람이 옥 한 덩이를 얻었다.

예 ㉕의 '宋人(송인)'은 '或(혹)'의 선행사(先行詞)이고, '或(혹)'은 그 중의 어떤 한 사람을 가리킨다. 순서에 따라 번역하면 바로 "송나라 사람 가운데 어떤 사람이 옥 한 덩이를 주웠다."[86]가 된다.

㉖ 夫二子者, 或挽之, 或推之, 欲無入, 得乎?
《좌전[左傳]·양공 14년[襄公十四年]》
이 두 사람이 어떤 사람은 앞에서 끌고, 어떤 사람은 뒤에서 민다면 위군(衛君)이 귀국하지 않으려 해도 가능하겠는가?

예 ㉖의 '二子(이자)'는 선행사이고, 아래의 '或(혹)'자 두 개는 나열을 나타낸다. '或(혹)'은 앞에 선행사가 없는 경우도 있는데 '或曰(혹왈; 어떤 사람이 말하길)', '或問(혹문; 어떤 사람이 묻길)' 등이 그 예이다. 이러한 표현을 이해하려면 상황에 대한 이해도 필요하다. 예를 들어 '或問子產(혹문자산)'의 글자로만 보면 '어떤 사람이 자산에게 물었다'는 의미로 이해할 수도 있으나 맥락 안에서 살펴보면 어떤 사람이 공자(孔子)에게 자산은 어떤 인물인가를 묻는 의미이다(《논어[論語]·헌문[憲問]》: "或問子產.

---

86 宋國人有一個(人)得到一塊玉.

子曰: '惠人也.'"--- 어떤 사람이 공자에게 자산〔子産〕이 어떤 사람이냐고 물었다. 공자는 말씀하셨다. 자산은 너그럽고 자애로운 인물이다). 또 '人或(인혹)'이라는 표현이 사용되기도 하는데, 예를 들어 "有人工於草書者,醫案[87]人或不識. (초서에 뛰어난 사람이라 할지라도 약 처방에 대해서는 어떤 사람은 알지 못한다.)"와 같이 일부분의 사람(전부가 아닌)을 나타낸 것이다.

대사 '或(혹)'은 흔히 고대한어의 동사 '或(혹; 有〔유〕)과 서로 혼동하기 쉬우며, 더욱이 현대한어의 연사 '或(혹; 或者〔혹자〕)과 혼동하기 쉽다. 예를 들면, "未或不亡. (망하지 않은 것이 있지 않다.)", "未或失之. (잃지 않은 것이 있지 않다: 대부분 미〔未〕자와 연용)"의 '或(혹)'은 '有(유)'에 해당한다. "或多或少. (어떤 것은 많고 어떤 것은 적다.)", "或去或不去. (혹은 가고 혹은 가지 않는다.)"의 '或(혹)'은 현대한어에서 선택관계를 나타내는 연사(或, 或者)로 상용된다. 모택동(毛澤東)은 사마천(司馬遷) 《보임안서(報任安書)》의 "人固有一死, 或重於泰山, 或輕於鴻毛. (사람은 진실로 한 번은 죽지만, 어떤 죽음은 태산보다 무겁고, 어떤 죽음은 깃털보다도 가볍다.)"라는 말을 인용한 적이 있다. 적지 않은 사람들이 '어떤 것(有的)', '어떤 사람(有的人)'의 '或(혹)'을 연사(連詞) '或(혹)', '或者(혹자)'로 해석하는데 원래의 뜻에 부합하지 않은 것이다.

'莫(막)'은 무지(無指; 지칭하는 것이 없는 것)를 나타낸다. 모든 대상을 배제하여 현대한어 '沒有誰(아무도 없다)', '沒有什麼(아무것도 없다)'에 해당한다. 예를 들면, 다음과 같다.

㉗ 天下之水, 莫大於海.　(《장자〔莊子〕·秋水〔추수〕》)
천하의 물은 바다보다 더 큰 것이 없다.

---

87 醫案(의안)은 오늘날 약 처방이나 환자 기록 카드를 말함.

예 ㉗의 '天下之水(천하지수)'는 '莫(막)'의 선행사이므로 '莫(막)'은 '어떠한 물도 없다'는 뜻이 된다.

㉘ 群臣莫對 (《전국책[戰國策]·초책[楚策]》)
많은 신하 가운데 아무도 대답하지 못했다.

예㉘의 선행사는 '群臣(군신)'이고 '莫(막)'의 뜻은 '어떤 신하도 없다'이다. 무지대사(無指代詞)는 '莫(막)' 외에도, 또한 '無(무)', '毋(무)', '靡(미)' 등이 있다. 예를 들면, 다음과 같다.

㉙ 相人多矣, 無似季相. (《한서[漢書]·고제기[高帝紀]》)
사람들의 상을 본 것이 많지만(사람들의 관상을 본 적이 많지만), 계(유방)의 관상만한 것이 없었다.

단어 '季(기)': 유방(劉邦)의 자(字).

㉚ 毋如竇嬰賢. (《사기[史記]·위기무안후열전[魏其武安侯列傳]》)
(상채 종실에 두씨 성이 매우 많은데) 두영(竇嬰)처럼 현명한 사람은 하나도 없다.

㉛ 靡不有初, 鮮克有終. (《시경[詩經]·대아[大雅]·탕[蕩]》)
무엇이든 처음이 있지 않음이 없지만, 끝까지 견지하는 것은 매우 드물다.

예㉙, ㉚, ㉛의 '無(무)', '毋(무)', '靡(미)'는 모두 무지대사(無指代詞)에 해당한다. 무지대사(無指代詞)로 쓰이는 '莫(막)', '無(무)', '毋(무)', '靡(미)'를 부정부사로 쓰이는 '莫(막)', '無(무)', '毋(무)', '靡(미)'와 혼동해서는 안 된다. 아래에서 비교해 보면 구별하는 데 도움이 된다.

相人多矣, 無似季相. (남을 관상 본 적이 많지만, 계의 관상과 비슷한 경우는 하나도 없었다; '無[무]'는 무지대사[無指代詞]이다.)

仍有後患, 悔無及也. (여전히 후환을 남겨두면 후회해도 미칠 수 없다; '無〔무〕'는 부정부사〔否定副詞〕이다.)

上蔡宗室諸竇, 毋如竇嬰賢. (상채 종실의 여러 두씨 가운데, 두영〔竇嬰〕처럼 현명한 사람은 하나도 없다; '毋〔무〕'는 무지대사〔無指代詞〕이다.)

趙王畏秦, 欲毋行. (조나라 왕이 진나라를 두려워하여 가지 않으려고 했다; '毋〔무〕'는 부정부사〔否定副詞〕이다.)

靡不有初, 鮮克有終. (시작이 있지 않은 것은 없지만, 끝까지 견지하는 건 매우 드물다; '靡〔미〕'는 무지대사〔無指代詞〕이다.)

朕將親覽焉, 靡有所隱. (짐이 장차 직접 살펴볼 것이니, 숨기는 바가 있어서는 안 된다; '靡〔미〕'는 부정부사〔否定副詞〕이다.)

天下之水, 莫大於海. (천하의 물 가운데 바다보다 큰 것은 없다; '莫〔막〕'은 무지대사〔無指代詞〕이다.)

欲人不知, 莫若勿爲 (남이 모르게 하려는 것은 하지 않는 것만 못하다; '莫〔막〕'은 부정부사〔否定副詞〕이다.)

요컨대 고대한어 중 지시대사는 매우 많으나 현대에 이르러 주요하게 '這(zhè)', '那(nà)' 두 개만 있다(문언사의 연용은 별개의 일이다). 역사의 발전에서 보면 '這(zhè)', '那(nà)'는 당대(唐代)부터 자주 사용했고, 송대(宋代)에 더 빈번하게 사용되었다. 왕력(王力)에 따르면 '這(zhè)'는 '之(지)'로부터 변화한 것이고, "那(nà)"는 '爾(이)'로부터 변화한 것이라 하였다(이것은 어음 요소를 결합하여 근원을 탐색하고 갈래를 분석하는 것이므로 여기서는 잠시 언급하지 않겠다).

三. 의문대사(疑問代詞)

의문대사(疑問代詞)라는 명칭에서 유추할 수 있듯이 의문대사는 의문을 나타냄과 동시에 지시하는 것을 나타내지만, 주요 기능은 바로 묻는 것이라 할 수 있다. 고대한어 중 상용하는 의문대사에는 '誰(수)', '孰(숙)', '何(하)', '奚(해)', '曷(갈)', '胡(호)', '安(안)', '焉(언)' 등이 있다. 이것들의 용법은 주로 두 가지로 나눌 수 있다. 하나는 사람을 가리키는 '誰(수)', '孰(숙)'과 같은 것이고, 다른 하나는 사물, 상황, 장소를 가리키는 '孰(숙)', '何(하)', '胡(호)', '焉(언)', '曷(갈)', '奚(해)'과 같은 것이다. 아래 몇 가지로 나누어 서술할 것이다.

(一) 誰(수), 孰(숙)

'誰(수)'는 사람을 가리키는 의문대사로 주어와 빈어가 될 수 있다. 예를 들면, 다음과 같다.

① 誰從穆公, 子車奄息.　《《시경〔詩經〕·진풍〔秦風〕·황조〔黃鳥〕》》

누가 목공을 따라 순장하겠는가? 자거(子車) 씨 집의 엄식(奄息)일 것이다.

② 太守謂誰? 廬陵歐陽修也.　（구양수〔歐陽修〕 취옹정기《〔醉翁亭記〕》）

태수는 누구인가? 여릉(廬陵) 사람 구양수(歐陽修)이다.

예 ①의 '誰(수)'는 주어이고, 예 ②의 '誰(수)'는 빈어이다. '誰(수)'는 한정어도 될 수 있다. 다만 한정어와 중심사 사이에 반드시 '之(지)'를 덧붙여야 한다. 예를 들면, 다음과 같다.

③ 子爲元帥, 師不用命, 誰之罪也.　《《좌전〔左傳〕·선공 20년〔宣公二十年〕》》

그대는 원수인데, 군대가 명령한 바를 따르지 않는다면 누구의 허물인가?

예 ③의 '誰(수)'는 한정어이다.

'誰(수)'의 다른 형식은 '疇(주)'이다. 예를 들면, "疇能救而振之乎. (누가 능히 그를 구하여 떨치겠는가?)"[88]의 '주(疇)'는 주어로서 그 역할은 '誰(수)'와 같다. 《이아(邇雅)》에는 "疇(주)는 누구(誰)이다."[89]라는 기록이 있다.

'孰(숙)'은 사람을 가리킬 수도 있고, 또한 사물을 가리킬 수도 있는데 항상 선택과 비교의 뜻을 지닌다(비교를 통해서 선택하고, 선택은 비교의 기초 위에서 이루어진다). 예를 들면, 다음과 같다.

④ 父與夫孰親?　《《좌전〔左傳〕·환공 15년〔桓公十五年〕》》

아버지와 남편(丈夫) 중 누구와 더욱 친밀한가?

---

88 증공(曾鞏), 〈上歐陽學士第一書(상구양학사제일서)〉

89 疇, 誰也.

⑤ 奸王之位, 禍孰大焉? 《좌전[左傳]·장공 20년[莊公二十年]》

왕위를 찬탈하는 것과 재앙 가운데 어느 것이 더욱 크겠는가?

⑥ 孰知賦斂之毒有甚是蛇者乎? (유종원[柳宗元]《포사자설[捕蛇者說]》)

누가 잡세를 가혹하게 거두는 해독이 독사보다 심하다는 것을 알았겠는가?

예 ④의 '孰(숙)'은 사람을 대신한 것으로 '아버지와 남편' 가운데서 하나를 선택하는 것을 나타낸 것이고, 예 ⑤의 '孰(숙)'은 사물을 대신하는 것으로 '화(禍)'의 크기와 비교하는 것을 나타낸다. 예 ⑥의 '孰(숙)'은 사람을 대신하지만 선택을 나타내지 않으므로 이때 그것은 '誰(수)'와 아무런 차이가 없다.

'孰(숙)'은 '誰(수)'처럼 한정어로 쓸 수 없기에 고대한어에 '誰之過(수지과)'라는 표현이 있을 뿐, '孰之過(숙지과)'라고 하지 않는다. '孰(숙)'이 빈어가 되는 경우도 빈어가 동사의 앞에 놓이는 상황에서만 사용되는데 예를 들면, "王者孰謂, 謂文王也. (왕은 누구를 말한 것인가? 문왕을 말한 것이다.)"[90]와 같은 것이다.

'孰(숙)'과 '誰(수)'는 또 다른 점이 있다: '孰(숙)'은 무생물을 가리킬 수 있으나 '誰(수)'에는 이러한 기능이 없다. 이것은 위의 예문에서도 살펴볼 수 있다.

---

90 《공양전(公羊傳)·은공 원년(隱公元年)》

(二) 何(하), 曷(갈), 胡(호), 奚(해), 台(이)

'何(하)', '曷(갈)', '胡(호)', '奚(해)', '台(이)' 등 이러한 의문대사는 사물을 물어볼 때 쓰는데, '什麽(무엇)'에 해당한다. 원인과 정황을 물을 때에는 '爲什麽(왜)', '怎麽(왜)'에 해당한다. '台(이)'는 '如台(여이)'의 구조에서 나타나는 것이 일반적이다. 예를 들면, 다음과 같다.

⑦ 孟嘗君曰: "客何好"? 《전국책[戰國策] · 제책[齊策]》
孟嘗君(맹상군; 田文을 말함)이 말했다: "손님(馮諼)은 무엇을 좋아합니까?"

예 ⑦의 '何(하)'는 빈어이다.

⑧ 子非三閭大夫歟? 何故而至此? 《사기[史記] · 굴원열전[屈原列傳]》
당신은 삼려대부(屈原을 말함)가 아니십니까? 무슨 연고로 이곳에 이르셨습니까?

예 ⑧의 '何(하)'는 한정어이다.

⑨ 先王之所以爲法者, 何也? 《여씨춘추[呂氏春秋] · 찰금[察今]》
선왕이 법령을 제정한 까닭은 무엇인가?

예 ⑨의 '何(하)'는 술어이다.

⑩ 王曰: "縛者曷爲者也?" 《안자춘추[晏子春秋] · 안자사초[晏子使楚]》
楚王이 물었다: "묶인 사람은 무엇을 하는 자인가?"

예 ⑩의 '曷(갈)'은 '爲(위)'의 빈어이다. '曷(갈)'은 자주 개사로 쓰이는데, 이 문장에서는 다른 동사가 없으므로 '曷爲(갈위)'가 바로 술어가 되었다.

⑪ 此秋聲也, 胡爲乎來哉?　(구양수〔歐陽修〕《추성부〔秋聲賦〕》)

이것은 가을의 소리인데, 무엇 때문에 온 것인가?

단어 秋聲(추성): 가을의 바람 소리, 낙엽 소리와 벌레 소리, 새 소리

등을 가리킨다(작자는 가을 소리의 발단으로부터 저무는 가을 풍경을 묘사하여 그림

으로 개인의 시름을 토로하고 있다).

예 ⑪의 '胡(호)'는 개사 '爲(위)'의 빈어이다.

⑫ 奚以知其然也?　(《장자〔莊子〕·소요유〔逍遙遊〕》)

무엇으로 그것이 그러하다는 것을 알았는가?

예 ⑫의 '奚(해)'는 개사 '以(이)'의 빈어가 된다.

⑬ 何不截賣兩馬以爲槨, 乘其一乎?　(왕충〔王充〕《논형〔論衡〕·문공〔問孔〕》)

어찌하여 말 두 마리를 팔아 덧널을 사고, 말 한 마리로 수레를 끌게

하지 않는가?

단어 槨(곽): 고대의 관 밖을 덮는 관이다.

예 ⑬의 '何(하)'는 동사 '截賣(절매)'의 부사어이다.

⑭ 不稼不穡, 胡取禾三百廛兮?　(《시경〔詩經〕·위풍〔魏風〕·벌단〔伐檀〕》)

농사를 짓지도 거두지도 않으면서, 어찌 삼백 가구의 세금을 거두려 하

는가?

단어 稼(가): 갈아서 심는 것. 穡(색): 베어서 거두는 것. 廛(전): 묶음

예 ⑭의 '胡(호)'는 동사 '取(취)'의 부사어이다.

⑮ 天曷不降威?　(《상서〔尙書〕·서백감려〔西伯戡黎〕》)

하늘은 어찌하여 위령(威靈)을 내리시지 않는가? (주〔紂〕에 대한 징벌을 내

리는 것.)

예 ⑮의 '曷(갈)'은 동사 '降(강)'의 부사어이다. '曷(갈)', '何(하)'는 서로 바꿀 수 있는데, 다른 책에서는 "天何不降威(하늘이 어찌하여 위엄을 내리시지 않는가?)"라고 썼고, 장박(張薄)의 《오인묘비기(五人墓碑記)》에서는 '何故(하고)'를 '曷故(갈고)'로 썼다.

⑯ 夫子奚不時來入觀乎? (《장자[莊子]·추수[秋水]》)
당신은 왜 지금 들어와서 보시지 않습니까? (이것은 우물 안의 개구리가 바다 자라에게 한 말이다.)

예 ⑯의 '奚(해)'는 동사 '來(래)'의 부사어이다.

⑰ 子奚哭之悲也? (《한비자[韓非子]·화씨[和氏]》)
그대는 왜 이렇게 슬프게 우는가?

예 ⑰의 '奚(해)'는 동사 '哭(곡)'의 부사어이다.

'何(하)'는 사람에 대해서 물을 수 있고, 장소에 대해서도 물을 수 있어서 그 응용 범위가 '曷(갈)', '胡(호)'보다 훨씬 넓다. 예를 들면, 다음과 같다.

⑱ 是何人也? (《장자[莊子]·양생주[養生主]》)
이 사람은 어떤 사람인가? ('是[시]'는 대사로, 주어와 술어 사이에 판단사가 없다.)

예 ⑱의 '何(하)'는 사람에 대해 묻는 것으로, 명사 '人(인)'의 한정어이다.

⑲ 豫州今欲何至? (《자치통감[資治通鑑]·적벽지전[赤壁之戰]》)
(노숙[魯肅]이 유비[劉備]에게 물었다.) 당신은 이제 어디로 떠나려고 합니까?

예 ⑲의 '何(하)'는 장소를 물은 것으로, 동사 '至(지)'의 부사어이다.

⑳ 今王其如台? 《《한서[漢書]·서백감려[西佰戡黎]》》
이제 왕께선 어떻게 하실 겁니까?

예 ⑳의 '如台(여이)'는 '如何(여하)'와 같다. '台(이)'는 제1인칭대사("台恐德弗類. 〔나는 덕이 같지 않을까 두렵다.〕")이지만 의문대사로도 쓰인다. 의문대사로 쓰일 때는 '如(여)'와 특정한 구조를 이루는 것이 보통이다. 그 예를 들면, 다음과 같다.

"夏罪其如台? (하의 죄를 어찌할까?)"[91]   《《상서[尙書]·탕서[湯誓]》》
"今其如台獨闕也? (이제 그 홀로 빠짐을 어찌할까?)"*闕(궐): 빠짐.

(반고(班固)의 《전인(典引)》)

단어 何(하): 일반적으로 '何(하)'는 문장의 한정어, 부사어, 빈어, 술어(주어로 쓰이지 못한다)로 쓸 수 있다. '曷(갈)', '胡(호)', '奚(해)': 대부분 부사어로 쓰이고 한정어로 쓰이는 상황은 비교적 드물며, 빈어로 쓰일 때는 '曷爲(갈위)', '胡爲(호위)'의 형태를 취한다.

'何(하)'는 사용 범위가 '曷(갈)', '胡(호)', '奚(해)'보다 넓고 융통성있게 쓰인다. 구체적인 예를 들어 비교 관찰하면 다음과 같다.

夫子何哂由也. (선생께서는 어찌하여 유를 비웃으셨습니까?)

'何(하)'는 부사어로, 어순을 바꾸어 말할 수 있다.

何夫子之哂由也. (어찌하여 선생께서는 유를 비웃으셨습니까?)

'何(하)'는 문장 앞에 놓여 부사어가 되었다.

---

91 '하(夏)'는 걸왕(桀王)을 가리킴.

夫子之哂由何也. (선생님께서 유를 비웃으신 것은 무엇입니까?)

'何(하)'는 술어이다.

이상으로 '何(하)'는 융통성 있게 쓸 수 있다는 것을 알 수 있다. '何也(하야)'는 '胡也(호야)', '奚也(해야)'로 바꾸어 술어로 쓸 수 없다. 또 '何(하)'의 사용 범위가 '胡(호)', '奚(해)' 등으로 더욱 넓다는 것을 알 수 있다.

子奚不爲政? (당신은 어찌하여 정치를 하지 않습니까?)

'奚(해)'는 부사어이다.

曷爲弗除? (무엇을 위하여 제거하지 않습니까?)

'曷(갈)'은 개사 '爲(위)'의 빈어이다.

胡爲慕大鯨? (무엇을 위하여 큰 고래를 동경합니까?)

'胡(호)'는 개사 '爲(위)'의 빈어이다.

위 예문의 '奚(해)', "曷(갈)", '胡(호)'는 모두 '何(하)'로 쓸 수 있으므로 '何(하)'의 사용 범위가 비교적 넓다는 것을 알 수 있다.

이렇게 보면 '何(하)'는 의문대사의 고정식으로 '奚(해)', "曷(갈)", '胡(호)' 등을 취하여 대신할 수 있다. 아울러 특정한 구조로 만들 수 있는데 예를 들면, '何如(하여)', '如何(여하)', '爲何(위하)', '何爲(하위)', '何以(하이)', '奈何(내하)', '何謂(하위)', '沒奈何(몰내하)' 등이다.

(三) 安(안), 惡(오), 焉(언)

'安(안)', '惡(오)', '焉(언)' 이러한 것은 주로 장소를 가리키는 의문대사로 원인과 정황을 묻는 데 사용한다. 현대한어의 '哪兒(nǎér: 어디)'에 해당하며, 실제를 가리키는 것(實指)도 있고 허화(虛化)된 것도 있다. 예를 들면, 다음과 같다.

㉑ 沛公安在? (《사기〔史記〕·항우본기〔項羽本紀〕》)
패공(劉邦: 유방)은 어디에 있는가?

㉒ 且焉置土石? (《열자〔列子〕·탕문〔湯問〕》)
(당신은) 저 흙과 돌 들을 어디에다 두려고 합니까?
단어 置(치): 두다, 놓다.

㉓ 學惡乎始? 惡乎終? (《순자〔荀子〕·권학〔勸學〕》)
학문은 어디에서 시작하는가? 어디에서 끝맺는가? (또한 "배움은 어디에서 시작되는가? 어떻게 끝맺는가?"로 이해할 수 있다.)

예㉑, ㉒, ㉓의 '安(안)', '惡(오)', '焉(언)'는 실제적으로 가리킨 것(實指)이다.

㉔ 梁王安得晏然而已乎? (《전국책〔戰國策〕·조책〔趙策〕》)
양왕(梁王)이 어찌 편안하게 자신의 수명을 다할 수 있겠는가?

㉕ 子非魚, 安知魚之樂? (《장자〔莊子〕·추수〔秋水〕》)
(혜자〔惠子〕가 장자〔莊子〕에게 말했다.) 그대가 물고기가 아닌데, 어떻게 물고기의 즐거움을 알 수 있겠는가?

㉖ 多慮多怨, 國雖强大, 惡能不恐? 《여씨춘추[呂氏春秋]·신대[愼大]》

우환이 많고 원한이 많으면 국가가 비록 강대하더라도, 어찌 두렵지 않으리오?

㉗ 焉知其所終? 焉知其所始? 《장자[莊子]·산목[山木]》

어찌 그것이 끝나는 바를 알 수 있으리오? 어찌 그것이 시작되는 바를 알 수 있으리오?

예 ㉔, ㉕, ㉖, ㉗의 '安(안)', '惡(오)', '焉(언)'은 정황이나 원인을 묻고 있으며, 비교적 허화(虛化)된 동시에 반문의 어기를 가지고 있어서 '哪裏能夠(nalǐnenggou; 어찌 ~할 수 있겠는가?)', '哪裏知道(nalǐzhīdao; 어찌 ~을 알겠는가?)'에 해당한다. 이런 경우 '安(안)', '惡(오)', '焉(언)'은 '得(득)', '知(지)', '能(능)'의 앞에 쓰는 것이 일반적이다.

현대의 '哪(nǎ; 어디)'는 5.4시기에도 '那(nǎ)'로 썼으며, 지시대사 '那(nǎ; 그것)'와 같은 형식이다. 사실상 중고시대 의문대사 '那(nǎ)'는 지시대사 '那(nǎ)'에 비해 자주 보인다. 현존하는 자료에 근거하면 대사 '那(哪)'는 지시대사 '那(nǎ)'보다 일찍 나타난다. 왕력(王力)은 의문대사 '那(哪)'는 '安(안)', '焉(언)'에서 전화(轉化)된 것으로 인식하였다. 그 이유 중 하나는 '那(nǎ)', '安(ān)', '焉(yān)'의 어음(語音)과 관련이 있는데, 즉 마지막 음이 모두 'n'이라는 것이다.

종합적으로 말하면 의문대사는 대부분 어의(語義)가 비슷하므로 서로 통용되는 경우가 흔히 있다. 예컨대 물건을 가리키는 '何(하)'는 사람도 가리킬 수 있고, 장소도 가리킬 수 있다. 장소를 가리키는 '安(안)', '焉(언)', '惡(오)'가 상황이나 원인도 물을 수 있다. 어음의 연계로 말미암아 의문대사 '安(안)', '焉(언)'과 나중의 '那(na=哪)'는 그 근원과 관계가 있을 수 있다. '何(하)', '曷(갈)', '胡(호)' 세 개는 음이 가깝고 모양이 되풀이되어 마침내 '何(하)'를 취하면서 고정된 형태가 된 것이다. 동시에 어법 내부에서도 서로 어울려 고대한어의 의문문은 항상 의문대사와 어기사가 같이 쓰여 의문을 나타내고 의문어기도 강화시킨다. 예를 들면, "何其久也? (얼마나 오래되었는가?)"의 '何(하)'는 의문대사이고 '其(기)'는 어기사이다. 의문문의 의문대사는 반드시 동사(혹은 개사) 앞에 놓아야 한다. 예를 들면, "臣雖不才, 又誰敢怨? (신이 비록 재주가 없을지라도, 또 감히 누구를 원망하리오?)"[92]의 '誰(수)'는 의문대사로 동사 '敢(감)' 앞에 놓았다. 이러한 것들은 어기사(語氣詞)와 관련 있는 허사 및 문장 순서, 생략 등의 내용에 연계시켜야 전체적으로 이해할 수 있다. 의문대사뿐만 아니라 다른 품사들도 마찬가지이다.

끝으로 강조할 것은 대사는 다른 품사와 달리 그 자체에는 명확한 내용이 없으므로 그 의미는 항상 환경의 변화를 따르게 된다는 점이다. 내 입장에서 보면 '我(아)'는 바로 나이지만, '彼(피)'는 바로 그이다. 그러나 상대방 입장에서 보면 나(我)는 바로 그대(彼)이고, 그대(彼)는 바로 나이다. '誰(수)'와 '孰(숙)' 등은 알 수 없는 사람과 사물을 가리키기 때문에 명확한 내용이 없으므로 문맥에 따라 더욱 세밀하게 분석해야 한다.

이상으로 대사의 주요 내용에 대한 설명을 마쳤다. 일부 어법서는 '피수식대사(被飾代詞)'를 더 넣기도 하는데, 여기서는 따로 항목을 만들지 않겠다. 예를 들면, "言者無罪, 聞者足戒. (말하는 사람은 죄가 없으므로 듣는 사람이 잘 경계해야 한다.)", "奪項王天下者, 必沛公也. (항우의 천하를 빼앗을 사람은 반드시 패공일 것이다.)" 등에서의 '者(자)'를 왕력(王力)은 《중국

---

92 《좌전(左傳)·성공 3년(成公三年)》

어법이론(中國語法理論)》에서 피수식대사(被飾代詞)로 간주하였는데, 즉 '者(자)'는 앞 성분의 수식을 받아, 곧 '說話的人(말하는 사람)', '聽話的人(듣는 사람)', '奪項王天下的人(항왕의 천하를 빼앗을 사람)'을 대신 가리킨다는 것이다. 그러나 이 견해는 수용되지 않는 편이다. '者(자)'는 조사로서 지시대사의 역할은 충분히 있지만, 그것은 다른 단어의 뒤에 붙어 있을 때만 나타날 수 있기 때문이다. 단독으로는 그 어떤 것도 대신할 수 없다면 별개의 항목도 필요 없고 별도로 열거할 필요도 없다.

[여러 가지 허사(虛詞)]

한(漢) 민족 문화 전통의 많은 영역 가운데 사람들은 일종의 소박한 변증법적인 관점을 폭넓게 사용한다. 객관적인 사물은 두 가지 대립 요소를 내포하고 있는 통일체로 인식되고 이 두 가지 요소는 '허(虛)'와 '실(實)' 두 개의 범주로 요약된다.[93] 언어현상의 인식 측면에서 '허(虛)'와 '실(實)' 개념이 확립된 것은 그 유래가 이미 오래되었다. 바로 왕인지(王引之)의 《경전석사(經傳釋詞)·자서(自序)》에서 말한 것처럼 "《이아(爾雅)》"를 발단으로, 후세에 이어지게 되었다. 그러나 서술이 정착되지 못하다가 송대(宋代)에 '허자(虛字)'와 '실자(實字)'의 표현이 나타나기 시작하여 비로소 안정되었다. 이것은 언어의 역사적 사실의 한 부분이다. 언어의 역사적 사실의 또 다른 방면은 고대 중국에 독립된 분야로서의 어법학이 없었기 때문에 옛사람들은 어법에 두 갈래의 방법이 있다고 말했다. 하나는 구두(句讀) 방법이고, 또 하나는 허자(虛字) 방법인데, 이는 훈고학 및 수사학과 연관이 있다. 구두의 방법에 대한 설명은 뒤로 미루도록 하고 허자에 대해 말하자면 허자(虛字) 방법에 전문용어가 정의(定義)되지 않았고, 내포(內包)와 외연(外延)이 명확하지 않았기 때문에 그에 대한 이해가 쉽지 않았다. 허자(虛字)는 허사에 해당하며 실자(實字)의 대칭인데 단독으로 문장성분이 될 수 없지만, 문장의 어법구조와 밀접하게 연관되어 있다는 것이 현대인들의 공통된 인식이다. 그러나 고대인들은 이러한 인식이 없었다. 허자에 관한 여러 가지 현상과 고대인들의 허자에 대한 해설을 과학적으로 이해하기 위해서 먼저 허자에 대해 종합적으로 설명한 후에 관련 자료들을 하나하나씩 제시하도록 하겠다.

---

93 《중국대백과전서(中國大百科全書)》〈언어문자(語言文字)〉권 166쪽에 자세히 나와 있다.

一. 허자(虛字)에 대한 종합 서술

한어(漢語)는 엄격한 의미의 형태 변화가 결핍되어 있다. 따라서 허사(虛詞)는 어법의 범주를 표현하는 체계에서 매우 중요하게 나타난다. 이전 사람들이 허사에 대한 설명을 중시한 것은 바로 한어의 이러한 특징에 기인한 것이다. 그러나 고대인들은 허자(虛字)와 실자(實字)를 구분하면서 대부분 의미로부터 고려하였기 때문에 사람들의 주관적이고 인상적인 묘사에 치우쳤으며, 명확한 표준이 결핍되었기 때문에 사용하는 전문용어도 일반적으로 정의(定義)가 없었다. 특히 최초로 '사(辭)', '어사(語詞)'와 같은 전문용어로 허사를 나타냈지만 정의되지 않았고, 사람들이 명확히 이해하기에도 어려웠다. 예를 들면 다음과 같다.

① 王曰: 叟! 不遠千里而來, 亦將有以利吾國乎?

《맹자〔孟子〕·양혜왕상〔梁惠王上〕》

왕께서 말했다: "노인이시여! 천리를 멀다고 여기지 않고 오셨으니, 또한 장차 우리나라를 이롭게 함이 있겠습니까?"

한대 조기(趙岐)의 《맹자장구(孟子章句)》에서 "왈(曰)은 말(辭)이다." 라고 했다. (漢代趙岐《孟子章句》: "曰, 辭也.")

② 微我無酒, 以敖以游.　(《시경〔詩經〕· 패풍〔邶風〕· 백주〔柏舟〕》)
내게 술이 없어서, 나가 즐기며 놀지 못하는 것도 아니다.

모형(毛亨)은 《시고훈전(詩詁訓傳)》에서 "非我無酒, 可以遨游忘憂也. (내게 술이 없는 것이 아니니, 나가 놀며 근심을 잊을 수 있다.)"라고 하였다. 청대(淸代)에 서호(徐灝)는 《통해당경설(通解黨經說)》 13권의 6쪽에 이렇게 설명을 덧붙였다. "'微(미)'는 어사(語詞; 술어)로 추측된다. 옛날에 '微(미)'는 '無(무)'로 썼는데, '無(무)' 또한 어사(語詞)이다."[94]

③ 季文子三思而後行, 子聞之, 曰: 再, 斯可矣.

(《논어〔論語〕· 공야장〔公冶長〕》)

계문자(季札을 말함)는 세 번 생각한 뒤에 행하니, 공자께서 그것을 듣고서 말씀하셨다: 두 번이면 족하다.

주희(朱熹)의 《논어집주(論語集註)》에는 "斯(사)는 어사(語辭; 문언의 虛字)이다."[95]라고 되어 있다.

예 ①은 '辭(사)'로 동사 '曰(왈)'을 말한 것이고, 예 ②는 '語詞(어사)'로 동사의 부정사로 쓰인 '無(무)'를 말한 것이며, 예 ③은 '語辭(어사)'로 부사 '斯(사; 별도로 '지시대사'로 해석하기도 한다)'를 말한 것이다. 그러나 '辭(사), 語詞(어사), 語辭(어사)' 등 이러한 전문용어에 대해서 일찍이 정의된 바가 없었다.

근대 사람들도 종종 고대 사람들의 서술을 답습하였는데 예를 들면

---

94 "灝按: '微', 疑是語詞; 古'微'通作'無', '無'亦語詞也."
95 "斯, 語辭."

다음과 같다. "고대 사람들이 글자를 쓸 때는 실제 뜻이 있는 것이 있는 가 하면 뜻이 없는 것도 있었다."[96] "뜻이 없는 글자는 그 허자를 알지 못하면 그 글자를 해석할 수 없다."[97] "왕인지(王引之)는 《경전석사(經傳 釋詞)》에 160자를 모아 수록하였는데, 고서(古書)를 읽는 사람들이 참고 할 만한 허자이다."[98] "왕인지의 자서(自序)를 보면 허자(虛字)가 책을 읽 을 때 가장 중요하다는 것을 알 수 있다. 고서(古書)에 있는 허자(虛字) 는 옛사람들이 실제적인 뜻으로 풀이하곤 했는데 실제적인 뜻으로 풀이 하면 문장이 난삽해지는 것이 흠이다……."[99] 이러한 서술을 보면 허자 (虛字)를 허사로 간주하면서 '허(虛)'의 개념만 가지고 있을 뿐이고, '허 자(虛字)'에 대한 정의는 내리지 못한 것을 알 수 있다. 즉, 고대인들이 비록 '사(辭)', '어사(語詞)', '어사(語辭)'로 '허(虛)'의 개념을 서술했지만, 그것들에 대해 상세히 설명하지 않아 자체적으로 모호함이 남아 있는 것이다.

예전 사람들의 '사(辭)' 등에 대한 표현은 매우 임의적이었다. 청대 원인림(袁仁林)의 《허자설(虛字說)》은 "오호(嗚呼), 희희(噫嘻)와 같은 종 류는 말이 아니라 단어(辭)로 해석해야 하는데, 이것은 바로 소리를 적 은 문사(文辭)임을 말한 것이다."[100]라고 했다. 여기서 먼저 '사(辭)'로 허자를 해석하고, 또 '문사(文辭)'로 '사(辭)'를 해석하였으며, '사(辭)'와 '언(言)'을 대비시킴으로써 사람들에게 '언(言)'이 실사라는 것을 알게

---

96 古人用字, 有實訓者, 有虛訓者.

97 虛訓之字, 非通其語詞, 則無以得其訓詁.

98 王引之, 《經傳釋詞》中彙記一百六十字, 可爲讀古書者語詞之參考.

99 "觀王自序, 則知語詞之關於讀書, 最爲重要. 古書中之語詞, 昔人往往以實義釋之, 釋以實義, 則 詰屈爲病……." 胡樸安 著, 《고서교독법(古書校讀法)》 108·109·111쪽.

100 嗚呼·噫嘻之類, 非言也, 注爲辭, 言此乃寫聲之文辭也.

했다.

　기존 언어의 역사적 사실에 비추어 볼 때, 현대 사람인 정전(鄭奠), 맥매교(麥梅翹)의 《고한어어법자료휘편(古漢語語法資料彙編)》은 '사(辭)', '문사(文辭)' 등을 모두 "어조(語助)의 각종 명칭"의 세부항목으로 분류했다. 자료의 편집으로 삼기 위해서는 이렇게 할 수밖에 없었던 것이다. 그러나 만약 현대적 안목으로 본다면 이러한 방법은 실제로는 취할 수 없다. 전문용어는 어떤 종류의 현상이 이미 본질에서 개괄적으로 드러나는 것을 나타내고, 또 이와 유사한 많은 현상이 이미 구별되는 것을 나타내는 것이므로 '辭(사)', '語詞(어사)', '語辭(어사)'의 종류는 분명히 이러한 것들을 나타내기 어렵다. 특히 원인림(袁仁林)의 《허자설(虛字說)》에서 말한 "非言也. (말이 아니다.)"의 '言(언)'과 "文辭也. (문사이다.)"의 '文辭(문사)'는 내포와 외연(外延)이 명확한 용어라고 할 수 없다. 이처럼 과학적이고 추상적인 사유는 진행되기 어려우므로 오해가 생기는 것을 피할 수 없다. 어떤 학자가 《중국수사학사고(中國修辭學史稿)》를 썼는데, 그 책에 이렇게 서술했다. "선진시대에 언급된 '辭(사)'는 어느 것은 '語辭(어사)'를 가리키고, 어느 것은 '文辭(문사)'를 가리켜 일정하지가 않다."[101] "한위(漢魏) 이전에 어사(語辭)는 문사(文辭)와 더불어 중시되다가 후에 문사(文辭)가 어사(語辭)를 대신하게 되면서 다시 어사(語辭)를 경시하게 되었다. 그래서 고대 사람들이 수사(修辭)를 전문적으로 다루는 기술은 묻혀서 전해지지 않게 된 것이다. 이로부터 수사(修辭)는 글을 짓는 데 있어서 독점적인 것이 되었다……."[102] 이는 허사를 부르는

---

101 "先秦時代, 提到的'辭'字, 有的指'語辭', 有的指'文辭', 沒有一定."

102 "漢魏以前, 語辭實在和文辭幷重, 後來旣然以文辭代替語辭, 便在也看不起語辭了, 于是古人修辭專對的技術, 也就淹沒而不傳了, 從此修辭便成爲屬文所專有的事……."

'辭(사)', '語辭(어사)'와 '修辭(수사)'를 함께 끌어다 맞춘 것이다. 수사학사(修辭學史)로 삼는 전문서조차도 이와 같으니, 일반 사람들이 오해할 가능성은 더욱 큰 것이다.

허사는 일찍이 상고시대 초기의 은상(殷商)시대에 나타났는데 '以(이)', '自(자)', '若(약)', '其(기)', '不(불)', '勿(물)', '弗(불)', '毋(무)', '則(즉)', '乃(내)', '向(향)', '從(종)', '於(어)', '乎(호)', '及(급)' 등이 있다. 어기사(語氣詞)는 서주(西周) 이후에 점차 많이 나타났으며, 심지어는 한 구절 안에 세 개의 어기사가 연속하여 사용되기도 했는데, 이를테면 '已焉哉(이언재)', '也乎哉(야호재)' 등이다. 은상(殷商)시대에는 새겨 쓰는 것이 불편했기 때문에 어기사가 생략될 수밖에 없었고, 서주(西周) 이후로는 사회의 발전에 따라 글씨를 쓰는 여건이 개선되자 상황도 자연히 바뀌게 되었다.

고대한어의 허사 가운데 어떤 것들은 실사에서 발전한 것이고, 어떤 것들은 동음(同音)의 실사를 빌려 나타낸 것이다. 그래서 고대한어의 허사는 대체로 세 종류로 나눌 수 있다.

첫째, 실사로부터 발전하고 변화한 것의 예를 들면, '而(이)', '則(즉)' 등이다.

둘째, 동음사(同音詞)를 빌려 나타낸 것의 예를 들면, '夫(부)'는 원래 '丈夫(남자, 남편)'이고, '之(지)'는 원래 '出草(싹)'이며, '其(기)'는 원래 '簸箕(키)'이고, '此(차)'는 원래 '停止(정지)'이며, '耳(이)'는 원래 '耳朵(귀)'인 것 등이 있다. 이러한 허사들은 원래 가지고 있는 단어의 뜻이 허사의 어법 의미로 쓰이는 것과는 본래 관계가 없다.

셋째, 동음동형(同音同形)이지만 단어의 성질(詞性)이 다르거나 단어의 뜻(詞義)이 다른 것으로 예를 들면, '之(지)'는 현대의 '的(de: ~의)'와 같고, 또한 '此(cǐ: 이, 이것)', '到(dào: 이르다)'에 해당한다. 현대적 시각으로 보면 이것들은 서로 의미상 관계가 없어 동형(同形)의 동음사(同音詞)로 보아야 한다.

허사는 매우 빈번하게 사용된다. 《손자병법(孫子兵法)》은 전부 6,071자(字)로 되어 있는데, 그 중 중복되는 글자를 제외하면 오직 762자만 사용되었다. 이 6,071자 중에 100번 이상 출현한 허자는 6개다. '故(고)'가 103번, '而(이)'가 185번, '也(야)'가 196번, '者(자)'가 228번, '不(불)'이 231번, '之(지)'가 337번 나온다. 이 6개의 글자는 모두 1,280번 사용되었는데 전체 글자 수의 25%에 달한다. 《시경(詩經)》의 3만여 자 가운데, 여금희(黎錦熙)는 '之(지)'가 1039번 쓰였다고 통계를 냈다.[103] 현대한어에서도 마찬가지로 10만 자의 소책자 가운데, '的(de)'자의 사용만 해도 약 4천 번 정도였다. 중국문자개혁위원회가 공표한 "고빈도의 삼천 자 한자 자표(三千高頻度漢字字表)" 중에서, 가장 많이 사용되는 10개의 한자는 的(de), 一(yī), 是(shì), 在(zài), 不(bù), 了(lé), 有(yǒu), 和(hé), 人(rén), 這(zhè)의 순으로 허사 '的(de)'가 1위를 차지했다. 이는 대량의 자료에서 통계한 것이다.

허사의 역할은 그 자체로는 제한되지 않는다. 여숙상(呂叔湘), 주덕희(朱德熙)는 《조자변략(助字辨略)》을 인용하여 "한 자(字)가 잘못되면 한 구(句)가 헛되이 되고, 한 구가 잘못되면 모든 문장이 막히게 된다."[104]라고 말했다. 《조자변략(助字辨略)》의 작자인 유기(劉淇)와 여숙상(呂叔

---

103 여금희(黎錦熙)의 《삼백 편의 '지'(三百篇之'之')》에 상세히 나와 있다.
104 《어법수사강화(語法修辭講話)·허사(虛詞)》: 一字之失, 一句爲之蹉跎; 一句之誤, 通篇爲之梗塞.

湘), 주덕희(朱德熙)의 견해는 정확하지만, 더욱 구체적인 예를 들지 않았다. 아래의 제갈량(諸葛亮)의 《후출사표(後出師表)》 가운데 '耳(이)자'의 사용을 예로 들어 분석하여 설명함으로써 검증해 보도록 하겠다.

> 自臣到漢中, 中間期年耳, 然喪趙雲, 陽群, 馬玉, 閻芝, 丁立, 白壽, 劉
> 郃, 鄧銅等及曲長, 屯將七十餘人, 突將無前; 賨叟, 青羌, 散騎, 武騎
> 一千餘人. 此皆數十年之內所糾合四方之精銳, 非一州之所有. 若複數年,
> 則損三分之二也. 當何以圖敵?
>
> 신이 한중(漢中)에 도착한 이래로, 그동안 일 주년이 되었습니다. 그러
> 나 조운(趙雲), 양군(陽群), 마옥(馬玉), 염지(閻芝), 정립(丁立), 백수(白壽),
> 유합(劉郃), 등동(鄧銅) 등과 곡장(曲長: 졸병의 우두머리)과 둔장(屯將: 종수
> (賨叟: 남만 출신의 우두머리), 청강(青羌: 서강〔西羌〕 출신의 우두머리), 산기(散
> 騎), 무기(武騎) 1천여 명을 잃었습니다. 이들은 모두가 수십 년 동안 사
> 방에서 규합한 정예병으로, 익주 한 고을에만 있는 것이 아닙니다. 만
> 약 다시 수년이 지나게 되면 3분의 2를 잃고 말게 될 것인데, 어떻게 적
> 을 도모하시겠습니까?

'耳(이)'는 작은 부분을 가리켜 말하는 것으로 시간의 짧음(단지 1주년)을 말한 것이며, 뒤이어 여러 시간에 걸쳐 손실이 커 앞뒤가 대비되므로 위험한 상태가 모두 드러난 것이다. 만약 여기의 '耳(이)'를 '矣(의)'로 고쳐 사용하면 분명히 적절하지 않다. 왜냐하면 '矣(의)'는 옛날에 큰 부분을 가리켜 말하는 것으로 시간의 길다는 것을 나타내는데, 이 자체가 뒤의 글과 서로 조화를 이루지 못하여 어구가 잘못되는 데 그치지 않고 전체 문장까지 막히기 때문이다. 두 개의 어기사 '耳(이)', '矣(의)'의 차이는 짧은 문장에서도 나타난다. 그 예로 "오십 년이 채 안 되어 이미 쇠하였다. (五十餘余耳, 而已衰.)", "오십여 년이나 되었지만, 소년처럼 굳세고 건장하다. (五十餘矣, 輕健若少年.)"의 두 문장을 예로 들 수 있

다. 전자는 '耳(이)'를 사용하여 '五十餘(오십여)'가 가볍게 여겨지고, 작은 것을 가리켜 말하는 어기(語氣)가 있음을 나타낸 것이다. 그러나 후자는 '矣(의)'를 사용하여 '五十餘(오십여)'가 중요하게 여겨지고, 큰 부분을 가리켜 말하는 어기가 있음을 나타낸 것이다.

허사의 합리적인 해석과 자각적인 활용은 이제까지의 학자들이 모두 절대 쉽지 않은 일이라고 느껴왔다. 청대(淸代)의 완원(阮元)이 "실자(實字)는 뜻이 쉽고, 허자(虛字)는 해석하기 어렵다."[105]라고 말한 것과 명대 이동양(李東陽)이 "실자를 쓰는 건 쉽고, 허자를 쓰는 건 어렵다."[106]라고 말한 것은 모두 경험에서 비롯된 말이다. 그러나 학문이 발전하면서 인식이 심화되고 해석은 합리적으로 되어갔으며, 활용의 자각성 또한 이에 걸맞게 향상되었다. 아래 각 문장 가운데 허사의 기능처럼 어느 정도의 수준으로 분석 및 설명을 할 수 있으니, 이를 사용할 때 참고하기를 바란다.

④ 公將鼓之, 劌曰: "未可." 《좌전〔左傳〕·장공 10년〔莊公十年〕》
장공이 북을 치고 진격하려고 하니, 조귀가 말했다: "아직 아니 됩니다."

⑤ 齊人三鼓, 劌曰: "可矣." (同上)
제나라 군대가 북을 세 번 치자, 조귀가 말했다: "되었습니다(지금이 좋은 기회입니다)."

예 ⑤는 '矣(의)'를 사용하여 사태의 변화를 나타냈는데, 원래 앞의 예 ④의 '未可(미가)'에서 '可矣(가의)'로 변화한 것으로 일종의 새로운 상

---

105 《경전석사(經傳釋士)·완서(阮書)》: "實子易訓, 虛字難釋."
106 《녹당시초(麓黨詩鈔)》: "用實字易, 用虛字難."

황을 나타낸 것이다. '矣(의)'의 사용 여부에 따라 어의(語意)가 크게 달라진다.

⑥ 孺子可教也. (어린아이가 가르칠 만하다.)

(여숙상〔呂叔湘〕《문언허자〔文言虛字〕》에서 재인용)

⑦ 孺子可教矣. (어린아이가 가르칠 만할 것이다.〔同上〕)

예 ⑥은 '也(야)'를 사용하여 확인된 사실을 표시하고 긍정적인 어기를 강화했는데, 이는 정적인 성질이 원래 그러함을 드러낸 것이다.

예 ⑦는 '矣(의)'를 사용하여 사태의 발전과 변화를 나타내고, 일종의 새로운 상황이 생겼음을 드러내고 있는데, 이는 동적인 성질이 이미 그러했거나 앞으로 그러할 것임을 나타낸 것이다.

⑧ 嗚呼! 汝病吾不知時, 汝歿吾不知日.

(한유〔韓愈〕·《제십이랑문〔祭十二郎文〕》)

슬프도다! 네가 병이 들었는데 나는 그때도 알지 못하고, 네가 죽었는데 나는 날짜도 알지 못하였구나.

⑨ 嗚呼! 亦盛矣哉! (장부〔張溥〕·《오인묘비기〔五人墓碑記〕》)

아! 정말로 아름다운 일이로다!

예 ⑧의 '嗚呼(오호)'는 비애를 나타내고, 예 ⑨의 '嗚呼(오호)'는 찬미를 나타내는 데 사용했다. 하나의 허사가 상반되는 두 현상을 보여주고 있는 것이다.

허사에 대한 이해와 설명은 문장의 문법 분석을 결합하는 것이 가장 좋다. 예를 들어 '也(야)'는 《상서(尚書)》에 출현한 적이 없으나, 실사에서 빌려 어기사로 사용한 후부터 사용 빈도가 날로 빈번해졌다. 그러다가 중고시대에 이르러 '也(야)'의 사용이 점차 줄었는데, 그 이유는 무엇일까? 그것은 당시 구어에서 판단사(判斷詞) '是(시)'를 자주 사용하게 되면서 판단구(判斷句)가 어기사 '也(야)'를 벗어나게 되었기 때문이다. 이렇게 되자 상고시대의 표현과 중고시대의 표현이 달라졌는데, 아래에서 상고시대와 중고시대의 표현법을 비교해 보자.

⑩ 伯夷, 叔齊, 孤竹君之二子也.

(《사기〔史記〕·백이숙제열전〔伯夷叔齊列傳〕》)

백이와 숙제는 고죽군의 두 아들이다.

⑪ 豫章太守顧邵是雍之子.　(《세설신어〔世說新語〕·아량〔雅量〕》)

예장태수 고소(顧邵)는 옹(雍)의 아들이다.

　구어(口語) 혹은 구어에 가까운 문장은 '也(야)'를 사용하지 않았으나 정통적인 문언문(文言文)에서는 여전히 사용하였으며, 이는 후대까지 지속되었다.

　허사에 대한 이해와 설명도 문장의 내용과 어구(語句) 음절(音節) 등 여러 구성요소에 걸친 관찰 및 분석과 연계하여 그 규칙을 제시해야 한다. 임서(林紓: 琴南)는 '也(야)' 문제에 관심이 있어 《也(야)'의 용법》이라는 전문적인 논문을 썼는데,[107] 이는 참으로 값진 것이다. 하지만 안타깝게도 적절치 못한 착안점과 방법론으로 이렇다 할 성과를 내지 못하였다. 그의 논문은 주로 세 가지 내용을 다루었는데 하나는 《취옹정기(醉翁亭記)》 등에서 연이은 '也(야)' 사용을 언급한 것이고, 두 번째는 "어느 것을 모범으로 삼아야 할지 알 수 없다."[108]라고 말하면서, 한 걸

---

107 《춘각서재논문(春覺書齋論文)》에 게재.
108 "不知誰相師法."

음 더 나아가 《손자병법(孫子兵法)》의 '也(야)' 사용까지 거슬러 올라감으로써 그 근원을 찾고자 한 점이다. 세 번째는 "옛사람이 쓰면 괜찮은데 우리가 따라 하면 바로 촌스럽다."[109]라는 것인데 이는 바라볼 수는 있으나 가까이할 수 없음을 나타내고 있다. 임서(林抒)의 이러한 논술은 확실하지 못할뿐더러 사람들에게 만족할 만한 답을 줄 수도 없었다. 판단구(判斷句) 뒤에 사용하여 판단과 해석, 설명 등의 역할을 하는 면에서 고찰한다면 문제는 곧 확연하게 드러난다. 《손자병법(孫子兵法)·행군편(行軍篇)》에서 서른여 개의 '也(야)'를 연이어 사용하였는데, 이것은 긍정적이고 명확한 군사적 판단과 설명을 위한 것이다. '也(야)'의 사용 여부에 따라 그 의미가 달라진다. 그리고 당시 언어에는 판단을 나타내는 '是(시)'가 없었기 때문에 이러한 표현 방식을 사용하여 문장의 구두(句讀) 역할도 겸한 것이다. 《취옹정기(醉翁亭記)》에서 20여 개의 '也(야)'가 사용되면서 내용이 끊임없이 변화하게 되었다. 임서(林抒)의 "옛사람이 그것을 사용하면 훌륭하지만, 우리가 배워 쓰면 단조로운 모습이 된다."[110]라는 신비관은 그가 움직이고 변화하는 내용의 요소를 상세히 살피지 못했기 때문이다. 이 점에서 옛 스승 당문치(唐文治)[111]가 임서(林抒)보다 뛰어나다고 할 수 있다. 그는 《국문경위관통대의(國文經緯貫通大義)》에서 문장의 48가지 방식을 설명하면서 일찍이 《취옹정기(醉翁亭記)》에 많은 '也(야)'가 연이어 사용되는 오묘함에 대해 이 문장에 '기복이 있고 변화하는(起伏變化)' 요소가 있기 때문에 단조로운 모습(呆相)을 보이지 않는다고 하였다. 역대로 많은 문인이 문장의 음절(音節) 작용

---

109 "古人用之則可, 吾輩學之則立形其呆相."

110 古人用之則可, 吾輩學之則立形其呆相.

111 청나라 진사. 직위가 상서(尚書)에 이르렀고, 후에 퇴직하여 학교를 세우고 학문을 가르쳤다.

을 중시했는데, 특히 한유(韓愈)는 문장을 쓸 때 이 음절 작용을 매우 중시했다. 청대 동성파(桐城派) 유대괴(劉大櫆)는《논문우기(論文偶記)》에서 "음절(音節)은 정신과 기운(神氣)의 자취이다."[112], "글자(字)가 모여 문장(句)이 되고, 문장(句)이 모여 단락(章)이 되고, 단락(章)이 모여 한 편의 완전한 글(篇)이 된다. 한 편의 글을 읽을 때, 음절(音節)이 여실히 드러난다. 또한, 그것을 노래하고 읊조리면 내포된 정신과 기운(神氣)이 나타난다."[113]라고 말했는데, 이는 바로 '音節(음절)'과 '神氣(신기)'의 밀접한 관계를 설명한 것이다. 문장의 풍격은 낭독을 하면 더욱 잘 드러나기 마련이다. 옛사람이 말한 '책 읽는 소리가 낭랑하다(書聲瑯瑯)', '문사와 감정이 모두 뛰어나다(文情竝茂)'는 것은 직접 낭독함으로써 더욱 구체적으로 체현할 수 있다. 왕력(王力)은 고문(古文)을 잘 읽고 깨달으려면 언어 구성요소와 문학 구성요소가 서로 더 두드러지게 하고, 형식과 내용이 서로 빛나게 해야 한다고 강조했는데, 이는 매우 중요하다.《당위지선생독문관음편(唐蔚芝先生讀文灌音片)》[114]에서는 무릇 산문 등을 읽을 때 음(陰)과 양(陽), 강함(剛)과 부드러움(柔)으로 나누어 동성(桐城) 문인들의 글 읽는 방법을 계승하고 미묘한 점을 밝힌 바 있다. 즉 언어의 아름다움은 소리에 의해 나타나고, 문장의 본의는 마음속에서 우러나 더욱 깊어진다는 것이다. 필자는 선사(先師)께서 책 읽는 것을 녹음한 테이프에 담긴 낭랑한 소리를 가까이에서 들은 후, 언어의 구성요소가 드러나는 분야에 대해 깊이 연구했다. 1991년 북경언어학원(北京語言學院)은 왕리기(王利器), 주진보(周振甫), 주조독(周祖讀), 임경(林庚), 장

---

112 音節爲神氣之迹.

113 積字成句, 積句成章, 積章成篇, 合而讀之, 音節見矣; 歌而詠之, 神氣出矣.

114 당위지(唐蔚芝)는 당문치(唐文治)이다.

청상(張淸常), 범경의(范敬宜) 등 25명의 교수 및 전문가와 학자를 초빙하여 고대 시문(詩文)을 읊게 하고 이를 녹음 제작하여《고시문음송집수(古詩文吟誦集粹)》를 편찬하였다.[115] 그 목적 중 하나는 바로 "중·고등학교의 문언문(文言文) 교육, 대학의 고대문학·고대한어의 교육에 새로운 자료를 제공하기 위한 것"[116]이었다. 이 가운데 필자의 동창 범경의(范敬宜)가 범중엄(范仲淹)의《악양루기(岳陽樓記)》를 읊었는데, 필자 개인적으로는 선사(先師)에게 제대로 전수받았다는 느낌을 받았다.[117] 2001년 6월 초 필자는 남경사범대학, 태주(泰州)사범전문학교의 초청을 받아 진행된 강의에서 시험 삼아 큰 소리로 문언문을 읊음으로써 '맥락과 관건의 역할'을 일으키는 것으로 인식되는 문언(文言)의 허자(虛字)에 대해 그 어음(語音) 요소를 더욱 중시하여 문장의 내포된 의미를 안으로 일으키고, 형식과 내용이 서로 돕는 데 도움이 되도록 했다. 그 자리에 있던 선생과 학생들은 마치 좋은 작품의 아름다운 경지에 빠지기라도 한 듯 뜨거운 박수를 보내주었다. 이러한 반응이 나올 것이라고는 생각도 못했다. 이리하여 필자는 저절로 이 시대의 언어학 종사(宗師)인 왕력(王力)이 누차 강조했던 말이 생각났다. "고대한어의 어법 문제는 하나하나 읽으면서 깨달음을 얻음으로써 해결된다."[118] 이와 동시에 필자는 왕력(王力)이 다른 곳에서 언급한 말도 생각났다. "후세의 사람들은《맹자(孟子)》,《장자(莊子)》의 문장을 좋아한다. 그 원인 중의 하나가 이 두 권의 책에 실린 문장의 기백이 왕성하기 때문이다. 소위 말하는 문장의 기백

---

115 북경언어학원출판사, 1993년 제1판.

116 《집수(集粹)》의 서문.

117 범경의(范敬宜)는 범중엄(范仲淹)의 후손이다.

118 "古代漢語語法問題可以通過熟讀領惡來解決."《중국어문학사(中國語文學史)》211쪽, 山西人民出版社, 1981년.

이 왕성(氣盛)하다는 말은 곧 문장의 짜임새가 긴밀하여 결국 전체를 다 읽을 수밖에 없다는 의미이다."[119] 반어문(反語文)을 예로 들어보자. 일반적으로 반어문 앞에는 의문대사나 의문부사가 오고, 문장 끝에는 의문어기사가 온다. 만약 의문부사(혹은 의문대사)와 의문어기사 사이의 말이 길어지면 곧 어기(語氣)가 긴밀해지므로 단숨에 읽어내려 가지 않으면 안 된다."[120] "한(漢), 위(魏)의 산문은 기본적으로 전국시대(戰國時代)의 문장 구성을 근거로 쓴 것이다."[121] 문장의 기백은 문장 구성과 긴밀하게 연관되어 있으며 문장 구성도 '맥락과 관건의 역할'을 하는 허자(虛字)와도 긴밀하게 연관되어 있다. 문언문 쓰기와 표현에서 문언의 허자(虛字)는 매우 중요하므로 문언문을 공부하려면 문언 허자(虛字)의 역할을 깊이 있게 깨달아야 하고, 그렇게 되면 문장의 내용에 대한 깨달음 역시 깊이 있게 된다. 즉 허자(虛字)를 배우고 파악하는 것이 매우 중요하다는 것이다.

허자(虛字)를 배우려면 우선 단음절에 대한 이해가 필요하다.

후세에 생성된 많은 허사(虛詞) 중에는 실사(實詞)에서 허화(虛化)된 것도 있고 단음(單音) 허사(虛詞)가 합해진 것도 있다. 예를 들면, '無(무)'로부터 '無論(무론)', '無非(무비)' 등이, '然(연)'으로부터 '然後(ranhou)', '然則(ranze)' 등이, '于(우)'로부터 '對于(duiyu)', '關于(guanyu)', '終于(zhongyu)' 등이, '而(이)'로부터 '因而(yīner)', '甚而(shener)', '卽而(jíer)' 등이, '則(즉)'으로부터 '否則(fouze)', '或則

---

119 "後代的文人喜歡學《孟子》,《莊子》的文章, 其原因之一就是這兩部書的文氣很盛. 所謂氣盛, 就是句子的結構非常緊湊, 非把全句念完就沒法子停下來"《한어사고(漢語史稿)》中冊, 476쪽. 중화서국, 1980.

120 위와 같음. 476~477쪽.

121 위와 같음. 477쪽.

(huoze)', '雖則(suīze)' 등이 생겨났다. 이러한 것들은 일찍이 허사(虛詞)의 구조라고 하지 않을 수 없지만, 후대에 오면서 긴밀하게 결합해 복합허사(複合虛詞)가 되었다. 허사(虛詞)의 복합화(複合化)는 실사(實詞)의 허화(虛化) 정도와 관련 있다. 일반적으로 허화(虛化)가 더욱 심해질수록(예를 들면, 조사〔助詞〕) 문장에서의 점착성은 더욱 강해지고, 독립성이 약해질수록 복합화(複合化)는 어려워지는데, 이는 단음(單音) 위주로 이루어진다. 반대로 허화(虛化)가 약할수록(예를 들면, 부사〔副詞〕) 문장에서의 점착성이 더욱 약해지고, 독립성이 강할수록 복합화(複合化) 되기 쉬운데 이는 쌍음(雙音) 위주로 이루어진다.

일반적으로 단음(單音)의 허사(虛詞)에 대한 설명은 비교적 많은데, 복음(複音)의 허사(虛詞)에 대한 설명은 비교적 적다. 고적(古籍)을 읽을 때 단음(單音)의 허사(虛詞)를 이해하지 못한다면 허사(虛詞)에 대한 일반 서적을 통해 기본적으로 문제를 해결할 수 있다. 그러나 복음(複音)의 허사(虛詞)는 허사를 다루는 책에서도 제대로 설명되지 않거나 혹은 전혀 설명되어 있지 않으므로 복음(複音)의 허사(虛詞)에 대해서는 더욱 주의를 기울여야 한다. 이러한 현실을 생각하여 홍성옥(洪成玉)은《고한어의 복음허자와 고정구조(古漢語複音虛字和固定結構)》[122]를 썼는데, 그 실용가치가 매우 높다고 할 수 있다. 아래에서 복음허사(複音虛詞)의 예를 들어 보겠다.

⑫ 齊城之不下者, 獨惟聊, 莒, 卽墨, 其餘皆屬燕.

《사기〔史記〕·연세가〔燕世家〕》

제(齊)나라의 성 중에서 공략하지 못한 것으로는 유독 료(聊), 거(莒), 즉묵(卽墨)이고, 나머지는 모두 연(燕) 나라에 속한다.

---

122 折江教育出版社, 1984년.

'獨唯(독유)'는 '唯獨(유독)'으로도 본다. '僅(단지)'의 뜻이다.

⑬ 然操遂能克紹 以弱爲强者, 非唯天時, 抑亦人謀也.

《삼국지〔三國志〕·촉국〔蜀國〕·제갈량전〔諸葛亮傳〕》

그러나 조조가 드디어 원소를 이기고 약자에서 강자가 된 것은 단지 하늘의 때만이 아니라 또한 사람들의 모략이 있었기 때문이다.

'非唯(비유)'는 '不僅僅(단지 ~일뿐만 아니라)'의 뜻이다.

⑭ 停船暫借問, 或恐是同鄕. (최호〔崔顥〕《장간행〔長干行〕》)

배를 멈추고 잠시 말을 물어보니, 아마도 고향사람인 것 같다.

'或恐(혹공)'은 '可能(아마도)'의 의미가 있다.

⑮ 詎非聖人, 不有外患, 必有內憂. (《국어〔國語〕·진어〔晉語〕》)

만약 성인(聖人)이 아니었다면, 외환이 있지 않으면, 반드시 안으로 우환이 있었을 것이다.

'詎非(거비)'는 '假如不是(만약 ~이 아니라면)'의 뜻이다.

⑯ 庸遽知世之所自窺我者乎. (《회남자〔淮南子〕·제속훈〔齊俗訓〕》)

어찌 세상에 자신이 자신을 엿보는 사람이 있겠는가?

庸遽(용거)'는 '難道(설마)'의 뜻이다.

⑰ 道固然乎? 妄其欺不穀耶? (《국어〔國語〕·월어〔越語〕》)

도가 원래부터 그런 것인가? 아니면 나를 속이는 것인가?

'妄其(망기)'는 '還是(아니면)'의 뜻이다.

⑱ 屬適有所思, 故不卽對耳. (《삼국지〔三國志〕·위지〔魏志〕·가후전〔賈詡傳〕》)

마침 생각하는 것이 있어서 바로 대답하지 못했다.

'屬適(속적)'은 '恰好(마침)'의 뜻이다.

⑲ 其諸君子樂道堯舜之道與？ 《公羊傳〔공양전〕·애공 14년〔哀公十四年〕》
혹여 군자가 좋아하는 도가 요·순(堯舜)의 도와 같은가?

'其諸(기제)'는 '或者(혹자)'의 뜻이다.

⑳ 公等遇雨, 皆已失期; 失期當斬. 藉第令毋斬, 而戍死者固十六七.
《史記〔사기〕·진섭세가〔陳涉世家〕》
그대들이 비를 만나서 모두 도착해야 할 규정시간을 어겼다. 때를 놓치면 참형이 마땅하다. 설령 처형되지 않더라도, 변방을 지키다가 죽는자가 참으로 열에 여섯 일곱이다.

'藉第令(자제령)'은 '縱使不被(설사~하지 않더라도)'의 뜻이다.

㉑ 顏氏之子, 其殆庶幾乎？ 《易經〔역경〕·계사하〔系辭下〕》
안씨의 아들이 할 수 있지 않을까？

'其殆庶幾(기태서기)'는 '大槪差不多(아마 거의)'의 뜻이다.

문언 허사의 뜻을 풀이하려면 현대한어에서 해당하는 뜻을 가진 단어를 찾을 수밖에 없다. 그러나 일부 문언허사는 현대한어에서 그에 해당하는 단어를 찾을 수가 없어서('所〔소〕'와 같은 이런 조사) 일일이 대조하여 번역할 수 없다.

또 반드시 주의해야 할 것은 같은 형식의 허사라도 고대한어와 현대한어에서의 역할이 다르므로 착각해서는 안 된다는 것이다.

因── '因(인)' 현대한어에서는 원인을 나타내는 연사(連詞)이다. 고대한어에서는 대개 개사(介詞; 연사로 사용된 것도 있지만 비교적 적다)로 많이 쓰이고, 행위 발생의 근거를 나타낸다. 예를 들면, 다음과 같다.

㉒ 善戰者因其勢而利導之.　(《사기[史記]·손자오기열전[孫子吳起列傳]》)

전쟁을 잘하는 자는 그 형세를 이용하여 그것을 이롭게 인도한다.

㉓ 衡乃擬班固《兩都》作《二京賦》, 因以諷諫.

(범엽[范曄] 《후한서[後漢書]·장형전[張衡傳]》)

장형은 곧 반고의 《양도(兩都)》를 모방하여 《이경부(二京賦)》를 지었고
이를 빌어 풍자하고 권계하였다.

㉔ 今人有大功而擊之, 不義也. 不如因善遇之.

(사마천[司馬遷], 《사기[史記]·항우본기[項羽本紀]》)

지금 사람이 큰 공이 있는데도 그를 공격하는 것은 의롭지 못한 일이
다. 차라리 이 기회에 그를 잘 대우하는 것만 못하다.

　예 ㉒, ㉓, ㉔의 '因'은 모두 개사이고 각각 '依照', '借', '趁'으로 번
역된다.

　因爲── '因爲'는 현대한어에서 인과관계를 나타내는 연사(連詞)이
다. 고대한어에서 '因(인)'과 '爲(위)'는 별개의 단어이다.

㉕ 是以聖人不期修古, 不法常可. 論世之事, 因爲之備.

(《한비자[韓非子]·오두[五蠹]》)

그러므로 성인은 옛것을 따르려 하지 않고, 항상 옳은 것에 얽매이지
않고서, 세상의 일을 논함에 그에 알맞은 대비책을 세워야 한다.

㉖ 因爲長句, 歌以贈之.　(백거이[白居易], 《비파행병서[琵琶行幷序]》)

이리하여 칠언고시를 지어서 그에게 노래로 주었다.

　예 ㉕에서 '因(인)'은 개사이고, '爲(위)'는 동사이다. "형세에 따라 제
기하다"로 번역된다.

　예 ㉖에서 '因(인)'은 연사이고 '爲(위)'는 동사이다. '于是作了(그리하

여 만들었다)'로 번역된다.

雖然──'雖然(수연)'은 현대한어에서 양보의 관계를 나타내고 연사이며 '但是'와 서로 호응한다. '雖(수)'는 현대한어에서의 '雖然'에 해당하고, '然'은 현대한어에서 '如此', '這樣'에 해당하며 '雖然這樣(但是)'로 번역된다. 예를 들면, 다음과 같다

㉗ 安陵君曰 : "大王加惠, 以大易小, 甚善; 雖然受地于先王, 願終守之, 不敢易." 《전국책〔戰國策〕·위책 4〔魏策四〕》

안릉군(安陵君)이 말했다 : "대왕께서 은혜를 베푸시어 큰 땅으로 작은 땅과 바꾸어 주신다니, 참으로 좋습니다; 비록 그러기는 하지만 땅을 선왕으로부터 물려받은 것이므로 원컨대 그것을 끝까지 지킬 수 있도록 감히 바꾸지 않도록 해주소서!"

㉘ 是以十九年而刀刃若新發於硎. 雖然, 每至於族, 吾見其難爲, 怵然爲戒, 視爲止, 行爲遲. 《포정해우〔庖丁解牛〕》

이리하여 19년이 지나도록 칼날이 새롭게 간 것과 같았다. 비록 그러하나 힘줄이 모인 곳에 이르면 나는 그 어려움을 알고 두려워하면서 조심하여 시선은 고정하고 행동은 느리게 하였다.

예 ㉗, ㉘에서 '雖然(수연)'은 곧 '雖然, 這樣'의 뜻이다. 앞의 내용을 이어 자연스레 한번 쉬고 뒤에는 전환(轉折)의 뜻이 있다.

然而──'然而(연이)'는 현대한어에서는 전환의 뜻으로 사용되는 연사인데, 고대한어에서는 대사(代詞) '然(연)'과 연사 '而(이)'로 이루어진 것이다. '然(연)'은 '如此', '這樣'으로 해석되고 앞의 행위를 가리킨다. '而(이)'는 '可是', '却'로 해석되고 전환을 나타낸다. "如此, 可是", "這樣, 却"로 번역할 수 있다. 예를 들면, 다음과 같다.

㉙ 老者衣帛食肉, 黎民不飢不寒; 然而不王者 未之有也.

노인들이 비단옷을 입고 고기를 먹으며 많은 백성이 굶주리지 않고 추위에 떨지 않게 되고서도, 왕 노릇을 하지 못한 사람은 일찍이 없었습니다.

㉚ 夫環而攻之, 必有得天時者矣; 然而不勝者, 是天時不如地利也.

（《맹자〔孟子〕》）

무릇 둘러싸서 공격하는 것은 필시 하늘이 내린 기회를 잡은 사람이다. 그럼에도 이기지 못한 것은 그 시기가 지리적 우세만 못하기 때문이다.

이상으로 고금(古今)의 차이에 대하여 설명하였다. 하나의 언어 형식이 고대한어에서 여러 가지 역할을 하는데, 이는 이루 헤아릴 수조차 없다. '且(차)'는 병렬관계도 나타내고("既盲且聾. 눈이 멀었는데 귀까지 먹었다"), 또한 점진적인 서술관계도 나타내며("公語之故, 且告之悔: 공은 그에게 까닭을 말하고, 게다가 그에게 후회한다고 말했다), 그리고 선택관계를 나타낸다("天下尊秦乎, 且尊齊乎? 온 세상 사람들이 진나라를 존경하는가? 아니면 제나라를 존경하는가?"). '雖(수)'는 양보관계(예는 이미 위에서 언급하였다)를 나타내고, 또한 가설의 관계를 나타낸다("國一日被攻, 雖欲事秦, 不可得也. 나라가 어느 날 공격을 당하게 되면 비록 진나라를 섬기고자 해도, 섬길 수 없게 될 것입니다"). '抑(억)'은 선택의 관계를 나타내며("敢問天道乎, 抑人謀也. 감히 묻건대, 하늘의 도인가 아니면 사람의 꾀인가?"), 또한 전환관계를 나타낸다("若聖與仁, 則吾豈敢? 抑爲之不厭, 誨人不倦, 則可謂云云爾已矣. 만약 성〔聖〕과 인〔仁〕이라면 내가 어찌 감히 자처할 수 있겠는가? 그러나 성과 인의 도를 행하기 싫어하지 않으며, 남을 가르치는 것을 게을리하지 않는 것이라면 그렇다고 말할 수 있을 뿐이다").

허사 혹은 문장의 구성법에 관해 쓴 책에는 항상 고정격식(고착된 상태도 포함)이 언급되는데, 앞에서 말한 홍성옥(洪成玉)의 《고한어의 복음 허사와 고정구조(古漢語複音虛詞和固定結構)》도 그러하다. 이 책에서는 본 장(章)의 제2부 "허자전요(虛字詮要)"의 해석에 대해, 서로 연관된 부분만 언급하였다. 무엇보다 총체적으로 강조할 것은 고정 격식은 전체적인 면에서 착안하여 그 습관적인 사용 방법에 주의해야 한다는 점이다. '……者……', '……也', '……者也', '之謂也', '其……之謂矣', '其……之謂乎'는 주로 사물에 관한 판단과 이에 관련된 해석 및 설명을 하기 위해, '有……者'는 보통 사물에 대한 판단을 나타내기 위해, '如何(여하)', '奈何(내하)', '若何(약하)', '如……何', '奈……何', '若……何'는 사물에 관한 질문을 나타내는 데 쓴다. '孰與(숙여)'는 사물에 대한 비교와 선택을 나타낼 때, '無乃……', '得無……乎'는 사물의 척도를 나타낼 때, '何以……爲', '何……爲', '何爲', '不亦……乎', '何……之有', '何于……有', '于……何有'는 모두 반문을 나타낼 때 쓴다. 이러한 습관적인 사용법에 주의하면 한어 어법의 규칙성 파악에 많은 도움이 될 것이다.

二. 허자(虛字)의 요점 설명

역대로 허자(虛字)를 설명한 책은 백여 종이 넘는다. 전문적으로 편집하여 해석한 것이 있고, 문장을 분석한 것을 모으거나 혹은 문장을 골라 해석을 곁들인 것이 있는데 수록한 글자가 어떤 것은 많고 어떤 것은 적고, 설명과 해석이 어떤 것은 상세하고 어떤 것은 간략하다. 가장 많은 수의 허자를 수록한 것으로는 양수달(楊樹達)의 《사전(詞詮)》을 꼽을 수 있다. 그리고 예가 풍부하고 내용이 자세한 것으로는 배학해(裴學海)의 《고서허자집석(古書虛字集釋)》과 호길선(胡吉宣)의 《옥편교석(玉篇校釋)》이 있다. 물론 간략하게 설명한 부분도 있지만, 어떤 부분은 너무 자세한 나머지 불필요하다고 느껴지기도 한다. '之(지)'의 용법만 해도 78종류가 넘게 나열하였고, '于(우)'자 용법도 42종류가 넘게 나열하여 오히려 독자들은 핵심을 얻기가 어렵다고 느낄 수도 있다. 여숙상(呂叔湘)은 이러한 점을 감안해 현대적인 전문 분야의 방법론에 따라 200여 개에 가까운 문언 허사 중 조잡한 것은 버리고 정수(精髓)만을 선택하여 깊은 뜻을 찾아 요점을 드러내고, 그 규칙을 찾아내 그 이론적 근거를 밝힘으로써 그 효과를 극대화했다. 백여 개 허자를 해설했다는 데도 전문(全文)은 만여 자에 불과하다. 이를 그 어떤 방대한 책에 견주어 봐도 뒤지지 않고 적은 노력으로 큰 효과를 거두어 같은 분야의 저작 중에서 으뜸이라고 말할 수 있다. 사실, 여숙상(呂叔湘)의 저작을 옮겨 써도 좋다고 생각할 정도이다. 여숙상(呂叔湘)의 《문언허자(文言虛字)》에는 155개의 항목이 있는데, 책의 부록으로 나열한 것이 14쪽으로 책 전체 편폭의 십 분의 일을 차지한다. 이 책에 옮겨 실으면서 필획을 편리하게 총괄하기 위해 글자의 순서를 바꾸었고, 글 흐름에 영향을 주지 않는 범위 내에서 각각의 글자에 대한 예를 생략한 것도 있다(예를 들면, 俾〔비〕, 寢〔침〕, 浸〔침〕). 허자(虛字)의 범위는 넓게는 어떤 실사(實詞)까지 이르는데, 거기에는 역사적 원인이 있으므로 현대한어(現代漢語)의 허사(虛詞)·실사(實詞)의 구분과 동등하게 보아서는 안 된다.

〈1획〉: '一[壹(일)]'

1. 일률적으로(一槪), 전부(全都)

曹參爲相, 凡事一遵蘇何約束. 조참은 재상이 되었으나, 모든 일은 전부 소하의 규정을 따랐다.

2. 마침내(竟)

不意其儒怯一至于此. 그 나약함이 마침내 이 지경에 이를 줄 생각하지 못했다.

3. 참으로(眞是), 실제로(實在)

▶ 一似: ～와 같다

子之哭也, 一似重有優者. 그대가 우니, 참으로 큰 걱정이 있는 것
같다.

▶ 一何: 얼마나

上有弦歌聲, 音響一何悲. 위에서 거문고 노랫소리가 나는데, 그 소리
가 얼마나 슬픈지!

〈2획〉: '乃(내)', '几[幾(기)]'

1. '乃(내; 迺)'

① 너의(你的)

豎儒! 幾敗乃公事! 애송이 유생이여! 하마터면 너의 일을 망칠 뻔 했
구나!

② ～이다(是)

此書乃後人僞作. 이 책은 후인의 위작(僞作)이다.

▶ 실제로는 ～이다(實在是)

我非知君者, 知君者乃蘇君也. 내가 당신을 안 것이 아니라, 당신을
안 것은 실제로는 소군(蘇君; 소진〔蘇秦〕을 말함)이다.

▶ 원래는 ～이다(原來是: 예상 밖의 일을 나타낸다)

至拜大將, 乃韓信也. 대장으로 임명되는 사람은 원래 한신이었다.

▶ 이에(是: 원인을 해석한다)

乃官吏畏事, 故爲此說, 非眞有其事也. 이에 관리가 일을 두려워하여 이러한 말을 하였으나, 참으로 그러한 일이 있지는 않았다.

③ 바로(就), 그리하여(于是)

中原大亂, 乃南渡江. 중원이 크게 혼란스러워지자, 바로 남쪽으로 강을 건넜다.

④ 방금(方才), 그런 후에(然後)

有此父乃有此子. 이런 아버지가 있고 나서 비로소 이런 아들이 있는 것이다.

⑤ 뜻밖에도(竟: 예상 밖의 일을 나타낸다)

名父乃有此不肖之子. 유명한 아버지에게 뜻밖에도 이러한 못난 자식이 있다.

⑥ 乃至 : 심지어 ~에 이르기까지(以至), 줄곧 ~에 도달하다(一直到了)

琴棋書畵, 騎射拳棒, 乃至醫卜星相, 無所不學. 거문고, 바둑, 글, 그림, 말 타기, 활쏘기, 권법, 봉술, 심지어 의술, 점술, 별자리, 관상에 이르기까지 배우지 않은 게 없다.

2. '几[幾(기)]'

① 현대한어의 '几'와 '多少'의 용법을 겸한다.

▶ 계산할 수 있는 사물에 제한받지 않는다.

若作三千人食者, 已有幾米? 만약 3천 명의 밥을 지으려면 쌀이 얼마나 있어야 하는가?

▶ 비교적 작은 수에 제한받지 않는다.

將軍度羌虜何如? 當用幾人? 장군께서는 강족(羌族)의 포로가 얼마나 된다고 헤아립니까? 마땅히 얼마나 써야 합니까?

▶ 뒤에 명사를 붙이지 않는다.

畏首畏尾, 身其餘幾? 머리를 두려워하고 꼬리를 두려워하니 몸에 남은 것이 얼마인가?

② 거의(幾乎), 하마터면(差点儿)

豎儒! 幾敗乃公事. 이 어리석은 유생아! 하마터면 네 아버지 일을 망칠 뻔했구나.

③ 幾曾

언제 ~한 적이 있는가?(何嘗)

幾曾識干戈? 언제 방패와 창을 알았던 적이 있는가?

〈3획〉: '与[與(여)]', '也(야)', '已(이)', '凡(범)', '亡(망)', '之(지)', '于[於(어)]'

1. '与[與(여)]'

① ~와, ~과(和, 跟) : 연사(連詞)

魚與熊掌不可得而兼. 물고기와 곰 발바닥을 동시에 다 얻을 수 없다.

② ~와, ~과, ~에 대해(和, 跟, 對) : 개사(介詞)

與士卒共甘苦. 사병들과 고락을 함께한다.
不如早與之絶. 일찍 그들과 관계를 끊는 것이 낫다.

③ 주다(給)

以低利之借款放與農民. 낮은 금리로 농민에게 돈을 빌려준다.

④ ~기 보다는(與其)

與人刃我, 寧自刃. 남이 나를 죽이는 것보다는 차라리 스스로 죽는 것이 낫다.

⑤ '歟(여)'와 같다.

2. '也(야)'

▶ 문언에서 가장 많이 쓰이는 어기조사 중 하나이며, 현대의 '也'와는 관계가 없다.

你十五歲, 我也十五歲. 네가 열다섯 살이면 나도 열다섯 살이다.

▶ 초기 근대의 '也(야)'와도 관계가 없고, 대체로 현대의 '啊(아)'와 비슷하다.

我去也. 나는 간다.

① 판단문의 끝에 쓰인다.

項籍者, 下相人也. 항적은 하상 사람이다
孺子可教也. 어린아이를 가르칠 만하다.

② 해석의 어기를 나타내며, 어찌 된 일인지를 설명한다.

　　山肴野蔌, 雜然而前陳者, 太守宴也. 산에 나는 안줏거리와 들에 나는 나물들이 뒤섞여 앞에 마련된 것은 태수가 마련한 잔치이다.

▶원인이나 혹은 이유를 설명한다.

　　剖竹以代瓦, 以其價廉而工省也. 대를 쪼개서 기와를 대신하는 것은 그 값이 싸고 노동력이 적게 들기 때문이다.

▶결과를 설명한다.

　　飮少輒醉, 而年又最高, 故自號曰醉翁也. 조금만 마셔도 자주 취하고, 나이도 가장 많아서 스스로 '취옹'이라 불렀다.

③ 긍정이나 혹은 부정의 어기를 강하게 한다.

　　環滁皆山也. 저주를 둘러싸고 있는 것이 모두 산이다.
　　未之聞也. 그것을 듣지 못했다.

④ 의문을 나타낸다.

　　何也? 무엇이냐?

⑤ 감탄을 나타낸다.

　　以一錢之微而死三人, 吁, 可悲也! 아주 적은 돈 때문에 세 사람을 죽였으니, 아, 슬프도다!

⑥ 금지어기를 나타낸다.

　　君如知此, 則無異於民之多怨望也. 왕께서 만약 이러한 것을 안다면 즉 백성의 원망이 많은 것을 이상하게 여기지 마십시오.

⑦ 문장에서 쉬고 멈추는 것을 나타낸다.

　　向也不怒而今也怒, 何也? 大道之行也, 天下爲公; 祈禱也, 祭告也, 懺悔也, 立種種事神之儀式. 예전에는 성내지 않더니 지금 성내는 것

은 어째서인가? 대도가 행해지면 천하가 공평하게 되는 것이다. 기도하고, 제사지내고, 참회하는 것은 신을 섬기는 여러 가지 의식을 행하는 것이다.

3. '已(이)'

① 너무(太), 지나치다(過)

其細已甚 民弗堪也. 그 세세함이 너무 심하여 백성이 견디지 못하였다.

② 이미(已經)

老父已去, 高祖適從旁舍來. (관상을 보는) 노인이 떠나자, 고조가 마침 행랑채에서 건너왔다.

③ 나중에(後來: 항상 '而〔이〕'와 연용〔連用〕한다)

廢以爲侯, 已又殺之. 폐위시켜 후(侯)로 삼고, 얼마 후에 또 그를 죽였다.

已忽不見, 已而釋之. 이미 소홀히 하고 보지 않다가 나중에는 그를 풀어주었다.

④ 어기조사로, 대략 '矣(의)'와 같다.

吾知其無能爲已. 나는 그가 능력이 없음을 알았다.

4. '凡(범)'

① 모든(一切, 所有)

凡今之人, 莫如兄弟. 모든 지금 사람 중에 형제만한 것이 없다.

② 모두(悤共, 都)

在途凡三十五日. 길에 있은 지가 모두 35일이다.

5. '亡(무)'

① '無(무)'와 같다.

② '否(부)'와 같다.

③ 亡其: 또한, 아니면(抑, 還是)

秦之攻趙也 倦而歸乎? 亡其爲尙能攻 愛王而不攻乎? 진나라가 조나라를 공격하였을 때, 그들이 공격하다 지쳐서 돌아갔겠습니까? 아니면 아직 공격할 수 있는데 왕을 아껴서 공격하지 않았겠습니까?

6. '之(지)'

① 이것(這個)

之子于歸, 遠送于野. 이 여자가 시집감에 멀리 들에서 전송하네.

② 빈어로 쓰는 대사(代詞)로서 사람을 지칭하고(他), 사물도 지칭하며(它), 일을 지칭하기도 한다.

吾愛之重之, 願汝曹效之. 내가 그것을 사랑하고 그것을 소중히 여기니, 바라건대 너희는 본받을지어다.

姑妄言之, 姑妄聽之. 잠시 마음대로 그것을 말할 테니, 잠시 마음대로 그것을 들어라.

無之. 그것을 없애다.

總之. 그것을 총결하다.

均之. 그것을 균형 있게 하다.

③ ～의(的)

是誰之過歟! 이것이 누구의 잘못인가?

虎狼之國. 호랑이와 이리 같은 나라.

喪家之犬. 상가(喪家)의 개.

④ 문장의 중간에 덧붙여져, 문장의 독립성을 없앤다.

余之識君, 且二十年 내가 군주를 안 것이 장차 20년이 되어갑니다.

⑤ 도치된 빈어와 동사의 중간에 쓴다.

父母唯其疾之憂. 부모는 오직 그 자식 아플까 걱정하신다.

7. '于[於(어)]'

① ~에서(在). 동작의 정적인 상태를 나타낸다.

遇之于途. 그를 길에서 만났다.
君生于光緒壬寅年. 군주는 광서(光緒) 임인년(壬寅年)에 태어났다.
此非可于道路言也. 이것은 길에서 말할 수 있는 것이 아니다.
余于次年始入中學. 나는 이듬해 비로소 중학교에 들어갔다.

주의해야 할 것은 문언문의 '于……'는 대부분 술어동사 뒤에 놓인다는 점이다.

② ~로(到). 동작의 방향을 나타낸다.

世世秘其術, 不傳于外. 대대로 그 기술을 비밀로 하여 밖에 전해지지 않다.
百有餘年于玆矣. 지금까지 백 년이 되었다.

▶ ~에게(給)

寓書于其友, 假而觀之. 그 친구에게 편지를 써서 그 책을 빌려서 보았다.

▶현대에는 이에 해당하는 개사가 없다.

是不亦近于以五十步笑百步乎? 이것 또한 오십 보로써 백 보를 웃는 것과 가깝지 않은가?

難民之結群過江者幾於無日無之. 난민이 무리지어 강을 건너는 것이 거의 가지 않는 날이 없었다.

③ ~로부터(從)

家貧無書, 每假借于藏書之家. 집이 가난해 책이 없어 매번 책을 보관한 집에서 빌렸다.

而卒賴老僕, 脫之于難. 그러나 늙어서 늙은 하인의 도움으로 어려움에서 벗어날 수 있었다.

④ 말미암아(由于)

生于憂患, 死于安樂. 근심과 걱정에서 살고, 편안하고 즐거운 데서 죽는다.

⑤ 입다(被)

善戰者致人, 而不致于人. 싸움을 잘하는 자는 남을 부르지, 남에게 불려 가지 않는다.

⑥ ~에 대해서(對于)

有損于人而無益于己. 남에게는 손해를 끼치고, 자기에게는 이익이 없다.

口之于味也, 有同嗜焉. 입이 맛에 대해서, 함께 좋아하는 것이 있다.

⑦ ~보다, ~에 비해(比)

苛政猛于虎. 가혹한 정치(세금징수)는 호랑이보다 무섭다.

⑧ ~방면에서(在……方面)

其民勇于私鬪而怯于公戰. 그 백성은 개인적인 싸움에 대해서는 용감하지만 공적인 싸움에서는 비겁하다.

⑨ 이에, 곧(于是)

于是飮酒樂甚. 이에 술을 마시고 즐거움이 심하였다.

▶ 이에, 비로소(這才)

然後知吾向之未始游, 游于是乎始. 그런 후에 이전의 유람은 유람도 아니었으며, 진정한 유람은 이제야 시작되었음을 알게 되었다.

〈4획〉: '为[爲(위)]', '无[無(무)]', '勿(물)', '夫(부)', '方(방)', '及(급)', '从[從(종)]', '比(비)', '少(소)', '止(지)', '曰(왈)', '云(운)', '兮(혜)', '乌[烏(오)]', '见[見(견)]'

1. '为[爲(위)]': ①, ②, ③, ⑩은 wéi이고, 그 나머지는 wèi로 발음한다.

① ~이다(是: 爲wéi)

爾爲爾, 我爲我. 너는 너고, 나는 나다.

② 되다(做: 爲wéi)

山樹爲蓋, 岩石爲屛 산의 나무가 지붕이 되고, 암석들이 병풍이 되다.

▶ 변하여 ~되다(變做)

高岸爲谷, 深谷爲陵. 높은 언덕이 골짜기가 되었고, 깊은 골짜기가 언덕이 되었다.

③ 입다, 당하다(被: 爲wéi)

不爲酒困. 술 때문에 곤란을 당하지는 않는다.

④ ~에게 ~해주다(給), 대신하여 ~하다(替; 爲wèi)

爲天下興利除害. 천하를 위하여 이익을 일으키고 재해를 없앤다.

善爲我辭焉. 나를 대신하여 잘 말해 달라.

⑤ ~때문에(因爲; 爲wèi)

天不爲人之惡寒也輟冬. 하늘은 사람들이 추위를 싫어하는 것 때문에 겨울을 멈추지 않는다.

樗櫟雖大, 匠者不顧, 爲其無用也. 가죽나무와 상수리가 비록 크더라도 목수가 돌아보지 않는 것은 그것이 소용없기 때문이다.

⑥ ~위하여(爲了; 爲wèi)

正確地使用祖國的語言, 爲語言的純潔和健康而鬪爭. 조국의 언어를 정확하게 사용하기 위해서 언어의 순결성과 건전성을 위해 싸워야 한다.

⑦ ~대하여, ~에게, ~와, ~과(對, 和, 向; 爲wèi)

不足爲外人道也. 외부 사람들에게 말하기에 부족하다.

道不同不相爲謀. 도가 같지 않으면 서로 도모하지 않는다.

⑧ 이 때문에(爲之; 爲wèi)

昂首視之, 項爲之强. 고개를 높이 들고 보았더니, 이 때문에 목이 뻣뻣해졌다.

⑨ ~한 바(所爲; 爲wèi)

此有識之士所爲長嘆息者也. 이것은 지식이 있는 선비가 길게 탄식하는 바이다

無所爲而爲者, 不考慮個人利害之謂也. 억지로 하는 것이 없어도 이루어지는 것은 개인의 이해(利害)를 고려하지 않음을 말한다.

⑩ 어찌 ~하는가?(何以……爲), 무엇을 하는가?(做什麼 ; 爲wéi)

匈奴未滅, 何以家爲? 흉노가 멸망하지 않았는데 어찌 집이 필요한가?

(=要家做什麼? 집에 간들 무엇하겠는가?)

2. '无[無(무)]', '毋(무)'로도 쓴다. 특히 ②, ③, ⑨.

① 없다(沒有)

② ~하지 마라. 금지를 나타낸다.(別, 毋)

無道人之短, 無說己之長. 남의 단점을 말하지 말고, 자기의 장점을 말하지 마라.

③ '不(불)'와 같으며, '使令(사령)', '得能(득능)', '愿欲(원욕)', '卽令(즉령)', '庶冀(서기)', '比較(비교)' 등의 뜻을 지닌 문장에 쓴다(不〔불〕, 毋〔무〕).

我不欲人之加諸我也, 吾亦欲無加諸人. 나는 남이 나에게 가하는 것을 바라지 않고, 나 또한 남에게 가하는 것을 바라지 않는다.

可以取, 可以無取, 取傷廉. 가질 수도 있고 가지지 않을 수도 있는데, 가지면 청렴함을 손상하게 된다.

夜行者能無爲奸, 不能禁狗使無吠己也. 밤에 다니는 사람은 간사한 짓을 하지 않을 수는 있어도 개가 자신에게 짖지 못하게는 할 수 없다.

彼不能自使其無死, 安能使王長生哉. 그는 스스로 그 자신을 죽지 않게 할 수 없는데, 어찌 왕을 장생(長生)하도록 할 수 있겠는가?

今幣重而言甘, 誘我也, 不如無往. 지금 폐백을 중하게 하고 말을 달콤하게 하여 나를 유혹하니, 가지 않는 것이 낫겠다.

④ ~할 물건, 방법이 없다(無以)

某生無以答. 아무개는 대답할 방법이 없었다.

初學于其鄕之畫工, 終其技, 師無以爲敎. 처음에 그 고을의 화공에게 배워 그 기술을 마쳤으므로 스승이 가르칠 것이 없다.

⑤ 얼마 지나지 않아(無何)

無何, 至醉者之家. 얼마 지나지 않아, 취한 자의 집에 이르렀다.

⑥ 어찌할 수 없다(無奈……何), 현대한어의 '無奈'와 같다.

聞匈奴中樂, 無奈候望急何. 오랑캐 속에서 즐기고 있다는 것을 들었지만, 정찰이 심하여 어찌할 수 없었다.

⑦ 설마 ~이 아닌가?(無乃, 只怕)

許之而不予, 無乃不可乎. 그것을 허용하고 주지 않으면 아마 불가한 것 아니겠는가?

⑧ 단지 ~이 두렵다(無亦~, 只怕)

汝無亦謂我老耄而舍我. 네가 단지 내가 늙었다고 생각하여 나를 버릴까 두렵다.

⑨ 차라리(無寧, 寧可, 毋)

不自由, 無寧死. 자유가 아니면 차라리 죽겠다.

⑩ ~할 필요 없다. ~할 가치가 없다(無爲, 無事)

子當立志復仇, 無爲俱死也; 그대는 뜻을 세워서 원수를 갚는 것이 마땅하지만, 함께 죽을 필요는 없다.

某于義不得不死, 諸君無事空與此禍. 나(某: 자신을 지칭함)는 의리상 죽지 않을 수 없지만, 제군들은 공연히 이런 재앙에 함께 할 필요는 없다.

3. '勿(물)' ['無(무)'의 ②, ③과 비교]

① '無之(~하지 마라)'와 같다.

無友不如己者, 過則勿憚改. 자기보다 못한 자를 벗으로 삼지 말고, 잘 못이 있으면 고치는 것을 꺼리지 마라.

救趙孰與勿救. 조나라를 구하는 것과 구하지 않는 것 중에 어느 것이 좋은가?

② 뒤에 나온 용법으로 '無(무)'와 같다.

聞毀勿戚戚, 聞譽勿欣欣. 헐뜯는 말을 들었다 하여 슬퍼하지 말고, 칭 찬을 들었다 하여 기뻐하지 마라.

4. '夫(부)'

① 이것(這個) 그것(那個)

夫人不言, 言必有中. 저 사람은 말을 하지 않지만, 말을 하면 반드시 들어맞는다.

君獨不見夫朝趨市者乎? 그대는 유독 저 사람이 아침에 저자로 가는 것을 보지 못하였는가?

② 어수조사(語首助詞: 발어사)로 의론을 시작할 때 쓴다.

夫人必自侮, 然後人侮之. 무릇 사람은 반드시 스스로 모욕하면 그런 후에 남도 그를 모욕하게 된다.

③ 어말조사(語末助詞)로 감탄을 나타낸다.

悲夫! 逝者如斯夫. 슬프구나! 가는 것이 이와 같도다.

5. '方(방)'

① 바로(正在)

國家方危. 국가가 바야흐로 위태롭다.

② 바로, 막(剛才)

方出城門, 便逢驟雨. 막 성문을 나서자마자 곧바로 소나기를 만났다.

③ 비로소(方才)

用久方知. 오래 쓰고서 비로소 알게 되었다.

6. '及(급)'

① ~과(和)

陰以兵法部勒賓客及子弟. 몰래 병법으로 손님과 자제들을 묶어두었다.

② 이르다(到了)

吾所以有大患者, 爲吾有身, 及吾無身, 吾有何患. 내가 큰 근심이 있는 것은 나에게 몸이 있기 때문인데, 내 몸이 없게 되면 내게 무슨 근심이 있겠는가?

③ 타다(乘)

彼衆我寡, 及其未濟擊之. 저들은 수가 많고 우리는 수가 적으니, 그들이 전열을 가다듬지 못했을 때에 그들을 공격해야 한다.

④ 미치다(來得及)

時促, 未及遍觀. 시간이 촉박하여 두루 관찰하지 못했다.

7. '从[從(종)]'

① 현대한어의 '從'과 같다.

有一人從橋下走出. 어떤 한 사람이 다리 아래로부터 뛰어나왔다.
公等皆去, 吾亦從此逝矣. 그대들이 모두 떠나면 나도 여기서 떠나겠소.

② ~을 향해, ~에게(向)

從昆弟借貸, 猶足爲生, 何至自苦如此. 형제들에게 빌려주더라도 오히려 충분히 살 수 있거늘, 어찌하여 스스로 이와 같이 괴로운 지경에 이르렀습니까?

從所識索一飯之資. 알고 지내던 사람에게 밥 한 그릇의 비용을 구하였다.

③ 마음대로 ~하다(聽聘)

鴛鴦繡取從君看, 不把金針度與人. 원앙 비단은 그대가 마음껏 볼 수 있겠지만, 금바늘은 남에게 주지 않겠다.

8. '比(비)'

① ~에 이르러(到了)

有托其妻子于其友而之楚游者, 比其反也, 則凍餒其妻子. 그 처자를 그 친구에게 부탁하고 초나라에 놀러간 사람이 있었는데, 그가 돌아올 때 보니 그 처자를 굶주려 얼어 죽게 하였다.

② 자주(頻)

比年傷水災. 해마다 수재(水災)로 손해를 입었다.

間者數年比不登. 근래 몇 년간 자주 흉년이 들었다.

③ 가까이(近)

比來不審尊體動止何似? 근래 존체의 행동거지를 살피지 않았으니, 무엇 같겠는가?

④ 매번(比比: 每每)

郡國比比地動. 지방에서 매번 지진이 났다.

比比然也. 매번 그러하다.

9. '少(소)'

① 조금(些)

樓下有少酒, 與卿爲別. 아래층에 술이 조금 있으니, 그대와의 이별주로 삼겠네.

② 약간(稍微)

可以少安. 약간 편안할 수 있다.

10. '止(지)'

① 다만(只)

止可遠觀, 不足近玩. 다만 멀리서 관찰할 수 있을 뿐, 가까이서 가지고 놀기에 부족하다.

11. '曰(왈)'

① ~이다(是), 열거할 때 쓰인다.

曰水, 曰火, ……물이요, 불이요…….
一曰水, 二曰火. 첫 번째는 물이고, 두 번째는 불이다.

12. '云(운)'

① 어말조사(語末助詞)로, 대부분 '예를 들면, 이와 같다'는 뜻이 있다.

聞其言不見其人云. 그 말만 들었고, 그 사람을 볼 수 없었다고 한다.

② 이러이러하다(云云)

何子之言云云也. 어찌 그대의 말은 이러이러한가.

③ 云何: 어떻게(如何), 어찌하여(爲何)

不有舟車, 云何得達. 배와 수레가 없는데, 어떻게 다다를 수 있겠는가?

④ 云爾:

▶ 이와 같다(如此)

安樂令欒弘……賦詩見贈, 答之云爾. 안락령 난홍이…… 시를 지어 증정하여 이와 같이 답하였다.

▶ ~일 뿐이다(而已)

公明儀曰: "宜若無罪焉?" 曰: "薄乎云爾, 惡得無罪?" 공명의가 말했다: "마땅히 죄가 없는 것 같습니다." 대답하길: "적다고 할 수 있을 뿐이지, 어찌 죄가 없다고 할 수 있겠는가?"라고 했다.

▶ 단지 한편의 문장 끝에 쓰인다.(焉)

懼或乖謬, 有虧大雅君子之德, 所以戰戰兢兢, 若履深薄云爾. 간혹 어긋나서 고상한 군자의 덕을 어지러지게 함이 있을까 두려워 전전긍긍하면서 깊은 연못의 얇은 얼음을 밟듯이 하는 것이다.

13. '兮(혜)'

① 어기를 느슨하게 하는 조사로서 대부분 운문(韻文)에서 많이 보이며, 문장의 마지막과 중간에 사용된다.

歸去來兮! 田園將蕪胡不歸? 돌아가자! 전원이 장차 무성해지려 하는데, 어찌 돌아가지 않겠는가?

力拔山兮氣蓋世. 힘은 산을 뽑을만하고, 기세는 세상을 덮을 만하다.

14. '乌[烏(오)]'

① 어찌(哪兒, 豈)

齊楚之事又烏足道哉? 제와 초의 일은 또한 어찌 족히 말할 수 있겠는가?

15. '见[見(견)]'

① 당하다(被)

蘇武使匈奴, 見留二十年. 소무가 흉노에 사신으로 가서, 구류를 당한 지 12년이 되었다.

② '我'자의 역할을 대신한다.

家叔以余貧苦, 遂見用于小邑(=用我). 숙부께서 내가 가난하여 고생한다고 여겨, 마침내 소읍에 나를 등용되게 하였다.

▶ 간혹 제3인칭을 대신한다.

恐帝長大復見怨. 왕이 장성한 후에 왕에게 원망을 받을까 두렵다.

〈5획〉: '乎(호)', '以(이)', '且(차)', '弗(불)', '未(미)', '由(유)', '用(용)', '令(령)', '可(가)', '宁[寧(녕)]', '正(정)', '只[(지); 祗(지), 秖(지), 衹(저)]', '他(타)', '尔[爾(이)]'

1. '乎(호)'

① 의문을 표시하며, '嗎'에 해당한다.

許子必種粟而後食乎? 可以人而不如鳥乎. 허 선생은 반드시 자신이 곡식을 심은 후에만 먹습니까? 사람으로서 새만 못할 수 있겠습니까?

② 의문을 표시하며, '呢'에 해당한다.

且夫發七國之難者强乎? 장차 무릇 칠국의 어려움을 일으키는 자가 강합니까?

滕, 小國也, 間于齊楚, 事齊乎? 事楚乎? 등나라는 작은 나라로 제나라와 초나라 사이에 끼어 있으니, 제를 섬겨야 합니까? 초를 섬겨야 합니까?

③ 추측을 나타내고, 항상 감탄을 겸하며, '吧'자에 해당한다.

此君小異, 得無是乎? 이 군주는 조금 달라서, 이렇게 하지 않으려나?

泰山其頹乎! 태산이 무너지려나!

梁木其壞乎! 대들보가 무너지려나!

哲人其萎乎. 철인이 돌아가시려는가!

④ 감탄을 나타내며, '啊'자에 해당한다.

惜乎, 子不遇時! 애석하도다! 그대가 때를 만나지 못함이!

嗟乎, 子卿! 슬프도다! 자경이여!

⑤ 부르고 알림을 나타내며, '啊'자에 해당한다.

天乎, 吾無罪. 하늘이시여! 제겐 죄가 없습니다.

⑥ 문장 중간에 쉼을 나타낸다.

煥乎其有文章. 빛나도다! 그가 지은 문장이!

于是乎有黠者出, 乘機施其技. 여기에서 교활한 자가 나타나서, 기회를 틈타 그 기예를 펼쳤다.

⑦ '于'와 같다.

是所重者在乎珠玉而所輕者在乎人民也. 이것은 중시하는 바가 주옥에 있는 것이며, 가볍게 여기는 바가 백성에 있는 것이다.

2. '以(이)'

① ~을 가지고(拿), ~로써(用)

   啞者以手爲口. 벙어리는 손을 입으로 삼는다.

   以理喩之, 喩之以理. 이치로 그것을 깨닫고, 그것을 깨닫는 데 이치로써 한다.

② ~을(把)

   爾以我爲可侮乎? 당신은 나를 모욕할 수 있다고 여기십니까?

   乃以所乘馬贈之. 이에 타고 있던 말을 그에게 주었다.

③ ~때문에(因爲)

   未嘗以貧廢學. 일찍이 가난 때문에 학문을 그만둔 적이 없다.

   其地多雲霧, 以四界逼于高山也. 그 땅에 구름과 안개가 많은 것은 사방의 경계가 높은 산에 임했기 때문이다.

④ ~에 따라(依)

   衆客以次就坐. 여러 사람이 차례대로 자리에 앉는다.

   園有門, 以時啓閉. 정원에 문이 있는데, 시간에 따라 열고 닫는다.

⑤ ~에(在), 시간과 날짜에 대해서(關于時日)

   余以八月十九日返, 而君以中秋後一日行, 終不得一晤. 나는 8월 19일에 돌아왔고 그대는 중추절 하루 뒤에 떠났으니, 결국 한 번도 만날 수 없었다.

⑥ 목적을 나타낸다.

   繼續努力, 以求貫徹. 계속 노력하는 것은 관철하기 위함이다.

⑦ 결과를 나타낸다.

   發憤忘食, 樂以忘憂. 분발하여 끼니를 잊고, 즐거워서 근심을 잊었다.

⑧ 방식과 심리 상태를 나타내며, '地'나 혹은 '着'에 해당한다.

呱呱以啼, 啞啞以笑. 고고하며 울고 아아하며 웃는다.

談笑以死. 말하고 웃으며 죽었다.

白衣冠以送之. 흰 의관으로 배웅하다.

⑨ 두 개의 형용사를 연결한다.

其責己也重以周, 其待人也輕以約. 자기에게 책임을 추구하는 것은 중하면서도 치밀하게 하고, 남을 대하는 것은 가벼우면서도 간략하게 한다.

⑩ ～부터(從……往)

六十分以上爲及格. 육십 점 이상은 합격이다.

五嶺以南, 古稱百娛. 오령(五嶺) 이남은 옛날에 백오(百娛)라 불렀다.

⑪ ～로써, ～에 이르기까지, 줄곧(以至)

自王公卿相以至工藝雜流, 凡有名者皆留像于館. 왕공과 재상으로부터 공예와 잡류에 이르기까지, 무릇 이름이 있는 자는 모두 관(館)에다 초상을 남겼다.

⑫ 때문에, 까닭에(以故), 그래서(所以)

世皆稱孟嘗君能得士, 士以故歸之. 세상 사람 모두 맹상군이 선비를 잘 얻는다고 말하자, 선비들은 이 때문에 그에게로 돌아갔다.

3. '且(차)'

① 장차 ～하려 하다(將要).

積資且千萬. 재물이 쌓여 장차 천만이 되려 한다.

② 잠시(暫且)

我醉欲眠卿且去. 나는 취하여 자고 싶으니, 그대는 잠시 가게나.

③ 하물며(尙且), 게다가(連······都)

대부분 두 가지 일이나 상황을 비교하는 문장에 사용된다.

　明日且未可知, 況明年乎? 내일도 또한 알지 못하는데, 하물며 내년을 알겠는가?

④ 두 개의 형용사를 연결하여 又······又······로 쓴다.

　邦無道, 富且貴焉, 恥也. 나라에 도가 없으면 부유하고 귀한 것이 수치이다. 항상 '旣(기)'와 연결해서 쓴다. '旣' ②에 보인다.

⑤ 한편······한편······(一邊~ 一邊~)

　且歌且飮, 旁若無人. 한편으로는 노래하고 한편으로는 술을 마시며, 곁에 사람이 없는 듯이 행동했다.

⑥ 선택문을 연결할 때는 쓴다.(抑, 還是)

　敵之不適爲畏我耶? 且有所待也? 적이 나아가지 않는 것은 나를 두려워해서인가? 아니면 기대하는 것이 있어서인가?

⑦ 아울러, 또(幷且, 而且)

　公語之故, 且告之悔. 공은 그에게 까닭을 말하고, 또 그것을 후회한다고 말했다.

　邀之未必來, 且來亦何濟于事? 이것을 요청해도 반드시 오는 것은 아니며, 아울러 와도 또한 어찌 일에 도움이 되겠는가?

　且君侯何不思昔者也? 有昔者必有今日. 아울러 군주는 어찌 옛것을 생각하지 않으십니까? 옛것이 있어야 반드시 오늘이 있습니다.

4. '弗(불)'

① '不之(부지)'와 같다.

　得之則生, 弗得則死. 얻으면 살지만, 얻지 못하면 죽는다.

② 뒤의 용법은 '不(불)'과 같다.

後家居長安, 長安諸公莫弗稱之. 나중에 장안에서 살았는데, 장안의 여러 공이 그를 칭찬하지 않은 사람이 없었다.

5. '未(미)'

① 없다(沒有), 不曾(일찍이~하지 않다)

未之聞也. 아직 그것을 듣지 못했다.
君言竟未? 吾亦欲有所言. 그대의 말은 끝났는가? 나 역시 말하고 싶은 것이 있다.

② 아니다(不).

人固不易知, 知人亦未易也. 사람은 참으로 알기가 쉽지 않으니 남을 아는 것 역시 쉬운 것이 아니다(또 '未可〔미가〕', '未必〔미필〕'에서도 보인다).

③ 약간, 얼마 안 되어(未幾)

初習法語, 未幾而改習英語. 처음엔 프랑스어를 익혔는데, 얼마 안 되어 다시 영어를 익혔다.

6. '由(유)'

① ~부터(從).

由此觀之, 愛之適以害之也. 이로 보면, 그를 사랑하는 것이 그를 해치기에 적합한 것이다.

② 말미암다(歸).

設理事五人, 由會員共推之. 이사 다섯 명을 세워 회원들로 말미암아 공동으로 추대하게 하였다.

③ 때문에(因爲)

由此楊氏與郭氏爲仇. 이 때문에 양씨와 곽씨는 원수가 되었다.

7. '用(용)'

① 가지다(拿), 의지하다(憑)

衛靑霍去病亦以外戚貴, 然頗用材能自進 위청과 곽거병 또한 외척으로 귀해졌으나, 자못 재주와 능력으로 자신을 내세웠다

② 때문에(因)

用此, 其將兵數困辱. 이 때문에 그 장수와 병사가 몇 번이나 곤욕을 치렀다.

③ 어찌하여 ~하다(何用, 焉用)

何用弗受也. 왜 받지 않았는가?
隣之厚, 君之薄也, 焉用亡鄭以倍隣? 이웃 나라가 두터워지는 것은 군주의 나라가 엷어지는 것인데, 어찌하여 정나라를 망하게 하고 이웃 나라를 배가 되게 하려고 합니까?

8. '令(령)'

① 만약(倘, 倘若)

令冬月益展一月, 足吾事矣 만약에 겨울 한 달만 더 늘려준다면 나의 일은 충분할 것이다(죄수에 대한 처벌은 12월까지만 하고 봄에는 처벌하지 못하기에 왕온서가 이런 한탄의 말을 하였던 것이다).

9. '可(가)'

① 능하다(能)

無可奈何. 어찌할 수 없다.

② 할 수 있다.(可以)

可去矣. 떠날 수 있다.

③ 명령문에 쓰며, '可以'의 뜻이 매우 적다.

吾今日不喜飯, 可具粥. 내가 오늘 밥을 먹고싶지 않으니, 죽을 갖추
어라.

④ 마땅히(該)

但可遣人問訊, 不足自往. 다만 마땅히 사람을 보내어 물어야지, 스스
로는 가지 말아야 한다.

⑤ 대개(大槪)

年可十六七. 나이가 대개 십육칠 세이다.

⑥ 할 수 있다.(可得)

可得聞歟? 들을 수 있겠는가?

10. '宁[寧(녕)]'

① 차라리(寧)

與其害于民, 寧我獨死. 백성을 해치기보다는 차라리 나홀로 죽겠다.
寧人負我, 無我負人. 차라리 남이 나를 저버릴지언정 내가 남을 저버
리진 않겠다.

② 차라리(寧可), 선택문에 쓴다.

人之情, 寧朝人乎, 寧朝于人也? 사람의 마음이 차라리 남을 알현하
고 싶겠는가? 차라리 남에게 알현받고 싶겠는가?

③ 어찌(豈), 설마~은 아니겠지(難道), 반어문에 쓴다.

居馬上得之, 寧可以馬上治之乎 말 위에서 천하를 얻었다 할지라도, 어찌 말 위에서 천하는 다스리겠는가? (나라는 전쟁으로 빼앗을 수 있으나 다스리는 일은 전쟁처럼 할 수 없다는 뜻이다. 육가[陸賈]가 유방[劉邦]에게 한 말이다.)

④ 진실을 묻는 문장에서 쓴다.(可)

質通達長者也, 寧有子孫不? 호질(胡質)은 통달하고 덕망있는 사람인데, 어찌 그렇지 않은 자손이 있겠는가?

11. '正(정)'

① 바로, 마침(恰好)

正唯弟子不能學也. 이것은 바로 우리가(제자) 배울 수 없는 것입니다.

② 다만(只)

莫作孔明擇婦, 正得阿承丑女. 공명이 부인을 택한 방법을 배우지 마라. 다만 아승(黃承顔)의 못난 딸을 얻게 되리라.

③ 설사(卽)

正使死, 何所懼? 況不必死耶? 설사 죽는다 하더라도, 무엇이 두렵겠는가? 하물며 반드시 죽지 않음에 있어서랴?

12. '只(지)'

① 다만, 단지(適足以, 徒然)

雖殺之, 無益, 祇益禍耳. 비록 그를 죽이더라도, 이로움은 없고 다만 재앙을 더할 뿐이다.

② 나중에는 '止(지)'를 대신하여 상용하였고, '只(지)'를 써서 말했다.

所部祇二百人. 소부에 다만 200사람뿐이다.

13. '他(타)'

① 다른(別的)

子不我思, 豈無他人? 그대가 나를 생각해 주지 않는데, 어찌 다른 사람이 없겠는가?

于是沛公乃夜引兵從他道還. 이에 패공은 곧 밤에 군사를 이끌고 다른 길로 돌아왔다.

② 다른~

▶ 다른 물건

他無所取. 다른 것은 취한 것이 없다.

▶ 다른 일

王顧左右而言他. 왕이 좌우를 돌아보며 다른 일을 말했다.

▶ 다른 까닭

無他, 專心而已. 다른 까닭이 없고, 마음을 한가지로 할 따름이다.

▶ 다른 것에 마음 쓰다

閉門謝客, 以示無他. 문을 닫고 손님을 사절하여 다른 뜻이 없음을 보였다.

③ 기타(其他) ②와 같다.

14. '尔[爾(이)]'

① 너(你)

② 저것(那個)

爾夜風恬, 月朗. 그날 밤은 바람이 고요하고 달이 밝았다.

③ 그렇게(然)

貴土風俗何以乃爾乎? 諸葛亮見顧有本末, 終不爾也. 그곳의 풍속은 어찌 그렇습니까? 제갈량은 본말을 가려내는 사람이거늘, 절대 그렇게 하지 않을 것이다.

④ 그러한(然), 형용사 어미

子路率爾而對, 夫子莞爾而笑. 자로가 경솔하게 대답하자, 공자께서 빙그레 웃으셨다.

⑤ ~일 뿐이다(而已, 罷了)

吾軍亦有七日之糧爾, 盡此不勝, 將去而歸爾. 우리 군대는 7일 동안의 양식이 있을 뿐이므로 이것을 다 먹으면 이기지 못할 것이니, 장차 떠났다가 돌아와야 할 따름입니다.

⑥ 비슷하다(近似). '呢'자의 어기와 가깝다.

用臣之謀, 則今日取虢而明日取虞爾. 신의 생각으로는 오늘 괵(虢)나라를 취하고 내일은 우(虞)나라를 취할 것입니다.

⑦ 이러한(尔許)

此鼠子自知不能保爾許地也. 이 쥐들은 스스로 이러한 땅을 보전하지 못한다는 것을 알고 있다.

〈6획〉: '伊(이)', '此(차)', '如(여)', '而(이)', '已(이)', '自(자)', '至(지)', '因(인)', '会[會(회)]', '有(유)', '幷[並, 竝(병)]', '则[則(즉)]', '许[許(허)]', '设[設(설)]', '亦(역)', '耳(이)', '行(행)', '安(안)', '岂[豈(기)]'

1. '伊(이)'

① 저(那個)

　　所謂伊人, 在水一方. 말한바 저 사람이 물가 한쪽에 있다.

후세에서는 오로지 '伊人(이인: 저 사람)'을 그리워하는 여자로 삼았다.

② 통속 문언문의 대사이다. 그(他).

　　我就伊無所求, 我實亦無可與伊者. 나는 그에게 바라는 것이 없으며, 나는 실제로 그와 함께할 수 있는 것이 없다.

③ 누구(伊誰: 誰)

2. '此(차)'

① 이, 이것(這個)

▶ 사람을 가리킨다.

　　此壯士也. 이 사람은 장사이다.

▶ 사물을 가리킨다.

　　賢者亦樂此乎. 현자도 이것을 즐기는가?

▶ 땅을 가리킨다.

予居于此, 多可喜, 亦多可悲. 내가 이곳에 사니, 즐거울 것도 많고, 슬플 것도 많다.

▶ 때를 가리킨다.

蓋風習移人, 賢者不免, 百有餘年于此矣. 무릇 습관은 사람을 바꾸는데, 현자도 피할 수 없는 것으로 지금까지 백여 년이 되었다.

▶ 일을 가리킨다.

此所謂婦人之仁也. 이것이 이른바 부녀자의 인(仁)이라는 것이다.

3. '如(여)'

① 같다(像)

文如其人. 문장은 그 사람과 같다.
愛民如子. 백성을 자식같이 사랑한다.
如此. 이와 같다.
如故. 예전과 같이.
如下. 아래와 같이.

② 예로 쓰다(像; 擧例用)

常綠樹如松, 杉, 落葉樹如槐, 柳. 항상 푸른 나무는 예를 들어 소나무, 삼나무와 같은 것이요, 낙엽수는 예를 들어 홰나무, 버드나무와 같은 것이다.

③ 형용사의 어미, '然(연)'과 같다.

三月無君, 則皇皇如也. 3개월 동안 모실 군주가 없다면 어찌해야 할지 모를 것이다.

④ 만약(假如)

如恥之, 莫若不爲. 만약 부끄럽게 여긴다면 하지 않는 것만 못하다.

⑤ 이처럼, 이렇게(如此, 如是)

其愚如此. 그 어리석음이 이와 같다.

如是其難也. 이처럼 어렵다.

⑥ 어떻게(如何)

究應如何辦理, 佇候明敎. 연구할 때에는 응당 어떻게 처리해야 하는가? 가만히 밝은 가르침을 기다려야 한다.

⑦ 어떻게 하다, 어찌하다(如之何)

竭力以事大國, 則不得免焉, 如之何則可. 힘을 다하여 대국을 섬겨도 화를 면치 못하니 어떻게 하면 되겠습니까?

⑧ 어떻게(如…何)

不能正其身, 如正人何(如何正人)? 그 몸을 바르게 할 수 없다면 어떻게 남을 바르게 할 수 있겠는가?

▶ 무엇을 어떻게 하다(把……怎麼樣)

君如彼何哉. 왕께서는 그것을 어떻게 하시겠습니까?

4. '而(이)'

문언문에 가장 많이 쓰이는 연사(連詞)이다. 이어진 두 부분이 두 개의 단어가 될 수도 있고, 두 개의 문장이 될 수도 있다. 그리고 한쪽으로 차례로 이어질 수도 있고, 서로 어긋날 수도 있으며 또한 서로 이어지지 않고, 어긋나지도 않을 수 있다.

① 순접(順接).

▶ 두 개의 형용사

語其淺而近者如此. 말이 얕고 가까운 것이 이와 같다.

▶ 두 개의 동사

覺而起, 起而歸. 깨어나서 일어나고, 일어나서 돌아가다.

▶ 두 개의 문장

價廉而物美. 값이 저렴하고 물건이 좋다.

② 역접(轉接), '但是'와 같다.

▶ 두 개의 형용사

東道夷而遠, 西道險而近. 동쪽 길은 평탄하지만 멀고, 서쪽 길은 험하지만 가깝다.

▶ 두 개의 동사

知其不可爲而爲之. 할 수 없다는 것을 알면서도 그것을 한다.

▶ 두 개의 문장

價廉而物不美. 값은 저렴하지만 물건이 좋지 않다.

③ 방식이나 혹은 정태(情態)를 나타내는 단어를 동사에 연접하는 것으로 '地(지)' 혹은 '着(착)'에 해당한다.

侃侃而談, 默爾而笑. 강직하게 말하고, 가만히 웃는다.
攀援而登. 잡아당기면서 올라가다.
不勞而獲. 노력하지 않고 얻다.

④ 시간부사를 동사에 연접할 때

已而復如初. 나중에는 다시 처음과 같아졌다.

旣而悔之. 이미 후회하다.

俄而客至. 잠시 후 손님이 이르다.

久而習與俱化. 오래되어 습관이 함께 변하다.

始而喜, 繼而疑. 처음에는 기뻐했으나, 시간이 지나면서 의심했다.

⑤ 부사 같은 명사를 동사에 연접할 때

朝而往, 暮而歸. 아침에 가서 저녁에 돌아오다.

一日而行千里. 하루에 천 리를 가다.

一言而決. 한마디 말로 결정하다.

⑥ 각종 부사성 단어를 동사에 연접할 때

由小而知大. 작은 것에서 큰 것을 알다.

自古而然. 예로부터 그러하다.

爲利而來. 이익을 위해서 오다.

人材以培養而出. 인재를 배양하여 배출하다.

⑦ ～에서 ～로 가다(從……往)

宜昌而東, 江行平地. 의창에서 동쪽으로, 강이 평지로 흐른다.

今而後吾不復言矣. 지금 이후로 나는 다시 말하지 않는다.

⑧ ～까지(到)

自小學而中學而大學. 초등학교, 중학교에서 대학교까지.

一而十, 十而百. 하나에서 열까지, 열에서 백까지.

小而一家, 大而一國, 莫不有其特有之問題. 작게는 한 집안, 크게는 한 나라에 이르기까지 그 특유한 문제가 있지 않음이 없다.

⑨ 주어와 술어의 중간에 쓰이며, '그러나(可是)'의 뜻을 가진다.

匹夫而爲百世師, 一言而爲天下法. 평범한 백성이 백 대에 걸쳐 모범이 되고, 그의 말 한마디가 천하의 법이 될 수 있다.

⑩ 주어와 술어의 중간에 쓰이며, '만약에(要是)'의 뜻을 가진다.

人而無志, 終身無成. 사람이면서 뜻이 없다면 죽을 때까지 성취함이 없을 것이다.

⑪ ~일 뿐이다(而已, 罷了)

江山之外, 第見風帆沙島, 烟雲竹樹而已. 강과 산을 제외하고, 단지 바람과 돛단배와 모래섬, 그리고 노을과 구름, 대나무만 보일 뿐이다.

夫子之道, 忠恕而已矣. 공자의 도는 충성과 용서일 따름이다.

⑫ 형용사의 어미(語尾)

頎而長兮. 훤칠하면서 크도다.

已而, 已而. 되었도다, 되었도다. (그만둘지어다, 그만둘지어다.)

⑬ 당신의(你的)

若歸, 試從容問而父. 네가 돌아가면 조용히 너의 부친께 여쭈어 보아라.

5. '自(자)'

① '自己(자기)'는 부사성인데, 현대한어에서는 "自己騙自己. (자신이 자기를 속인다.)"라고 말하지만, 문언문에서는 앞의 '自(자)'만 쓰는데, "自欺. (스스로를 속이다.)"와 같은 것이다.

夫人必自悔, 然後人悔之. 무릇 사람은 반드시 먼저 스스로 뉘우쳐야, 남도 그를 용서해준다.

② 부터(從)

有朋自遠方來. 벗이 있어 먼 곳에서 오다.

自古至今. 예로부터 지금까지.

③ 비록(雖然), 연사(連詞)

　　自京師不曉, 況于遠方. 비록 경사에서도 알지 못하거늘, 하물며 먼 곳에 있어서랴.

④ '故(고), 正(정), 終(종), 猶(유)' 등의 부사 뒤에 붙으며 '自' 자체로는 명확한 뜻이 없다.

　　此兒故自可人. 이 아이는 여전히 남의 마음에 든다. (故自: 여전히)
　　正自不易言. 단지 말하기가 쉽지 않을 뿐이다. (正自: 단지)
　　終自有盡時. 마침내 다할 때가 있다.

⑤ ~이 아니면(自非: 除非)

　　自非聖人, 外寧必有內憂. 성인이 아니면 밖으로는 평안해도 반드시 안으로는 걱정이 있다.

⑥ 이 외에도(自餘: 除此以外)

　　自餘文人莫有逮者. 문인을 제외하고는 올 사람이 없다.

6. '至(지)'

① 지극한(極)

　　其理至淺, 何以不達? 그 이치가 지극히 얕은데, 어찌 통달하지 못하는가?

② 까지(到), 줄곧 ~에 이르다(一直到). 방향과 처소(處所)를 가리키며, 때로는 '于(우)'를 덧붙인다.

　　上至公卿士夫, 下至販夫走卒. 위로는 공경대부에 이르고, 아래로는 잡상인과 심부름꾼에 이른다.
　　東至于海. 동쪽으로는 바다에 이른다.
　　至于犬馬, 皆能有養. 개와 말에 이르기까지 모두 능히 기를 수 있다.

③ ~에 이르러(到了). 시간을 나타낸다.

至日中, 所期不來. 정오가 되었는데도 기약한 사람은 오지 않았다.

至死不悟. 죽음에 이르러서도 깨닫지 못한다.

④ 이르다, 도달하다(到了). 정도를 나타내며, 때로는 '于(우)'를 덧붙인다.

後之亡者多至數十百人. 나중에 죽은 자가 많게는 수백 명에 이르렀다.

深懷憂懼, 至于廢寢食. 깊은 생각에 잠겨 걱정하고 두려워하며, 잠을 자고 먹는 것도 잊을 지경에 이르렀다.

⑤ 이르다, 도달하다(到了). 별도로 하나의 일을 말하며, 때로는 '于(우)'를 덧붙인다.

諸將易得耳, 至如信者, 國士無雙. 여러 장수는 얻기 쉽지만, 한신 같은 경지에 이른 장수는 나라 선비 가운데 둘도 없다.

至于日常事務, 一以付之屬吏. 일상 사무에 대해서는 일괄적으로 하급 관리에게 맡겨라.

7. '因(인)'

① ~에 의지해서, ~에 따라서(依: 順着)

因山構屋. 산세에 따라 집을 짓는다.

因勢利導. 형세의 유리함에 따라 이끈다.

② 말미암아, ~을 통해(由……居間)

魏使人因平原君請從于趙. 위나라는 사람을 보내 평원군을 통해서 조나라에 합종을 청하도록 하였다.

③ 때문에(因爲)

因前使絶國功, 封騫博望侯. 이전에 사신으로 국가에 뛰어난 공적을 세웠기 때문에 장건(張騫)을 박망후(博望侯)에 봉했다.

④ 이로 말미암아(因此), 그리하여, 이에(于是), 곧(就). 때로는 '而(이)'를 덧붙인다.

及至頹當城, 生子, 因名曰頹當. 퇴당성에 이르러 자식을 낳으니, 이에 이름을 퇴당이라 하였다.

避仇至沛, 因家焉. 원수를 피해 패수에 이르러 곧 여기에 집을 지었다.

草木爲之含悲, 風雲因而變色. 초목이 이 때문에 슬픔을 머금었고, 바람과 구름이 이로 말미암아 색이 변하였다.

8. '숲[會(회)]'

① 때마침(恰好遇着)

抵罪遠戍, 數年會赦, 乃歸. 죄를 저질러 벌을 받아 멀리 변방으로 군영으로 쫓겨났다가, 수년 만에 때마침 사면을 받고 곧 돌아왔다.

② 반드시, 어쨌든(會當;總得要)

男兒居世, 會當得數萬兵千匹騎着後耳! 남자로 태어났다면 마땅히 수만 명의 군사와 천여 필의 말이 뒤따라야 하지 않겠는가!

9. '有(유)'

① 또(又)

是後六十有五年, 而山戎越燕而伐齊. 그 후로 육십하고 오 년 뒤에, 산융(山戎)이 연(燕)나라를 넘어 제(齊)나라를 쳤다.

② ……까닭이 있다(有以; 有所以……之物, ……之道)

殺人以梃與刃, 有以异乎? 사람을 죽이는 데 칼을 쓰나 몽둥이를 쓰나 다를 것이 있겠는가?

王語暴以好樂, 暴未有以對也. 왕께서 저(王暴)에게 음악을 좋아하는지를 묻는다면 저는 대답할 말이 없습니다.

惟足下有以督敎之. 오직 당신만이 그들을 감독하고 가르칠 까닭이 있다.

10. '幷[並, 竝(병)]'

① 함께(一同)

諸侯幷起. 제후가 함께 일어나다.

② 모두(都). 卜之, 幷吉

점을 치니, 모두 길하다.

③ ……까지(連同)

幷前在京所得, 共三千余冊. 이전에 서울에서 얻은 것까지 모두 3,000여 권이다.

④ ……까지도(連……也)

厭疾奢侈者, 至于幷一切之物質文明而摒棄之. 사치를 싫어하는 사람은 모든 물질 문명까지도 팽개친다.

11. '則[則(즉)]'

이것은 문언문에서 가장 많이 쓰는 연사인데, '而(이)'와 비교하면 '而(이)'는 둥글고 부드러운 것이라면 '則(즉)'은 네모지고 딱딱한 것이라 할 수 있다.

① 두 가지 일의 시간상 관계를 나타낼 때, '就(취)'에 해당한다.

諸兒見家人泣, 則隨之泣. 여러 아이가 집안 사람들이 우는 것을 보고서, 덩달아 따라 울었다.

叩其門, 則其妻應聲出. 그 문을 두드리니 그 처가 대답하며 나왔다.

② 인과(因果)나 혹은 정리(情理)상의 관계를 나타내며, '要是……就'에 해당(相當)한다.

凡物熱則漲, 冷則縮. 모든 물건은 뜨거워지면 팽창하고, 냉각되면 수축한다.

③ 원래는(原來是), 원래 이미(原來已經).

就而視之, 則赫然死人也. 가까이 가보니, 놀랍게도 죽은 사람이었다.

及諸河, 則在舟中矣. 강에 이르러 보니, 원래 배 가운데 있었다.

④ 두 가지 일이 대립하는 것을 나타내지만, 반드시 두 구절에 모두 쓰는 것은 아니며, 강조하여 말하는 '是(시)'에 해당한다.

衣則不足以蔽體, 食則不足以充腹. 옷은 곧 몸을 가리기에 부족하고, 음식은 배를 채우기 부족하다.

人皆好逸而惡勞, 我則異于是. 사람은 모두 편한 것을 좋아하고 수고를 싫어하는데, 나는 곧 이와 다르다.

量則多矣, 質皆不佳. 양이 많기는 하지만, 질은 모두 좋지 못하다.

⑤ '此(차), 是(시)' 등의 글자 뒤에 쓰며, '就是'에 해당한다.

此則言者之過也. 이는 곧 말한 자의 허물이다.

是則貪多務得而不求其精之故也. 이는 곧 많은 것을 탐내고 얻기에 힘써 그 정밀함을 구하지 못한 까닭이다.

12. '許[許(허)]'

① 수사 뒤에 붙여 대략적인 수를 나타낸다. 남짓. '來(래)'.

可容三千許人. 3천 남짓의 사람을 수용할 수 있다.

留飮十許日. 십여 일을 머무르며 마신다.

② 조금(少許), 많이(多許), 얼마나, 몇(幾許)

③ 이처럼(爾許, 如許)

'許多(많다)'는 바로 '爾許多(이처럼 많다)'의 줄임말이다.

④ 어느 곳(何許)

不知何許人. 어느 곳 사람인지 모른다.

13. '設[設(설)]'

① 만약에(假使)

設中途有變, 何以善其後? 만약 도중에 변고가 있다면 어떻게 그 뒤를 잘하겠는가?

14. '亦(역)'

① 현대한어의 '也(야)'와 같다.

② 또한 ~이다(也就是), 단지 ~이다(只是).

王亦不好士耳! 何患無士? 子擊因問曰: "富貴者驕人乎? 且貧賤者驕人乎?" 子方曰: "亦貧賤者驕人耳." (왕은 다만 현명한 선비를 좋아하지 않을 따름이다. 어찌 현명한 선비가 없다고 할 수 있겠는가? 자격[子擊]이 황자방[黃子方]에게 물었다: "부귀한 사람이 교만합니까? 빈천한 사람이 교만합니까?" 자방이 말했다: "단지 빈천한 사람이 교만할 따름이다." [빈천한 사람은 마음에 들지 않으면 언제든지 떠날 수 있으나, 부귀한 사람은 그렇지 못함을 빗대어 한 말이다.])

15. '耳(이)'

① ~일 따름이다(而已, 罷了)

前言戲之耳. 앞에 한 말은 농담 삼아 한 말일 뿐이다.

② ~뿐이다(呢)

諸將易得耳, 至如信者, 國士無雙. 여러 장수는 쉽게 얻을 따름이나, 한신 같은 사람은 나라에 둘도 없는 선비입니다.

若雖長大, 好帶刀劍, 中情怯耳. 그대가 비록 키가 크고 덩치가 크며, 칼과 검을 차고 다니기를 좋아하지만, 마음속은 겁쟁이일 뿐이다.

16. '行(행)'

① 거의(將)

日月易得, 別來行復四年. 밤낮은 쉽게 바뀌나, 그대가 돌아오기까지 거의 4년이나 걸렸다.

② 또(且)

旣痛逝者, 行自念也. 이미 떠난 사람을 애통해하고, 또 자신을 생각한다.

17. '安(안)'

① 어디, 어느 곳에(哪兒, 何赴)

王室多故, 予安逃死乎? 주나라 왕실에 변고가 많은데, 내가 어디로 도망간들 운명을 피할 수 있겠는가?

汝安從知之. 너는 어디에서 알았느냐?

② '어디에(哪兒)', '어떻게(如何)'로 대부분 '得(득), 能(능), 可(가), 敢(감)' 등 글자 앞에 쓴다.

君安得高枕而臥乎? 내가 어찌 베개를 높이 베고서 편히 잘 수 있겠는가?

吾亦欲東耳, 安能郁郁久居此乎? 나 역시 동쪽으로 가고 싶을 뿐인데, 어찌 오래 답답하게 여기서 머물겠는가?

18. 넘[豈(기)]

① 설마 ~이 아니겠는가?(難道) 반문을 나타낸다.

豈有此理? 어찌 이런 이치가 있을까?

雖曰天命, 豈非人事哉! 비록 천명이라 해도 어찌 사람의 일이 아니겠는가!

② 말하기 어려운 것에 대해 추측성 의문으로 나타낸다.

家豈有冤, 欲言事乎? 집안에 어찌 원통한 일이 있어서 일을 말하고자 하는 것일까?

〈7획〉: '何(하)', '況[況(황)]', '矣(의)', '每(매)', '更(갱)', '抑(억)', '犹[猶(유)]', '但(단)', '足(족)', '否[不(불)]', '纵[縱(종)]', '欤[歟(여)]', '讵[渠(거), 巨(거)]', '卽(즉)'

1. '何(하)'

이것은 문언문에서 가장 폭넓게 응용하는 의문대사인데, 현대한어의 '什麼, 爲什麼, 怎麼, 哪兒' 등의 쓰임을 겸하고 있으며 결합어(結合語)가 매우 많다.

① 무엇(什麽)

內省不疚, 夫何憂何懼? 자신을 돌이켜 보아도 거리낌이 없으면 무릇 무엇을 근심하고 무엇을 두려워하겠는가?

以此攻城, 何城不克. 이것으로써 성을 공격한다면 어떤 성(城)인들 정복하지 못하겠는가?

② 왜(爲什麽)

彼丈夫也, 我丈夫也, 吾何畏彼哉? 그도 장부고 나도 장부인데, 내가 어찌 그를 두려워하겠는가?

③ 어떻게(怎麽)

子在, 回何敢死. 선생께서 살아계시는데, 제(顏回)가 어떻게 감히 죽겠습니까?

④ 어찌(怎麽), 감탄을 나타낸다.

何子之不達也. 어찌하여 그대는 말을 하지 않는가?

⑤ 어디(哪兒)

軫不之楚, 何歸乎. 진진(陳軫)이 초(楚)나라로 가지 않는다면 어디로 돌아가겠는가?

⑥ 왜(何者, 何則; 爲什麽). 스스로 묻고 스스로 답하는 것(自問自答)에 쓴다.

何者? 功多, 秦不能盡封, 因以法誅之. 무엇 때문인가? 공로가 있는 사람이 너무 많아서, 진(秦)나라는 모두 봉(封)해줄 수가 없었기 때문에 법에 걸어 그들을 죽인 것이다.

何則? 皆不欲齊秦之合也. 왜인가? 모두 제(齊)나라와 진(秦)나라의 연합을 바라지 않기 때문이다.

⑦ 어떠하다(何如, 何若). 술어로 쓰인다.

讀書之樂樂何如? 책을 읽는 즐거움은 즐거움이 어떠한가?

吾欲東家食而西家宿, 何如? 나는 동쪽 집에서 밥을 먹고, 서쪽 집에서 잠을 자려 하는데 어떠한가?

我視君何若. 내가 그대를 보는 것이 어떠한가?

⑧ 어떠한가(何如). 비교하는 두 개의 사물 중간에 쓴다.

與秦地何如勿與? 진나라 땅을 주는 것과 주지 않은 것을 비교하면 어떠합니까?

長安何如日遠. 장안을 멀리 있는 해와 비교하면 어떠합니까?

⑨ 어떻게(何以)

雖然, 何以報我? 비록 그렇지만, 내게 어떻게 보답하겠습니까?

不爲者與不能者之形何以異. 하지 않는 것과 할 수 없는 것의 상황은 어떻게 다릅니까?

⑩ 왜(何以, 何爲)

德, 日, 美之敵國, 何以扶植之若此? 독일, 일본은 미국의 적국인데, 왜 이와 같이 그들을 배양한 것인가?

戰勝未可必, 何爲戰. 싸워서 반드시 이길 수 없다면 왜 싸우는가?

⑪ 어디에서, 어떠하다(何自, 何由, 何從)

亂何自起? 起不相愛. 혼란은 어디에서 일어나는가? 서로 사랑하지 않음에서 일어난다.

何由知吾可也? 무엇으로 내가 할 수 있음을 아는가?

若不申辨, 何從得直. 말을 하지 않으면 어디에서 바로잡을 수 있는가?

⑫ 어디 ~하다(何可, 何得, 何足, 何須, 何必, 何至, 何嘗)

'何(하)'는 모두 인정과 도리를 묻는 '哪兒(어디)'로 말한다. '何至(하지)'는 어디로 도달하려는 것이다. '何嘗(하상)'은 '哪兒(어디)'이다.

> 何嘗有此言? 어디 이런 말이 있는가? (＝哪兒有過這個話. 어디 이런 말을 한 적이 있는가?)

⑬ 무슨 ~이 있는가(何……之有)

> 何難之有? 무슨 어려움이 있는가?
> 何不利之有. 무슨 이롭지 않음이 있는가?

⑭ 무엇이 있는가(何有)

▶ 어디 ~한 도리가 있는가(哪兒有……的道理)

> 將軍何有當爾? 장군을 어찌 당할 자가 있겠는가?
> 何有亂頭養望, 自謂宏達耶. 어디 봉두난발(蓬頭亂髮)로 은거하면서, 자신을 위대하다고 이를 수 있겠는가?

▶ 무슨 어려움이 있는가(何難之有)

> 能以禮讓爲國乎, 何有? 예절과 겸양으로 나라를 다스릴 수 있다면 무슨 어려움이 있겠는가?

▶ 무슨 아낌이 있겠는가(何愛之有)

> 除君之惡, 唯力是視, 蒲人狄人, 余何有焉. 군주가 싫어하는 사람들을 없애기 위해서 오직 힘쓰는 것을 따질 뿐인데, 포인(蒲人)이든 적인(狄人)이든 내게 무슨 상관이 있겠는가?

2. '況[況(황)]'

'何況(하황)'은 항상 '而(이)'와 연결해서 쓴다. 앞 문장에는 '尙(상), 且(차), 猶(유)' 등의 글자가 호응하는 것이 일반적이다.

此不足以欺童子, 況我輩乎? 이것은 어린아이도 속일 수 없는데, 하물며 우리에게 있어서랴?

困獸猶鬪, 況一國之民乎? 갇힌 짐승도 오히려 싸우는데, 하물며 한 나라의 백성에 있어서랴?

死且不懼, 況未必死乎? 죽음도 두렵지 않은데, 하물며 반드시 죽는 것이 아님에 있어서랴?

天地尚不能久, 而況于人乎? 천지도 오히려 오래 갈 수 없는데, 하물며 사람에게 있어서랴?

문언문에서는 '況(황)'자를 의문문에만 쓸 뿐, 현대한어의 '況且(＝而且)'를 사용하는 곳에는 쓰지 않으며, 문언문은 이런 곳에다 보통 '且(차)'를 쓴다는 점에 주의해야 한다.

3. '矣(의)'

'矣(의)'는 '也(야)' 다음으로 가장 많이 쓰는 어기조사(語氣助詞)이다. '也(야)'는 정적인 것으로 본연의 일을 나타내지만 '矣(의)'는 동적인 것으로, 이미 그렇게 되었거나 혹은 그렇게 되려고 하는 일, 즉 한 번 움직여 이루어지는 일을 나타낸다. 대다수의 '矣(의)'는 현대한어 '了'자의 어기에 해당한다.

① 이미 그렇게 된 일을 나타내며, '이미(已經)'의 뜻이 있다.

晋侯在外, 十九年矣. 진후(晋侯)가 밖에 있은 지 19년이 되었다.
險阻艱難, 備嘗之矣. 어떤 험난함도 다 맛보았다.
民之情僞, 盡知之矣. 백성의 진정성과 거짓을 모두 알고 있다.

'지금(現在)'을 의미한다.

▶ 孺子可教矣. 어린아이는 가르칠 만하다.

② 다음과 같은 의미를 나타낸다.

▶ 장차 그렇게 될 일이나 혹은 말하는 사람 스스로 알리는 것을 나타낸다.

　　夜半, 客曰: 吾去矣; 한밤이 되어 손님이 말했다: 나는 가겠네.

▶ 눈앞의 사태를 근거로 추정을 나타낸다.

　　天下從此多事矣. 천하가 이로부터 일이 많아졌다.

▶ 혹은 가설의 결과를 나타내는데, 대부분 '則(즉)'과 호응한다.

　　民爲邦本, 民困則國危矣. 백성은 나라의 근본이니, 백성이 곤궁하면 나라가 위태롭게 된다.

③ 감탄을 나타낸다.

▶ 문장 끝에 있다.

　　交友之道難矣. 친구를 사귀는 방법이 어렵다.

▶ 문장 중간에 있다.

　　甚矣, 人之不可以無恥也. 심하도다, 사람이 부끄럼이 없어서는 안됨이여!

④ 명령문에서 쓴다.

　　先生且休矣, 吾將念之. 선생께서는 잠시 멈추시지요. 제가 그것을 생각 좀 해보겠습니다.

4. '每(매)'

① 하나하나(個個)

　　每人而悅之, 日亦不足矣. 한 사람 한 사람을 기쁘게 해주려면 시일이 또한 부족할 것이다.

② 매번(各逢)

每一念至, 何時可忘? 매번 한가지 생각에 이르니, 언제쯤 잊을 수 있을까?

③ 늘(每每; 往往, 常常)

值歡無復娛, 每每多憂慮. 기쁜 일이 있어도 더는 즐겁지 않은 것은 늘 근심과 걱정이 많기 때문이네.

5. '更(갱)'

① '再(재)', '又(우)'는 긍정문보다 부정문에서 많이 쓰인다.

卽日行事, 不更計議. 당일 일을 하고 나면 다시 생각하지 않는다.
孟嘗君有一狐白裘, 入秦獻之昭王, 更無他裘. 맹상군은 흰여우 갖옷 한 벌이 있었는데, 진나라에 들어가 그것을 소왕에게 바쳤기 때문에 다시 다른 갖옷이 없었다.
欲窮千里目, 更上一層樓. 천 리를 다 보고 싶어서, 다시 한 층 누각에 올라간다.

② 더욱(更加)

洗脂除粉, 轉更嫵媚. 화장을 지우고 나니, 더욱 아름답게 변했다.

③ 번갈아, 바꾸어(遞互)

九卿更進用事. 구경(九卿)이 번갈아 나아가 일을 처리했다.

6. '抑(억)'

① ~이 아니면(還是). 선택문에 쓴다.

敢問天道乎, 抑人故也. 감히 묻노니, 하늘의 이치입니까? 아니면 사람의 이유입니까?

② 그러나(可是)

若聖與仁, 則吾豈敢? 抑爲之不厭, 誨人不倦, 則可謂云爾已矣. 만약 성인(聖人)과 인인(仁人)이라고 말한다면 내가 어찌 감당하겠는가? 그러나 그것을 하는 데 싫증을 느끼지 아니하고, 남을 가르치는 데 게으름을 피우지 않는 것이라면 즉 이러하다고 말할 수 있을 따름이다.

7. '犹[猶(유)]'

① ~같다(像), ~와 같다(跟……一樣)

吾今日見老子, 其猶龍邪. 내가 오늘 노자(老子)를 보니, 그 모습은 용 같았다.

② 여전히(尚), 오히려(還)

其民猶有先王之遺風. 그 백성들에게는 여전히 선왕(先王)의 가르침이 있다.
蔓草猶不可除, 況君之寵弟乎. 덩굴풀도 오히려 제거할 수 없거늘, 하물며 군주의 사랑하는 아우에 있어서랴.

8. '但(단)'

① 다만(只)

不聞爺娘喚女聲, 但聞黃河流水鳴濺濺. 부모가 딸을 부르는 소리는 들리지 않고, 다만 황하의 흐르는 물소리만 철철 들리네.

② 단지(但是)

無他, 但手熟爾. 다른 것은 없고, 단지 손에 익었을 뿐이다.

9. '足(족)'

항상 '以(이)'와 연결해서 쓴다.

① 충분하다(夠)

是四國者, 專足畏也. 이 네 나라는 매우 두려워할 만하다.

適足以結怨深仇, 不足以償天下之費. 깊은 원한을 맺기에 정말 좋아서, 천하를 보상하는 비용으로도 부족하다.

② ~할 만한 가치가 없다(不足; 不値得)

公幸有親, 吾不足以累公. 공에게 다행히 부모가 계시니, 내가 공에게는 누를 끼칠 수 없다.

竪子不足與謀. 어린놈과는 더불어 일을 도모할 가치가 없다.

▶ ~할 필요가 없다(不必)

不足爲外人道也. 바깥 사람들에게는 말할 필요가 없다.

10. '否[不(불)]'

① 대칭성(對稱性) 부정사

晋人侵鄭, 以觀其可攻與否(＝不可攻)? 진나라 군주가 정(鄭)나라를 침범하여 정나라를 공격할 수 있는지(＝공격할 수 없는 지)를 살펴보았다.

② 반복 의문문 뒤에 쓰이는데, 고대한어에서는 '不(불)'을 많이 쓴다.

尊君在不, 春初得書, 尋即裁謝, 不審得達否? 如此則動心否乎?
(그대의) 아버님께서는 잘 계시는지요? 봄에 처음 편지를 받고, 곧바로 답장을 올렸으나, 잘 받으셨는지 모르겠습니다. 이와 같다면 마음이 움직이셨는지요?

③ 부정적(否定的)으로 대답하는 말로 '然(연)'과 상대한다.

許子必織布而後衣乎? 曰 "否". 허자는 반드시 베를 짜서 옷을 만들어 입는가? 대답하길, "아닙니다."라고 했다.

11. '纵[縱(종)]'

① 비록(卽使)

縱江東父兄怜而王我, 我何面目見之. 비록 강동의 부형이 나를 불쌍히 여겨 왕으로 추대한다 해도 내가 무슨 면목으로 그들을 대하겠는가?

12. '欤[歟(여)]' 구말어조사(句末語助詞)로, 용법이 '乎(호)'의 ①에서 ④와 같다.

① 의문을 나타내며, '嗎'에 해당한다.

子非三閭大夫歟? 何故而至此. 그대는 삼려대부가 아닙니까? 무슨 까닭으로 여기까지 이르셨습니까?

② 의문을 나타내며, '呢'에 해당한다.

吾言之而聽者誰歟? 내가 말한 것을 들은 자가 누구인가?

③ 추측과 감탄을 나타내며, '吧'에 해당한다.

孝弟也者, 其爲仁之本與. 부모에게 효도하고 형제 간에 우애를 돈독히 하는 것, 그것은 인을 실천하는 근본이다.

④ 반어(反語)와 감탄을 아울러 나타낸다.

可不愼與? 어찌 삼가지 않을 수 있겠는가?

13. '詎[渠, 巨(거)]'

① 어찌, 어디(豈哪兒)

詎可便以富貴驕人? 어찌 부귀함으로써 남에게 교만하겠는가?

沛公不先破管中, 公巨能入乎. 패공이 먼저 관중을 함락시키지 않았다면 공께서 어찌 들어올 수 있었겠습니까?

항상 '庸(용)'과 연용하며, '庸(용)' ②에 보인다.

14. '卽(즉)'

① 곧, 바로(就是). 주어와 표어(명사성·형용사성 술어를 말함)의 중간에 쓴다.

梁父卽楚將項燕. 항량의 부친은 곧 초나라 장수 항연이다.

② 곧(就). 시간의 연접을 나타낸다.

歲餘, 高后崩, 卽罷兵. 일 년 남짓 지나고 고후(高后)가 죽자, 곧 전쟁을 그만두었다.

③ 곧(就). 앞뒤 일의 상호 원인을 나타내며, '則(즉)' ②와 같다.

先卽制人, 後則爲人所制. 먼저 하면 남을 제압하고, 나중에 하면 남에게 제압당한다.

④ 바로 ~에서(就在). 아래로 장소를 나타내는 말과 연접한다.

天子使者持大將軍印卽軍中拜車騎將軍靑爲大將軍. 천자의 사자가 대장군의 임명권을 가지고 바로 군중에 나아가 거기장군(車騎將軍) 청(靑)을 대장군으로 임명하였다.

⑤ 곧(就在), 아래로 시간을 나타내는 말과 연접한다.

項羽卽日因留沛公與飮(=當日). 항우가 그날(당일)로 패공을 머무르게 하고 더불어 마셨다.

賊素聞其名, 卽時降服(=當時). 적들은 평소에 그 명성을 들어 즉시(당시) 항복하였다.

⑥ 만약(假使)

所貴于天下之士者, 爲人排患釋難, 解紛亂而無所取也. 卽有所取者, 是商賈之人也. 천하의 선비를 귀하게 여기는 까닭은 남에게 근심을 없애주고 어려움을 해결해 주며, 분란을 풀어주고서도 취하는 바가 없기 때문이다. 만일 취하는 바가 있다면 이는 장사치이다.

⑦ 비록~일지라도(卽使)

僕卽無狀, 何至認賊作父? 내 비록 형편없는 사람일지라도, 어찌 적을 어버이로 삼겠는가?

〈8획〉: '其(기)', '彼(피)', '所(소)', '初(초)', '非(비)', '宜(의)', '定(정)', '审[審(심)]', '固(고)', '果(과)', '尙(상)', '使(사)', '或(혹)', '苟(구)', '奈(내)', '弥[彌(미)]', '若(약)', '者(자)', '诚[誠(성)]'

1. '其(기)'

① 그, 그것(那個)

其地無井泉, 恃雨水爲飮. 그 땅에 우물이나 샘이 없으니, 빗물에 의지하여 마실 물로 삼는다.

② 그의(他的). 명사 앞에 쓴다.

工欲善其事, 必先利其器. 장인은 그 일을 잘하려고 하면 반드시 먼저 그 연장을 날카롭게 한다.

③ 의미는 앞과 같지만, 동사나 형용사 앞에 쓰인다. 현대한어로는 '他'가 '他的'보다 더욱 적합하다.

見其生, 不忍見其死. 살아 있는 것을 보고서 죽음을 차마 볼 수 없었다.

鳥, 吾知其能飛. 새, 나는 그것이 능히 날 수 있음을 안다.

④ 그중에, 그 가운데(其中之)

其一能鳴, 其一不能鳴. 그중 하나는 잘 울고, 그중 하나는 잘 울지 못한다.

孔融幼時, 與諸兄食梨, 取其小者. 공융(孔融)은 어렸을 때, 여러 형과 배를 먹었는데, 그중에서 작은 것을 취했다.

⑤ 거의, 대개, 아마도(殆, 大槪, 恐怕) 추측이나 예정을 나타낸다.

知進退存亡而不失其正者, 其唯聖人乎. 나아가고 물러나고 살고 죽는 것을 알면서 그 바름을 잃지 않는 사람은 아마도 오직 성인뿐일 것이다.

⑥ ~하라(可). 명령이나 권유을 나타낸다.

子其有以語我來! 그대는 내가 온다는 것을 말해 달라.

爾其無忘乃父之志. 너는 네 아버지의 뜻을 잊지 마라.

⑦ 아니면(還是). 선택문에 쓴다.

誠愛趙乎? 其實憎齊乎. 진실로 조나라를 사랑해서인가? 아니면 제나라를 미워해서인가?

2. '彼(피)'

① 그(那)

我欲易之, 彼四人輔之, 羽翼已成, 難動矣. 내가 그(태자)를 바꾸고자

하였으나, 저 네 사람들이 보좌하여 태자의 날개와 깃이 이미 이루고 있으니, 움직이기가 어렵다.

② 그것(那個)

由是觀之, 在彼不在此. 이로 보건대, 저것에 있지 이것에 있지 않다.
彼亦一是非, 此亦一是非. 저것 역시 하나의 옳고 그름이 있고, 이것 역시 하나의 옳고 그름이 있다.

③ 저 사람(那個人), 그(他)

彼必自負其材, 故受辱而不羞. 저 사람은 분명 스스로 그의 재주를 자부하기 때문에 모욕을 받아도 부끄러워하지 않을 것이다.

3. '所(소)'

이것은 문언문 특유의 지시사(指示詞)인데, 동사 앞에 붙어서 수동(受動)의 물건을 가리킨다.

① 수동의 뜻이 있는 명사

牛所耕之田, 牛所耕田. 소가 간 바의 밭, 소가 간 밭(=牛耕的田).
所讀之書, 所讀書. 읽은 바의 책, 읽은 책(=讀的書).

② 수동의 뜻이 없는 명사 '所(소)'자가 대사의 성질을 겸한다.

目之所見, 耳之所聞. 눈으로 본 바, 귀로 들은 바.
目所見, 耳所聞. 눈이 본 것, 귀가 들은 것(=眼睛看到的, 耳朵聽到的). 눈으로 본 것, 귀로 들은 것.
所見所聞. 본 바와 들은 바(=看見的, 聽見的). 본 것, 들은 것.

③ ~에게~한 바 되다(爲……所~). 합쳐서 '被(피)'에 해당한다.

月氏爲匈奴所敗, 乃遠去. 월지는 흉노에게 패배를 당하여 이에 멀리 떠났다.

그러나 "火藥爲中國所發明. (화약은 중국에 의해서 발명되었다.)"는 "火藥
是中國發明的. (화약은 중국이 발명한 것이다.)"가 된다.

④ ~한 바의 것은 무엇인가(何所: 所……者爲何) 현대한어로 번역하
면 이 '所(소)'자는 신경을 쓰지 않아도 된다.

問女何所思? 그대에게 묻노니 무엇을 생각하십니까? (＝姑娘, 你想什麼?
아가씨, 당신은 무엇을 생각합니까?)

何所見而云然? 어떻게 본 것으로 그렇게 말하는가? (＝你根据什麼說這個
話. 당신은 무엇을 근거로 이런 말을 하는가?)

⑤ ~한 바 없다(無所)

女亦無所思. 너도 역시 생각한 바가 없다. (＝不思什麼. 아무것도 생각하지
않는다.)

終其身無所成. 몸을 마칠 때까지 이룬 것이 없다. (＝沒有成就個什麼. 아무
것도 이루지 못했다.)

不廉無所不取, 不恥則無所不爲. 청렴하지 않아 취하지 않은 바가 없고,
부끄러워하지 않아 하지 않은 바가 없다. (＝什麼都要, 什麼都做得出. 무엇이
든 원하고, 무엇이든 한다.)

⑥ ~한 바 있다(有所)

有所恃而無恐. 믿는 바가 있어서 두려움이 없다. (＝有個什麼可倚賴. 무엇
인가 의지할 데가 있다.)

人必有所不爲, 而後能有所爲. 사람은 반드시 하지 않는 것이 있어야 그
러한 이후에 능히 해내는 것이 있다.(＝必得有不肯做的事, 才能做出点儿事. 하
고 싶은 일을 해야만 뭔가를 해낼 수 있다.)

⑦ ……한 이유(所以). 현대한어의 용법과 달라서 특별히 주의해야
한다.

▶ '所以……(……한 이유)'는 '……的緣故(……한 까닭)'과 같다.

人類之所以爲萬物之靈者, 尚智而不尚力也. 인류가 만물의 영장이
된 이유는 지혜를 숭상하고 힘을 숭상하지 않기 때문이다.

人類尚智而不尚力, 此其所以爲萬物之靈也. 인류가 지혜를 숭상하고
힘을 숭상하지 않음은 이것은 인류가 만물의 영장이 된 이유다.

▶ '所以……(……한 것은)'는 '拿來……的東西(……한 것을 가지고)'와
같다.

所以自奉者甚薄. 자신을 받드는 것은 매우 박하다.

所以維系之者惟一時之利害耳. 그것에 매달려 있는 것은 오직 한때의
이익일 뿐이다.

4. '初(초)'

① 처음으로(頭一回)

初至一地, 必問民俗. 처음 어떤 땅에 이르면 반드시 민속을 물어라.

② 처음에(當初)

初, 吏捕條侯, 條侯欲自殺, 夫人止之. 처음에 관리가 조후(條侯)를 체
포하니 조후가 자살하려 하였는데, 사람들이 그를 저지시켰다.

③ 막(才)

天下初定未久. 천하가 막 평정된 지 얼마 되지 않았다.

④ 본래(本來), 종래(從來). 부정문에만 쓴다.

初不中風, 但失愛于叔父, 故見罔耳. 처음에는 풍에 걸리지 않았지만,
단지 숙부에게 사랑을 잃었기 때문에 죄에 걸려들었을 따름이다.

恨見君晚, 群臣初無是言也. 그대를 늦게 만난 것이 안타깝지만, 여러
신하가 처음에는 이 말을 해주지 않았다.

5. '非(비; 不是)'

① 아니다

子非魚, 安知魚之樂. 그대는 물고기도 아닌데, 어찌 물고기의 즐거움을 아는가?

6. '宜(의)'

① 마땅히(應該). 적합함을 나타낸다.

是宜爲君, 有恤民之心. 이는 군주가 되기에 마땅한데, 백성을 불쌍히 여기는 마음이 있기 때문이다.

止可少嘗, 不宜多食. 다만 적게 맛만 봐야지, 많이 먹어서는 안 된다.

② 당연히(應該). 추측과 예견을 나타낸다.

帝問; "天下誰愛我?" 曰: "宜莫如太子" 왕이 "세상에서 누가 나를 아끼겠는가?"라고 묻자, 대답하기를 "당연히 태자만한 사람이 없을 것입니다."라고 했다.

③ ~와 같다(似乎)

宜若無罪焉. 죄가 없는 것 같다.

7. '定(정)'

① 확실히(確實)

聞陳王定死, 因立楚懷王孫心爲楚王. 진왕이 확실히 죽었다는 것을 듣고, 이로 인하여 초회왕의 손자 심(心)을 세워 초왕으로 삼았다.

② 도대체, 마침내(到底, 畢竟)

卿云 "艾艾", 定是幾 "艾". (진나라 문왕이 놀리며 말하기를) "경은 '아이, 아이'라고 말하는데, 도대체 그 '아이(艾)'는 몇이나 하는 거요?"

8. '宷[審(심)]'

① 진실로(眞的)

高喜曰: 吾王審出乎? 泄公曰: 然. 관고(貫高)가 기뻐서 물었다. "왕이 정말로 조왕을 석방하였느냐?" 설공(泄公)이 말했다. "그렇소."

② 만약(如果)

王審用臣之議, 大則可以王, 小則可以霸. 왕께서 만일 신의 의론을 쓰신다면 크게는 왕도정치를 이룰 것이고, 작게는 패도정치를 이룰 것입니다.

9. '固(고)'

① 굳게(堅, 硬)

朱公欲遣少子, 長男固請欲行. 주공(朱公)이 막내를 보내려고 하였으나, 장남이 가겠다고 한사코 청하였다.

② 본디(本來)

臣固知王之不忍也. 저는 왕께서 차마 하지 못하실 것을 본래 알고 있었습니다.

③ 본래 이와 같다(本來如此), 그렇다(是啊). 응대하는 말로 쓰인다.

固也, 吾欲言之久矣. 그렇다, 내가 말하고자 한 것이 오래되었다.

④ 물론(固然)

成固所願, 不成亦可以自勉. 성공은 물론 원하는 것이기는 하지만, 성공하지 못하더라도 역시 자기 자신을 격려해야 한다.

10. '果(과)'

① 과연(果然)

　　趨而視之, 果其子也. 달려가서 보니, 과연 그 아들이었다.

② 도대체(究竟). 의문문에 쓴다.

　　客果何爲者? 그대는 도대체 무엇을 하는 사람인가?

③ 만약(如果)

　　果能此道矣, 雖愚必明, 雖柔必强. 만약 이 도(道)에 능하다면 비록 어
　　리석더라도 반드시 밝아질 것이며, 비록 나약하더라도 반드시 강해질
　　것이다.

11. '尙(상)'

① 아직, 오히려(還)

　　趙王使使者視廉頗尙可用否. 조왕이 사자를 시켜 염파를 아직 등용할
　　수 있는지 여부를 살펴보게 하였다.
　　如僕, 尙何言哉! 尙何言哉! 나 같은 사람이 아직 무슨 말을 할 수 있
　　겠는가! 아직 무슨 말을 할 수 있겠는가!
　　禽獸尙知合群, 而況人乎? 금수도 오히려 모여서 무리를 이룰 줄 알거
　　늘, 하물며 사람에 있어서랴?

② 명령어기조사(命令語氣助詞)

　　嗚呼, 尙饗! 슬프도다! 흠향하라.

12. '使(사)'

① 만약(假使)

　　使天下無農夫, 擧世皆餓死矣. 만약 천하에 농부가 없다면 온 세상 사

람들이 다 굶어 죽을 것이다.

13. '或(혹)'

① 어떤(有). 대부분 '未(미)'와 함께 쓴다.

有一于此, 未或不亡. 여기에 하나라도 있으면 망하지 않는 것이 없다.
自古以來, 未之或失也. 예로부터 어떤 것을 잃지 않았다.

② 어떤 사람(有人)

或謂孔子曰: 子奚不爲政? 어떤 사람이 공자에게 말했다. "선생께서는 어째서 정치를 하지 않으십니까?"

③ 어떤 것(有的)

凡六出奇計, 或頗秘, 世莫能聞也. 무릇 여섯 번이나 기이한 계책을 냈으나, 어떤 것은 깊이 감춰져 세상에 알려질 수 없었다.

④ 혹은, 아마도(或者, 也許)

或數年不至, 或一年數來. 혹은 몇 년 동안 오지 않다가 혹은 한 해에도 여러 번 찾아온다.

14. '苟(구)'

① 구차하게, 대충대충(苟且, 馬馬虎虎)

臨財毋苟得, 臨難毋苟免. 재물에 임해 구차하게 얻지 말고 어려움에 임해 구차하게 피하지 마라.

② 잠시(姑且), 그러나(不過)

苟自救也, 社稷無損, 多矣. 그러나 스스로 구하여 나라를 잃지 않으면 다행이다.

③ 만약(假如)

苟得其養, 無物不長. 만약 그 기름(養)을 얻는다면 자라지 않는 것이 없을 것이다.

15. '奈(내)'

① 어찌하다(奈何)

▶ 어떻게(怎麼)

男兒死耳, 奈何效新亭對泣耶? 남자로서 죽을 따름이지, 어떻게 신정(新亭)을 마주하고 우는 것을 본받을 수 있으리오?

▶ 어떻게 하다(怎麼辦)

食盡援絶, 奈何? 먹을 것이 떨어지고 원조도 끊어지니 어찌하랴?
禍成矣, 無可奈矣. 재앙이 생기니 어찌할 수 없도다.

② 奈……何

▶ ～을 어떻게 하다(把……怎麼樣), 어떻게 대처하다(怎麼對付他)

此皆上聖, 無奈下愚子何. 이들은 모두 최고의 성인들인데, 제일 어리석은 자들을 어찌할 수 없다.

▶ ～을 어떻다 하다(叫……怎麼樣), 그를 어떻게 안돈하다(怎麼安頓他)

吾君老矣, 國家多難, 伯氏不出, 奈吾君何? 우리 군주가 늙고, 국가에 어려움이 많은데, 백씨가 나오지 않으면 우리 군주를 어찌할까?
虞兮虞兮奈若何? 우야, 우야, 그대를 어찌할거나?

▶ 어떻게 하다(怎麼辦)

其言信美, 奈國人不信何? 그 말은 참으로 아름답지만, 나라 사람들이 믿지 않으면 어떻게 하겠는가? (=國人不信, 奈何. 나라 사람들이 믿지 않으면 어떻게 할까?)

16. 弥[彌(미)]

① 연이어(連). 시간과 날짜에 쓴다.

盜賊起, 彌年不定. 도적이 일어나도, 해마다 평정하지 못한다.

② 가득(滿), 두루(遍)

茂林修竹, 彌望皆是. 무성한 숲에 긴 대나무, 가득 보이는 것이 모두 이것들이다.

③ 더욱(越發, 愈加)

退而修詩書禮樂, 弟子彌衆. 물러나 시·서·예·악(詩·書·禮·樂)을 닦으니 제자가 더욱 많아졌다.

17. 若(약)

① 너(你)

若歸, 試從容問而父, 然毋言吾告若也. 네가 돌아가서 네 아버지에게 조용히 여쭈어 보되, 내가 너에게 말했다는 것은 말하지 마라.

② 이(這個) 그것(那個)

君子哉若人. 군자로구나, 이 사람이!

③ 이렇게(這麼樣), 그렇게(那麼樣)

以若所爲, 求若所欲, 猶緣木而求魚也. 이렇게 함으로써 그렇게 하고 싶은 것을 추구하는 것은 나무에 올라가서 물고기를 구하는 것과 같다.

④ 같다(像)

山有小口, 仿佛若有光. 산속에 작은 구멍이 있는데, 마치 빛이 있는 것 같았다.

其人視端容寂, 若聽茶聲然. 그 사람이 시선을 단정히 하고 조용히 앉아 있는 모습이 마치 차 끓이는 소리를 듣고 있는 것 같다.

⑤ 형용사어미(形容詞語尾) '然(연)'과 같다.

桑之未落, 其葉沃若. 뽕잎이 떨어지기 전에는 그 잎이 무성했다.

⑥ 이처럼(若是), 만약에(假如)

王若隱其無罪而就死地, 則牛羊何擇焉. 왕께서 이처럼 그 죄 없이 사지로 끌려 나가는 것을 측은히 여기셨다면 소와 양을 어찌 선택하셨습니까?

⑦ ~에 이르러(至于). 자주 '夫(부)'와 연용한다.

若僕, 則形格勢禁, 言之無益也. 저 같은 경우는 형세가 가로막아 진행하기 어려우니, 말해도 도움이 되지 않는다.

若夫爲不善, 非才之罪也. 무릇 선하지 않은 행동을 하는 경우는 천생의 자질 때문이 아니다.

⑧ 혹은(或是), 아마도

以萬人若一郡降者封萬戶. 일만 명이나 데리고 혹은 한 개 군을 데리고 투항하는 자는 만호에 봉한다.

⑨ 같지 못하다(不若: 不如)

與其哀不足而禮有餘也, 不若禮不足而哀有餘也. 차라리 슬픔이 부족하고 예가 남음이 있는 것은 예가 부족하고 슬픔이 남는 것만 못하다.

⑩ 이처럼(若此: 若是). '如此, 如是'와 같다.

⑪ 어떻게(若何: 怎麼)

此非國家之利也, 若何從之. 이것이 국가의 이익이 아니라면 어떻게 그것을 따르겠는가?

⑫ 어떻게(若之何: 怎麼樣)

寇深矣, 若之何. 적들이 깊이 쳐들어왔는데, 어찌해야 하는가?

⑬ ~을 어찌하다(若……何; 把……怎麼樣)

無若群臣何. 여러 신하를 어찌할 수가 없다.

18. '者(자)'

① ~것(的)

黃岡之地多竹, 大者如椽. 황강 지역에 대나무가 많은데, 큰 것은 서까래와 같다.

愛人者人恒愛之, 敬人者人恒敬之. 남을 사랑하는 사람은 남도 항상 그를 사랑하고, 남을 공경하는 사람은 남도 항상 그를 공경한다.

君子務知大者遠者, 小人務知小者近者. 군자는 큰 것과 먼 것을 아는 데 힘쓰고, 소인은 작은 것과 가까운 것을 아는 데 힘쓴다.

得駿馬日行千里者二. 하루에 천 리를 가는 준마 두 필을 얻었다.

② 가지(樣; 件)

魚與熊掌, 二者不可得而兼. 물고기와 곰 발바닥, 두 가지는 겸하여 얻을 수 없다.

此數者, 用兵之患也. 이 몇 가지는 군사를 쓰는 근심이다.

③ 누가 ~할 사람인가(誰……者)

君卽百歲後, 誰可代君者? 군주가 곧 죽은 후에는 누가 군주를 대신할 사람인가? (＝可代君者誰. 군주를 대신할 자는 누구인가?)

④ ~같은 것(……似的)

叩之不應, 若未聞也者. 두드려도 대답하지 않아, 마치 듣지 못한 것 같았다.

吾視郭解, 狀貌不及中人, 言語不足采者. 내가 곽해(郭解)를 보니, 모습은 보통 사람에도 미치지 못하고, 말은 취하기에 부족한 것 같았다.

⑤ 단어 뒤에 사용하여 멈춤을 나타낸다.

古者, 言之不出, 恥躬之不逮也. 옛날에 말을 하지 않았던 것은 몸이 미치지 못함을 부끄럽게 여겼기 때문이다.

▶ 해석을 기다린다.

風者, 空氣流動而成. 바람이라는 것은 공기가 흘러 움직여서 이루어 진 것이다.

⑥ 짧은 문구 뒤에 사용하여 멈춤을 나타낸다.

客如復來見者, 吾必唾其面. 손님 중에 만일 다시 와서 만나보는 자가 있다면 내 반드시 그 얼굴에 침을 뱉을 것이다.

▶ 해석을 기다린다.

不卽言者, 有所待也. 즉시 말을 하지 않았던 것은 기대한 것이 있었기 때문이다.

19. '诚 [誠(성)]'

① 참으로(眞), 확실히(當眞)

嗟乎, 利誠亂之始也. 아, 이익은 참으로 어지러움의 시작이다.
沛公誠欲倍項羽邪? 패공이 확실히 항우를 배반하려 했던 것인가?

② 확실히(當眞), 만약(如果)

誠如父言, 不敢忘德. 확실히 어르신의 말씀대로, 감히 덕을 잊지 않겠 습니다.

〈9획〉: '旣[既(기)]', '信(신)', '殆(태)', '相(상)', '独[獨(독)]', '某(모)', '适[適(적)]', '爰(원)', '垂(수)', '复[復(부)]', '皆(개)', '甚(심)', '是(시)', '哉(재)', '耶[邪(야)]', '故(고)', '虽[雖(수)]', '将[將(장)]', '矧(신)', '尝[嘗(상)]', '胡(호)', '曷(갈)'

1. '旣[既(기)]'

① 이미(已經)

單于旣立, 終歸漢使之不降者. 선우가 이미 자리에 오르자, 결국 한나라 사신 중에 항복하지 않은 자들을 돌려보내 주었다.

② 또 ~ 하고 또 ~ 하다(又……又……)

旣能詩, 旣善畵. 또 시에도 능하고, 그림에도 뛰어나다.
旣醉旣飽. 취하고 또 배부르다.

③ 이왕(旣然)

吾輩旣以壯士自許, 當仗劍而起. 우리가 이왕 장사로 자부한 이상, 마땅히 칼을 들고 일어나야 한다.

④ 이미(旣而), 얼마 뒤에 또(後來又)

誓之曰: "不及黃泉, 無相見也!" 旣而悔之. (정백이 어머니에게) 맹세하여 말하기를, "황천에 가지 않으면 뵙지 않겠습니다!"라고 했다. 얼마 뒤에 또 그 말을 후회하였다.

2. '信(신)'

① 정말(眞的), 과연(果然)

卜人皆曰吉, 發書視之, 信吉. 점치는 사람들이 모두 '길하다'고 말하여 책을 펼쳐 자세히 보니, 과연 길했다.

② 진실로(果眞). 과연 가설을 나타낸다.

信能行此五者, 則隣國之民仰之若父母矣. 진실로 이 다섯 가지를 행할 수 있다면 곧 이웃 나라 백성이 부모처럼 우러러볼 것이다.

3. '殆(태)'

① 대개(大槪), 다만 ～만이 두렵다(只怕)

張儀天下賢士, 吾殆不如也. 장의는 천하의 현명한 선비인데, 나는 다만 그와 같지 못할까 두렵다.

4. '相(상)'

① 서로(互相)

諸侯相送不出境. 제후들이 서로 전송하였으나, 국경은 넘지 않았다.

② '你, 我, 他'의 역할을 대신한다.

當以一枚相贈. 마땅히 한 장을 네게 주겠다. (＝送你. 네게 선물하겠다.)
何不早相語? 어찌 일찍 말하지 않았는가? (＝告我. 내게 말해라.)
生子無以相活, 率皆不擧. 아이를 낳아도 먹여 살릴 수 없어서, 대체로 모두 기르지 않았다. (＝養活他. 그를 먹여 살려라.)

③ 서로 함께(相與), 함께(一塊兒), 공동으로(共同)

遂至承天寺尋張懷民, 懷民亦未寢, 相與步于中庭. 마침내 승천사에 이르러 장회민(張懷民)을 찾아가니, 회민 또한 잠을 이루지 못해 서로 함께 마당을 걸었다.

5. '独[獨(독)]'

① 홀로, 유독(一個人)

吾何爲獨不然. 내가 어찌하여 유독 그렇지 않겠는가?

② 다만(只)

子所言者, 其人與骨皆已朽矣, 獨其言在耳. 그대가 말한 사람들, 그 사람들은 뼈와 함께 모두 이미 썩어버리고, 단지 그 말만이 남아 있을 뿐이다.

③ 기어이, 한사코(偏偏)

今君獨跨敝馬子子而來. 지금 그대는 한사코 내 말을 타고서 홀로 왔다.

④ 설마~(難道). 반어문(反語文)에 쓰이며, '不, 無' 등의 글자 앞에 둔다.

君獨不見夫朝趨市者乎? 그대가 설마 무릇 아침에 저자로 몰려가는 사람들을 보지 못한 것은 아니겠지요?

公奈何衆辱我, 獨無閑處乎? 그대가 어찌 뭇사람들이 나를 모욕한다면 설마 가만히 처리하겠는가?

將軍雖病, 獨忍棄寡人乎? 장군이 비록 병들었어도, 설마 과인을 차마 버리겠는가?

6. '某(모)'

① 모르는 사람의 이름을 대신하거나 혹은 전해지지 않는 것을 대신하고 혹은 두루 개괄하는 범칭을 대신한다.

于是使勇士某者往殺之. 이에 용사 아무개로 하여금 가서 그를 죽이게 했다.

某式. 어떤 방식.

某率子某頓首. 어떤 사람은 자식을 데리고 있고, 어떤 사람은 머리를 조아리고 있다.

② 피휘(避諱)하기 위해서 실명을 대신하거나 혹은 기록하는 사람의 편리성을 도모한다.

> 師冕見……皆坐, 子告之曰: 某在斯, 某在斯. 맹인(盲人)인 악사 면(冕)이 공자를 만나 뵈었는데…… 모두가 앉자, 공자께서는 그에게 일러 말하기를, "아무개는 여기에 있고, 아무개는 여기에 있다."라고 하셨다.

악사 면(冕)은 소경이기 때문에 그래서 공자는 자리에 앉아 있는 사람을 일일이 열거했지만, 기록할 때는 단지 '某(모)'라고만 쓴 것이다.

③ 고대에는 자기가 자신의 이름을 부르는 습관이 있었으며 기록할 때는 역시 항상 '某(모)'라고 썼는데, 이로 말미암아 '某(모)'는 또 '我(아)'와 같다.

> 諸君賴遭某, 故得有今日耳. 제군들은 나를 만났기에 오늘이 있는 것이다.

④ 시간, 장소를 나타내거나 혹은 다른 명사 앞에 쓴다.

> 某時使公主某事, 不能辦, 以此不任用公. 어떤 때 공으로 하여금 어떤 일을 주관하게 하였는데, 처리하지 못하자 이로써 공을 임용하지 않았다.
>
> 具爲區處, 某所大木可以爲棺, 某亭猪子可以祭. 구역으로 갖추어 어느 곳의 큰 나무는 관(棺)을 만들고, 어느 집의 돼지는 제사상에 올릴 수 있었다.

⑤ 아무개 갑(某甲), 아무개 을(某乙)은 인명을 대신하며, 앞의 ①, ②와 같다.

7. ‘适[適(적)]’

① 마침(恰好)

身中大創十餘, 適有萬金良藥, 故得無死. 몸 안에 큰 상처가 십여 개
인데, 마침 만금 어치의 양약(良藥)이 있어서 죽지 않을 수 있었다.

② ‘剛剛(마침)’, ‘只(다만)’는 대부분 ‘適足以(마침 ~에 충분하다), 適所
以(마침 ~한 까닭이다)’에 쓴다.

其知適足以知人過, 而不知其所以過. 그 지혜는 남의 잘못을 알기에
는 충분하지만, 그 잘못한 이유는 알지 못한다.
所以爲子孫者適所以禍之. 자손을 위하는 것이 마침 자손에게 화가 미
치게 되는 까닭이다.

③ 막(剛才)

適啓其口, 匕首已陷其胸. 막 그 입을 열자, 비수가 이미 그 가슴에 박
혔다.

8. ‘爰(원)’

① 이에(乃), 그리하여(於是)

爰伸筆濡墨而記之. 이에 붓을 꺼내 먹물을 적셔서 그것을 기록했다.

9. ‘垂(수)’

① 머지않아(快要)

吾年垂六十. 나는 머지않아 육십이다.
垂暮抵家. 저물어 갈 무렵에 집에 도착했다.

10. '复[復(부)]'

① 또(又), 다시(再), 새로이(重新)

遂入關, 收散兵復東. 마침내 관(關: 함곡관)에 들어가, 흩어진 군사들을
거두어 다시 동쪽으로 갔다.

雖舜禹復生, 不能改已. 비록 순임금과 우임금이 다시 태어난다 하더
라도 바꿀 수 없다.

② 또한(亦復; 也還)

亦復不惡. 또한 추하지는 않았다.

11. '皆(개)'

① 모두(都)

故言富者皆稱陶朱公. 그래서 부자를 말하면 모두가 도주공(陶朱公)을
일컬었다.

12. '甚(심)'

① 매우(很)

懼者甚衆矣. 두려워하는 자가 매우 많았다.

② 심하다(利害)

太后曰: "丈夫亦愛憐其少子乎?" 對曰: 甚于婦人." 對曰: "老臣竊以
爲媼之愛燕后, 賢于長安君" 曰: "君過矣, 不若長安君之甚". 태후가
말하여 "남자들도 또한 그 막내아들을 사랑합니까?"라고 하자, 대답하
기를 "부인네들보다 심합니다."라고 했다. 이어서 말하기를 "노신이(제
가) 속으로 생각해 보았는데, 할머니께서 연후를 사랑함이 장안군 보다
더 나은 것 같습니다."라고 하자 (태후가) 말하기를 "그대가 틀렸소, 장
안군만큼 심하지 않소."라고 했다.

③ 심하여 ~에 이르러(甚至). 정도가 매우 심함을 나타낸다.

甚至夜不安眠. 심지어 밤에도 편안하게 잘 수 없었다.

13. '是(시)'

① 이것(這個)

誠哉, 是言也! 정성스럽구나, 이 말이!

幣厚而言甘, 是誘我也. (＝這個[是]…….) 폐백을 두터이 하고 말을 달콤하게 하니, 이것은 나를 유혹하는 것이다. (＝이것은[是]…….)

② 도치(倒置)된 빈어와 동사의 중간에 쓰이며, 항상 '唯(유)'자와 함께 사용한다.

惟余馬首是瞻. 오직 나의 말 머리만 보아야 한다.

唯利是視. 오직 이익만을 본다.

③ 이로 말미암아, 그래서(是以; 因此, 所以)

見其生不忍見其死, 聞其聲不忍食其肉, 是以君子遠庖廚也. 그 살아 있음을 보고서 차마 그것이 죽는 것을 볼 수 없고, 그 소리를 듣고서 차마 그 고기를 먹지 못하는데, 이 때문에 군자는 푸줏간을 멀리하는 것이다.

④ 이러한 까닭으로, 그래서(是故; 所以)

其言不讓, 是故哂之. 그의 말이 겸손하지 않았기 때문에 그래서 그를 비웃은 것이다.

14. '哉(재)'

① 감탄을 나타낸다.

▶ 어떤 것은 문장 첫머리에 있다.

異哉, 此人之教子也. 기이하도다! 이 사람이 자식을 가르치는 것이.

▶ 어떤 것은 문장 끝에 있다.

小不忍而亂大謀, 惜哉. 작은 것을 참지 못하여 큰일을 망쳤으니, 안타깝도다!

② 반문을 나타내며, 항상 '豈(기)'와 함께 쓴다.

豈可人而不如鳥哉? 어찌 사람으로서 새만 같지 못하는가?
秦以不聞其過亡天下, 又何足法哉. 진나라는 그 잘못을 듣지 않았기 때문에 천하를 잃었는데, 또 어찌 본받을 수 있겠는가?

③ 의문을 나타내는데, 여전히 감탄도 띤다.

君如彼何哉? 強爲善而已矣. 군주께서는 저 제나라를 어찌하시렵니까? 선한 일을 많이 행할 따름이다.

15. '耶[邪(야)]'
용법이 대체로 '乎(호)'의 앞 세 항과 같다.

① 의문을 나타내며, '嗎'에 해당한다.

將軍怯耶. 장군은 겁이 나십니까?

② 의문을 나타내며, '呢'에 해당한다.

子何爲者耶? 그대는 무엇을 하는 자인가?
儻所謂天道, 是耶? 非耶? 만약 이른바 천도라 하면 옳은 것인가? 그른 것인가?

③ 추측을 나타내며, '吧'에 해당한다.

先生所處之境, 其有與余同者耶. 선생이 처한 것은 아마 나와 같을 것이다.

16. '故(고)'

① 왜냐하면 ~한 까닭이다(因爲……的緣故). 뒤에 이러한 어법은 대부분 불교 경전에 많이 나타난다.

亂故, 是以緩. 혼란스럽게 된 까닭은 이것은 느슨하기 때문이다.
財物喪失, 貪無厭故. 재물이 없어지는 것은 탐욕이 끝이 없기 때문이다.

② 그러므로(所以)

死亦我所惡, 所惡有甚于死者, 故患有所不避也. 죽음도 내가 싫어하는 바이지만, 싫어하는 바가 죽음보다 심한 것이 있으니, 그러므로 환난은 피하지 않는 것이다.

③ 예전에(從前)

燕太子丹故嘗質于趙. 연나라 태자 단은 예전에 조나라에 인질이 되었다.

④ 일부러(故意), 특별히(特地)

我今故與林公來相看. 나는 지금 일부러 임공과 만나러 왔다.

⑤ '自(자), 復(부), 應(응), 當(당)' 등의 부사와 이어 쓰는데, 그 자체에 큰 뜻이 없다.

其人不足稱, 其詩故自佳. 그 사람은 칭하기에 부족하지만, 그 시는 진실로 훌륭하였다.
卿故復憶竹馬之好否? 그대는 죽마를 타고 놀던 좋은 시절이 다시 생각나지 않는가?

故當是妙處不傳. 이러한 오묘한 것은 마땅히 전할 수 없다.

使眞長來, 故應有以制彼. 만약 유진장이 왔다면 마땅히 저 사람을 제압하였을 것이다.

17. '虽[雖(수)]'

① 비록 ~하더라도(雖然)

門雖設而常關. 문은 비록 만들어졌으나 항상 닫혀 있다.

② 비록 ~일지라도(卽使)

雖鞭之長, 不及馬腹. 비록 채찍이 길더라도, 말의 배에는 닿지 않는다.

③ 연사(連詞)

苟非吾之所有, 雖一毫而莫取. 참으로 나의 소유가 아니라면 터럭 하나라도 취하지 마라.

④ 비록 이처럼 말하더라도(雖然)

人生莫不有死, 死亦何足懼? 雖然, 要不可以輕死. 사람은 살다가 죽지 않음이 없으니, 죽는다 한들 어찌 두렵겠는가? 비록 그렇다 하더라도 죽음을 가벼이 해서는 안 된다.

18. '将[將(장)]'

① ~할 예정이다(打算). 미래를 나타내는 부사로, 어떤 것은 의지를 나타내기도 한다.

君將何以敎我. 그대는 나를 어떻게 가르칠 것인가?

▶ ~하려 하다(要), ~일 것이다(會). 어떤 것은 의지의 작용을 내포하지 않는다.

發憤忘食, 樂以忘憂, 不知老之將至. 분발하여 끼니도 잊고, 즐거워서 근심도 잊으니 늙어가는 것도 모르겠다.

若不然, 後將悔之無及. 만약 그렇지 않으면 나중에 후회가 막급할 것 이다.

② 데리고, 이끌고(領帶)

自以爲久宦不達, 遂將家屬客河東. 오랫동안 벼슬해도 현달할 수 없다고 스스로 여기고서, 마침내 가족을 데리고 하동에 머물렀다.

초기 근대어(近代語)의 '將(장)'은 '拿(~로써), 把(~을)'로 말하였는데, 곧 이런 의미에서 변화된 것이다.

③ ~아니면(還是[haishi]). 선택문을 나타낸다.

知其巧奸而用之邪? 將以爲賢也. 그가 교활하고 간사하다는 것을 알고 쓴 것인가? 아니면 현명하다고 여기고 쓴 것인가?

19. '矧(신)'

① 하물며(而況: 何況)

求其生而不得, 則死者與我皆無恨也, 矧求而有得耶. 살리려고 하였으나 이루지 못했더라도, 죽은 자와 나는 모두 원한이 없는데, 하물며 구하여 살려냈음에 있어서랴!

20. '嘗[嘗(상)]'

① 일찍이(曾經)

廣嘗與望氣者王朔燕語, 曰: 自漢擊匈奴, 而廣未嘗不在其中. 이광이 일찍이 기후를 바라보는 사람(점쟁이) 왕삭연에게 말하여 이르기를: "한 나라가 흉노를 공격한 이래, 나는 일찍이 그 가운데에 있지 않은 적이 없었다."라고 했다.

21. '胡(호)'

① 어떻게(怎麽)

人盡夫也, 父一而已, 胡可比也. 남자는 누구나 남편이 될 수 있지만,
아버지는 단 한 분뿐인데, 어떻게 비교할 수 있겠는가?

② 왜, 어째서(爲什麽). 대부분 부정문에 쓴다.

胡不下? 吾乃與而君言, 汝何爲者也. 왜 물러가지 않는가? 내가 너의
군주와 이야기를 나누고 있거늘, 너는 무엇하는 놈이냐?

③ 어찌하여(胡爲; 爲什麽)

此秋聲也, 胡爲乎來哉. 이것은 가을 소리인데, 어찌하여 온 것인가?

22. '曷(갈)'

① 언제(幾時)

是日曷喪, 予及汝偕亡! 이 해는 언제나 망할까, 내가 너와 함께 망하
리라!
中心好之, 曷飮食之. 마음속으로 그것을 좋아하는데, 언제 그것을 먹
고 마실 수 있을까?

② 어찌, 어떻게(怎麽)

俠客之義又曷可少哉. 협객의 의리를 또 어찌 적게 여길 수 있겠는가?

③ 어찌하여(曷爲)

曷爲久居此圍城之中而不去. 어찌하여 이 포위된 성 안에 오래 머무
르면서 떠나지 않는가?

④ 어찌(豈)

曷若是而可以持國乎. 어찌 이와 같이 하여 나라를 지키겠는가?

〈10획〉: '请[請(청)]', '奚(해)', '盍(합)', '匪(비)', '倘[儻(당)]', '徒(도)', '特(특)', '借[藉(차)]', '益(익)', '差(차)', '殊(수)', '容(용)', '致(치)', '顾[顧(고)]', '恶[惡(오)]', '莫(막)', '诸[諸(저)]'

1. '请[請(청)]'

① "나는 당신에게 청한다(我請你)"와 같다.

君請擇于斯二者. 왕께서 이 두 가지 중에 선택하시길 청합니다.

② "나에게 양보해 줄 것을 청한다(請你讓我)"와 같다.

王好戰, 請以戰喩. 왕께서 전쟁을 좋아하시니, 청컨대 전쟁으로 비유하겠습니다.

2. '奚(해)'

① 무엇(什麽)

衛君待子而爲政, 子將奚先. 위나라 군주께서는 선생을 기다려 정치하려 하니, 선생께서는 장차 무엇을 먼저 하시겠습니까?

② 왜(爲什麽)

或謂孔子曰, 子奚不爲政. 어떤 사람이 공자에게 일러 말하기를 "선생께서는 어째서 정치를 하지 않으십니까?"라고 했다.

③ 무엇으로써(奚以)

奚以知其然也. 무엇으로써 그것이 그렇다는 것을 알았는가?

④ 어디에서(奚自)

水奚自至. 물은 어디에서 이르는 것인가?

3. '盍(합)'

'盍(합)'은 고음(古音)에서 'ㅂ'으로 끝난 것인데, '何(하)'가 '不(불)'의 영향을 받아 음이 변해 이루어진 것이다. 그래서 '不(불)' 앞에 놓이거나, 그 자체로 '何不(하불)'과 같다.

① '不(불)' 앞에 놓인다.

盍不起爲寡人壽乎. 어찌하여 과인을 위해 일어나 축수(祝壽)하지 않는가?

② '何不(하불)'과 같다.

盍各言爾志. 어찌 각자 너희의 뜻을 말하지 않는가?

4. '匪(비)'

① 아니다(不是). '非(비)'와 같다.

匪來貿絲, 來卽我謀. 실을 사러 온 것이 아니라, 와서 내게 수작을 걸었네.

② 아니다(不)

夙夜匪懈. 아침저녁으로 나태하지 않았다.

5. '倘[儻(당)]'

① 혹은, 어쩌면(或者, 也許)

愼無多言, 倘幸得脫. 신중하게 말을 많이 하지 않으면 어쩌면 요행히 벗어날 수도 있다.

② 만약(倘若)

倘急難有用, 願效微軀. 만약 위급한 어려움에 쓰인다면 바라건대 미천한 몸을 바치겠습니다.

6. '徒(도)'

① 다만(只是)

天下洶洶數歲者, 徒以吾兩人耳. 천하가 여러 해 동안 흉흉한 것은 다만 우리 두 사람(항우와 유방) 때문일 따름이다.

② 헛되이(徒然)

于事無補, 徒自苦耳. 하는 일에는 도움이 없이, 헛되이 자신을 수고롭게 할 뿐이다.

7. '特(특)'

① 다만(只是)

臣之所視, 特其小小者耳. 신이 본 것은 다만 그 자잘한 것뿐입니다.

② 다만(只是), 불과하다(不過). 연접작용이 있다.

此其屬意非止此也, 特畏高帝呂太后威耳. 이것은 그 무리의 뜻이 여기에 그치는 것이 아니라, 다만 한고조와 여태후의 위엄을 두렵게 하기 위한 것일 따름이다.

8. '借[藉(차)]'

① 만약(假使)

借使子嬰有庸主之才 ……秦之地可全而有. 만약 자영에게 평범한 군주의 재능만 있었다면 ……진나라의 땅을 온전히 가질 수 있었을 것이다.

② 비록~하더라도(卽使, 就算)

人而無自治力, 卽禽獸也, 非人也. 借曰人矣, 小人也, 非成人也. 사람이면서도 자신을 다스릴 힘이 없다면 곧 금수이지, 사람이 아니다. 비록 사람이라고 하더라도, 소인이지, 성인은 아니다.

9. '益(익)'

① 더욱(更加, 愈)

毛血日益衰, 志氣日益微. 털과 피가 날로 쇠해지고, 마음과 정신이 날로 더 미약해진다.

10. '差(차)'

① 조금, 비교적(稍微, 比較)

山後有小徑, 往來差近. 산 뒤에 지름길이 있어서, 왕래하는 데 조금 가깝다.

11. '殊(수)'

① 지극히(極)

丞相特前戲許灌夫, 殊無意往. 승상은 단지 이전에 관우(關羽)에게 농담으로 허락한 것이지, 연회에 갈 뜻은 전혀 없었다.
軍皆殊死戰. 군사들이 모두 필사적으로 싸웠다.

② 조금도 아니다(殊不; 一點兒不), 조금도 없다(殊無; 一點兒沒有)

孔明拜于床下, 公殊不令止. 공명은 침상 아래에서 절하였지만, 공은 조금도 그만두라고 하지 않았다.
奮戰益力, 殊無降意. 더욱 힘을 내어 용감하게 싸우면서, 조금도 항복할 뜻이 없었다.

12. '容(용)'

① 혹시(或許)

諸王子在京, 容有非常, 宜亟發道, 各還本國. 여러 왕자가 서울에 있을 때 혹시 비상사태가 있으면 마땅히 빨리 길을 열어 각각 본국으로 돌아가게 해야 한다.

求之密邇, 容或未盡. 그것을 가까운 곳에서만 구하면 혹 미진한 부분이 있을 것이다.

② 가히(可), 마땅히(該). 단지 의문문과 부정문에만 쓰인다.

父歿何容輒呼? 아버지가 돌아가셨는데, 어찌 묘호(廟號)를 함부로 부를 수 있겠는가?

事實昭彰, 不容曲解. 사실이 밝게 드러났으니, 마땅히 곡해하여서는 안 된다.

13. '致(치)'

① '至(지)' ④와 같다.

渾淪而吞之, 致釀成消化不良之疾. 섞어서 그것을 삼켰더니, 소화불량이 생기게 되었다.

14. '顾[顧(고)]'

① 오히려(反而)

足反居上, 首顧居下. 발은 오히려 위에 있고, 머리는 오히려 아래에 있다.

② 다만(只是)

吾每念痛于骨髓, 顧計不知所出耳. 내가 매번 생각할 때마다 아픔이 뼈에 사무치지만, 다만 계책을 세울 바를 알지 못할 뿐이다.

15. '恶[惡(오)]'

① 어디(哪兒)

君子去仁, 惡乎成名? 군자가 인을 떠나면 어디서 이름을 이루겠는가?

爲民父母行政, 不免于率獸而食人, 惡在其爲民父母也. 백성의 부모

가 되어 정치를 행하는데, 짐승을 몰아다가 사람을 잡아먹게 하는 것을 면하지 못한다면 어디 그가 백성의 부모 노릇을 할 수 있겠는가?

② 어디(哪兒), '能(능)', 足(족)' 등과 이어서 쓴다.

先生飲一斗而醉, 將惡能飮一石哉? 선생께서 술 한 되를 마시고 취하니, 장차 어찌 한 말을 마실 수 있겠는가?

雖有江河, 惡足以爲固. 비록 강과 바다가 있더라도, 어찌 족히 견고하다 할 수 있겠는가?

③ 감탄사로, 놀라움을 나타낸다.

惡! 是何言也? 아! 이것이 무슨 말인가?

16. '莫(막)'

① ~한 것이 없다(沒有……的)

女五嫁而夫輒死, 人莫敢娶. 여자가 다섯 번 시집가서 남편이 번번이 죽으니, 사람들은 감히 아내로 맞으려 하지 않았다.

樂莫樂兮新相知, 悲莫悲兮生別離. 즐거움은 이보다 즐거운 것이 없으니 새롭게 서로 아는 것이고, 슬픔은 이보다 슬픈 것이 없으니 살아서 이별하는 것이다.

② ~한 사람이 없다(沒有人), ~한 물건이 없다(沒有東西)

狂者傷人, 莫之怨也. 미친 사람이 사람을 해치니, 그를 원망한 사람이 없었다.

莫非命也, 順受其正. 천명이 아닌 것이 없으니, 순순히 그 바른 천명을 받는다.

③ 莫……者

▶ ①과 같다. (~한 것이 없다)

及平長, 可娶妻, 富人莫有與者. 진평(陳平)이 장성함에 이르러, 결혼할 나이가 되었지만, 부자 중에 딸을 주려고 하는 이가 없었다.

▶ ②와 같다. (~한 사람이 없다)

諸侯貴人爭欲揖章, 莫與京兆尹言者. 제후들과 귀인들이 만장(萬章)에게 읍하려고 다투느라 경조윤(京兆尹)에게 말하는 사람이 없었다.

④ ~같은 것이 없다(莫若, 不如)

爲君計, 莫若早爲之所. 군주를 위한 계책으로는 일찍 그를 처리하는 것만 한 것이 없습니다.

⑤ 말라(勿)

勸君莫惜金縷衣, 勸君惜取少年時. 그대에게 권하노니 금실 옷을 아끼지 말고, 그대에게 권하노니 젊은 시절을 아껴서 써라.

17. '者[諸(저)]'

① '之于(지우)'의 합음.

我不欲人之加諸我也, 吾亦無欲加諸人. 나는 남이 나에게 강요하는 것을 원하지 않고, 나도 또한 남에게 강요하는 것을 원하지 않는다.

② '之乎(지호)'의 합음.

有美玉于斯, 韞匵而藏諸? 求善價而沽諸. 여기에 아름다운 옥이 있다면 그것을 궤 속에 넣어 감추어 두시겠습니까? 아니면 좋은 값을 구하여 내다 팔겠습니까?

③ '之(지)'는 뒤의 '乎(호)'의 영향 받아, 음이 '諸(저)'로 변한다.

能事諸乎? 曰: 不能. 그를 섬길 수 있습니까? 대답하기를: 못하겠다.

〈11획〉: '率(솔)', '旋(선)', '脫(탈)', '惟(유)', '唯(유)', '盖[蓋(개)]', '輒[輒(첩)]', '孰(숙)', '第(제)', '焉(언)', '庸(용)', '庶(서)', '假(가)', '得(득)'

1. '率(솔)'

① 대략(大率)으로, 이것은 관례로 삼는다.

一歲中往來過他客, 率不過再三過. 일 년 중에 다른 손님을 방문하러 왕래하니, (너희 집은) 대략 2~3차례 찾아가는 것에 불과할 것이다.

2. '旋(선)'

① '오래 되지 않아(不久)'의 의미로 동사와 긴밀하게 이어져서 주어 앞에 쓸 수 없다.

病旋已. 병이 오래 되지 않아 나았다.

3. '脫(탈)'

① 혹은(或許)

事旣未發, 脫可免禍. 일이 아직 발생하지 않았다면 혹은 화를 면할 수 있을 것이다.

② 혹시(倘若)

脫有緩急, 奈何? 혹시 위급한 일이 생기면 어떻게 할까?

4. '惟(유)'

① 단지(只)

不惟許國之爲, 亦聊以固吾圉也. 다만 허(許)나라를 위한 것일 뿐만 아니라, 우리의 국경을 굳건히 하는 데 힘이 되기 위함이다.

② 단지(只是), 그러나(但是, 不過)

霜又與雪之形狀頗相類似, 惟霜乃近地面空氣中水汽之凝結而非由高空下降者. 서리는 또한 눈의 모양과 상당히 유사하지만, 다만 서리는 지면에 가까워서 공기 중에서 수증기가 응결된 것이지, 하늘로부터 내려온 것이 아니다.

③ 어수조사(語首助詞)로 항상 연월(年月) 앞에 쓴다.

惟二月旣望, 越六日己未, 王朝步自周, 則至于豐. 2월 16일, 6일이 지난 기미일에 성왕(成王)이 아침에 주나라 호경(鎬京)에서 걸어서 풍읍(豊邑)에 이르렀다.

5. '唯(유, 수)'

① '惟(유)'의 ①과 같다.

方今唯秦雄天下. 이제 오직 진나라만이 천하에서 우두머리가 되었다.

② 희망을 나타낸다.

寡君將率諸侯以見于城下, 唯君圖之. 우리 군주께서 장차 제후들을 거느리고 성 아래에서 군주를 만나실 것이니, 군주께서는 그것을 잘 생각하시기 바랍니다.

③ '雖(수)'와 같다.

相如使時, 蜀長老多言通西南夷不爲用, 唯大臣亦以爲然. 상여가 사신으로 갈 때, 당시 촉(蜀)의 노인들 대부분이 서남의 오랑캐를 통해 쓰지 않아야 한다고 말하자, 비록 대신이라도 역시 그렇게 여겼다.

④ 응답하는 말

秦王曰: 先生何以幸敎寡人? 范雎曰: 唯, 唯. 若是者三. 진왕(秦王)이 말하여 "선생께서는 무엇으로 과인을 가르쳐 주시겠습니까?"라고 하자

범저(范雎)가 말하기를 "글쎄요, 글쎄요."라고 했다. 이처럼 한 것이 세 번이었다.

6. '蓋(개)'

① 대개(大概). 어기가 비교적 확실하다.

吾聞之周生曰: 舜目蓋重瞳子. 내가 주생이 말하는 것을 들었다: 순 임금은 눈동자가 두 개다.

② 앞 문장을 이어받아 원인을 해석하는데, 여전히 '대개(大概)'의 뜻을 약간 지닌다.

孔子罕稱 '命', 蓋難言之也. 공자께서는 '명(命)'을 드물게 말했는데, 아마도 말하기 어렵기 때문일 것이다.

③ 한 단락의 첫머리에 쓰는데, 매우 드물게 약간 '대개(무릇)'의 뜻이 있다.

朕聞: 蓋天下萬物之萌生, 靡不有死. 짐은 들었다: 무릇 천하 만물이 싹터 나와 죽지 않은 것이 없다.

蓋聞王者莫高于周文, 霸者莫高于齊桓. 무릇 왕으로서 주(周) 문왕(文王)보다 높은 사람은 없고, 패자(霸者)로서 제(齊) 환공(桓公)보다 높은 사람이 없다고 들었다.

7. '輒[輒(첩)]'

① 곧(就). 대다수 습관적인 행위를 나타낸다.

有一人徙之, 輒予五十金, 以明下欺. 어떤 사람이 그것을 옮기니, 곧 바로 50금을 주어 속이지 않았음을 밝혔다.

沛公不好儒, 諸公冠儒冠來者, 沛公輒解其冠溲溺其中. 패공이 유자들을 좋아하지 않아 여러 공들 가운데 유생이 쓰는 모자를 쓰고 오는 사람이 있으면 패공은 곧 그 모자를 벗겨서 그 안에다 오줌을 누었다.

8. '孰(숙)'

① 어느 것(哪一個)

弟子孰爲好學? 제자 중 누가 학문을 좋아합니까?

戰與和孰利? 싸우는 것과 화해하는 것 가운데 어느 것이 유리합니까?

② 누가(誰)

孰能爲我使淮南. 누가 나를 위해 회남(淮南)에 사신으로 가겠는가?

③ 무엇(什麼)

是可忍也, 孰不可忍也. 이 일도 차마 하였는데, 무엇인들 차마 하지 못하겠는가?

④ 어느 것(孰與, 孰若). 비교문(比較文)에 사용한다.

▶비교 기준으로 쓰이는 형용사가 있는 경우

戰孰與和利. 전쟁과 평화 중 어느 것이 유리한가?

▶형용사가 없고, 바로 두 가지 일의 득실을 비교하여 '與其(여기)'와 호응하는 경우

求人孰若求己? 與其求人, 孰若求己. 남에게 구하는 것이 자기에게 구하는 것만 하겠는가? 남에게 구하기보다는 차라리 자기에게 구하는 것이 낫다.

9. '第(제)'

① 만약 ~면(只要), 기원문에(명령문에) 쓴다.

君第重射, 臣能令君勝. 군주께서 만약 활쏘기를 중시한다면 신은 군주께서 이기게 할 수 있습니다.

② 만약(假使)

公等遇雨, 皆已失期, 失期當斬; 借第令毋斬, 而戍死者固十六七. 그
대들이 비를 만나서 모두 도착해야 할 규정시간을 어겼다. 때를 놓치면
참형이 마땅하다. 설령 처형되지 않더라도, 변방을 지키다가 죽는 자가
참으로 열에 여섯 일곱이다.

10. '焉(언)'

① 여기에서, 이보다도(于之, 于是)와 같다.

晋國, 天下莫强焉. 진나라 천하에 이 나라보다 강한 나라는 없다.
愛其幽勝, 有終焉之志. 그윽하고 빼어남을 좋아하여 여기에서 마치고
싶은 뜻이 있다.

② 그, 그것(之)와 같다.

衆好之, 必察焉; 衆惡之, 必察焉. 여럿이 그것을 좋아해도 반드시
그것을 살펴야 하고, 여럿이 그것을 미워해도 반드시 그것을 살펴야
한다.

③ 어디에(哪兒), 어디에(于何)와 같다.

人焉廋哉? 사람이 어디에 감추겠는가?

④ 어디(哪兒). 심리를 묻는 것으로, 대부분 '得(득)' 앞에 쓴다.

又焉得不凉凉也哉. 또 어디 쓸쓸하지 않을 수 있으랴?

⑤ 어조사(語助詞)로 현대한어의 '呢(ne)'와 비슷하다.

宅邊有五柳樹, 因以爲號焉. 집 주위에 다섯 그루 버드나무가 있어서,
이 때문에 그것으로 호를 삼았다.
吾于足下有望焉. 내가 그대에게 바라는 것이 있다.

⑥ 어조사(語助詞)로 문장 중간 멈추는 곳에 쓴다.

　少焉, 月出于東山之上. 이윽고, 달이 동산(東山) 위로 떠올랐다.

11. '庸(용)'

① 어디(哪兒), 어찌(豈)

　患難相從, 庸可棄乎. 근심과 어려움은 서로 따르는데, 어찌 버릴 수
있겠는가?

② 어찌(庸詎, 哪兒; 대부분 '知〔지〕' 앞에다 쓴다)

　庸詎知吾所謂知之非不知邪? 내가 말한 안다는 것이 알지 못하는 것
이 아님을 어찌 알겠는가?

③ ～할 필요 없다(無庸: 不必, 不用)

　竊爲君計, 莫若安民無事, 無庸有事于民也. 사사로이 군주께 계책을
올린다면 백성이 편안하고 일이 없는 것만 한 것이 없으니, 백성에게
일을 만들 필요가 없습니다.

12. '庶(서)'

① 다행히도(幸而), 아마(或許). 연접 작용이 있으며, 뒤 문장으로 앞
문장의 목적을 나타낸다.

　君姑修政而親兄弟之國, 庶免于難. 군주께서는 잠시 정치를 다스리고
형제의 나라들과 친하게 지내면 다행히 어려움은 면하게 될 것입니다.
後之人與我同志, 嗣而葺之, 庶斯樓之不朽也. 나중의 사람이 나와 뜻
을 같이 하여 계속해서 지붕을 이어 준다면 아마도 이 누각은 썩지 않
을 것이다.

13. '假(가)'

① 만약에(假使). 대부분 '令(령)'과 합쳐서 쓴다.

假令僕伏法受誅, 若九牛亡一毛, 與螻蟻何異? 가령 법에 굴복하여 죽임을 당한다 할지라도, 아홉 마리 소 가운데 터럭 하나 없어지는 것과 같은데, 땅강아지나 개미 같은 미물과 무엇이 다르겠습니까?

14. '得(득)'

① 할 수 있다(能)

卒得不死. 마침내 죽지 않을 수 있게 되었다.

② ~해도 좋다(可以, 准許)

五十分以上者得補考. 50점 이상인 사람은 별도 시험을 봐도 된다.

③ 단지 ~두렵다(得無: 只怕). 추측을 나타낸다.

日食飲得無衰乎? 날마다 먹고 마시는 것이 쇠하지 않을 수 있겠는가? 得無難乎? 어렵지 않을 수 있겠는가?

〈12획〉: '斯(사)', '曾(증)', '厥(궐)', '属[屬(속, 촉)', '軰[輩(배)]', '然(연)', '滋(자)', '遂(수)'

1. '斯(사)'

① 이, 이것(這個)

斯人也而有斯疾也. 이런 사람이 이런 병에 걸리다니!

② 여기(這儿)

有美玉于斯. 아름다운 옥이 여기에 있다.

③ 곧(則, 就)

我欲仁, 斯仁至矣. 내가 어질고자 하면 곧 인(仁)이 나에게 이른다.

2. '曾(증)'

① 일찍이(曾經)

虜曾一入, 尙率車騎擊之. 오랑캐가 일찍이 한번 쳐들어왔을 때, 위상
이 수레와 기병을 거느리고 그들을 공격하였다.

② 결국(簡直)

▶ 부정문(否定文)에 쓰인 경우

誰謂河廣? 曾不容刀. 누가 황하가 넓고 넓다고 하였는가? 결국 작은
배 하나도 띄우지 못하는 것을.

此兩人言事, 曾不能出口. 이 두 사람이 의논한 일은 결국 입 밖으로는
꺼내지 못했다.

▶ 의문문에 쓰인 경우

你何曾比予于管仲? 너는 어찌하여 결국 나를 관중과 비교하는가?

3. '厥(궐)'

① 그, 그것(其, 那个)

有其善, 喪厥善; 矜其能, 喪厥功. 자기가 선하다고 생각하면 그 선함
을 잃게 되고, 자기의 능력이라고 자랑하면 그 공을 잃게 된다.

▶ 그, 그의(其, 他的)

盤庚旣遷, 奠厥攸居, 乃正厥位. 반경(盤庚)이 이미 도읍을 옮겨 그들

이 사는 곳을 안정시키고, 그들의 벼슬자리를 바로잡았다.

② 이에(乃)

左丘失明, 厥有國語. 좌구명이 실명(失明)하고서야, 이에 《국어(國語)》
가 있게 되었다.

③ 그 후(厥後; 其後)

自時厥後. 이 이후로부터.

4. '属[屬(속, 촉)]'

① 무리(輩)

雍齒尙爲侯, 我屬無患矣. 옹치(雍齒)가 오히려 후(侯)가 되었으니, 우
리 무리는 걱정이 없게 되었다.

② 마침(適, 剛巧)

下臣不幸, 屬當戎行. 소신이 불행하게도, 마침 군대의 직책을 맡게 되
었습니다.

③ 막(適, 剛才)

天下屬安定, 何故反乎? 천하가 겨우 안정되었는데, 무슨 까닭으로 반
역하는가?

5. '軰[輩(배)]'

① 대사와 명사의 뒤에 쓰며, '們(men)'과 같다.

情之所鍾正在我輩. 마음이 쏠리는 것이 바로 우리에게 있다.
奴輩利吳家財. 노비들은 우리 집 재산을 이롭게 한다.

② '此輩(이들)'는 '這些人(이러한 사람들)'과 같다.

右侯舍我去, 令我與此輩共事. 우후(右侯)는 나를 버리고 가서, 나를 이 무리와 함께 일하게 하였다.

③ 숫자 뒤에 쓰이며 본래는 단체의 뜻이 있고, '起(기)'와 같다.

諸使外國, 一輩大者數百, 少者百餘人 ……一歲中使, 多者十余, 少者五六輩. 여러 외국으로 가는 사신 한 무리가 크게는 수백이고, 작게는 백여 명인데 ……1년 중에 사신으로 간 것이 많게는 십여 단체, 적게는 대여섯 단체이다.

후세에는 그것(輩)을 '人, 個'로 썼다.

群兒結數十輩攻之. 여러 아이가 수십 명의 무리를 결성하여 그곳을 공격하였다.

6. '然(연)'

① 이처럼(如此)

知其當然而不知其所以然. 그것이 마땅히 그러한 것은 알지만, 그것이 그렇게 된 까닭은 알지 못한다.

有毅力者則不然. 굳세고 힘 있는 사람이라면 그렇게 하지 않는다.

② '是(그렇다)', '對(옳다)'로, 응답하는 말로 쓴다.

此言有之乎? 然, 有之. 이러한 말이 있었습니까? 예. 그러한 말이 있었습니다.

③ 술어로 쓰인다.

雍之言然. 옹의 말이 옳다.

④ 형용사 어미로 쓰인다.

欣欣然有喜色. 싱글벙글 기뻐하다.

油然作雲, 沛然下雨. 뭉게뭉게 구름이 일어나 비가 쫙쫙 쏟아지다.

⑤ ~같은 것(……似的)

人之視己, 若見其肺肝然. 남이 나를 보기를 자기의 폐와 간을 보듯이
한다.

⑥ '然而'와 같다.

書益多, 世莫不有, 然學者益以苟簡. 책이 더욱 많아지고, 세상에는
없는 것이 없는데, 그러나 학자들은 더욱 간략해지게 되었다.

⑦ 그러나(然而), 역접연사

飮食所以養身, 然而飮食無節亦足以傷身. 음식은 몸을 보양하지만,
음식이 절제되지 않으면 또한 족히 몸을 상하게 할 수 있다.

⑧ 그러한 즉(然則; 이왕 이렇게 되었다면, 그러면)

爲善則中心安樂, 爲惡則無時不在畏懼悔艾之中, 然則吾人又何苦不
爲善而爲惡? 선을 행하면 마음속이 유쾌하여 즐겁고, 악을 행하면 어
느 때나 두려움과 후회 속에 있지 않음이 없다. 그러한즉 우리는 또 무
엇 때문에 선을 행하지 않고 악을 행하겠는가?

7. '滋(자)'

① 더욱(愈加, 越發)

若是, 則弟子之惑滋甚. 이와 같다면 제자의 미혹됨이 더욱 심합니다.

8. '遂(수)'

① 줄곧(一直), 이르다(到了)

> 及歸, 遂不見. 돌아옴에 이르러, 줄곧 보지 못하게 되었다.
>
> 此人後生無比, 遂不爲世所稱, 亦是奇事. 이 사람은 후생 중에 비할 바가 없으나, 줄곧 세상 사람들에게 칭송받지 못하니, 이 또한 기이한 일이다.

② 이에(于是), 곧(就)

> 繆公用之, 遂覇西戎. 목공이 그 사람들을 등용하여 곧 서융에서 패자 (覇者)가 되었다.

〈13획 이상〉: '微(미)', '蔑(멸)', '靡(미)'

1. '微(미)'

① 만약 ~이 없다면(倘若沒有)

> 微管仲, 吾其被髮左袵矣. 만일 관중이 없었다면 우리는 그 머리를 풀어 내리고 옷깃을 왼쪽으로 여미는 오랑캐가 되었을 것이다.

▶ ~이 없었다면(卽使沒有)

> 微子之言, 吾亦疑之. 만약 그대의 말이 없었다면 나는 또한 의심했을 것이다.

② 아니다(非, 不是)

> 微我無酒, 以遨以游. 나에게 술이 없어서 놀고 즐기지 못하는 것이 아니다.

微君之故, 胡爲乎中露? 군주를 위하는 까닭이 아니라면 어찌하여 길에서 이슬을 맞고 지냈겠는가?

③ 조금(稍微, 隱約)

微露其. 그 뜻을 조금 드러냈다.
微聞其事. 그 일을 조금 들었다.

2. '蔑(멸)'

① 없다(無)

雖甚盛德, 其蔑以加于此矣. 비록 심히 큰 덕이라 하더라도, 이것보다 더한 것은 없다.

3. '靡(미)'

① 없다(沒有, 無)

② '沒有人(~사람이 없다)', '沒有東西(~물건이 없다)', '沒有……的(~한 것이 없다)'는 용법이 '莫(막)'과 같다. 단, 거의 '靡不'과 '靡得'에 국한된다.

萬物萌生, 靡不有死. 만물이 태어나면 죽지 않는 것이 없다.
其詳靡得而記焉. 그 상세한 것을 다 기억할 수는 없다.

맺음말

고대한어 어법학습,
교학과 연구방향

一. 고대한어 문언문과 고백화 두 가지 지류 및 그 특징에 대한 고려

이 항의 내용은 매우 중요하나 일반적으로 고대한어 강의책은 거의 언급하지 않는다. 본 책의 서론에서 특별히 강조한 바 있다. 따라서 이 곳에서는 생략했으므로 필요한 사람은 앞뒤 문맥을 참고하여 이해하길 바란다.

二. 문언문과 고백화의 역사적 지위 및 연구의 전체성에 대한 명확한 이해

주대(周代)의 《시경(詩經)》은 중국 최초의 시가 총집이다. 초사(楚辭), 한악부(漢樂府), 당시(唐詩) 및 송원(宋元) 이래의 사곡(詞曲)은 모두 시경의 현실주의 전통을 계승했다. 시가 이외에 산문도 큰 성과를 이루었는데, 크게 역사산문과 제자산문으로 나눌 수 있다. 역사산문에는 《좌전(左傳)》, 《국어(國語)》, 《국책(國策)》이 있고 제자산문에는 《논어(論語)》, 《맹자(孟子)》, 《순자(荀子)》, 《묵자(墨子)》, 《장자(莊子)》, 《한비자(韓非子)》 등이 있다. 어법과 관련해서 허사가 자주 사용되었고 특수성을 띤 조어 방식과 어순을 사용했으나 실사 활용이 많으며 문장성분이 모두 완벽하지는 않다는 점 등을 특징으로 찾아낼 수 있다. 한당(漢唐) 문인들은 선진(先秦)의 문장과 서적의 어법 및 어휘의 특징을 계승하고 전수하여 문언문을 형성했다. 이후에 문언문은 오랫동안 서면어에서 주도적인 위치

를 차지했고, 모든 언어요소들은 모든 역사 시기에 걸쳐 전반적으로 영향을 주고 있다. 고백화의 서면어는 시대마다 다르고 구어(口語)의 성분은 계속 증가했으며, 양적으로 점점 증가하는 역사적 전개를 보여줬다. 그것은 한위(漢魏)로부터 시작하여 만당오대송(晚唐五代宋)을 거치며 발전하였다. 많은 불경역문(佛經譯文), 변문속강(變文俗講), 각종어록(各種語錄) 및 후대의 화본(話本), 소설(小說), 잡극(雜劇)과 희문(戲文) 등에는 선진(先秦) 이후 한어 구어(口語)의 발전 양상이 반영되었다. 청말(淸末)에 이르러, 백화는 한 걸음 더 나아가 한어 서면어로서 정통적 지위를 얻게 됐다. 이전에는 문언문과 고백화가 지니는 역사적 지위가 달랐기 때문에 어법연구에 많은 제한이 있었다. 문언을 중시하고 백화를 경시하여 고대한어 어법의 전반적 상황을 반영할 수 없었던 것이다. 이 점에 착안한다면 고대한어 어법의 연구 대상과 구체적 내용 파악에 더 쉽게 접근할 수 있을 것이다. 그러나 예로부터 전해오는 고적은 기본적으로 문언을 사용하여 풍부한 문화유산을 계승하고 있으므로 옛것을 받아들일 때 절대로 문언문을 소홀히 하거나 잘못 이해해서는 안 된다. 고대한어 학습·교육·연구에서 문언문은 중요한 대상이 된다. 또한 현대한어는 고대한어가 발전해 온 것이고 고대한어는 현대한어 발전의 기초이므로 한어의 교제기능을 발휘하기 위해서 반드시 문언문을 중시해야할 것이다.

三. 어법의 공시적(共時的) 연구와 통시적(通時的) 연구의 상호 결합

페르디낭 드 소쉬르(Ferdinand de Saussure)는 '공시(共時)언어학'과 '통시(通時)언어학'을 제시했다. "언어학의 정태(靜態)적 방면과 관련된 모든 것이 공시(共時)적이고, 언어학의 진화된 방면과 관련된 모든 것이 통시(通時)적이다(索緒爾《普通言語學敎程》 중국어 번역본, 商務印書館, 1980년, 119쪽)." 이는 고대한어 어법연구에 있어 참고할 가치가 있다. 고대 중국에는 엄격한 의미에서 말하자면 공시언어학과 통시언어학이 없었다가 20세기에 들어오면서 상황은 바뀌었다. 80년대부터 시작해 90년대 초까지만 해도 정상청(程湘淸)은 10년 동안 《선진한어연구(先秦漢語硏究, 1982)》, 《양한한어연구(兩漢漢語硏究, 1984)》, 《위진남북조한어연구(魏秦南北朝漢語硏究, 1988)》, 《수당오대한어연구(隋唐五代漢語硏究, 1992)》, 《송원명한어연구(宋元明漢語硏究, 1992)》를 편찬했다. 이 가운데 많은 부분을 어법에 관하여 전문적으로 논하는 데 할애하였는데, 모두 공시적 묘사와 연구에 관한 것이었다. 하락사(何樂士)가 쓴 《고대한어어법 및 그 발전(古漢語語法及其發展)》[123]은 사물의 기원과 발전의 결합 형태로서 어느 시점의 경험에 근거한 성과를 전체적으로 넓히는 방식으로 고대한어 어법 역사의 파노라마를 보여준다. 향희(向熹)의 《간명한어사(簡明漢語史)》 역시 한어어법의 발전을 상고·중고·근대로 나누어 설명하고, 각 시대에 관한 공시적 연구를 함으로써 한어어법의 기본 특징을 아래와 같이 설명했다.

---

123 楊伯峻 合著, 語文出版社, 1992.

1. 허사의 발전: (1) 실사의 허화(虛化) (2) 허사의 허화 (3) 단음허사의 복음화(複音化) (4) 허사 활용의 규모화.

2. 어법(句法)의 발전: (1) 단어 순서의 고정화(詞序固定化) (2) 어법 수단의 다양화(句法手段多樣化) (3) 문장구조의 엄밀화(句子結構嚴密化) (4) 문장 길이의 끊임없는 확대(句子容量不斷擴大)

이 한어어법의 기본 특징은 한어어법 발전의 기본 특징이 되기도 한다. 왕력(王力)의 《한어어법사(漢語語法史)》는 통시적(通時的) 분석연구에 착안했지만, 실제로는 공시적(共時的) 인식에 기초하여 각 시기의 형태상·어법상의 주요발전을 서술했다. 공시적 연구는 통시적 연구로 하여금 더욱 투명도를 갖추게 한다. 왕력은 3천 년의 역사 자료에서 어법 분야의 결론을 도출하여 "상고 후기에 사성식(使成式)과 중고에 이르러 처치식(處置式)이 만들어졌으며, 피동식(被動式)은 상고 후기와 중고에 걸쳐 새로운 발전을 이루었다.", "어법에서 가장 분명한 발전 노선은 복음단어(複音詞)의 증가와 문장의 엄밀화이다."[124]라고 설명했다. 공시적(共時的) 연구와 통시적(通時的) 연구가 적절하게 이루어진다면 어법 규칙성을 깊이 있게 밝힐 수 있다. 예를 들어 오랫동안 '主(주)·之(지)·謂(위)' 격식에 관한 연구·분석 문장은 끊임없이 출현했지만, 이 격식의 역사적 발전에 대한 깊이 있는 이해가 이루어지지 못했다. 이런 종류의 격식은 상고에 생겨나 언제 소실되기 시작했는가? (모방 용법 제외.) 그 과정에 과도기적 단계가 있었다. 과도기적 단계는 전국(戰國) 말에서 한대(漢代)까지이다. 같은 시기에 '之(지)'의 혼용 현상도 나타났다.

---

124 《한어사고(漢語史稿)》 218쪽.

① 此寡人之所欲知也.　(《여씨춘추〔呂氏春秋〕·순설〔順說〕》)
이것은 내가 알고자 하는 바이다.

'之'를 덧붙였다.

② 此寡人所欲聞也.　(《여씨춘추〔呂氏春秋〕·순설〔順說〕》)
이는 내가 듣고자 하는 바요.

③ 天之亡我, 我何渡爲?　(《사기〔史記〕·항우본기〔項羽本紀〕》)
하늘이 나를 망하게 하였으니, 어찌 강을 건너리오?

'之'를 덧붙였다.

④ 乃天亡我, 何渡爲!　(《한서〔漢書〕·항적전〔項籍傳〕》)
하늘이 나를 망하게 하였으니, 내가 어찌 건너리오?

　　과도기를 지난 후에는 주어와 술어의 사이에 '之(지)'를 덧붙이는 현상은 없어졌다. 이와 같은 과도기적 현상은 비단 이것뿐만이 아니다. 대사의 사용, 수량사의 사용, 피동구의 사용 등 그 예가 적지 않으며, 각각 그 원인이 존재한다. 과도기적 현상을 모두 밝혀내려면 공시(共時)연구와 통시(通時)연구의 결합을 분리해서는 안 된다.

四. 어법연구와 어휘(語彙), 어음(語音)과 문자(文字)연구의 상호 협력

어법연구와 어휘연구는 밀접하게 관련되어 있다. 왕력은 "허사는 어휘의 문제로 해결할 수 있다."[125]라고 여겼다. 그 후에 어떤 학자도 같은 맥락에서 말하기를 "실사의 허화는 한어의 허사가 출현하게 된 주된 방식과 근원이다. 한어에서 부사, 전치사, 연사, 조사는 모두 실사의 허화로부터 온 것이다."[126]라고 언급했다. 이는 명백한 사실이다. 어법과 어휘는 유기적인 관계를 갖는데, 이에 관한 연구는 상호작용 하면서 도움을 주고받을 수 있다. 예를 들자면, 한대(漢代) 이래 부사어는 선진(先秦)시대보다 발달했는데, 이는 어휘 계통에서 부사어의 역할을 하는 부사가 날로 증가하여 풍부해진 것과 관련이 있다. 부사어의 역할을 하는 부사는 실사(實詞) 의미가 역사적으로 변화를 겪는 과정에서 만들어졌다. '頗(파)'를 예를 들 수 있는데 실사도 '머리가 기울어졌다'[127]는 뜻인데, 여기에서 '비뚤어지다, 바르지 못하다'는 의미가 파생되었다. "故正義之臣設, 則朝廷不頗. (올바른 신하가 없어 조정이 비뚤어진다.)"[128] 그리고 '조금, 약간'의 뜻으로 사용되기도 한다. "余雖不合於俗, 亦頗以文墨自慰. (내가 비록 세속에 맞지 않으나, 또한 글로써 자신을 조금이나마 위로할 수 있다.)",[129] 또한 '매우'라는 뜻도 있다. "頗似楚漢時. (초나라·한나라 때와 매우 비슷하다.)"[130] 선진시대에 '頗(파)'는 실사에 속했으나 후세에 '頗(파)'

---

125 《중국언어학사(中國語言學史)》, 221쪽.

126 향희(向熹), 《간명한어사(簡明漢語史)》하권 535쪽.

127 《설문(說文)·혈부(頁部)》: "頗, 頭偏也."

128 《순자(荀子)·신도(臣道)》

129 유종원(柳宗元), 《우계시서(愚溪詩序)》

130 이백(李白), 《맹호행(猛虎行)》

의 의미는 '조금, 매우'로서 허사(부사)에 속하게 되었다. '頗(파)'의 뜻이 변화한 것과 부사가 부사어로 쓰인 것은 실사(實詞)의 허화(虛化)라는 어휘의 어법을 동시에 보여주는 현상이다. 또 '把(파)' 역시 원래 실사에 내포된 뜻은 '쥐다, 잡다'이나 후에 허화(虛化)되어 전치사가 되었다. "한가롭게 나의 흥을 돋우니, 그 흥이 하늘에 닿을 듯하구나! (悠然散吾興, 欲把青天摸.)",[131] 중고어법(中古語法)의 처치식(處置式)도 이로부터 나와 발전된 것이다.

어법연구와 어음연구도 밀접한 관계가 있다. "한어의 쌍음어(雙音語) 발전은 한어어법 발전의 큰 특징이다(왕력[王力])." 이는 어음뿐만 아니라 어휘 및 어법과 관련되어 있다. 이런 경우 어음, 어휘, 어법연구가 서로 영향을 주고받음은 말할 필요도 없다. 왕력의 연구에 의하면 "之(지)'와 '其(기)', '不(불)'과 '弗(불)' 등의 단어를 살펴볼 때, 매 한 쌍의 단어는 처음에는 다른 어법 용도를 지녔는데, 이 어법 용도는 성모의 변화 혹은 운모의 변화에 따라 구별되었다."[132]라고 했다. 이는 곧 어법형태와 어음 요소가 서로 연결되어 있다는 것이다. "중고한어의 형태 표현은 성조의 변화에 잘 나타나 있다. 같은 단어는 성조를 달리함으로써 다른 어휘 의미와 어법 의미를 갖게 되었다." 이 역시 어법형태와 어음, 어휘요소가 서로 연결되어 있는 현상이다. 이렇게 보면 어법, 어음, 어휘가 결합한 연구는 타당한 근거가 있다.

한자는 형태소 문자로 어법연구 또한 문자연구와 뗄 수 없다. 구석규(裘錫圭)는 "진몽가(陳夢家)가 《은허복사종설(殷墟卜辭綜述)》에서 복사

---

131 피일휴시(皮日休詩).

132 《漢語史稿(한어사고)》 제35절과 제38절 참조.

(卜辭) 어법을 강의했을 때, '王吉玆卜(왕길자복)'의 '吉(길)'이 동사로 쓰였다고 했는데, 한어사를 연구하는 사람들이 의동(意動) 용법을 말할 때 이 자료를 사용하는 일은 매우 적은 것 같다."[133]라고 했다. 구석규는 또한 "마왕퇴(馬王堆) 3호 묘에서 출토된 백서(帛書)…… 계사 '是(시)'가 생겨난 시대적 문제를 해결하는 매우 중요하다…… 계사 '是(시)'는 전국 (戰國) 후기에 생겨난 것으로 추정된다."[134]라고 했다. 이를 통해 봤을 때, 고대한어의 어법연구와 문자연구가 같이 이루어져야 한다는 것을 알 수 있다.

五. 언어자료에 대한 작업 강화와 학과(學科)방법론 통제

고대한어 어법연구는 기타 전문 분야의 연구와 마찬가지로 반드시 사실과 자료에 따라야 한다. 전반적인 사실과 풍부한 자료가 뒷받침 될 때 비로소 정확한 개념, 판단, 추리가 가능해진다. 이러한 이치는 모두가 인정하는 것이지만, 고대한어 어법연구는 확실한 언어자료에 대한 작업이 더욱더 강화되어야 한다. 예를 들면, 어떤 언어문자 전공자는 "상대 후기의 갑골문은 우리가 현재 이용할 수 있는 최고(最古)의 한어 자료로 고대한어의 어법 현상을 갑골문 안에서 찾을 수 있음에도 한어사를 연구할 때 이를 간과하고 있으며, 심지어 갑골문을 연구하는 학자가 이미 언급한 관련 자료들조차도 충분히 활용하지 않는다."라고 지

---

133 구석규(裘錫圭), 《고대사연구신탐(古代文史硏究新探)》160~161쪽.
134 구석규(裘錫圭), 《고대사연구신탐(古代文史硏究新探)》163쪽.

적한 바 있다.[135] "고대한어 중 단순사(單純詞)의 조어법연구에 대해(단순사의 분화라고도 말할 수 있다), 고문자 자료는 많은 시사점을 준다. 갑골문에는 '史(사)', '事(사)', '吏(리)', '使(사)' 등 네 글자에 구별이 없었다. 이는 바로 네 글자의 음도 비슷하고, 의미도 서로 관련 있으므로 하나의 단어로부터 분화되어 생겼다는 것을 시사해 준다." 고대한어 중 복합어(複合詞)의 조어법에 관한 연구에 관해서도 고문자 자료가 중요한 단서가 된다. 형공원(邢公畹) 선생은 고대한어의 조어법이 대만 고유어와 일치하는 현상이 있다고 지적하였고, 그 예로 "정식 이름 앞에 아명(兒名)을 덧붙이는 것이 있다."[136] "갑골문에 바로 이런 방면의 자료가 적지 않다."[137] "주(周) 이후 고대한어 어법의 연구에서 고문자 자료는 매우 중요하다."[138]라고 하였으며 필자도 이에 동의한다. 이는 당연히 문자의 측면에서 고려한 것으로, 어휘와 어음의 측면에서 볼 때도 마찬가지이다. 이런 것들을 잠시 접어두고 어법 자체에 대해서만 말해도 언어자료에 대한 작업은 더욱 강화되어야 한다. 역사 이래 많은 학자가 《좌전(左傳)·양공 2년(襄公二年)》 "以索馬牛皆白匹. (말과 소를 모두 각각 백 마리씩 고르다.)"은 고대인이 지은 문장 '대충하다', "牛當稱頭. (소는 마땅히 '頭[두; 마리]'로 말해야 한다.)"로 인식하였다. 이는 선진(先溱)시대 언어 자료의 묘사가 귀납되는 작업이 강화되어야 할 필요가 있다는 것을 표명한다. 선진(先溱)시대에는 무게를 재는 단위로 '頭(두)'를 쓰지 않았으며,

---

135 구석규(裘錫圭), 《談談古文字資料對古漢語研究的重要性》, 《중국어문(中國語文)》 1979년 6期.
136 순자(荀子)가 말했다: 대명(大名)은 사물의 큰 분류를 이르는 명칭이고, 소명(小名)은 사물의 작은 분류를 이르는 명칭이다. 대명과 소명은 상대적인 것으로 '물(物)'이 대명이면 '조(鳥)'나 '수(獸)'는 소명이고, '수(獸)'가 대명이면 '독(犢)'은 소명이 된다.
137 구석규(裘錫圭), 《談談古文字資料對古漢語研究的重要性》, 《중국어문(中國語文)》 1979년 6期.
138 구석규(裘錫圭), 《談談古文字資料對古漢語研究的重要性》, 《중국어문(中國語文)》 1979년 6期에 실림.

한(漢) 이후에 와서야 무게를 나타내는 단위로 '頭(두)'를 썼다. 선진(先秦)시대의 언어 자료에 대한 이해가 충분하지 않기 때문에 후대에서 사용되는 용법에 착오가 많다. 언어자료의 근원은 주로 여러 역사 문헌에서 나타나고 있으며 《어문전저(語文傳著)》, 《경적전주(經籍傳注)》, 《문자훈고지서(文字訓詁之書)》, 《시화문평지서(詩話文評之書)》 및 《필기잡서(筆記雜書)》 등 기타 여러 서적에서도 찾아볼 수 있다. 문헌 정보를 싣는 도구가 전자화, 네트워크화로 발전되고 있는 현재의 추세에 따라 고대한어 어법 자료 작업 역시 앞으로 차츰 새로운 기술, 새로운 방법으로 기존의 방식을 대체해야 할 것이다. 위에서 언급했던 《좌전(左傳)》의 정보 저장을 통해 《좌전(左傳)》에 '頭(두)'는 두 번 출현했고, 모두 양사가 아닌 명사로 쓰였다는 것을 몇 초라는 짧은 시간에 한 치의 오차도 없이 찾아낼 수 있었다. 만약 순수한 수작업에만 의지했다면 많은 비용과 인력, 그리고 시간 또한 많이 걸렸을 것이다. 현대화된 도구를 갖춘 자료 작업은 높은 효율성뿐 아니라 신뢰성을 모두 보증할 수 있으며, 그에 따라 더 강력하게 어법연구를 추진해야 한다.

자료는 과학적 방법으로 다루어져야 한다. 계선림(季羨林)은 다음과 같이 말했다. "이는 하나의 작은 문제가 아니라 근본성의 문제이다. 아무리 많은 양의 자료를 수집한다 해도, 만약 방법이 잘못되었다면 자료는 털끝만큼의 의미도 없다.", "많다 하더라도 어찌 다루어야 하는 가?"[139] 당연히 방법론은 우선 철학적 의미상의 방법론이고, 각 학문 분야 또한 모두 각 학문 분야 자체의 방법론이 있다. 각 학문의 방법론은 역사 이래 주로 사유방법론을 가리키며, 또한 현대 과학의 발전에 따른

---

139 《인도언어논집(引度語言論集)》 463쪽, 中國社會科學出版社, 1982.

사유이론 도구의 방법론이 있다. 그뿐만 아니라 다른 학파, 다른 시각, 다른 견해, 운용의 방법 또한 다르기도 하다. 현대한어 어법연구로는 통상적인 중심어 분석법 외에도 외래의 문장 분석 방법을 빌려 언어의 일련성에 기초한 일련성의 분석법, 언어이해를 단계적으로 한 층차 분석법, 언어구조의 이해를 추상적 양식으로 삼은 양식 분석법, 언어이해를 심층구조 생성의 표층구조로 여기는 생성-전환 분석방법 등이 나타났다. 이러한 방법들이 효율적으로 고대한어 어법분석에 사용될 수 있을까? 당연히 실천 경험과 논리 경험을 겪고 난 후에야 그 진리성을 증명할 수 있을 것이므로 이에 대해 많이 언급하지는 않겠다. 사유방법론은 가장 기본적인 방법론으로 각종 학문 분야에 사용되는데, 귀납과 연역, 분석과 종합, 구체와 추상, 유추·가설 및 상상 등을 포괄한다. 또한 어법을 내포한 언어에 대해 논하자면 귀납과 연역은 매우 중요한 논리 방법이다. 귀납은 서로 다른 사실에서 일반적인 원리에 이르는 것이고, 연역은 일반적인 원리로부터 다른 사실에 이르는 것이다. 귀납과 연역은 언어현상을 인식하는 과정에서 각각 특정한 작용과 지위가 있다. 사람들이 다양한 개별적인 언어현상을 인식하고 그 속에서 일반적인 인식을 얻어야 할 때는 귀납법을 활용한다. 사람들이 일반적인 현상 혹은 규율을 인식한 후에 개별 사물을 연구할 때는 연역법을 활용한다. 예를 들면, 부사가 일반적으로 명사를 수식하지 못한다는 것은 언어학자들이 언어 실제에서 귀납해 얻은 것이고, 후에 그들이 또한 연역법을 사용해 이러한 규칙을 언어실제에 활용하고, 품사의 '감별 지표'를 활용한 것이 있다. 특별히 고대한어법에서 귀납은 더욱 중요하다. 귀납의 중요성은 충분히 확보한 자료의 중요성을 증명한다. 귀납이 개별적인 것에서 일반적인 것에 이르는 것이기 때문에 개별적인 것들이 많을수록 결론이 믿을 만하다. 예외의 현상도 나타날 수도 있는데, 예외가 적으면 괜찮지만 많아서는 안 된다. 예외가 많으면 결론은 뒤집힐 수밖에 없고, 이는 다르게 고려되어야 한다. 어떤 이는 은대(殷代)로부터 서주(西周)까지 '朕(짐)'이 한정어로만 쓰였다고 하지만 '無廢朕明(무폐짐명)'에서는 한정어로 쓰이지 않는 예외이다. 《서경(書經)》에서 '朕(짐)'은 77번 보이지만, 한정어로는 48번 쓰였고 주어로 27번, 빈어로 2번 쓰였다. 77번 중에서 한정어로 쓰이지 않는 경우가 29번이었고, 이 29번은 예외일 수 없다. 모든 사물은 일반과 예외가 있는데 다만 어떻게 다루고 처리해야 해야 하는가의 문제이다. 필자가 저술한 《어문학 분야 방법론(語文學科的方法論)》[140] 중 비교적 구체적이고 전반적으로 약간의 관련 문제를 명백히 논술하는데 힘썼으며, 바로 이러한 내용을 약술했다.

六. 고대한어 어법체계 임시 추측 가능성 확보

《마씨문통(馬氏文通)》이 저술된 후부터 지금까지, 이미 한 세기가 지났다. 이 한 세기 동안 현대한어 어법연구는 많이 이루어졌지만, 고대한어 어법연구는 상대적으로 적은 편이다. 현대한어 어법체계는 그나마 '임시 구축된 것'이고, 고대한어 어법체계는 '임시 구축된 것'조차 없다. 어법체계는 물론 객관적으로 존재하는 것이지만. 객관적이고 구체적인 존재는 과학적 추상을 거쳐 주관적이고 구체적인 공통의 인식에 이르게

---

140 《고한어연구(古漢語研究)》 1992년 2期.

된다. 이는 마땅히 어법연구자가 반드시 노력하고 추구해야 하는 공통의 목표이다. 고대한어 어법체계를 구축해 내려면 최우선적으로 고려되어야 할 문제가 세 가지가 있는데 여기서 먼저 제시하기로 하겠다.

㈠ 인식의 문제

시대가 다른 사람들의 인식이 반드시 일치하는 것은 아니다. 동시대의 다른 사람들 역시 인식이 일치하지 않으며, 어느 한 사람이 각기 다른 시대에서 가지는 인식 역시 모두 일치하지는 않을 것이다. 이는 사회발전의 당연한 결과이고, 사람의 인식 발전의 필연적 결과로 이상한 것이 아니다. 그러나 객관적 사물 그 자체에 대해 말하자면 각각 그 본질과 특징을 가지고 있고, 객관적인 표준을 가지고 있다. 그것에 대한 사람들의 그 인식은 외면적인 것에서 내면으로 현상에서 본질로 이르기 마련이다. 그뿐만 아니라 사람들의 인식은 대부분 한 번에 완성된 것이 아니며, 여러 차례에 걸친 반복하는 과정이 필요하다. 예를 들어 '전기'에 대한 사람들의 인식은 처음에는 매우 모호하면서 신비한 것으로 여겼을 것이다. 고대 사람들이 설령 '마찰이 전기를 일으킨다'는 현상을 관찰했다 할지라도 '전기'에 대한 과학적 개념은 형성하지 못했다. 현재 사람들이 전기의 본질과 특성, 제어방법에 대해 이해하고 익숙해 짐에 따라 전기에 대한 인식 또한 고대와 비교하면 훨씬 깊어졌고, '전기'라는 단어의 숨은 의미도 크게 확대되고 심화되었으며, '전기'에 대한 사람들의 인식 또한 크게 발전했다. 객관적 사물에 대한 인식이 이렇듯, 언어에 대한 인식 또한 마찬가지이다. 언어에 대한 각종 현상을 다 다룰 수는 없으니, 여기서는 고대한어 어법의 몇 가지 인식 문제에 관해서만 얘기하고자 한다. 이 몇 가지 문제 인식은 고대한어 어법체계의 고안 및 구축과 직결된다.

먼저 고대한어 어법은 간단하면서도 역시 복잡한 인식이 필요하다. 왕력(王力)은 고대한어에 대해 "어법은 비교적 간단하다. 허사를 어휘로 해결하면 어법은 옛날과 지금, 별 차이가 없다."[141]라고 생각했는데, 이는 분명한 사실이다. 어법 측면에서 보면 몇 가지 어순이 다른 것 외에 고대한어 어법은 확실히 비교적 간단하고, 옛날과 지금의 변화가 크지 않으며(이는 어법의 안정성이 결정된 것이다), 많은 부분을 비교할 수 있다. 그러나 허사 측면에서 보면 매우 복잡하다. 허사의 사용은 훈고학과 연결될 뿐 아니라, 수사학과도 관련이 있다(어법도 이러한 상황이 있으나 허사만큼 두드러지지는 않는다). 이 때문에 허사는 어휘로 해결해야 더욱 좋은 효과를 얻을 수 있다. 계선림(季羨林)은 근래에 "문언문은 오래될수록 간단하고, 단음사가 많다. 형태 변화가 없으므로 한 문장 안에서 글자와 글자의 관계는 때때로 확정하기 어렵고, 다양한 해석이 있을 수 있으며, 융통성이 있으면서도 모호성이 강하다. 이러한 언어를 학습하고 이해하려면 어법분석보다는 어감과 개인의 이해력에 의존해야 한다."[142]라고 했다. 정말 이렇다면 어법체계는 필요한 것인가?

그 다음은 한어의 고립어적 유형의 특징에 관한 인식이다. 고립어의 특징은 단어 안에 어법적 의미를 전문적으로 표시하는 부가성분이 없고, 형태 변화가 적으며, 단어와 단어의 어법관계는 어순과 허사에 달려 있다는 것이다. 현대한어는 고대한어에서부터 발전했고, 고대한어는

---

141 《중국언어학사(中國語言學史)》 211쪽.
142 《한어여외어(漢語與外語)》 46쪽, 語文出版社, 2007년 7월.

현대한어 발전의 기초이며, 고립어의 특징은 일맥상통한다. 고대한어의 특징에 중점을 두고 목표를 명확히 해야 방향을 제대로 잡을 수가 있다 (이 문제는 앞서 언급한 문제와 관련이 있고, 포함된 내용이 더욱 많다).

그 다음으로는 계승과 참고에 대한 전면적인 인식이다. 중국 고대 어법은 두 가지 큰 특징을 가지고 있다. 엄격히 말하면 두 가지 큰 약점인데, 첫째는 어법에 대한 설명과 해석이 훈고 속에 포함되어 독립적으로 연구할 수 없다는 것이다. 둘째는 어떤 어법현상을 설명하면서 일반적으로 직관적인 언어자료를 따르지만, 개별적인 것만 파악할 뿐 일반적인 것은 파악하지 못하고, 현상만 파악할 뿐 본질적인 것은 파악하지 못한다는 점이다. 이 두 가지 큰 특징 때문에 중국 고대에는 묘사어법학과 역사어법학이 나올 수 없었던 것이다. 당연히 사람들의 인식은 발전하며, 시대의 흐름에 따라 새로운 경향이 나타나게 된다. 한(漢)대의 유학자들이 경서를 해석하면서, '辭(사)'라는 이 명칭이 만들어졌는데, 일부분의 허사를 말하고, 또 일부분의 실사(경계가 불분명하고, 개념이 뚜렷하지 않았다)를 아울러서 말했다. 위진남북조(魏晉南北朝)는 이 견해를 그대로 답습하였다. "당대에 편수한 《오경정의(五經正義)》에 의류(義類)와 어조류(語助類)에 대한 견해가 생기면서, 단어를 허사와 실사로 분류하는 개념이 싹트게 되었고 송대에 이르러 실자(實字)·허자(虛字)라는 명칭이 생겼다. 그러나 그때 사용했던 이 명칭에는 다른 뜻이 있었는데, 실자는 명사를 가리키는 데 사용하였고, 허자는 동사를 가리켰다. 하지만 후세 어법학상의 실사·허사와 비교적 근접해졌다."[143] 당대 육덕명 (陸德明)의 《경전석문(經典釋文)》은 사성별의(四聲別義: 네 가지 소리 다른

---

143 조진탁(趙振鐸), 《중국언어학사(中國語言學史)》 324쪽.

뜻) 현상을 열거하고 있는데, 왕력(王力)은 이를 고대한어 어법의 성조 형태로 보고 있다. "송대(宋代)는 전대(前代)의 훈고의 성과를 계승하여 허사의 내부적인 구분이 매우 세밀해졌고, 이는 원대(元代)에 전문적인 허사 서적이 출간되는 데에 기초가 되었다."[144] 명청에 허사를 다룬 책이 잇따라 출간되어 어법연구의 보고(寶庫)가 풍부해졌다. 지금 우리가 당면한 과제는 옛사람들의 문헌해석, 필기(어법문제와 관련된 언급), 허사 전문서에 나오는 어법현상, 어법설명과 해석을 정리하고 그 핵심을 계승하여 새로운 요소들로 확대하는 것이다.

참고하는 것은 발전을 위한 것이다. 계승과 새로운 것을 만들어 내는 것은 변증법적 통일이다. 어떠한 학술도 백지의 상태에서 시작되지 않았으며, 계승이 없이 새로운 것을 만들어 낸다는 것은 어렵다. "《마씨문통(馬氏文通)》은 창조성이 풍부한 어법서라 말할 수 있다.", "마씨(馬氏)는 고대한어에 정통하였고, 이 책은 고대한어를 대상으로 삼았는데, 오직 마씨처럼 문언문을 능히 읽을 수도 쓸 수도 있는 사람만이 고대한어에 대해 깊이 분석할 수 있는 기본 조건을 갖추었다."[145] 등은 하나의 측면이다. 또 다른 측면으로는 "마씨는 라틴어와 프랑스어에도 정통했다. 그는 서양 언어를 한어와 비교했으며, 이는 전반적이고 주도면밀했다."[146] 이는 바로 참고의 중요성을 의미하고 있다. "마건충(馬建忠)은 유럽 언어에 대해 아는 것이 비교적 많고, 시야가 비교적 넓었으며, 그는 결코 영어어법을 표준으로 삼지 않았다."[147] 분명히 안목이 날카롭고 시

144 조진탁(趙振鐸), 《중국언어학사(中國語言學史)》 324쪽.
145 왕력(王力), 《중국언어학사(中國語言學史)》, 175쪽.
146 왕력(王力), 《중국언어학사(中國語言學史)》, 175쪽.
147 왕력(王力), 《중국언어학사(中國語言學史)》, 179쪽.

야가 넓어야 참고는 확실한 보증이 된다(당연히 마씨가 참고로 한 것이 완벽하다고는 말할 수 없다). 우리가 앞으로 고대한어 어법체계를 세울 때 계승과 참고에 대해 마땅히 이러한 공통된 인식을 가져야 한다.

(二) 실제 다루어야 할 문제

1. 문헌과 훈고에서 어법 자료를 발굴한다. 이전 사람들은 어법과 훈고가 서로 결합하고, 또 수사학과 서로 연계하여 설명했는데, 이 두 가지는 명확한 경계가 없으므로 마땅히 온 힘을 다해 발굴해야 함은 의심할 나위가 없다.

2. 중국 최초의 책이 고대한어 어법을 대상으로 한 비교적 전반적이고 어법 전문서임을 분명히 하고, 한어어법을 억지로 해석하지 않으며, 또한 반복적으로 빙빙 돌려서 해설하지 않는다.

3. 정전(鄭奠)과 맥매교(麥梅翹)가 지은 《고한어어법어학자료휘편(古漢語語法語學資料彙編)》을 참고하고, 간단한 문장으로 서술한 자료를 충분히 활용한다. 대표적인 논저를 선별적으로 참조하고, 전문적인 주제에 대해 토론한 중요한 부분을 선별하여 기록한다.

4. 기록된 어법학 문제를 발굴한다. 이러한 작업은 활력이 넘치나, 그 작업과정은 규모가 매우 크다. 이 작업을 잘 수행한다면 많은 발견과 발명이 이루어지게 된다. 손양명(孫良明) 교수는 바로 이러한 작업에 힘을 쏟고 있다.

(三) 검증 문제

논리검증과 실천검증을 통하여 합리적인 해석과 증거를 얻을 수 있는데, 구체적인 것은 잠시 생략하기로 한다.

부록

고대한어 어법연구의
세 가지 논점

고대한어 어법연구의 세 가지 논점

　　본문은 필자가 1996년 8월 북경대학에서 주최한 제2차 국제 고대한어 어법연구 토론회의에서 발표한 전문이다. 1998년 필자는 파리 프랑스국가과학원의 제3차 국제 고대한어 어법연구 토론회의에 참석하여 졸문이《고한어 어법논집(古漢語語法論集, 1998년 출판)》에 그것도 첫 편에 실린 것을 보았다. 이 책에 부록을 실은 의도는 두 가지다. 첫째는 현재 중국 국내외에서 고대한어 어법연구(2001년 8월 뒤이어 캐나다 컬럼비아대학에서 제4차 국제 고대한어 어법연구 토론회의를 개최했으나 필자는 병으로 출석하지 못했다)를 매우 중시한다는 것을 알리기 위해서이다. 둘째는 졸문의 견해가 중국학자는 물론이고 국제한학의 유명인사 포입본(蒲立本, 캐나다), 패라패(貝羅貝, 프랑스), 하막야(何莫耶, 노르웨이), 대서극야(大西克也, 일본) 등의 지지를 얻었으나 학문의 세계는 끝이 없고 힘은 한계가 있어 완벽하지 않으므로 독자들의 도움을 받아 고대한어 학과의 체계를 잡고 한 단계 더 추진시키길 바라는 마음에서이다.

　　어느 독자가 본 책의 언어학 분야에 대한 설명을 완벽하게 이해하지 못했다고 해도 무방하다. 다른 도움을 줄 전문가를 만나면 된다. 왜냐하면 이것은 초학자들이 깊이 연구할 내용이 아니기 때문이다. 1장에서 언급하고자 하는 '한어 어법 연구의 네 개의 평면'은 필자가 어법학계에서 처음으로 제시했던 것으로, 여러 책에서 접할 수 있으며 2000년 9월 필자가 한국의 몇몇 고교의 학술강연회에서도 제시한 바 있다. 다만 논리적 검증이나 실천적 검증을 겪은 것은 아니므로 모든 측면에서 구체적이고 심화된 분석이 필요하다. 이 부분에 대해 독자가 관심을 가지길 바란다.

一. 어법연구의 네 개의 평면

최근 어법연구는 세 개의 평면, 즉 어법평면·어의(語義)평면·어용(語用)평면에 관심을 기울였다. 즉 언어 부호 간의 관계, 부호와 실물의 관계(가리키는 바를 가리킬 수 있다), 부호와 사람(사용자)의 관계에 관한 연구가 진행됐다. 어법학자는 한어어법 자체를 완전하지 않은 것, 자족할 수 없다는 견해를 가지므로 자연히 어구는 어법·어의·어용, 이 세 개의 평면적인 요소로부터 서로 관계를 맺어 이루어지며, 좁은 의미를 사용하는 어법은 풍부한 어법·어의·어용 요소를 포함한 문장을 분석하기 어렵다. 하나의 문장을 분석하려면 먼저 어법·어의·어용 등 세 개의 평면 현상을 구분한 후 그에 대해 여러 분야별로 전문적인 연구를 진행해야 한다. 어법·어의·어용 세 개의 평면 현상은 당대 한어 어법연구에 큰 영향을 끼쳤다. "이는 어법연구 방법의 새로운 발전이며, 어법학계의 정밀화·계통화·실용화에 도움이 되었다. 그러나 이러한 어법연구는 이제 시작이다. 어법을 분석함에 특히 한어의 어법분석을 어떻게 하면 전반적이고 계통적으로 어법분석, 어의분석, 어용분석의 경계를 구별 지을 수 있는지, 또 각 측면을 고려하면서 결합할 수 있는지는 어법연구자의 눈앞에서 드러난 새로운 과제로 연구할 가치가 있는 것이다."[148] 범효(范曉)가 말한 것처럼 어법연구에서 세 개 평면은 새로운 과제로, 지금의 연구는 하나의 시작에 불과하다. 앞으로 심도있게 연구할 것은 어법·어의·어용, 이 세 개의 평면요소가 서로 교차되는 것을 종합적으로 관찰하고 분석하는 것인데, 이것은 상당히 복잡한 과제이다. 어법연구는 이미 오랜 과정을 거쳤음에도 공통된 인식이 마련되지 않았다는 점, 어의연구도 언어이론 중에서 연결고리가 빈약하며, 구조어용학도 역시 교제어용학과 경계가 분명하지 않다는 점은 모두 당면해 있는 복잡한 문제이다. 다른 것은 잠시 접어두고, 단지 어의학 분야의 핵심을 파헤치려면 먼저 어의학의 네 가지 평면 문제를 해결해야 한다. 첫째, 어의의 핵심 내용을 간추려야 한다. 둘째, 언어구조가 뜻을 표현하는 방식과 방법을 분석해야 한다. 셋째, 언어의 환경 의미를 종합해야 한다. 넷째, 어의학과 다른 관련 있는 분야와의 연계 및 상호작용을 밝혀야 한다(왜냐하면 어의학은 언어학과 철학의 다리로 인식되고 있으며, 어의 문제는 철학·논리학·심리학·정보학·부호학·언어학 등 다양한 분야의 연구 대상이기 때문이다. 어의학이 독립적인 분야가 될 수 있을지의 여부는 아직 토론을 거쳐야 한다). 또한 어용학의 범위는 넓을 수도 있고 좁을 수도 있는데, 넓은 의미의 어용학은 모든 언어환경을 연구하고, 좁은 의미의 어용학은 언어

---

148 범효(范曉), 《세 개 평면의 어법관(三個平面的語法觀)》, 北京語言學院出版社, 1996.

중 사용자와 관련된 성분만을 연구한다. 어용학연구 역시 구별(예를 들어 지시대사, 시태 등), 대화의 의미와 분석, 검증하기 전의 선입견, 언어의 행위라는 네 가지 문제를 해결해야 한다. 어의, 어용의 문제만 해도 이렇게 복잡한데 다른 어법 문제의 복잡성은 더 말할 필요가 없다. 이러한 문제들을 잘 해결해야 비로소 언어의 심층적인 탐구·토론이 가능하다. 학술의 발전은 전문 분야를 고도로 분화시켰고, 또 서로 깊이 스며들게 하였다. 또, 고차원적으로 종합하고 종횡으로 교차시킴으로써 새로운 전문 분야를 다양하게 파생시켰다. 그래서 새로운 전문 분야는 이론적으로 끊임없이 종합하여 객관적인 규칙 인식에 대한 끊임없는 심화를 촉진하고 있다. 세 개 평면의 어법관의 제기는 바로 객관적 규칙 인식이 심화되는 하나의 중요한 절차이며 아직 끝이 아니다.

객관적 규칙에 대한 인식은 끊임없이 심화되어 하나의 주장이 되었고, 지금 이 순간에도 계속 수정되면서 발전 여지를 가지고 있는데, 세 개 평면의 어법관도 예외는 아니다. 한어의 실제적인 상황, 특히 고대한어의 실제적인 상황으로부터 볼 때, 어법연구는 네 개의 평면에 주의해야 한다. 이 네 개의 평면은 바로 어법(句法)·어의(語義)·어용(語用)에 어음(語音)이 더해진 것인데 어음을 떠나서는 어법연구는 제한받기 쉬우며, 비록 다른 학파·다른 방법에 머무르는 차용이나 교체가 아니더라도 부호와 틀, 설계와 창의성은 고대한어의 실제연구에 관해 책에 싣기는 어렵다. 어음은 언어의 내부 형식으로 '평면'으로 간주되지는 않으나 부호는 정보를 전달하는 매개체이며, 어법연구는 어음을 완전히 제쳐놓을 수는 없다. 더구나 부호학은 여전히 발전 중인 학문으로 보완할 필요가 있고, 부호학의 과학적 정의는 언어학에서 사용되며, 또한 한 단계 나아가 공통된 인식을 취할 필요가 있다. 이에 비추어 볼 때 잠시 부호학을 고정된 것으로 보지 않고, 임시로 '평면'으로 볼 수 있다. 만약 논리적 단계의 분석이 장애를 받는다면 어법·어의·어용·어음, 이 네 가지를 함께 논의하지 않고, 별도로 명칭을 만들어도 무방하겠지만 어음(語音)이 없을 수는 없다. 육종달(陸宗達)·유민합(兪敏合)이 지은《현대한어어법(現代漢語語法, 上)》제2장에서 어음을 전문적으로 다루고 있고, 제3장《어법의 재료와 분야(語法的材料跟部門)》에서는 어음을 결합해 다루고 있으므로 식견이 높다고 할 수 있다.

이론 문제는 많이 언급하지 않았으나, 한어어법 중 어음 요소의 실제 상황에 주의하며 관찰하는 것이다.

일찍이 2천여 년 전의 묵적(墨翟: 묵자)은 최초로 허사의 어법작용을 분석했을 뿐만 아니라 "이전으로부터는 '且(차)'라 말하고, 이후로부터는 '已(이)'라 말하며, 바야흐로 그러한 것이 또한 '且(차)'이니, 이름과 같은 것이다. (自前曰且, 自後曰已, 方然亦且, 若名者也.)"[149]라고 하여 최초로 언어와 문장의 어음 요소에 관심을 가졌다. 그는 "소리는 입에서 나오며, 모두 명칭이 있다. (聲出口, 俱有名.)", "말은 이름으로 나온다. (言由名致.)"[150]라고 하여 어음과 어의의 관계를 지적하고, 한 문장에서 어음(語音)으로 사물을 표현한 것은 이름을 모아서 이루어진 것이라고 밝혔다. 묵자의 언어관(言語觀)은 오랫동안 주목받지 못해 연구되거나 발전되지 못했다. 게다가 사람들은 언어의 성음요소가 한대(漢代)의 유희(劉熙) 및 그 이후 청대 건가(乾嘉) 학자의 일대 발견(물론, 청대 학자들

---

149 《경설 (經說)·上》제42(第四十二).
150 위와 같다.

의 소리의 이치〔音理〕에 대한 탁월한 지식은 유희에 의해 비교될 수 있는 바가 한 참 아니다)이라고 중시하여 "성음(聲音)은 언어물질의 껍질이다"[151]라는 것은 현대의 커다란 발견이라 여기는 것 같은데, 실제로 모두가 그러한 것은 아니다. 바로 어음 요소가 제대로 인식되지 못하고, 또 기타 연관된 제한으로 어법연구 가운데 어음 요소의 자리가 없었기 때문에 어법 연구의 발전에 영향을 받지 않을 수 없었다. 지금은 더 이상 편견에 구애되서는 안 된다. 어음 요소는 마땅히 어법연구에서 없어서는 안 되는 것인데, 이것은 사실로 나타낼 수 있다.

(一) 어법형태 현상에 대하여

어법형태는 성조가 변화할 과정에서 표현된 예도 적지 않다. 독음을 바꿔 말뜻(辭義)을 구별하고 어법으로 작용하게 한 사실은 선진한위진 (先秦漢魏晉) 육조(六朝)에 모두 있다.《시대서(詩大序)》: "風, 風也." 앞의 '風(풍)'는 일종의 시의 명칭이다.《시대서(詩大序)》의 작자는 '풍아송(風雅頌)'의 '風(풍)'을 '교화', '풍화'로 해석하여 평성으로 읽고, '풍자상(風刺上)'[152]의 뜻으로 해석하였을 때는 거성으로 읽었다. 어휘의 뜻이 다르면 어법의 작용 또한 다르고, 의미의 작용도 다르다는 것을 성조를 다르게 표현했다. 여기서 어법의 형태는 성조의 변화에서 표현되며 거성과 다른 성조의 대립을 상징으로 삼는다. 이런 종류의 구별성 대립은 언어 자체로부터 오는 것이며, 언어 활용으로 그렇게 된 것이지, 인위적인 것은 아니다. 그렇지 않다면 "바람은 바람이다. (風, 風也.)"의 견해는 조

---

151 "聲音是言語物質外殼."
152 함축어를 사용하여 암시와 권고를 나타냈고, 이 '風(풍)'을 후에 '諷(풍)'으로 쓰게 되었다.

금도 의미가 없게 된다. 기타 《주역(周易)·서괘(序卦)》의 "몽(蒙: 점괘의 이름)이라는 것은 우매하다는 것이다.[153], 《맹자(孟子)·등문공상(滕文公上)》의 "철(徹: 주대(周代) 부세의 명칭)이라는 것은 취한다는 것이다."[154] 등도 같은 맥락이다. 유희(劉熙) 《석명(釋名)》의 "전(傳)이라는 것은 전하는 것이다. (傳, 傳也.)", "관(觀)이라는 것은 바라보는 것이다."라는 것도 역시 일맥상통한다. 이러한 상황에 대해 어떤 사람은 "같은 글자로 뜻을 삼는다. (同字爲訓.)"라고 보기도 하고, 어떤 사람은 '성훈(聲訓: 발음의 유사성으로 뜻을 표기하는 고대의 주석 방식)'으로 보기도 한다. 이것을 단지 형음(形音)의 표현으로 말한다면 실제로 단어의 독음을 달리해서 다른 뜻과 작용을 나타낸 것이다. 다른 뜻과 작용이 만들어지는 것은 사의(詞義)의 파생으로 이루어진 결과로, 같은 글자를 비슷하게 해석하고, 음에 따라 뜻을 구하며, 본뜻으로 그 파생된 의의를 밝히는 것이다. 정현(鄭玄)은 《예기(禮記)》, 《주례(周禮)》, 《의례(儀禮)》에 주를 달았고, 고유(高誘)는 《여람(呂覽)》과 《회남자(淮南子)》에 주를 달았으며, 응소(應劭)는 《한서집해음의(漢書集解音義)》를 지었는데, 한 글자가 두 가지로 읽히는 것이 매우 많다. 진대(晉代) 갈홍(葛洪)의 《요용자원(要用字苑)》과 서막(徐邈)의 《모시음(毛詩音)》, 《좌전음(左傳音)》에도 실질적인 예가 많이 있다. 남북조(南北朝) 안지추(顔之推)의 《가훈(家訓)·음사편(音辭篇)》에서 '好(hǎo)'는 "呼號切(호호절)"의 한 음(音)이고,[155] '惡(wù)'는 "烏故切(오고절)"의 한 음(音)이다[156]라고 했는데, 즉 진(秦)나라 사람 갈홍(葛洪)과 서

---

153 "蒙(卦名)者蒙(蒙昧)也."
154 "徹(周代賦稅的名稱)者徹(取的意思)也."
155 呼(hū)와 號(háo), 두 자의 음을 반절씩만 따서 하나의 음으로 만든 것.
156 烏(wū)와 故(gù), 두 자의 음을 반절씩만 따서 하나의 음으로 만든 것.

막(徐邈)의 책에서도 보인다. 당(唐)의 육덕명(陸德明)이 저술한 《경전석문(經典釋文)》이 나오게 되어 역대 음에 주를 붙인 것을 집대성하였다. 이러한 현상을 '사성별의(四聲別義)'라 하였고, 나아가 육조의 경사(經師)에서 시작되었다[157]고 여겼는데, 인위적인 인정으로 간주한 것은 사실과 부합하지 않는다. 만약 정말로 육조의 경사가 시작한 것이라면 일찍이 선진시대에 보이는 '風, 風也.'와 같은 것은 어떻게 합리적으로 해석해야 하는가? 경사(經師)의 해석 방식은 다양하지만, 모두 안에서 일어나는 규칙적인 연계를 힘껏 추구하고, 외부로 가해지는 인위적인 제한은 언어의 사실에 반영되기 어려우므로 역대로 사람들이 광범위하게 받아들이고 응용할 수가 없었다.

성조의 변화로 품사가 변하는 규칙은 어떠한가? 왕력(王力)은 "무릇 명사와 형용사가 동사로 전환되면 동사는 거성으로 발음된다. 무릇 동사가 명사로 전환되면 명사는 거성으로 발음된다. 종합하면 품사가 전환되면 대부분 거성으로 변한다."[158]라고 했다. 앞에서 명사가 동사로 전환되어 거성으로 읽는다는 예는 들었다. 형용사 '美(미)'는 상성으로 읽는데 '愛好(애호)'로 전환되면 거성으로 읽는다. 이는 형용사가 동사로 전환된 예이다. 즉 한어의 형태는 성조의 변화에서 나타나는 것이다. 왕력(王力)이 《한어사고(漢語史稿)》 中册 213쪽~217쪽에 40개의 예를 들었는데, 여기에서 일일이 나열하지 않겠다.

병음을 사용하는 국가에서 어음 요소는 어법연구의 중요한 일환이다. 한자를 사용하여 부동한 언어 유형을 기록하는 한어에서 어음 요소

---

157 起于六朝經師.
158 《한어사고(漢語史稿)》 中册 213쪽.

는 홀대당할 수밖에 없었다. 그 때문에 어법학은 중국어문학에서도 그 지위가 다르다. 여숙상(呂叔湘)이 한 말처럼 "서방어문학은 단어의 의미를 고증하고 교정하는 것 외에 특별히 단어의 형태 변화를 중시하는데, 이는 어구의 이해가 그것을 관건으로 하기 때문이다. 그래서 그들은 매우 일찍 어법학이 발전한 것이다. 상고시대의 한어에 모종의 형태 변화가 있었는지는 여부는 현재까지도 아직 정해진 견해는 없다. 다만 한자의 자형(字形)에서는 나타나지 않고 있다는 것뿐이다. 글자를 모아 구를 만들어도 이해하기가 어렵지 않으므로 어법은 중국어문학에서 하나의 과목을 형성하지 못했다."[159]라고 말한 것처럼 한자는 어소(語素)문자로 그 자체가 음을 나타내지는 않고, 형태 변화가 한자에 나타나지 않는다. 그러나 형태 변화는 성조 전환에서 출구를 찾게 되었다. 이러한 종류의 출구는 당연히 국한적이고, 형태 변화에 다양한 경로가 없는데, 이는 결국에는 고립어인 한자를 기록하는 데서 그렇게 된 것이다. 그렇지만 성조 변화로 형태를 바꾸는 것을 무시해서는 안 된다. 성조는 단어의 뜻을 구별하는 작용을 하고, 서로 다른 성조는 서로 다른 뜻과 작용을 나타낸다. 이는 형태 변화의 가능성을 보여주는 것이다. 언어에서 성조를 이용하여 어휘의 뜻과 어법작용을 구별하는 것은 반드시 필요하고, 사실상 형태 변화를 나타낼 필요성도 있다. 이러한 가능성과 필요성으로 독특한 형태 표지의 성조어음 형식이 생겨났다. 이에 따라 우리는 하나의 결론을 얻을 수 있다. 상고(上古)에서 시작하여 "중고한어의 형태는 성조의 변화를 기초로 하여 나타난다."[160]라는 것을 폭넓게 반영하고 있다.

---

159 《중국대백과전서(中國大百科全書)·어언문학(語言文學)》, 2쪽.
160 왕력(王力) 《한어사고(漢語史稿)》中册, 213쪽.

(二) 조어법(构詞法) 현상에 관해

"한어 2음절 단어의 발전은 한어어법 발전에서 큰 특징이다."[161] 한어 쌍음사(双音詞)의 구조(단순사와 합성사를 포함)가 보여주는 어음작용을 간과해서는 안 되는데, 어음 요소가 어법 발전에 큰 영향을 줬기 때문이다. 50년대에 누군가 어휘학의 과정에서 조어(造語)의 어음 요소와 작용을 제시했는데, 이는 손상서(孫常敍)의 《한어사휘(漢語詞匯)》[162]에 보이며, 80년대 임학량(任學良)의 《한어조사법(漢語造詞法)》[163]에서는 특별히 '어문학조사법(語文學造詞法: 어문학 단어 구성법)'을 하나의 장으로 나누어 '取聲命名(취성명명: 소리를 취하여 이름을 짓는 것)', '擬聲(사물의 소리를 묘사하는 것)', '雙聲(쌍성)', '疊韻(첩운)', '合音(합음: 진동수가 다른 둘 이상의 순음이 서로 겹쳐서 이루어진 소리)' 등의 분야를 분석하였다. 곽소우(郭紹虞)는 문학평론을 결합해 약간의 서술을 했다. 그러나 종합적으로 보면 어법을 연구하는 사람이 조어(造語) 중 어음 요소를 중시하는 일은 많지 않다. 중국 고대어문학에 어법 과목은 없으나 어법연구는 있다. 옛사람들의 어법연구는 훈고학(訓詁學)과 결합하고, 또한 수사학(修辭學)과 서로 연결되는데, '어음학구어법(語音學構語法)'은 대부분 수사학(修辭學)과 서로 연관되어 있다. 다른 것은 잠시 접어두고 '쌍생식구사(雙聲式構詞)', '첩운식구사(疊韻式構詞)'를 논하는 것은 바로 수사학(修辭學)과 서로 연관되어 있기 때문이다.

이전 사람들의 어음(語音) 활용은 아주 일찍 쌍성(雙聲)과 첩운(疊韻)의 조어에서 나타나고 있다. 왜 쌍성(雙聲)과 첩운(疊韻)의 조어를 사용

---

161 《왕력문집(王力文集)·第11卷》, 2쪽.
162 吉林人民出版社, 1956년.
163 中國社會科學出版社, 1981년.

했는가? 쌍성(雙聲)과 첩운(疊韻)의 조어는 청각적인 아름다움을 가지고 있어 조화롭고 듣기 좋기 때문이다. 이는 즉 쌍성(雙聲)과 첩운(疊韻)을 통해 음절 가운데 어느 하나의 구성 요소(성모 혹은 운모)가 규칙적으로 중복 출현해 음소(音素)를 반복하게 하고 이를 통해 청각적인 아름다움을 느끼도록 하기 때문이다. 예를 들면, 다음과 같다.

流利(liúlì : 쌍성)-성모 'l'이 일정한 시간 단위의 간격을 두고 중복되어 나타난다.
爛漫(lànmàn: 첩운)-운모 'an'이 일정 시간 단위의 간격을 두고 중복되어 나타난다.

이런 음악성을 갖추고 있는 쌍성사와 첩운사의 구성은 한어음절의 미적구조의 특징(짝수, 균형)에 가장 맞는 것으로 한족들이 좋아하며, 또한 수사(修辭)상의 요구에 들어맞는다. 한어의 매우 많은 단어는 쌍성(雙聲)과 첩운(疊韻)의 구조를 빌어 또랑또랑하고 음절의 아름다움을 더해 듣는 사람이 공통된 감정을 갖게 한다. 그중 쌍성사와 첩운사를 서로 비교하자면 첩운사가 운모 부분 소리가 비교적 낭랑한데, 이 때문에 첩운사가 쌍성사보다 더 많다. 사람들은 쌍성사와 첩운사의 구조를 사용하여 성어(成語)를 만들었다. 예를 들면, '琳琅滿目(림랑만목; línlángmǎnmù: 갖가지 훌륭한 서적이나 미술품 따위가 매우 많다)', '洶涌澎湃(흉용팽배; xiōngyǒngpēngpài: 기세가 막을 수 없을 만큼 세차다)' 등이 있는데, 형성된 리듬 또한 뚜렷하여 듣기 좋다. 종합하면 어음 요소 모종의 배합관계를 이용한 조어는 한어어법의 큰 특징이다. 이 분야는 한어 어법연구에서 그다지 다뤄지지 않고 있으며, 아직 직시하지 않고 있다. 이신괴(李新魁)의 《고음개설(古音概說)》제7장의 '고음(古音)의 운용'에서 오히려 언급하고 있다.

(三) 경성 현상에 관하여

언어의 발전을 따라 경성은 끊임없이 생겨났고, 경성은 말뜻을 구별하는 작용을 한다. 또 한어 어음에 새로운 색채를 증가시켰으며, 동시에 새로운 어법요소가 어음상에 나타나도록 했다. 예를 들어 '妻子(처자)'의 '子(자)'는 경성으로 읽는지에 따라 하나의 단어가 되기도 하고 두 개의 단어가 되기도 한다. 이러한 종류의 단어와 구의 구별은 경성의 판독에 매우 중요하다. 예를 들어, '圖書(도서)'의 '書(서)'를 경성으로 읽지 않으면 그림과 서적을 개괄하는 의미이고, '書(서)'를 경성으로 읽으면 '印章(인장; 도서인[圖書印]의 약칭)'의 동의어이다. 고대한어는 현대한어의 기초이고, 현대한어는 고대한어 발전에서 온 것으로 현대한어의 많은 복음절사(複音節詞)는 원래 고대한어가 연이어 사용된 것이다. 현대한어에서 쌍음절사가 만약 경성으로 발음되면 경성은 대부분 두 번째 음절 위에 있고, 삼음절사가 만약 경성으로 발음되면 경성은 대부분 중간 한 개의 음절 위에 있다. 쌍음절사 맨 앞에 하나의 음절을 더하여 삼음절사를 만들면 쌍음절의 규칙을 따라 경성으로 발음한다. 이를 제외하고 어떤 곳을 경성으로 읽어야 하는지 몇 규칙이 있다. 어기사, 조사, 양사, 방위사, 추향 동사, 동사의 중첩, 동사 혹은 형용사가 서로 중첩하여 의문을 나타내는 것, 대사가 빈어 역할을 하는 것 등은 일반적으로 모두 경성으로 발음한다. 이러한 종류의 새로운 어법요소는 어음에서 나타나는데, 어법연구에서 어찌 묻지 않을 수 있겠는가? 언어현상을 인식하고 해석하려면 '구별'하는 안목과 능력을 갖춰야 하며, 한어의 경성 여부가 갖추고 있는 다른 의미와 작용을 구별하는 것은 한어연구의 새로운 방향되어야 한다. 일찍이 50년대에 《중국어문(中國語文)》 잡지사가 《북경화경성사휘(北京話輕聲詞彙)》[164]를 출간하였는데, 앞으로의 고금 한어의 어법연구에 도움이 될 것이다.

　(四) 허사 현상에 관하여

　고대한어의 허사와 어음요소 관계의 밀접성은 일찍이 언어의 역 사적 사실 가운데 존재했다. 그러나 그에 관한 깊은 연구는 많지 않았 다. 양수달(楊樹達)은 《고등국문법(高等國文法)》에서 16개의 부정사를 제 시하였다. '莫(막)·蔑(멸)·曼(만)·無(무)·毋(무)·亡(망)·未(미)·末(말)· 靡(미)·罔(망)·勿(물ㅡ상고에는 明母字에 속한다)·否(부)·部(부)·不(불)·匪 (비)·弗(불)·非(비ㅡ상고에는 幫母字에 속한다)'는 모두가 순음자(脣音字)인 데, 이것은 또 무엇 때문인가? 이렇게 규칙을 띠는 내용은 모두 심도 있게 토론되어야 한다. 또한 왕력(王力)은 자주 보이는 허사는 '魚(어)', '之(지)', '歌(가)' 부에 집중되어 있고, 그다음으로는 '寒(한)' 부에 집중 되어 있다고 하였는데, 이것은 또 무엇 때문인지 심도 있게 토론되어야 한다. 그리고 허사의 활용, 예를 들어 '也(야)'와 같은 것은 명청(明淸)의 전복(錢福), 왕양명(王陽明), 왕부지(王夫之), 유대괴(劉大櫆), 근현대의 임금남(林琴南), 장극가(臧克家) 등이 거듭 언급하였지만, 언제나 내용에 핵심이 없이 가령, 어떤 사람이 그것은 '소리를 끌어내는 것'으로서 '면 면히 이어진 여운'의 '구조적 음절감'을 나타내는 것이라고 말했을 뿐, 구체적으로 탐구하지 않았다.

　대체로 이러한 여러 가지는 하나로 집중되는데, 한어어법연구는 반 드시 어음(語音)의 평면(平面)을 고려해야 하고, 이는 어법평면, 어의평

---

164 中華書局, 1957년.

면, 어용평면과 마찬가지로 중요하다. 그리고 만약 이렇게 인식하지 않고 어법과 어음, 이 두 개의 평면만(어의, 어용을 아울러 참조) 고려한다 해도 단연 불가능한 것은 아니다.

二. 어법연구의 어휘연구와의 상호 협력

언어의 3요소 가운데 "중국 언어학의 발전사로 보면 어휘학이 가장 빠른 것"이고,[165] "언어 전문 분야의 성장 시간으로 말하면 과학적인 어휘학의 탄생은 비교적 늦다."[166] 과학적인 어휘학의 출현이 비교적 늦었기 때문에 어휘 측면의 여러 현상에 대한 우리의 인식이 아직 충분하지 못하다. 어휘 현상에 대한 인식은 종종 어법 현상에 대한 인식에 도움이 될 뿐 아니라 상호 보완이 이루어져야 한다. 어휘연구와 어법연구가 서로 호응하게 되면 새로운 시야를 가지고, 깊이 있게 탐구하여 규칙을 밝혀내어 중국 언어학의 전면적인 발전을 이룰 수 있다. 여기서 몇 가지 측면으로 나누어 살펴보기로 한다.

(一) 사의(詞義)와 어법성분의 동시 발전 현황

역사를 돌이켜 일부 어법현상에서 고려해 보면 어휘와 어법이 서로 얽혀있는 것을 쉽게 엿볼 수 있다. 예를 들어 한대(漢代)의 상황어는 선진(先秦)시대에 비해 발달하였는데, 이는 어휘계통에서 상황어로 쓰이

---

165 나상배(羅常培), 《방언교전급통검서(方言校箋及通檢序)》
166 주조모(周祖謨), 《사휘와 사휘학(詞彙和詞彙學)》.

는 부사가 날로 풍부해진 것과 관련이 있다. 또 상황어로 쓰인 부사는 종종 실사 어의(語義)의 역사적 변화를 겪으며 나타났다. 이를테면 '良(량)',의 원래 의미는 '首領(우두머리)'였으나 보통 사용되는 뜻은 '善(착하다, 바르다)'이고 한대(漢代)에는 정도의 '심함'을 나타내는 뜻으로 확장되어 문장에서 부사 상황어로 많이 활용되었다. '良(량)'의 단어 뜻이 확장되고 부사 상황어로 쓰인 것은 그와 나란히 발걸음을 맞춘 것이다. 예를 들자면 위진남북조시대(魏晉南北朝時代)에 동사 앞뒤의 부사어와 보어 분포의 짜임새와 격식이 앞으로는 많아지고 뒤로는 적어지는 변동의 경향을 보였으나, 남조의 제대(齊代)에는 '得(득)'의 뜻이 점차 실사로부터 허사로 변화하였다. 이는 구조조사 '得(득)'의 사용이 빈번해지며, 내용은 풍부해지고 다채로운 보어를 사용했다는 것을 보여준다. 그 때문에 부사어와 보어의 분포격식에 새로운 조정이 생기고, 현대에 이르러 구조조사 '得(득)'이 있는 보어의 쓰임이 더욱더 원활해진 것이다. '得(득)'의 허화는 어법구조의 영향에 중대한 영향을 끼쳤다.

　(二) 조어규칙의 증가와 소실

　다시 조어 현상을 살펴보면 "船只(배)·紙張(종이)·房間(방)"과 같은 단어의 출현은 같은 어휘계열에서 양사가 날로 풍부해진 것과 관련이 있다. 선진(先秦)시대에 명량사(名量詞)는 대부분이 도량형의 단위였고, 수량은 많지 않았으며 동량사(動量詞)는 아직 없었다. 위진남북조(魏晉南北朝)에 와서 명량사가 100~200개 정도 증가하였고, 동량사가 생겨나약 20개에 달했다. 그 후에도 발전하여 명사소(名詞素)가 양사소(量詞素)를 만나 구성한 명사(위의 예)를 만들어 냈다. 이는 양사의 발전이 조어법의 발전을 촉진한 것이며, 양사의 연구는 조어법에 대한 인식을 계시하였다. 또 '蝗蟲(메뚜기)'는 상고에 '蟲蝗'라고 말했는데, 이러한 '以大冠小(이대관소)'의 조어법의 출현과 소실은 그 당시 다른 민족의 어휘어법 배경이 한어어휘 어법영역에 반영되었음을 밝혀준다(현재는 '蝗蝗'이라고만 한다). 여숙상(呂叔湘)은 "언어학은 본질상 인문과학이다"[167]라고 말했다. 또한 인문과학이 내포하고 있는 것은 광범위하고 풍부하며, 형태가 다양하고, 각 민족 간에 서로 영향을 주므로 여러모로 과학성 있게 꿰뚫어 보아야 하겠다.

(三) 실사 활용 현상

어휘어법은 수사의 기초이다. 수사(修辭) 현상의 연구와 어휘·어법 현상의 연구는 서로 보완해 가며 완성해야 한다. 예를 들어 이백(李白)이 지은 "봄바람에 영주 초원이 푸르다. (東風又綠瀛洲草.)"의 구절, 구위(丘爲)가 쓴 "봄바람이 조용히 불어와 또 다시 호수 위의 산이 푸르네. (春風何時至,又綠湖上山.)"의 구절, 왕안석(王安石)이 쓴 "봄바람이 다시 강남 언덕에 푸르네. (春風又綠江南岸.)"의 구절, 이청조(李淸照)가 쓴 "해가 저무는 하늘에 기러기가 끊기고, 계단 앞은 풀로 푸르네. (暮天雁斷,草綠階前.)"의 구절, 장첩(蔣捷)이 쓴 "앵두와 복숭아가 붉어지고, 파초가 푸르러졌네. (紅了櫻桃,綠了芭蕉.)"의 구절에서 형용사 '綠(녹)'은 동사로 활용되어 정태(靜態)를 동태(動態)로 바꾸고, 동사의 어법 의미를 갖추었을 뿐 아니라 형용성의 의미까지 남겨놓았다. 이는 사람들이 일종의 구체적 형상의 연상을 쉽게 일으키도록 한 것이다. 따라서 우리는 어휘,

---

167 《어문근저(語文近著)》, 140쪽, 上海敎育出版社, 1987년.

어법, 수사라는 세 가지 규칙성의 관계를 어렵지 않게 발견할 수 있다. 일종의 어법 현상이 된 실사 활용은 선진시대에 가장 성했고, 중고시대엔 이미 안정되었으나, 주로 단어수사의 필요성으로부터 출현한 실사 활용이 중고 이래 빈번히 문인의 글에서 나타난다. '綠(녹)'의 사용이 하나의 예이다. 수사학은 어떻게 효과적으로 언어를 활용할 것인가 연구하는 것인데, 주로 언어 안의 단어가 정확하고 선명하고 생동감 있게 사상과 감정을 표출하고(지난 세기 50년대에 어떤 이가 '넓은 의미[廣義]의 어휘학'은 수사학을 내재해야 한다고 주장하였기 때문이다) 단어수사의 필요에서 나오는 실사 활용이 어휘학·수사학과 무관하지 않게 되었다. 어법학·어휘학·수사학 세 가지가 종합된 연구에 대하여 그들 사이의 구별성과 상관성을 감별하는 것 또한 급선무이다.

어떠한 학문이든지 핵심과 가장자리가 있고, 어휘학과 어법학도 예외가 아니니 그 핵심과 가장자리가 있다. 어휘와 어법을 연구하면 자연스럽게 각각 핵심과 둘레의 중요성을 알 수 있다. 그리고 이 주위에 연관된 학과 내용의 교차점이면서 융합성을 다양하게 함축하고 있다. 앞으로 어법학계의 연구와 어휘학계의 연구가 서로 협력하면 인식의 전체적인 심화에 더욱 이로울 것으로 보인다.

三. 고대한어 어법학의 이론 설정

고대한어 어법학의 이론 건설에 대한 문제는 적지 않은데, 우선 세 가지의 문제를 해결해야 한다고 생각한다. 그것은 술어의 진술과 정의 문제·역사적 관점의 확립 문제·학계방법론의 활용 문제이다.

(一) 술어의 진술과 정의 문제

술어는 과학이론 확립에 중요한 일환이지만 내포와 외연이 확정된 술어가 없어 과학적인 추상적 사유가 진행되기 어렵다. 술어는 모종의 현상이 이미 본질에서 총괄적으로 체현되어 나옴을 보여주며, 또한 그와 비슷한 많은 현상이 이미 구분되어 있음을 보여준다. 학문술어의 확정과 학문 원리의 총결은 서로 추진·촉진하는 것이다. 과거의 고대한어연구를 돌아보면 학계술어 방면에 존재하는 문제는 매우 적지 않았다. 모두가 알다시피 한어는 엄격한 의미의 형태 변화가 결핍되어 있다. 그 때문에 허사가 표현어법 범주의 계통에서도 매우 중요하다. 옛 사람들이 허사의 해석을 중시한 것은 바로 한어의 특징을 결정하는 것이기 때문이다. 그러나 옛날 사람이 허자·실자를 구분할 때 많은 부분을 의미에서 고려하는데 사람들의 주관적인 현상의 묘사에 편중되어 명확한 표준이 부족하고, 술어의 사용이 매우 모호하며 일반적인 정의가 없다. 특히 최초로 사용한 '辭(사)', '語詞(어사)' 같은 술어는 허사를 나타내지만 역시 정의가 없었고, 사람들이 확실히 이해하기도 어렵다. 예를 들면 다음과 같다.

① 王曰: 叟! 不遠千里而來, 亦將有以利吾國乎?

(《맹자〔孟子〕·양혜왕상〔梁惠王上〕》)

왕이 말하기를 늙은이여! 천 리 길을 멀다 여기지 않고 왔는데 또한 장차 우리나라에 이익이 있으리오?

한대의 조기가 《맹자장구(孟子章句)》에서 "왈(曰)은 말(辭)이다."라고 했다. (漢代趙岐 《孟子章句》 : "曰, 辭也.")

② 微我無酒, 以敖以游. (《시경〔詩經〕·패풍〔邶風〕·백주〔柏舟〕》)

내게 술이 없어서 나가 놀지 못하는 것이 아니다.

淸代徐灝《通解黨經說》 : "'微', 疑是語詞; 古'微'通'無', '無'亦語詞也."

청대의 서호(徐灝)가 《통해당경설(通解黨經說)》에서 '微(미)'는 의심컨대 말하는 말이다. 그러므로 '微(미)'는 '無(무)'와 같다. '無(무)' 또한 어사다."라고 했다.

③ 季文子三思而後行, 子聞之, 曰: 再, 斯可矣.

(《논어〔論語〕·공야장〔公冶長〕》)

계문자는 세 번 생각한 뒤에 행했다. 이를 듣고 공자께서 이르시기를 두 번이면 된다고 하였다.

주희(朱熹)는 《논어집주(論語集註)》에서 "단어(詞)는 말(語辭)이다."라고 했다. (朱熹 《論語集註》 : "斯, 語辭.")

예 ①은 '辭(사)'가 동사 '曰(왈)'을 가리키는 데 사용했고, 예 ②는 '語詞(어사)'를 부정사 '無(무)'를 가리키는 데 사용했으며, 예 ③은 '語詞(어사)'를 부사 '詞(사)'를 가리키는 데 사용하였으나, '辭(사)·語詞(어사)·語辭(어사)' 같은 술어의 정의는 발견된 적이 없다.

현대 사람들은 또한 종종 고대 사람들의 말을 그대로 사용한다. 예를 들면 다음과 같다. "옛날 사람들이 글자를 쓰는 데 뜻이 있는 것이 있었고, 뜻이 없는 것이 있었다."[168] "헛되이 훈을 단 낱말은 그 어사(語詞)와 통하지 않아서 그 훈고를 얻을 수 없다.",[169] "왕인지(王引之)의 《경전석사(經傳釋詞)》에 어휘가 160자가 기록되어 고서를 읽는 사람이 어사(語詞)를 참고할 만하다.",[170] "왕인지의 자서를 보면 책을 읽을 때에는 어사(語詞)가 가장 중요시됐다는 것을 알 수 있다. 고서의 어사(語詞)는 옛사람이 종종 실질적인 뜻으로 해석한다. 실질적인 뜻으로 해석하면 이해하기 어려운 것이 흠이다……."[171] 이러한 서술은 여전히 어사(語詞)를 당연히 허사로 간주하지만, '虛'의 관념만 있을 뿐 '語詞'의 정의는 없다는 것을 보여준다. 장상(張相)의 《시사곡어사휘편(詩詞曲語詞彙釋)》의 내용은 주로 허사를 해석한 것으로(실사 해석은 매우 적다) '語詞(어사)'라는 두 자를 맨 앞에 두었으나 역시 모호성을 면하기 어렵다.

옛사람의 '辭(사)' 등의 표현은 임의성이 매우 짙다. 예를 들면, 청대 원인림(袁仁林)의 《허자설(虛字說)》에 "오호! 아! 같은 것은 언(言)이 아니라 사(辭)로 해석한다. 이는 소리를 적은 문사(文辭)를 말한 것이다."[172] 여기서 '辭(사)'를 사용하여 허사를 해석하고 또 '文辭(문사)'를 사용하여 '辭(사)'를 해석했을 뿐 아니라, '辭(사)'와 '言(언)'을 대비시켜 사람들이 '言(언)'이 실사라는 것을 느끼게 하였다. 여기서 "非言也(비언야)"의 '言(언)', "文辭也(문사야)"의 '文辭(문사)'는 원래 내포와 외연이 정확한 술어에 속한다고 말할 수 없다. 이렇게 과학적 추상 사유는 진행하

---

168 "古人用字, 有實訓者, 有虛訓者."
169 "虛訓之詞, 非通其語詞, 則無以得其訓詁."
170 "王引之《經傳釋詞》中彙記一百六十字, 可爲讀古書者語詞之參考."
171 "觀王自序, 則知語詞之關於讀書, 最爲重要. 古書中之語詞, 昔人往往以實義釋之, 釋以實義, 則詰屈爲病……." 호박안 저(胡朴安 著), 《고서교독법(古書校讀法)》108·109·111쪽.
172 "嗚呼·噫嘻之類, 非言也, 注爲辭, 言此乃寫聲之文辭也."

기 어렵고, 오해가 생기는 것 역시 면하기 어렵다. 어떤 수사학의 역사 전문서에서 여태까지 허자로 논했던 '辭(사)'를 수사의 '辭(사)'로 이해하는 것은 바로 오해의 실질적인 예이다. 수사학의 전문서조차 이렇기 때문에 일반 사람들이 오해할 가능성은 더욱 크다. 겨우 위의 예만으로도 벌써 그 폐단을 살펴볼 수 있는데, 그 나머지는 일일이 말할 필요가 없을 것이다.

　(二) 역사관점의 확립 문제

　고대한어와 현대한어는 어순상으로 일치하지 않는데, 이는 고대한어에서 일종의 정상적인 현상이다. 우리는 고대한어에서 현대한어와 어순이 다른 곳을 모두 현대한어의 '도치(倒裝)'로 봐서는 안 된다. 왜냐하면 '도치'가 아니기 때문이다. 그것은 동시대의 언어를 비교할 때 말하는 것으로, 다른 시대의 언어를 비교할 때 어순이 다르다면 일종의 역사적 변화라고 여겨야 하는 것이다. 누군가가 이러한 의견을 제시했지만 중시되지는 않았다. 이는 일정한 정도에서 고대한어 어법연구영역의 역사 관념이 희박하고 편차가 있음을 말해 준다. 만약에 고대한어 중에 현대한어 어순과 다른 곳을 모두 현대한어의 '도치'로 본다면 이러한 방식으로 유추했을 때 후대 사람들이 말하는 어순이 현대한어와 다르다고 한다면 그때에도 오늘날의 한어 어순이 후대의 한어 어순의 '도치'라 할 텐데 그렇게 하면 되는 것인가? 이와 같은 상황은 어법연구의 과학적인 궤도를 위배하게 된다.

　고대한어는 매우 긴 발전의 역사를 지니며 고대한어의 과학적인 분석연구에서는 단계적인 묘사를 하지 않았고, 그 부족한 곳은 고대한어 역사 발전의 면모를 여실히 보여주지 못한다. 한어어법사는 물론 어법 역사의 조직망을 보여주어야 하고, 한어어법학 역시 마땅히 역사의 의식을 함축해서 논의 속에 역사를 포함시켜 사론(史論)을 결합하도록 힘써야 한다. 하락사(何樂士)가 《선진한어연구(先秦漢語研究)》,《양한한어연구(兩漢漢語研究)》,《위진남북조한어연구(魏晉南北朝漢語研究)》에서 발표한 몇 편의 고대한어 전론에서는 묘사와 서사를 상호 결합하도록 힘썼으니 실로 대단한 일이 아닐 수 없다. 이러한 단계적 묘사는 어법의 안정성에 어긋나지 않으면서 어법의 발전성을 보여주는 것이다.

역사를 구분한 분석연구는 또한 어법 발전의 과정 가운데 과도기적 현상 관찰에 도움이 된다. 예를 들어 한대(漢代)이래 '소(牛)'를 '頭(두)'를 사용하여 계산한 것이 있다. 그러나 '소(牛)' 뿐만 아니라 '호랑이(虎)', '이리(狼)', '여우(狐)', '토끼(兔)', '쥐(鼠)', '개(狗)', '돼지(猪)', '뱀(蛇)', '용(龍)', '물고기(魚)', '물개(獺)', '거북이(龜)', '비둘기(鳩)', '꿩(雉)', '새(鳥)', '참새(雀)', '앵무(鸚鵡)', '봉황(鳳凰)', '벌(蜂)', '금파리(青蠅)' 등 모두 '頭(두)'로 셀 수 있었다. 후에도 사물이 어디로 속하는지와 종류를 명확히 하고 사물의 성질과 상태를 분명히 하기 위해 양사를 나누는 작업이 갈수록 세분화되었고, 사용 역시 원활해져 '물고기 한 마리(一尾魚)', '뱀 한 마리(一條蛇)', '양 한 마리(一只羊)' 등의 표현이 생겼다.

양사의 이러한 세분화와 사용은 시대가 지날수록 다양해지고 안정되어 새 규범으로 '하나의 양사로 여러 명사를 대하는 것(一量對多名)'의 옛 형태가 변화되었고, 신구가 교체하는 가운데 과도기적 조정이 나타나게 되었다. 역사적 안목을 활용하면서 규칙성의 문제는 더욱 분명해졌다. 양사 분화의 새 규범은 '하나의 양사가 여러 명사를 대하는 것(一

量對多名)'의 일대 발전이었다. 또한, 현대한어에서 양사의 풍부함과 다채로움을 위해 다양한 방법을 개척한 것이다.

또 예를 들면, 상고의 주어구조의 사이에 '之(지)'를 넣은 것은 후대에 옛것을 모방하려는 용법을 제외하고는 언어 자체로서는 이러한 표현이 없었다. 언제부터 이런 종류의 표현이 없어지기 시작했을까? 이 가운데는 과도기적 단계가 있다. 이러한 과도기적 단계는 전국 말에서 한대(漢代)에 이른다. 또한 과도적 단계에서 '之(지)'를 더한 것과 '之(지)'를 더하지 않은 것이 혼용된 현상이 나타났다. 이러한 용례를 보자.

① 此寡人之所欲知也.　(《여씨춘추〔呂氏春秋〕·순설〔順說〕》)
이는 내가 알고자 하는 바요.

'之(지)'를 더했다.

② 此寡人所欲聞也.　(《여씨춘추〔呂氏春秋〕·순설〔順說〕》)
이는 내가 듣고자 하는 바요.

'之(지)'를 더하지 않았다.

③ 天之亡我, 我何渡爲?　(《사기〔史記〕·항우본기〔項羽本紀〕》)
하늘이 나를 망하게 하였으니, 내가 어찌 건너리오?

'之(지)'를 더했다.

④ 乃天亡我, 何渡爲!　(《한서〔漢書〕·項籍傳〔항적전〕》)
하늘이 나를 망하게 하였으니, 내가 어찌 건너리오?

'之(지)'를 더하지 않았다.

과도기적 단계를 지날수록 주어의 사이에 '之(지)'가 더해지는 표현이 없어진다(모방하여 쓴 것은 제외로 한다). 역사적 관점을 이끌어 나가며 '主(주)·之(지)·謂(위)'의 격식이 성행하다가 약화되어 마지막에 사용되지 않는 역사에 이르기까지 역사의 추세와 맥락을 분명히 볼 수 있다.

(三) 전문 분야 방법론의 활용 문제

철학적 의미의 방법론 외에 인류 인식사의 매우 오랫동안 방법론은 주로 사유과정 중의 방법론을 말한다. 사유방법론은 귀납과 연역, 분석과 종합, 구체와 추상, 유추·가설과 상상 등등을 포함한다. 현재의 고대한어 어법연구에서 보자면 귀납이 제일 중요하다. 예를 들어 《좌전(左傳)·양공 2년(襄公二年)》 "以索馬牛皆百匹. (말과 소를 모두 각각 백 마리씩 고르다.)"에서 어떤 이는 "소는 '頭(두)'로 세는데 간략히 한 것이다. (牛當稱頭, 疏略也.)"[173]라고 여겼고, 청나라 사람 유월(俞樾)은 "옛사람은 문장을 지을 때 간략히 하는 것을 좋아했다. (古人行文不嫌疏略.)"[174]라고 하였다. 이러한 소위 '간략(疏略)'에 대해 유월은 "말 때문에 소를 부를 때 '필(匹)'이라고 한 것은 같이 아울러 말한 것뿐이다(同上)."라고 여겼다. 완전히 '간략(疏略)'인지 아닌지는 잠시 생략하고, 논해야 할 것은 '소가 '頭(두)'로 불린 것이 선진시대의 어떤 종류의 문헌에서 많이 보이는가, 《좌전(左傳)》의 시대에도 늘 '소(牛)'를 '頭(두)'로 계산했는가, 그 예가 얼마나 있는가 등이다. 우리는 '필(匹)'이 생명력이 가장 강한 양사이며, 일찍이 금문 《서경(書經)·문후지명(文侯之命)》에 '말 네 필(馬四匹)'이라는 표현이 보이며, 오늘날까지 없어지지 않고 쓰인다는 것을 알 수

---

173 《문심조룡찰기·장구 제34(文心雕龍札記·章句第三十四)》
174 유월(俞樾), 《고서의의거례(古書疑義擧例)·권2·15(卷二·十五)》

있다. 그러나 '소(牛)'를 '頭(두)'를 사용하여 계산하는 것은 비교적 일찍 《한서(漢書)·서역전하(西域傳下)·오손국(烏孫國)》의 "말, 소, 양, 당나귀, 낙타 칠십 여만 마리를 얻었다. (獲 ……馬, 牛, 羊, 驢, 橐駝 七十餘萬頭.)"에서 볼 수 있다. 유월(兪樾)은 《정의(正義)》에서 《사마법(司馬法)》을 인용해서 '소 세 마리(牛三頭)'의 예를 증거로 "소는 '頭(두)'로 세었다"라고 말했다. 그러나 사람들이 일컫는 《사마법(司馬法)》 책은 이미 없어졌으며, 현본은 후대 사람이 위조한 것이다. 그렇다면 용례 역시 믿을 수는 없다. 《사마법(司馬法)》의 진위에 대해서는 잠시 접어두고, 먼저 기타 선진 고적의 용례의 유무를 살펴보기로 하자. "예가 충분치 않으면 규칙이 성립하지 않는다. (例不十, 不立法.)" 불충분한 증거로 사람들을 믿게 하기는 어려운 것이다. 만약 《좌전(左傳)》시대 '牛(소)'를 '頭(두)'를 사용하여 계산한 것은 보기 드문 것이라면 '牛(소)'를 '頭(두)'로 부르는 것은 어디에서 나온 것인가? 그리고 한대(漢代) 이후에는 '당나귀', '사슴' 같은 것은 여전히 '匹(필)'을 사용하여 계산하였다. 《위서(魏書)·남안왕전(南安王傳)》에 "얼어 죽은 사람이 20여 인이고, 당나귀와 말이 10필이다 (凍死者二十餘人, 驢·馬十匹)."라고 나와 있고, 《송서(宋書)·색로전(索虜傳)》에 "지금 사냥한 흰 사슴과 말 열두 필을 보낸다(今送獵白鹿·馬十二匹)."라고 나와 있는데, 이것은 "말로 인하여 당나귀를 부른다. (因馬而名驢.)", "말로 인하여 사슴을 부른다. (因馬而名鹿.)."라고 할 수 있단 말인가! '연동시켜 이르는 것(連類而及)'이 억지스러운 말인 것을 보면 더욱 적절히 다루어야 하고, 또한 섬세한 묘사와 광범위한 귀납에서부터 작업이 이루어져야 한다. 귀납의 작업은 양적 측면에서부터 설명해야 하는 문제로, 이는 또한 사유하는 과정에서 이론 도구인 수학적 방법론을 활용하며 도움을 얻어야 할 것이다.

현대 과학기술의 발전에 따라 수학·부호학·체계론·제어론·정보론은 모두 사유과정에서 이론적 도구를 담당하여 방법론의 행렬에 진입했다. 이후 사유과정에서 어떻게 합리적으로 사유 이론 도구를 활용할 것인가는 작업을 연구하는 데 중요한 전제이다. 게다가 각 학문분야의 연구방법은 다른 점이 있을 수 있고, 다른 학파의 연구방법 또한 다른 점이 있을 수 있다. 어법연구에서 중심어(피수식어) 분석법 이외에도, 언어의 선형성(線形性)에 눈을 돌리면 선형분석법을 발견하게 된다. 언어의 구조를 단계적인 구조로 이해하면 단계분석법을 발견하게 되고, 언어를 추상적인 유형으로 이해하면 유형분석법을 발견하게 되며, 언어를 심층적인 구조로부터 생성되는 표층적인 구조로 이해하면 생성-전환분석법을 발견하게 된다. 여러 가지 방법이 현대한어 어법분석 연구에 사용되는 것에 대해 어떤 이는 찬성하고, 어떤 이는 그다지 찬성하지 않는데, 만약 고대한어 어법연구에 이러한 것을 적용한다면 어떠할까? 적합한 것일까, 그렇지 못할까? 과학연구에 종사하며, 학과방법론을 가장 중요하게 여기지만 어떻게 사용할 것인가는 실제로부터 출발한다. 그뿐만 아니라 그 결론은 진리성을 증명하기 위하여 논리와 실천의 검증을 거쳐야 한다.

마지막으로 말하고자 하는 것은 고대한어연구·근대한어연구·현대한어연구는 협력하고 호응해야 하며, 그 원류를 밝혀 고금연구가 서로 더욱 빛을 볼 수 있도록 해야 한다는 것이다. 앞에서 말한 것처럼 상고한어의 문장성분은 그리 완벽하지 않다. 중고한어의 동사가 보어 앞으로 이동하는 것은 부사어에서 많이, 보어에서는 적게 나타나는 구조의 변화이며, 제대(齊代)에 출현한 구조조사 '得(득)'은 보어를 풍부하고 다채롭게 했고 동사의 빈어-보어 구조도 새롭게 조정되었으며, 근대에 이르러서는 '得(득)'의 뒤에 보어가 더욱 활발하고 다양하게 사용되었다. 또 현대에 이르러서 '得(득)'과 그 보어의 사용은 더욱 완벽해져 끊임없이 새로운 요소를 받아들이고 옛 요소는 버렸다. "송강(宋江)은 축가장(祝家莊)을 공격하여 격파할 수가 없었다(宋江打不得祝家莊破; 《수호(水滸)》)", "송강(宋江)이 성을 긴박하게 공격하였다(宋江攻城得緊; 同上)", "만일 그 사람을 사로잡을 수 있다면(若是捉下得那人)" 이러한 종류의 표현은 현대한어에서는 없어진 것으로 '得(득)'과 그 보어의 구조관계는 끊임없이 쓸모없는 것은 버리고 좋은 것을 찾아 발전하였고, 이는 한어어법의 역사적 발전이 나날이 정밀화되고 간단 명료화되는 측면 중 하나이다. 나아가서는 매우 많은 측면 중 하나이며, 전반적인 탐색 작업이 이루어질 날을 기대한다.

中國古代語法

핵심 중국고대어법

초판 1쇄 발행일 2013년 10월 22일

지은이 쉬웨이한
옮긴이 최영준
펴낸이 박영희
편집 배정옥·유태선
디자인 김미령·박희경
인쇄·제본 태광인쇄
펴낸곳 도서출판 어문학사
　　　　서울특별시 도봉구 쌍문동 523-21 나너울 카운티 1층
　　　　대표전화: 02-998-0094/편집부1: 02-998-2267, 편집부2: 02-998-2269
　　　　홈페이지: www.amhbook.com
　　　　트위터: @with_amhbook
　　　　블로그: 네이버 http://blog.naver.com/amhbook
　　　　　　　　다음 http://blog.daum.net/amhbook
　　　　e-mail: am@amhbook.com
　　　　등록: 2004년 4월 6일 제7-276호

ISBN 978-89-6184-310-2 03720
정가 22,000원

이 도서의 국립중앙도서관 출판시도서목록(CIP)은 e-CIP홈페이지(http://www.nl.go.kr/ecip)와
국가자료공동목록시스템(http://www.nl.go.kr/kolisnet)에서 이용하실 수 있습니다.
(CIP제어번호: CIP2013016846)

※잘못 만들어진 책은 교환해 드립니다.